KLAUS KINSKI

ICH BIN SO WILD NACH DEINEM ERDBEERMUND

Erinnerungen

WILHELM HEYNE VERLAG
MÜNCHEN

HEYNE ALLGEMEINE REIHE
Nr. 01/5382

18. Auflage

Genehmigte, ungekürzte Taschenbuchausgabe
Copyright © by Rogner & Bernhardt GmbH & Co, München
Printed in Germany 1990
Umschlagfoto: Rogner & Bernhardt, München
Umschlaggestaltung: Atelier Heinrichs, München
Gesamtherstellung: Presse-Druck Augsburg

ISBN 3-453-00775-1

*Ich schrie mir schon die Lungen wund
nach deinem heißen Leib
du Weib ...*

Villon/Zech

FÜR MÏNHOÏ

INHALT

Eine Million Mark 9

Erster Teil
Asphalt-Dschungel

Haltet den Dieb 16
Blut geleckt 19
Wo ist ein Platz für mich 22
Ich will weg von hier, weg! Weg! 29
Wohnung 41
Kinderhölle 44
Nähmaschine 46
Mein Zuhause ist die Straße 50
Beischlaf 63

Zweiter Teil
Der Stengel wächst in die Höhe

Die Töter 68
Die Marokkaner 77
Krepiert 80
Schauspieler, was ist das 82
Ich muß es allein rausfinden 86
Prinzen, Diebe, Huren, Mörder 88
Man könnte meinen, ich liege nur in Betten rum . 95
Ich mache den größten Schauspieler des 20. Jahr-
hunderts aus ihm 99
Ost 105
West 112
Villon, das bin ich 122
La voix humaine 125
Erwachsenenhölle 135

Draußen	143
Idiot	159
Das Geschwür	166
Cadillac	173
Handschellen	177
Palais Kinski	184
Kuß	187
Im Prater blühn wieder die Bäume	190
Reptilienfonds	199
Als mich das Blut durchkochte dreißig Jahr	202
Esso	282
Zum letzten Mal Hasch	295

Dritter Teil
Ship under God

Eine Million Mark

»Dagegen sind die Rolling Stones ein Kindergarten!«

»Das hat sich noch niemand geleistet!«

»Das geht zu weit!«

Gemeint bin ich. Ich spreche das *Neue Testament:*

»Gesucht wird Jesus Christus. Angeklagt wegen Diebstahl, Verführung Minderjähriger, Gotteslästerung, Schändung von Kirchen, Beleidigung von Obrigkeiten, Mißachtung der Gesetze, Widerstand gegen die Staatsgewalt, Umgang mit Huren und Kriminellen . . .«

In diesem Augenblick pöbelt jemand aus dem Zuschauerraum. Ich kann den Kerl nicht sehen. Ich bin von unerträglich starken Scheinwerfern geblendet, die alle auf mich gerichtet sind. Der nicht enden wollende Zuschauerraum der Deutschlandhalle in Berlin ist eine pechschwarze, undurchsichtige Wand.

»Komm her, wenn du was zu sagen hast«, rufe ich in die Dunkelheit. »Sonst bleib auf deinem Hintern sitzen und halt den Mund!«

Was will er? Will er sich wichtig tun? Hier ist nichts wichtig als das, was ich vorzutragen habe. Ich bin gekommen, die abenteuerlichste Geschichte der Menschheit zu erzählen: Das Leben von Jesus Christus. Diesem Zigeuner und Abenteurer, der sein Leben lieber massakrieren läßt, als lebendig mit den anderen Menschen zu verfaulen. Dieser furchtlose, modernste aller Menschen, der so ist, wie wir alle sein *wollen.* Du und ich.

Warum unterbricht mich also dieser Idiot? Er ist inzwischen auf dem Gerüst, auf dem ich stehe, angekommen. Ich überlasse ihm das Mikrofon, weil ich mir einfach nicht vorstellen kann, was dieser Angeber hier will. Alles, was er herausbekommt, ist:

». . . Christus war ein Heiliger . . . er hat sich nie mit Huren und Kriminellen abgegeben . . . er war nicht so gewalttätig wie Kinski . . .«

Was nennst du gewalttätig, du Schwätzer? Was weißt du denn von mir? Was weißt du von einem Mann wie Jesus Christus? Was weißt du von einer Hure und von einem Kriminellen?

So ist das also. Hier braucht nur einer zu kommen und noch einmal wiederzukäuen, was die verlogene Religion 2000 Jahre lang verhunzt hat, und schon hat er das Recht, mir übers Maul zu fahren? Das hier ist *mein* Laden! Meine Manager haben die Deutschlandhalle gemietet, damit *ich* auftreten kann! Und wer bei meiner Vorstellung nichts Besseres zu sagen hat als ich, der soll mir gefälligst nicht auf den Wecker gehen und 5000 Zuschauern den Abend klauen!

Ich reiße diesem Dummkopf das Mikrofon aus der Hand und gebe ihm einen Stoß. Denn er will mir weder das Mikro zurückgeben, noch will er von der Bildfläche verschwinden.

Den Rest besorgen meine Jungens, die dafür da sind, jeden, der stört, rauszufeuern. Als er sich auch mit ihnen anlegt, werfen sie ihn einfach die Treppe runter.

Andere Krakeeler, die zu dem Stotterer gehören und nur gekommen sind, um Stunk zu machen, mischen sich ein. Es entsteht ein Handgemenge, das sich zu einem ungeheuren Tumult auswächst. Parteien bilden sich, die aufeinander losgehen. Ein riesiges Polizeiaufgebot schwärmt im ganzen Saal und hinter der Bühne aus, um einer Massenschlägerei vorzubeugen. Die Polizisten sind alles Brocken. Schlagschutz vor den Gesichtern und Gummiknüppel in den Fäusten.

Na ja, denke ich. Das ist ja wieder wie vor 2000 Jahren. Die Stimmung in der Deutschlandhalle kocht. Und in diesen brodelnden Hexenkessel brülle ich:

»Entscheidet euch! Wenn ihr es euch gefallen laßt, daß solche Scheißer euch nach Belieben die Show verderben, dann leckt mich am Arsch!«

Ich schleudere das Mikrofon mitsamt dem Stativ, das an einem langen Kabel befestigt ist, das von der Decke hängt, vom Gerüst. Dann gehe ich hinter die Bühne und warte, was da kommen wird, während das Mikrostativ im Strahlenbündel der Scheinwerfer durch die Luft saust und hoch über den Zuschauern wie ein leeres Trapez im Zirkus hin- und herpendelt.

Hinter der Bühne stürmen von allen Seiten Menschen auf mich ein. Menschen, die mich umarmen, die mich küssen. Menschen, denen ich in Tausenden von Vorstellungen mein aus dem Leibe gerissenes Herz hingehalten habe.

Mïnhoï hängt an meinem Hals und weint. Sie hat Angst um mich. Sie hat noch nie eine Vorstellung von mir erlebt.

Überall Blitzlichter der Fotografen. Surrende Filmkameras von Wochenschau und Fernsehen. Reporter, die wie immer schwachsinnige und sinnlose Fragen stellen. Ich schiebe sie zur Seite. Was soll ich ihnen sagen? Sie haben ja selbst alles miterlebt. Das ganze fängt an, mir auf die Nerven zu gehen. Ich schreie diese Aasgeier an, die ohne Unterlaß um mich kreisen. Ich werde sie nicht los. Sie schleichen mir sogar hinterher, wenn ich pinkeln gehe.

Die Leute beschwören mich, auf die Bühne zurückzugehen, weiterzumachen. Ja! Ich will weitermachen. Aber erst, wenn die Rowdies aufhören, sich die Fresse einzuschlagen, und vor allem das Maul halten. Dieses Gesindel ist noch flotter als die Pharisäer. Die haben Jesus wenigstens ausreden lassen, bevor sie ihn angenagelt haben.

Die Zeit verstreicht. Die Zuschauer sind noch alle da. Keiner will nach Hause gehen. Alle warten, daß ich wiederkomme. Nein, die Vorstellung darf nicht abgesagt werden. Auf keinen Fall! Das werde ich diesen Menschen nicht antun. Ich habe immer ehrliches Spiel gespielt und mit vollem Einsatz bezahlt. Ich werde auch diesmal bezahlen.

Mitternacht. Langsam ist Ruhe eingetreten. Jetzt herrscht völlige Stille. Kein Mensch hustet. Keiner räuspert sich. Man kann eine Stecknadel fallen hören.

Ich bin aufgepeitscht und furchtbar erschöpft. Ich habe die letzten Nächte keinen Schlaf bekommen und bin seit vierzig Stunden ununterbrochen auf den Beinen. Sechzehn TV-Interviews, Radio und Zeitungen nicht gerechnet. Außerdem habe ich während der Warterei eine Flasche Cognac ausgetrunken und seit dem vergangenen Morgen mindestens achtzig Zigaretten geraucht. Die letzten Wochen haben mich fast fertig gemacht. Die Schmerzen im Kopf sind zum Verrücktwerden.

Ich steige langsam die Stufen zu diesem verdammten Gerüst hinauf, als steige ich auf ein Schafott. Dieses Aufs-Schafott-Steigen und dann alles überwinden, das war mein ganzes Leben.

Viele Zuschauer sind inzwischen von ihren hinteren Sitzen aufgestanden, haben sich auf dem freien Raum vor dem Gerüst zusammengedrängt und sich auf den Fußboden gelagert. Andere stehen. Woodstock. Eine riesige Gemeinde. Ich springe von dem vier Meter hohen Gerüst runter und stelle mich mitten unter sie. Dann spreche ich.

Die Schmerzen im Kopf sind wie weggeblasen. Ich fühle meinen Körper nicht mehr. Ich sehe sie ganz deutlich vor mir: die Gesichter. Die feinste Reaktion in jedem einzelnen Gesicht. Die Tausende von Augenpaaren, die mich ansehen. Brennende Augen.

Ich gehe von einem zum anderen. Bleibe lange vor jedem stehen. Setze mich zu ihm. Umarme ihn. Es sind die schönsten Stunden, die ich unter Menschen erleben darf. Das sind keine Frömmler, zu denen ich spreche. O nein! Wilde, leidenschaftliche Mädchen und Jungen, Frauen und Männer, Menschen jeden Alters, von Minderjährigen bis zu Greisen. Aber, und das ist das Wunder: alle sind jung!

Um zwei Uhr früh ist die Vorstellung zu Ende. Mïnhoï und ich fahren nicht direkt ins Hotel Kempinski zurück, wir sind zu aufgewühlt. Bis zum Abflug der Maschine ist noch viel Zeit, und wir haben nichts zu packen. Wir fahren zum Grunewald. Gehen durch den eisigen Morgen, Hand in Hand, ohne ein Wort zu sprechen. Mïnhoï hat mich verstanden, obwohl ich während der Vorstellung nur deutsch gesprochen habe.

Meinen Vertrag für die hundert Vorstellungen, die ich in allen fünf Kontinenten geben sollte, zerreiße ich. Er war eine Million Mark wert. Es interessiert mich nicht. Nicht, weil ich reich bin. Wir besitzen nichts. Nicht, weil ich mich fürchte, den Buddha vom Thron zu stoßen. Das habe ich längst getan. Ich pfeife drauf, daß die Kirchen angedroht haben, meine Vorstellungen zu boykottieren. Es langweilt mich, daß die Manager der größten Häuser in verschiedenen deutschen Städten sich weigern, mich auftreten zu lassen, weil sie Angst um ihr Mobiliar haben,

und der Herr Kaplan, der das Buch »Jesus in schlechter Gesellschaft« geschrieben hat, nicht offiziell mit mir gesehen werden
will.

Wie das alles begonnen hat? Ich dachte: dieses Herumgeficke
ist Scheiße. Ferrari und Rolls-Royce ist Scheiße. Villa und Luxus-
wohnung ist Scheiße. Ich hatte es satt! Satt! Satt, Schauspieler
zu sein!

Eine Zigeunerin, die einmal meine Geliebte war, antwortete
mir auf meine Frage, warum sie nie ins Theater oder ins Kino
geht:

»In unserer Sippe gingen zwei Männer mit dem Messer aufeinander los. Der eine hat den anderen erstochen. Ich habe den
Toten gesehen und ihn berührt. Er war wirklich tot. Der andere
lebte wirklich.«

Das ist der Unterschied zwischen gespieltem und wirklichem
Leben.

Hier ist das meine:

Erster Teil

Asphalt-Dschungel

Haltet den Dieb

»Rühr dich jetzt nicht vom Fleck«, sagt mein Vater und verbeugt sich vor mir.

Ich gehorche ihm im allgemeinen nicht. Aber er sagt es so dringend und bittend, daß ich neugierig stehenbleibe.

Was hat er vor? Warum soll ich denn nicht mit rein? Hat er überhaupt Geld, daß er in so einen Laden geht? Ich komme nicht mehr dazu, meine Gedanken auszusprechen. Mein Vater ist in das mit Menschen überfüllte Feinkostgeschäft eingetreten.

Ich rühre mich nicht vom Fleck. Ich trete nur ab und zu von einem Bein aufs andere, weil mir die Füße in den zu engen Schuhen brennen.

Ich habe mir oft den Kopf darüber zerbrochen: Es muß einen Grund haben, warum mein Vater sich vor kleinen Kindern verbeugt.

Ich erkläre das so: Mein Vater, der früher Opernsänger war, hat während eines Gastspiels in Tokio die Sitte der Japaner angenommen, sich voreinander zu verbeugen. Ich hatte einmal gesehen, wie mein Vater, als er sich unbeobachtet glaubte, vor dem Spiegel Grimassen zog. Atemberaubende Grimassen. Von einer hypnotischen Kraft wie die Masken des japanischen Kabuki. Er machte dabei Bewegungen und riß den Mund auf, als ob er singen würde. Sein Brustkasten hob und senkte sich gewaltig, sogar seine Halsschlagader schwoll an, aber — merkwürdig, es kam kein Ton aus seiner Kehle.

»Da hast du's!« höhnen meine Brüder. »Du hast selbst gesehen, daß er nicht singen kann!«

Sie sagen, das mit dem Opernsänger ist eine Ente. Keiner von uns habe unseren Vater jemals singen hören. Jedenfalls wäre er, soviel sie wüßten, Apotheker und nicht Opernsänger.

Wer mein Vater war, was er getrieben hat, wo er herkommt, weiß kein Mensch. Man weiß nur, daß er keine Eltern hatte.

Vielleicht ist das der Grund, warum er sich vor kleinen Kindern verbeugt. Sonst weiß man nichts. Er vertraut sich niemandem an.

Wir Straßenjungen nennen meinen Vater »Glatze«, »Rübe«, »Bulle« oder einfach »Osram«. Tatsächlich leuchtet seine Glatze im Licht wie eine Osram-Birne.

»Rübe« heißt er, weil er sich anhört, als ob man eine Rübe schabt, wenn er sich den Schädel schert. Er kann das Rasiermesser, das wie eine alte Unkrauthacke lauter Scharten hat, wirklich nicht mehr benutzen.

»Messerschleifen kostet Geld«, schreit meine Mutter und reißt ihm das Rasiermesser aus der Hand. Aber auch sie, die sonst immer so geschickt ist, hat ihm schon ganze Hautstücke herausgehackt.

Mein Vater hat Geburtstag. Nur an einem Tag wie heute geht er zu einem richtigen Barbier. Dieser Barbier ist ein besonderes Kerlchen. Ursprünglich Tänzer. Dann Masseur in einem Männerbordell in Istanbul. Kurz, dieser Hómo setzt seine gefährlich geschliffene Klinge zart wie ein jüdischer Schlächter an und hat meinen Vater nie verletzt. Meine Mutter hat ihm nachspioniert. Sie hat ihr Gesicht ganz nah an die Glasscheibe des Frisörgeschäfts gedrückt und aufgeregt miterlebt, wie dieser »Schächter« (so wird er danach von uns genannt) in flinken Pirouetten um seine Glatze tanzte. Als alles vorüber war, habe mein Vater absichtlich und etwas schnoddrig 70 Pfennig auf die Tischplatte gepfeffert, obwohl die Rasur nur 50 macht.

»Diese Ausflüge sind natürlich reiner Luxus«, fügt meine Mutter nach ihrem Bericht hinzu.

Mein Vater tritt immer als feiner Pinkel auf, um seine Armut zu vertuschen.

Jeder bleibt sofort an dem Monokel hängen. Das ist eigentlich gar kein Monokel, sondern ein loses Brillenglas. Aber mein Vater besitzt die Unverfrorenheit, sich diese schon tausendmal runtergefallene, angeschlagene Scherbe in sein linkes Auge zu klemmen. Er kann auf diesem Auge ohne das Ding nichts sehen. Auf dem rechten ist er sowieso blind. Er braucht also nur eine halbe Brille. In jedem Fall ist durch das Monokel die Kleidung außer Gefahr. Niemand kann sie in die Zange nehmen und ihn deshalb verhöhnen.

Es ist bereits eine Ewigkeit her, daß er in den Feinkostladen ging. Ich sehe mich wild nach allen Seiten um, wo ich urinieren könnte. Ich verliere langsam die Geduld.

»Bulle« heißt er nicht nur wegen seiner großen Genitalien. Bulle ist auch die Abkürzung für Bulldogge. Nicht wegen seiner Glatze — diese englischen Hunde sehen ja auch aus, als ob sie eine Glatze hätten —, sondern sein ganzes Gesicht ist so. Er hat die gleichen traurigen, blutunterlaufenen Augen, deren Unterlider etwas nach unten hängen, und die zerplatzten, roten Äderchen freilegen. Alles an diesem Gesicht zieht sich nach unten, als habe er zu viel Haut. Die Falten auf Stirn und Nacken, die so tief wie Narben sind, enden ohne Übergang in seiner Glatze.

»Die Kiefer von Bulldoggen und Haifischen«, habe ich ihn in einer seiner frechen Stegreif-Stories sagen hören, »lassen sich nicht mehr öffnen, sobald sie mit ihren doppelreihigen Zähnen zugeschnappt haben. Das macht diese Tiere so gefährlich.«

Wenn ich auch nicht glaube, daß er mit seinen Zähnen nach jemand schnappen würde, so habe ich doch wenigstens die erste Zeit gehofft, daß die Leute Angst vor ihm haben. Nicht nur wegen des Bulldoggengesichts. Er besitzt ungewöhnlich starke Muskeln und ist breit wie ein Athlet. Ich sah ihn im Bett vollkommen nackt und habe ihn ausgiebig studiert.

Aber da hatte ich mich getäuscht. Ein Fremder kann seine Muskeln ja nicht sehen und denkt nur zynisch »Pinkel« oder »Glatze«. Mein Vater wirkt angekleidet nicht sehr stark.

Das Bulldoggengesicht macht überhaupt keinen Eindruck, außer, daß man sich über ihn lustig macht. Ich habe mich belehren lassen müssen, daß Bulldoggen bei Dilettanten, und das sind ja die meisten Leute, als Mißgeburten gelten. Sie sind eher als harmlos verschrien, und vielen wegen ihrer Seltenheit unbekannt.

Ich bin selbst Zeuge, wie ein kleiner Junge zu seiner Mutter sagt, als eine Bulldogge vorübergeht: »Sieh mal, Mutti, da geht ein Schwein.«

Ich weiß also, daß mein Vater bestenfalls als harmloses

Schwein betrachtet wird. Das tut mir weh. Denn ich habe meinen Vater lieb und mir so sehr gewünscht, daß er den Leuten Angst einjagt. Wenn man arm ist, hat man keine andere Waffe, als seinem Nächsten Angst zu machen.

Mir ist schwindlig von dem angestrengten Denken und auch vor Hunger, daß ich mich in einer Art Rauschzustand befinde ... als mein Vater aus dem Geschäft herausgeschossen kommt und wie ein Schatten über mich hinwegwischt. Alles ist wie im Stummfilm. Wie im Traum. Ich falle erst aus allen Wolken, als ich eine Stimme schreien höre:

»Haltet den Dieb!«

Blut geleckt

»Schlagt ihm mit irgend etwas auf die Glatze! Haltet ihn mit allen Mitteln fest!«

Das Echo dröhnt in meinen Ohren und treibt mich noch mehr an.

»Er hat Blut geleckt«, spotte ich.

Ich laufe und laufe, ohne zu wissen, wohin ich mich wenden soll. Stöhnend, mit der schweren Schürze kämpfend, unsere Misere, das Geklaue, den Ladenbesitzer und meinen Vater verfluchend, der diese heillose Schweinerei ausgelöst hat.

Der ganze Auftritt rollt noch einmal in Zeitlupe vor meinen Augen ab: Mein Vater, der aus dem Geschäft herausgeschossen kommt. Der Ladenbesitzer, der über mich zu Boden stürzt und wie ein Käfer auf dem Rücken liegen bleibt. Die Äpfel, die nach allen Seiten fliegen — die verzerrten Gesichter — der endlose Augenblick bis alle begreifen, was vorgefallen ist — und dann das Gebrüll von Diebstahl und die Woge der Verfolger, die hinter meinem Vater zusammenschlägt und ihm um ein Haar die ganze Gegend auf den Hals hetzt.

Ich schlage mir die eine Faust in meine Magengegend und halte mit der anderen die Schürze mit den Äpfeln fest, die gegen meine Beine schlackert und mich am Laufen hindert. Ich vergaß zu erwähnen, daß ich alle Äpfel schnell in meine große Schürzentasche eingesammelt habe, die sich bis auf die Fahrbahn ergossen hatten, als dieser Idiot von Ladenbesitzer über mich stolperte, mich umriß und ich gegen die Obststände vor dem Laden prallte.

Das Klatschen meiner Sohlen auf dem harten Asphalt hallt in meinem Schädel wie ein Teppichklopfer. Mein schwerer, kurzer Atem schneidet wie ein Messer in die Lungen ... Ich verlangsame meine Schritte, während mir schwarz vor Augen wird. Außerdem merke ich, daß ich mir in die Hosen strulle.

Zum Schlitzaufmachen ist es jetzt zu spät. Ich fühle, wie es heiß in Strömen an der Innenseite meiner Schenkel runterläuft. Ich hatte schon eine volle Blase, als ich auf meinen Vater warten mußte. Ich wollte ihn nicht blamieren und an die Häuser pissen.

»Wo ist er denn bloß hin!«

Ich balle die Fäuste in den Hosentaschen und stoße fluchend mit den Füßen alle Steine vor mir her, die mir in die Quere kommen. Obwohl meine Mutter es mir verboten hat, weil ich nur ein Paar Schuhe habe.

Da packt mich eine große Hand am Kragen und zerrt mich in einen Hauseingang. Als ich herumwirble, sehe ich, daß es mein Vater ist. Dicke Schweißtropfen stehen ihm auf der Stirn. Er weint.

»Papa, was hast du?«

Anstatt zu antworten, schluchzt er erst recht wie ein kleines Kind und zieht mich mit solcher Gewalt an sich, daß mir jetzt völlig die Luft wegbleibt, während er eine Tafel Schokolade in seiner verkrampften Faust zerdrückt.

Wenn ich auch zum erstenmal erlebe, daß er stiehlt und einerseits sogar stolz auf ihn bin, bin ich andererseits von ihm enttäuscht. Abgesehen von dem Tohuwabohu, das er angerichtet hat, hat er nur Schokolade geklaut? Und wegen dieser einen Tafel Schokolade hat er mich mit voller Blase und zu engen Schuhen über eine Stunde auf der Straße warten lassen? Ich beginne ihn abzutasten, soweit mir das in seinen liebevollen Pranken möglich ist — nichts! Er hat wirklich nicht mehr. Und warum weint er denn? Ich lasse die Schokoladentafel nicht aus den Augen und mache mir Sorgen, daß er sie ganz ruinieren wird.

»Warum weinst du, Papa?«

»Sag niemand, was du gesehen hast . . .«

Ich versuche, mich aus seinem Schwitzkasten zu befreien. Er merkt vor lauter Rührung nicht, daß er mich fast erwürgt.

»Ehrenwort, Papa. Du kannst dich auf mich verlassen.«

Er will etwas sagen . . . aber ein heftiger Weinkrampf hindert ihn am Weitersprechen. Von neuem bricht ihm der Schweiß aus.

Geniert er sich, weil der Fischzug eine Pleite war? Sitzt ihm der Schreck noch in den Gliedern? Beides ist menschlich. Ich begreife ihn. Wenn das aber nicht der Grund ist? Wenn er sich statt dessen schämt, daß er gestohlen hat und sich bei der ersten Gelegenheit verplappert? Scheiße. Er bringt uns alle in Gefahr, wenn er sich nicht zusammenreißen kann.

Mein Vater hat nie Geld, weil er keine Arbeit hat. Obgleich er sich die Hacken danach schiefläuft, klappt es nicht. Entweder will ihn keiner oder er fliegt prompt nach spätestens vier Wochen wieder raus. Warum, weiß ich nicht, es gibt jedenfalls immer Streit. Fällt es dir nicht endlich wie Schuppen von den Augen? Deswegen hast du deine schönsten Jugendjahre geopfert und bis in die Nächte Griechisch und Latein gebüffelt? Um eines Tages Handlanger zu werden, mit sechzig Jahren eine Tafel Schokolade zu stehlen, vor einem Hanswurst davonzulaufen und zu weinen, weil du dich all dessen schämst? Worüber wunderst du dich? Ist es nicht ganz in Ordnung, daß der jeweilige Apothekenbesitzer, der gerade dein Boß ist, dich wie einen Handlanger behandelt, den er mir nichts dir nichts rausfeuern kann, wann es ihm paßt? ›Das ist die Höhe‹! sagst du? ›Wissen wiegt mehr als Geld‹, behauptest du? Daß ich nicht lache! Du bist ein Handlanger! Du kannst dich nie, nicht einmal im Traum mit einem Apothekenbesitzer messen! Wie viele Jahre, Jahrzehnte, ach was, Jahrhunderte müßtest du schuften, um eine eigene Apotheke abzuzahlen oder auch nur zu pachten, ohne in eine Bank einzubrechen? Nein, nein. Du bleibst ein Handlanger.

Ein hochgebildeter, aber ein Handlanger. Auf jeden Fall bist du nicht wichtig, sonst würde man dir Arbeit geben.

Er weint über sein verpatztes Leben, das er nicht zu nützen verstanden hat. Ich habe das kindliche Verlangen etwas für ihn zu tun, ihm zu helfen, ihn zu beschützen. Ich zerre wie von Sinnen an den Fäusten, die er sich in die Augen bohrt:

»Hör doch auf zu weinen, Papa. Papa . . . lieber Papa . . .«

Eines steht fest, man kann ihn unter keinen Umständen mehr stehlen gehen lassen. Allein schon gar nicht. Dann das Gewarte vor der Ladentür. Und diese Rennerei möchte ich auch nicht noch mal erleben.

Er klammert sich so fest an mich, als wollte er sagen, »laß es mich noch ein einzigesmal versuchen«.

Ich weiß. Es ist nicht leicht, das Klauen wieder sein zu lassen, wenn man erst einmal Blut geleckt hat. Aber die Entscheidung hängt ja nicht von mir ab. Man darf es auch verdammt noch mal nicht auf die Spitze treiben. Er muß einsehen, daß er als Dieb nicht in Frage kommt. Er ist nicht abgebrüht genug, das ist es. Und er fällt mit dem Gesicht und mit der Glatze zu sehr auf.

Überhaupt ist er nicht der Typ dazu.

Ich bin zwar erst fünf Jahre alt. Aber ich bin ein Straßenjunge. Ich lerne das Stehlen schnell und gründlich und werde nie gefaßt.

Wo ist ein Platz für mich

Ich weiß, daß Stehlen verboten ist, das genügt mir. Ich passe auf.

Sobald ich genug gestohlen habe, springe ich mit meiner schweren Bauchtasche (was mir den Beinamen »Känguruh« einträgt) nach Hause. Wir schlafen zu sechst in einem Zimmer und in einem Bett.

Heute ist ein besonders gemeiner Tag. Wir haben seit zweiundsiebzig Stunden nichts mehr gegessen.

Ich bin vor einer Woche auf dem stockfinsteren Korridor gegen eines dieser widerwärtigen Möbelstücke gestoßen, die alle wie lackierte Särge aussehen und mit denen der Hausbesitzer das ganze Haus verrammelt hat. Ich habe mir den Fußknöchel angeschlagen, der heute noch böse geschwollen ist. Seitdem ist es mit dem Stehlen aus. Das bißchen eiserne Reserve ist seit drei Tagen aufgebraucht.

Ich habe die Schnauze voll, tatenlos zuzusehen, wie wir langsam dahinkrepieren. Aber ich bin vor Hunger so geschwächt und mir ist so übel, daß ich erst lange auf den Haustürstufen sitzen muß, bis ich die Kraft aufbringe, zu meinem Lebensmittelgeschäft zu hinken. Heute werde ich auf alle Fälle gehen, und wenn ich auf allen vieren rüber muß.

Meine Mutter setzt sich neben mich.

»Hast du starke Schmerzen?«

»Es geht.«

»Was muß mein kleines Känguruh in diesen Tagen auszuhalten haben.«

»Ich bin doch keine Memme.«

»Entschuldige. Komm wenigstens ins Haus.«

»Ich will nicht in das Haus. Laß mich bitte hier auf den Steinstufen.«

»Du sollst mit deinem kranken Fuß noch gar nicht auf die Straße. Überhaupt ist das nicht der geeignete Platz für meinen kleinen Liebling.«

Sie erschrickt sofort über den haarsträubenden Unsinn, den sie redet.

»Wo ist denn ein geeigneter Platz für mich, Mutti?«

Sie ist furchtbar verlegen, zieht mich verliebt an den Haaren, schnurrt wie eine Katze und druckst herum, um irgend etwas Sinnvolles zu sagen.

»Ist der Fuß sehr heiß? Willst du, daß ich den Umschlag mit essigsaurer Tonerde erneuere?«

»Nein danke. Er ist noch nicht sehr heiß.«

». . . Heute kriegen wir alle was zu essen, darauf kannst du dich verlassen.«

Sie klammert sich, wie wir alle, an diese fixe Idee, die uns von Stunde zu Stunde aufrecht hält.

»Ja, Mutti.«

Ich will eigentlich sagen: Und du kannst dich darauf verlassen, daß ich nicht aufgeben werde. Nie. Daß mich, außer der liebe Gott, niemand und nichts in die Knie zwingen wird. Daß ich dir eines Tages deine tapfere Liebe vergelten werde. Daß ich dafür sorgen werde, daß du nicht mehr wie ein Sträfling schuften mußt. Daß ich eines Tages aus eigener Kraft so viel Geld verdienen werde, daß ich dir sogar einen Wintermantel kaufen kann, Fäustlinge und warme Schuhe für deine Frostbeulen. Daß du so viel echten Bohnenkaffee trinken und Honigsemmeln essen sollst wie du willst.

Ja, das will ich dir eigentlich sagen. Aber ich sage es noch nicht, weil es eines Tages eine Überraschung werden soll.

»Soweit wie heute wird es nicht mehr kommen, das mußt du nicht denken, mein kleines Kängu . . .«

»Nein, Mutti.«

Die Kehle ist ihr trocken vom Lügen.

»Es wird alles gut werden«, haucht sie ganz nah an meinem Gesicht.

Ich schlucke lange an dem Kloß in meinem Hals, damit ich nicht losheulen muß. Ich darf jetzt nicht schlappmachen. Ich brauche für das, was ich vorhabe, alle Kraft.

»Ja, Mutti.«

Ihr Mund verzieht sich zu einem schwachen Lachen, so daß sie ihre zerstörten Zähne entblößt.

»Graust dir nicht vor deiner zahnlosen Mutti?«

»Sag nicht immer zahnlose Mutti.«

»Aber es stimmt doch. Jeder kann sehen, daß ich fast keine Zähne habe, obwohl ich noch so jung bin. Manchmal habe ich Angst, daß du dich meinetwegen schämst.«

»Das ist nicht wahr! Ich will, daß du mich auch ohne Zähne mein ganzes Leben lang küssen sollst!«

Sie nimmt meinen Kopf in ihre rauhen Hände und drückt ihn in ihren offenen Schoß, daß ich ihren erregenden Geruch einatme. Ich bleibe mit meinem Gesicht ganz dicht an ihrem Leib und streife mit meinen Lippen über ihren heißen Bauch und ihre winzigen steifen Brüste, bis ich mit meinem Mund ganz nah unter dem ihren bin. Sie beugt sich über mich und küßt mich mit ihren fleischigen feuchten Lippen wie mit einem Schwamm lange auf den Mund. Ihre riesigen wunderschönen Augen leuchten in ihrem verhungerten Gesicht wie Glasmurmeln.

Als ich wieder allein bin, reiße ich mich zusammen, humple so schnell ich kann über die Straße und krieche auf meinen Platz unter die hölzernen Regale vor dem Lebensmittelgeschäft, auf denen die Waren pyramidenförmig gestaffelt oder zu Bergen aufgeschüttet sind.

Ich darf keine falsche Bewegung machen, die Nerven nicht verlieren und nicht zittern. Man muß für diese heikle Arbeit eine ruhige Hand besitzen, Fingerspitzengefühl. Wie beim Mikadospiel.

Der freie Raum unter den Holzregalen ist sehr niedrig. Ich muß in der Hocke — wenn ich die Gestelle nicht ständig anstoßen und dadurch ins Wackeln bringen will — die Wirbelsäule so krümmen, daß mein Kopf mit dem Gesicht nach unten weit nach vorn gezwungen wird. Dabei drehe ich den Kopf je nachdem aufs linke oder rechte Ohr, und die Knie drücken gegen die gespannte Gurgel. Genau gesagt gegen den Adamsapfel. Der Hintern muß dabei unten bleiben, ohne auf die Pflastersteine aufzustoßen, wodurch ich nach rückwärts kippen würde. Damit dies nicht geschehen kann, stemme ich mich mit dem Rücken gegen die Schaufensterscheibe. Magen, Leber, Galle werden gegen Herz und Brustkasten gepreßt, so daß sich das Blut in meinen Adern staut und ich nur in kleinen kurzen Stößen atmen kann. Die Schürze hängt während der ganzen Zeit über meine Knie und liegt mit ihrer großen Tasche halb auf den Steinen auf. In sie wird die Ware eingesammelt.

Sobald ich diese Stellung einmal eingenommen habe, kann ich sie bis zum Verlassen meines Platzes ohne Risiko nicht mehr verändern, außer, daß ich höchstens den einen oder anderen Fuß wie ein Huhn vom Boden lüften kann. Direkt anziehen wie ein Hahn kann ich ihn nicht.

Die Schwellung am Fuß macht mir in der gehockten Stellung schwer zu schaffen. Wann immer es geht, werde ich das gesamte Körpergewicht auf den gesunden Fuß verlagern müssen. Vielleicht lassen die Schmerzen wenigstens etwas nach und ich werde nicht aufschreien müssen. Falls ich trotzdem schreien muß, werde ich mir eine Kartoffel oder irgend etwas in den Mund stopfen.

Der Ladenbesitzer, den ich am Gestank seiner Füße erkenne, kommt immer wieder nach draußen, um alle möglichen Waren aufzubauen oder etwas von den Ständen wegzunehmen. Das ist vielleicht ein Pedant. Er fummelt ohne Unterlaß an allem rum, und seine Stinkfüße bleiben eine Ewigkeit direkt vor meiner Nase stehen. Das fehlt mir noch!

Ich kann dem Pestgeruch nur dadurch für kurze Zeit entgehen, indem ich einfach aufhöre zu atmen — bis mir fast der Kopf platzt und ich wieder etwas Pest einatmen muß, wenn ich nicht zappeln will. Sonst kann ich nichts tun, solange er sich hier herumtreibt. Ich warte also, bis er von einem Kunden gerufen wird.

Als der Käsefuß wieder überraschend nach draußen kommt, muß ich in der Bewegung, die ich gerade ausführen will, versteinern. Das ist wie beim Lebende Bilder spielen, wo man sich totlacht über die verrücktesten Stellungen, in denen man erstarrt. Mit dem Unterschied, daß mir in meiner Lage weniger zum Lachen zumute ist.

Der Schmerz in meinem Fußgelenk wird so unerträglich, daß ich mir ein Kohlblatt in den Mund stopfe, um nicht aufzuschreien. Dann verliere ich die Besinnung.

Ich muß eine Zeitlang ohnmächtig gewesen sein — als ich wieder zu mir komme, das Kohlblatt noch im Mund.

In Panik, wie eine in die Enge getriebene Ratte, versuche ich, mich aus dieser Marterstellung zu befreien. Ohne Erfolg. Meine Glieder sind bis in die Zehen abgestorben. Ich habe Ohrensausen. Im Brustkasten verspüre ich einen stechenden Schmerz. Aus meiner Nase tropft Blut auf meine Schuhe.

Es ist bereits dunkel. Wie spät mag es um Gottes willen sein! Und wenn es kurz vor Ladenschluß ist? Ich habe noch nichts in meiner Schürze! Ich greife wahllos alles, was mir zwischen die klammen Finger kommt, und reiße fast die Stände auseinander.

Als ich vollgepackt bin, ich weiß nicht einmal womit, schiebe ich mich schlurfend Stückchen um Stückchen aus dem Verhau. Ich beiße die Zähne so fest aufeinander, daß ich sie knirschen höre. Als ich wieder Zentimeter um Zentimeter in die Höhe komme, schreie ich endlich vor Schmerzen auf.

Glücklicherweise steht niemand vor dem Laden, und es kommt auch niemand vorbei. Puh! Das war was!

Erst später wird mir klar, daß ich verdammt leichtsinnig gehandelt habe.

Ich habe die Straße schon fast überquert, als ich von einem vorbeiflitzenden Motorrad erfaßt und zirka zwanzig Meter weit mitgeschleift werde, wobei mein Kopf andauernd auf den Asphalt aufschlägt.

Der Unfall ist um so idiotischer, als der Verkehr in dieser Gegend harmlos ist und ich immer wie ein Luchs aufpasse, wenn ich eine Straße überquere. Es muß wohl daran gelegen haben, daß ich so geschwächt bin und so schlecht laufen kann.

Als der Motorradfahrer seine Maschine endlich stoppen kann, ist der Inhalt meiner Schürze in alle Richtungen katapultiert. Zitronen, Apfelsinen, Mohrrüben, Kartoffeln, Affenbrot sind wie Geschosse durch die Luft gesaust. Ein Marmeladeneimer ist auf dem Bürgersteig zerschmettert.

Die Fußgänger schreien auf den Motorradfahrer ein, als wollten sie ihn lynchen. Er hat beinahe einen größeren Schock erlitten als ich. Er ist leichenblaß, duckt sich wie ein getretener Köter und hebt die Ellbogen nur schüchtern halb über den Kopf, weil ein besonders vorwitziger Kretin ihm seine blanke Faust unter die Nase hält. Ich selbst habe ein Loch im Kopf.

Meine Brüder wachsen wie zwei Pilze aus der Erde und sammeln die zum Teil noch brauchbaren Lebensmittel ein.

Die Fußgänger sind durch das Auftauchen meiner Brüderchen so gerührt, daß sie den Motorradfahrer für einen Augenblick aus ihren Klauen lassen und den beiden zu Hilfe eilen. Selbst der Käsefuß stürzt aus seinem Laden und hilft meinen Brüdern seine eigenen Lebensmittel einsammeln.

Dann trägt mich ein Pupe ins Haus. Pupen nennen wir die Polizisten.

Meine Mutter schreit, macht sich aber ohne Umschweife daran, mich zu verbinden, was sie wirklich großartig kann. Nur als sie Jod an die Wunde bringen will, schlage ich ihre Hand zurück.

Schlechte Tage zum Stehlen sind Regentage. Noch schlechtere, wenn es schneit. Bei Frost werden die Auslagen sogar nach innen verlegt. Es wäre sowieso nicht möglich, bei vereister Straße lange unter den Regalen auszuhalten.

Ist ein Geschäft leer, so können wir nur in Rudeln mit anderen Straßenjungen was erreichen, ohne daß der Diebstahl sofort aufgedeckt wird. Ich halte von diesen Rudeln nichts. Wenn wir in Rudeln gehen, wird die Beute in zu viele Anteile aufgeteilt und es gibt immer Zankereien.

Du kannst natürlich auch schnurstracks in ein Geschäft gehen, einfach etwas grabschen und dann türmen. Diese Methode hört sich zwar sehr plump an, funktioniert aber durch ihren Überraschungseffekt immer. Bis die Leute aus dem Mustopf kommen, bist du längst über alle Berge. Natürlich mußt du sehr schnell rennen können.

Ja, mein Lieber, das Stehlen hängt für dich auch vom Wetter ab. In solchen mageren Zeiten hocken wir oft bis in die Nacht auf dem kahlen Fußboden in unserem Zimmer, mit leerem Magen und ohne Spielsachen. Denn wenn es ein strenger Wintertag ist, dürfen wir nicht einmal auf die Straße. Wir besitzen keinen Mantel. Auch keine Fäustlinge und keine Stiefel, sondern nur Halbschuhe, deren Sohlen durchgelaufen sind. Für vier Kinder gibt es nur ein Leibchen und ein Paar lange Strümpfe. Die sind eigentlich für meine Schwester, aber meine Brüder ziehen auch das Leibchen und die Strümpfe an. Zur Schule gehen sie an solchen Tagen abwechselnd. Abwechselnd tragen wir auch die anderen Kleidungsstücke. Nur ich muß in die Sachen immer erst hineinwachsen. Obwohl wir alle nur ein Jahr auseinander sind, bin ich verhältnismäßig verflucht viel kleiner als meine Geschwister. Wenn es dann soweit ist, daß auch ich endlich in den Genuß des jeweiligen Kleidungsstückes kommen soll, das gerade unter ihnen die Runde macht, ist es reif für den Mülleimer.

Wir sind zwar außer unseren Frostbeulen gegen Kälte und Hitze abgehärtet, aber meine Mutter sorgt sich um uns alle, weil Arne Asthma hat. Achim weiß nicht mal, was eine Erkältung ist. Inge ist ein Felsblock. Mein Vater ist nie krank. Und meine Mutter hat in ihrem ganzen Leben noch keinen Wintermantel angehabt.

Ich stehe am Fenster wie ein gefangenes Tier im Zoo, das sich an den Gitterstäben seines Käfigs auf seinen Hinterfüßen aufstellt, und bitte Gott, daß er das Wetter ändern möge.

Ich will weg von hier, weg! Weg!

Wenn es in diesem Haus nur nicht so stinken würde. Ist das ein Müllhaufen!

Es stinkt aus allen Winkeln so verwest, daß ich ernsthaft darüber nachgrübele, wo der Zimmervermieter seine tote Mutter versteckt hat, damit er ihre Bestattungskosten nicht zu bezahlen braucht. Sie war genau an dem Tag gestorben, an dem wir eingezogen sind. Möglicherweise hat er sie in die Latrine versenkt.

Ihr Söhnchen ist ein solches Stück Mist, daß er sogar die Äpfel an den Bäumen zählt, damit wir sie nicht stehlen.

Eingekesselt zwischen unserem, dem angrenzenden Haus und den häßlichen Lattenzäunen, die die beiden offenen Seiten verbarrikadieren, befinden sich, außer einem großen und zwei kleinen Apfelbäumen, noch ein paar kümmerliche Beerensträucher und Erdbeerbeete.

Sobald der ausgebuffte Lümmel merkt, daß wir zu fressen angefangen haben, wütet er wie eine Wildsau in dem Gestrüpp und in den Beeten. Er wird dabei so sehr von Angst gepackt, er könnte die Ernte nicht an einem Tage schaffen, daß er das Zeug ganze Hände voll einfach herunterschluckt, im Gehen, ohne zu kauen. Dabei flucht er wie ein Weib, fast mit Tränen in der Stimme, daß man ihn so hereingelegt hat.

Die Äpfel erntet er grün. Steinhart. Er weiß genau, daß ein Dieb nur eine sehr begrenzte Menge unreifes Obst vertragen kann, ohne Durchfall oder sogar Gelbsucht zu kriegen.

Aber dieses Vieh ist auch ein Pfandleiher und Blutsauger. Sein Paradestück: er zieht meiner Mutter ihren Ehering vom Finger.

Wir haben uns das selbst zuzuschreiben. Wir haben uns die Natter hochgezüchtet. Was ist da zu machen? Wir haben keine Wahl. Wir können die Miete nicht zahlen. Wir haben nichts zu beißen, nichts zu heizen. Er weiß das alles. Er weiß auch, daß ich stehle. Er braucht nur zu dem Lebensmittelhändler zu gehen und auszuposaunen, was er weiß. Dann sind wir geliefert. Das ist ein Teufelskreis. Je weniger wir unsere Ohnmacht vor ihm verbergen können, je tiefer wir in seine Schuld versinken, um so öliger wird seine Freundlichkeit. Um so mehr drängt er uns seine Hilfe auf, bietet uns an, uns hochzupäppeln. Nimmt meine Mutter seine »Kredite« an, so verstrickt sie sich vollends, bis sie nur noch mit ihrem nackten Leib bezahlen kann. Lehnt sie ab, verhungern und erfrieren wir, weil er uns den Laufpaß gibt. Oder er zeigt uns an. Oder beides. Und so fort.

Wie wird das enden? Wird er ihr bald die Rechnung präsentieren, und wird sie mit ihm ins Bett gehen müssen? Ich glaube, ihre Angst, zur Hure zu werden, läßt sie jede Demütigung ertragen.

Zuerst fleht sie ihn an, daß er ihr den Ring am Finger läßt. Daß sie bereit ist, einen Schuldschein zu unterschreiben.

Er sagt, sie soll nicht darüber erschrecken, daß er ihr trotzdem den Ring vom Finger zieht. Das habe seine Richtigkeit bei einem Pfand. Der Bock zieht ihr also den Ehering vom Finger.

Am Ringfinger meiner Mutter bleibt ein etwas eingekerbter Reif zurück, etwas heller als die übrige gebräunte Haut.

Eigentlich müßte er das Pfand für anstehende Schulden verrechnen, aber er ist kein Unmensch. Gegenwert für den Ring: ein Kilo Graumehl, ein halbes Pfund Zucker, ein Kilo Kälberzähne (große Graupen), hundert Gramm Lorche (Kaffee-Ersatz), dreihundert Gramm Pflanzenfett, sechs Briketts und einen Block ungeschlagenes Holz.

Sie soll nicht glauben, daß er unsere Notlage ausnutzen will. Er gibt uns absichtlich für den Ring nicht mehr, damit uns das Wiederauslösen leichter fällt. Er wird den Ring nur aufheben, nur einen Monat lang, bis sie ihn wieder auslösen kommt. Und dann: der Herr will die geliehene Ware gar nicht wiederhaben, nein. Er bevorzugt Bargeld.

Am Arsch! Das ist keine reguläre Pfandleihe! Außerdem kann ein Blinder sehen, daß wir nie imstande sind, das Pfand innerhalb eines Monats einzulösen.

Er sagt, er ist sicher, daß meiner Mutter schon irgend was einfällt. Das ist die Höhe!

Jeden Morgen sind wir von Wanzen zerbissen. Auch unsere Gesichter sind verquollen. Ich rede mir ein, es sind Mückenstiche. Das ist nicht so ekelhaft.

Es wäre lächerlich, auf Wanzenjagd zu gehen. Es sind zu viele. Und wer ist imstande, den ganzen Tag Desinfektionsmittel zu schlucken, selbst wenn wir das Stinkzeug bezahlen könnten. Wir töten sie natürlich unaufhörlich. Unsere Matratze und die Wände sind über und über mit Blut besudelt, als hätten wir uns gegenseitig ermordet. Schließlich ist es unser Blut, mit dem sie vollgesogen sind und das in hohem Bogen verspritzt, wenn sie unter dem Druck unserer Körper an der Wand zerplatzen oder wir sie mit den Fingern quetschen.

Die Ratten steigen mit solcher Unverschämtheit über uns hinweg, hetzen atemlos die Wände hoch und sind so aufsässig und übermütig, als wären wir überhaupt nicht vorhanden. Die anderen behaupten zwar, das sei alles Komödie, um unseren Argwohn zu zerstreuen. Man könne sicher sein, daß sie uns, wenn wir vor Hunger geschwächt und vollkommen widerstandslos geworden sind, anfallen werden. Sie warten nur darauf. Ich meinerseits halte fanatisch an der Überzeugung fest, sie spielen Einkriegezeck: Immer wenn eine dran ist, reagiert sie mit einem lachenden, erschöpften, schadenfrohen oder hysterischen Geschrei. Es ist äußerst gefährlich, in ihr Spiel einzu-

31

greifen. Unter keinen Umständen darf man sie mit der Hand berühren. Ihr Biß ist giftig, weil sie die schlimmsten Krankheiten übertragen. Manchmal muß ich ihnen was an den Schädel schmeißen. Sie werden sonst wirklich zu frech. Wo haben sie nur das nahrhafte Essen her? Sie sind stramm wie Möpse.

Die Küchenschaben erreichen ausgewachsen die Größe junger Schildkröten. Wir verbrennen sie lebendig mit dem Fidibus, wenn wir in die Küche dürfen. Im übrigen wetzen sie so unheimlich schnell, daß wir sie meistens nur an den Ärschen verkohlen.

Auf den Silberfischen trampeln wir ohne Erfolg herum.

Das Bett bewegt sich von allein, weil es sich zur Hälfte im Bauch der Holzwürmer befindet. Diese Würmer fressen uns das Bett wortwörtlich unter dem Hintern weg. Es wird von einem Augenblick zum anderen zusammenbrechen.

Was ein Badezimmer ist, erfahre ich erst sehr viel später. Waschen tun wir uns unter der Straßenpumpe, mit Schmierseife oder einfach mit Sand. Im Winter waschen wir uns in unserer Emailleschüssel. Das Wasser wird dann aus der Küche reingeholt. Wenn das Wasser gefriert, hängt ein Eiszapfen an der Wasserleitung. Wir brechen ihn ab und waschen uns damit. Warmes Wasser gibt es nicht.

Was ein Klo ist, weiß ich. Das ist ein Loch mit oder ohne Deckel, das entweder eines Tages ausgeleert oder zumindest zugeschüttet wird. Eine Latrine also. Wenn man den Deckel zu unserer Latrine abhebt, erstickt man fast an dem Gestank von Urin und Scheiße. Im selben Augenblick, und eh man sich versieht, hageln einem aus dem schwarzen Loch ganze Wolken hartsurrender Schmeißfliegen auf Mund und Augen.

Ich begreife nicht, warum niemand Chlorkalk in diese Hölle schüttet.

»Nicht der gemeinste Alptraum ist so grauenhaft!« brüllt meine Mutter mit einem gefährlichen Ausdruck in den Augen.

»Wir werden diesen Blutegel, wenn er beim Scheißen sitzt, Hieb um Hieb in die Latrine prügeln!«

»Lebendig von den Maden fressen lassen!«

»Ja! Zuerst den fetten weißen Hintern! Sie sollen ihm im After wimmeln! Sich hocharbeiten und ihn von innen fressen!«

»Den Kopf zuletzt!«

»Auf keinen Fall die Nase! Er muß langsam vergiftet werden!«

»Die Augen auch nicht! Die Augen und die Lippen müssen frei bleiben für die grünen Fliegen!«

»Den stahlglänzenden Fliegenhelm!«

»Wenn er erstickt ist, lassen wir ihn runterplumpsen!«

»Und scheißen ihn zu!«

Die Morddrohungen gegen den Pfandleiher werden ins Unendliche variiert, bis unser Racherausch immer in demselben Ausruf verläppert:

»Wenn wir wenigstens einen Wassereimer hätten!«

Wasser wäre natürlich völlig falsch, da die Jauche nie abfließen könnte. Außerdem kommt Wasser nicht in Frage. Die nächste Straßenpumpe ist viel zu weit entfernt. Die Gartenpumpe dürfen wir überhaupt nicht benutzen. Und das faule Leitungswasser, das nur in abgekochtem Zustand genießbar ist, darf einzig und allein zum Trinken, Kochen, Waschen und Zähneputzen verwendet werden.

Ich selbst benutze die Latrine überhaupt nicht mehr. Am Tage verrichte ich meine Bedürfnisse im Freien. Nachts versuche ich es mir so lange wie irgend möglich zu verkneifen. Das ist sehr schmerzhaft. Außerdem ist es ungesund.

Im Schlaf strullen wir uns oft gegenseitig an. Ich halte, als ich aufwache, den nackten Bauch meiner Schwester von rückwärts umklammert, weil ich geträumt habe, sie ist ein Baum, an den ich pisse.

Wache ich vorher auf, dann pinkle ich aus dem Fenster. Wenn ich kacken muß und die anderen schlafen, hocke ich mich auf den Fußboden und halte mir Zeitungspapier unter den Hintern. Dann wickle ich das ganze ordentlich zusammen und werfe das noch warme Päckchen aus dem Fenster auf die Straße direkt in die offene Mülltonne, die vor der Haustür steht. Das ist immer noch am hygienischsten.

Auch am Tage kann ich es oft nicht zurückhalten, und es kann zu spät sein, bevor ich einen geeigneten Platz gefunden habe. Heute habe ich es nicht einmal mehr bis über die Straße geschafft und mitten auf die Fahrbahn gekackt. Die Autos waren so nett und fuhren im Bogen um mich herum wie um einen Verkehrspupen.

Elektrisches Licht gibt es nicht. Entweder der Strom ist immer abgesperrt, oder es existiert überhaupt keine elektrische Leitung. Ich habe jedenfalls nie eine elektrische Lampe brennen sehen. Aber wir haben uns auch daran gewöhnt und bekommen mit der Zeit den Orientierungssinn von Fledermäusen.

Um das Maß voll zu machen, ist es im Winter so mörderisch kalt, daß wir Kinder sogar in unseren Kleidern schlafen. Auf diese Weise können die Frostbeulen an unseren Händen, Füßen und Gesichtern niemals heilen. Sie platzen immer wieder auf, vereitern und jucken auch den ganzen Sommer durch. Wir stecken Hände und Füße manchmal in kochendheißes Wasser, aber diese Heilmethode hilft uns nicht. Und wer kann das ertragen?

Wenn einer von uns zu dieser Folter verurteilt ist, müssen die anderen sich auf ihn werfen, ihn festhalten, wenn er zu entkommen sucht, und ihn mit Gewalt in die Emailleschüssel stoßen. Das kochendheiße Wasser bewirkt in den Eiterbeulen einen so rasenden Schmerz, daß dir nichts anderes übrigbleibt, als laut zu schreien. Ein rücksichtsloser Kampf entbrennt, der mit blutigen Gesichtern und zerschundenen Knochen endet. Mir bricht ein halber Schneidezahn heraus, als ich mit der Schnauze auf den Schüsselrand aufschlage.

Wir Kinder protestieren gegen diese Quälerei, weil wir schon genug zu leiden haben. Meine Mutter behält jedoch die Oberhand, und wir müssen uns von Zeit zu Zeit verbrühen lassen. Möglicherweise hat sie sogar recht. Manchmal kommt es mir vor, als ob vorübergehend eine Linderung eintritt.

Der Dreckstall gärt und bläht sich. Es arbeitet und klopft wie in faulenden Gedärmen. Die Mauern treiben durch die Gase auf wie Beulen. Und durch die stechende verbrauchte Luft zieht ein süßlicher Leichengeruch.

Der Gestank ist so bestialisch, daß wir uns hinknien und beten: »Lieber Gott! Wenn es sich nicht um seine tote Mutter handelt, die so stinkt, dann bist du uns ja gnädig. Dann hast du zugeschlagen. Dann hat den Pfandleiher der Schlag getroffen. Das Vieh ist hin! Mein Gott, wir danken dir, daß du ihn hast krepieren lassen!« Wir brechen schon in unterdrückten Freudentaumel aus und tanzen im Dunkeln vorsichtig durchs ganze Haus — als ich auf einen toten Hasen stoße, der wie ein Gehenkter mit Drahtfesseln an den Füßen über dem Pfosten der Küchentür baumelt. Von ihm kommt also der Leichengeruch.

»Es ist ganz in der Ordnung, Wild so lange abzuhängen«, fachsimpelt meine Mutter, obwohl sie, wie wir, noch nie Hasenbraten gegessen hat.

»Man muß dem Pfandleiher einreden, der Hase befinde sich bereits im Zersetzungszustand. Vielleicht wirft er ihn in den Mülleimer, und wir können ihn dann wieder herausholen und selber fressen!«

Sie glaubt, wunder was für eine Idee sie da hat. Obwohl der Hase wirklich zu bestialisch stinkt und schon das Maul voll Maden hat.

Der Trick mit dem Leichengift wirkt außerdem bei dieser Hyäne nicht, die den Kadaver noch als Aas verdauen würde. Niemals und unter keinen Umständen würde er ihn einem anderen Menschen gönnen.

Wir haben immer Hunger. Angenommen ich könnte jeden Tag stehlen, so würden wir doch nicht immer alle satt.

Die Küche dürfen wir nur einmal am Tag betreten und die Feuerstelle nur einmal am Tag benutzen. Wir kriegen also im Höchstfall einmal täglich was Warmes in den Bauch. Und das auch nur, wenn wir Holz und Briketts zum Feuermachen haben.

Seine Lebensmittel hat der Pfandleiher natürlich alle weggeschlossen. Von Geld oder Wertgegenständen ganz zu schweigen. Es ist für uns strengstens verboten, die anderen, von ihm belegten Räume zu betreten. Wir haben nie einen Fuß dahingesetzt, ja, es gelingt uns nicht einmal, einen Blick in einen dieser widerlichen Verschläge zu werfen. Sämtliche Türen und Luken sind mit schweren Ketten und massiven Vorhängeschlössern belegt. Dennoch muß ich mich dort unbedingt umsehen.

Aber ich hebe mir das für später auf. Ich muß klug und behutsam vorgehen, wenn ich den Ehering meiner Mutter wiederhaben will. Dieser Blutegel trägt wie ein Zellenwärter Tag und Nacht einen Batzen Schlüssel mit sich herum, entfernt sich nie mehr als auf Sichtweite und bleibt, selbst wenn er einkaufen geht, nur ganz kurze Zeit außer Haus.

Aber wir verheizen seine Zäune und ein gräßliches Möbelstück nach dem anderen. Dann kauern wir uns an unserem Ofen und kuscheln die verbeulten Hände, Füße und Gesichter an die heißen Kacheln. Manchmal auch den Mund.

Meine Mutter rackert sich von morgens bis abends für uns ab und ist noch froh und dankbar, wenn sie ab und zu für ein paar schäbige Groschen die schmutzige Wäsche anderer Leute waschen darf. Aber sie erledigt all diese Arbeiten mit solcher Geschicklichkeit und so blitzschnell, daß ihr noch genug Zeit übrigbleibt, sich das Gehirn zu zermartern und zu verzweifeln.

Ihre lang zurückgedrängte Bitterkeit macht sich dann in wilden Ausbrüchen Luft, wobei sie abwechselnd sich selbst und meinen Vater beschimpft.

»Ich bin völlig überflüssig auf dieser Welt! Ich bin nicht einmal fähig, meine eigenen Kinder zu ernähren! Und du? Warum hast du deine Eltern nicht gekannt? Warum bist du arbeitslos? Warum verdirbst du dir, wenn dich endlich einer nimmt, gleich wieder alles? Warum kannst du dein Maul nicht halten? Warum mußte ich ausgerechnet dir begegnen? Du hast mich noch am selben Tag geschwängert und dann noch mal und noch mal und noch mal! Du hast mich fast zuschanden geritten! Du siehst, wohin uns das geführt hat! Wir ziehen von einem Wanzenloch ins andere! Wir kommen immer mehr auf den Hund und leben wie die Schweine! Warum? Warum? Warum?«

Sie wälzt sich weinend auf der Matratze und schreit ihre zwecklosen Fragen gegen die vier Wände.

Wir Kinder weinen mit ihr und krallen uns an ihr und unserem Vater fest.

»Papa .. tu doch etwas! Papa! . . .«

Manchmal denke ich, es kann nicht lange dauern, bis meine

36

Mutter endgültig zusammenbricht. Wenn sie irgend etwas arbeitet, zittert sie so, daß ihr alles aus den Händen fällt. Was wird passieren, wenn ihr Zustand sich verschlimmert und sie zusammenbricht?

Mein Vater sagt bei den Ausbrüchen meiner Mutter nicht ein Wort. Er läßt die Beleidigungen und Anklagen völlig reaktionslos über sich ergehen.

Er fühlt sich von dem Terror, daß alles für uns fehlgeschlagen ist, gelähmt und kann stundenlang in derselben Stellung dastehen oder dasitzen, ohne auch nur mit der Wimper zu zucken oder sich zu regen. So paralysiert ist er von dem Gedanken an unsere Ausweglosigkeit, daß er unfähig ist, sich gegen das Schicksal aufzulehnen oder sich auch nur dazu zu äußern.

Erst wenn sie sich etwas beruhigt hat und aufhört, ihn zu beschimpfen und anzuklagen, hebt mein Vater meine zusammengesunkene Mutter auf.

Nie ist er zu müde, sie auf den Armen, wie ein Kind, im Zimmer herumzutragen. Hier habe ich entdeckt, daß mein Vater das Herz und die Geduld von Christus hat.

Wenn wir uns nachts mit Schlaflosigkeit quälen, weil wir uns nie bewegen können und unsere Knochen sich wundliegen — dann steht er auf, um uns seinen Anteil am Bett zu überlassen. Oft sitzt er dann die ganze Nacht auf einem Stuhl oder streift verloren durch die Straßen.

Nie geht er in eine Kneipe oder gibt sonst Geld für sich aus. Um die paar Pfennige, die meine Mutter sich vom Munde abspart, nicht anzutasten, hat er sogar das Rauchen aufgegeben. Er leistet sich nicht mal ein Glas Bier und liefert selbst jeden Pfennig, den er durch Aushilfsarbeit verdient, zu Hause ab.

Es ist hellichter Tag, und meine Geschwister sind in der Schule. Ich komme von der Straße und habe die Zimmertür schon aufgestoßen — als ich wie vom Blitz getroffen stehenbleibe und fasziniert auf die Matratze starre. Mein Vater und meine Mutter sind so beschäftigt, daß sie mich überhaupt nicht wahrnehmen, als hätte ich eine Tarnkappe auf, obwohl die Entfernung zwischen mir und ihnen nur einige Meter beträgt. Beide

37

sind splitternackt. Er liegt auf dem Rücken und sie ist mit gespreizten Schenkeln auf ihn gestiegen.

»Ich will weg von hier, weg! Weg!« keucht sie.

Sie hat Fieber.

»Wir müssen eine Möglichkeit auskundschaften, von hier wegzukommen ... Ich hätte Lust, in eine große Bank zu gehen und mit vorgehaltener Pistole den Kassierer zu zwingen, mir alles Geld bis auf den letzten Pfennig auszuhändigen ... Wenn man Alarm schlägt, würde ich wie ein Raubtier auf sie losgehen ... Ein einziger wirklicher Kampf und dann Schluß!«

Ich kann nicht hören, was mein Vater meiner Mutter antwortet. Sie streckt den Hintern raus. Sein enormer aufgereckter Schwanz dringt von unten in sie ein. Das Röcheln meines Vaters, das sich mit jedem Auf-und-Ab-Reiten steigert, wird durch das Stöhnen meiner Mutter übertönt, die nach den ersten tiefen Stößen laut und ausdauernd in dicht aufeinanderfolgenden Orgasmen aufschreit. Für den Bruchteil einer Sekunde sehe ich ihr von Liebesgier verwüstetes Gesicht.

Heiligabend. Das Fest des Friedens und der Freude. Im Zimmer ist es eisig und so dunkel, daß wir uns gegenseitig nicht sehen können. Keiner sagt ein Wort. Man hört kaum den Atem. Ich weiß aber, daß alle da sind.

Die ganzen letzten Wochen habe ich die Leute von morgens bis spätabends Weihnachtsbäume und Pakete schleppen sehen.

Jetzt sehe ich von unserem Fenster aus, hinter den Gardinen der gegenüberliegenden Fenster, die Kerzen an den Weihnachtsbäumen brennen, die bunten Kugeln, das flimmernde Lametta, Ketten aus Silber- und Goldpapier und an die Fensterscheiben geklebte durchsichtige Sterne.

Ich habe zwar mit meinen Brüdern einen verkrüppelten Weihnachtsbaum geklaut — aber wir haben keine Kerzen und auch nichts von all dem andern Zeug, um den Baum zu schmücken. Nicht mal so einen gußeisernen Ständer, in den wir ihn einklemmen könnten, damit er steht. Er lehnt müde in einer Ecke wie ein bestraftes buckliges Kind mit dem Gesicht zur Wand.

Der einzige Schmuck, der mich unser Strafdasein für Augenblicke vergessen läßt, sind die glitzernden Eisblumen, die mit

Millionen feinster Kristalle in unerschöpflichem Musterreichtum verschwenderisch das ganze Fenster überziehen und unvergleichlich schöner sind als die teuerste Gardine.

Ich male mir aus, wie warm es jetzt in den anderen Wohnungen ist, wo die Leute vielleicht über einen Teppich gehen. Was in den Töpfen schmort und in den Formen bäckt. Wonach es duftet. Wie viele Geschenkpakete schon geöffnet sind und wie viele noch, in blankes Papier verschnürt, geheimnisvoll auf den Weihnachtstischen liegen.

Plötzlich packe ich all die Pakete selber aus: ich staune über das Mensch ärgere-dich-nicht. Über den Stahlbaukasten. Über das Halma. Ich schraube mir die Rollschuhe und die Schlittschuhe an meine nackten Füße. Ich setze mich auf den nagelneuen Rodelschlitten und lasse mich ein Stückchen über den Teppich ziehen. Ich drücke mir den wollnen Pullover an die Backe, der so zart ist wie der Flaum von jungen Vögeln. Ich ziehe mir zur Probe die Fäustlinge über und atme tief den Duft des Boxkalfleders meiner neuen Stiefel ein und küsse sie auf die Sohlen. Ich lache mich krumm über Max und Moritz, den Struwwelpeter und den Suppenkasper und weine über das Mädchen mit den Schwefelhölzern und bin so sehr ins Märchenbuch versunken, daß ich erst zu mir komme, als mir die bereits ausgepackte Kinderpost auf die Zehen fällt. Ich stemple mit dem Stempel alles, worauf sich stempeln läßt und klebe meinem Vater eine winzige Kinderbriefmarke auf die Glatze. Ich baue die Kurvenschienen der elektrischen Eisenbahn um die Bettfüße herum und verlege die Geraden durchs ganze helle, warme Haus. Ich schaukle auf dem Schaukelpferd Galopp bis sich mir der Kopf dreht.

Ich knacke Nüsse, stopfe mir pausenlos Marzipankartoffeln in den Mund und schmatze Nougat, Spekulatius, Pfefferkuchen, Lebkuchen, Stollen, Feigen, Datteln und den ganzen Baumbehang. Ich lasse den zarten Mürbeteig der Butterplätzchen und die Zuckerkringel erst langsam auf der Zunge zergehen, bevor ich sie herunterschlucke — halt! Da ist noch der Gänsebraten! Wie konnte ich den vergessen! Die Keule gehört mir. Was heißt eine Keule, beide Keulen.

Ich bin so geil nach Fressen und der brutalen Wirklichkeit so total entrückt, daß ich auch die beiden Flügel der Gans und das Brustfleisch auseinanderreiße, mir zusammen mit ganzen Bergen von Rotkohl und Schmoräpfeln in den Rachen stopfe und die Soße aus der Kelle trinke.

Der Spuk ist so echt, daß ich noch ein paar Salzkartoffeln hinterherschieben muß. Trockene Salzkartoffeln, ganz ohne was. Vielleicht war es doch übertrieben, die fette Soße gleich kellenweise zu saufen.

Auf alle Fälle bin ich stoned. Ich habe Zahnschmerzen von den Süßigkeiten und von den Nüssen, die ich immer mit den Zähnen knacke. Nachdem ich gerülpst und einen Furz gelassen habe, schlafe ich in dem Schlaraffenland wie ein nasser Mehlsack ein.

Ich wache auf dem kalten Steinfußboden auf, als ich meine Mutter weinen höre. Ich weiß nicht mehr, was Wirklichkeit ist. Ich schlage mir ins Gesicht, um festzustellen ob ich träume. Es tut weh. Also ist das die Wirklichkeit. Nach meiner Orientierung kann meine Mutter nicht weit von mir entfernt sein. Richtig. Meine Augen haben sich sofort wieder an die Finsternis gewöhnt. Sie sitzt am Tisch und hat die Hände vors Gesicht geschlagen. Ich krieche zu ihr hin, um sie zu streicheln. Als ich bis zu ihr vorgedrungen bin, finde ich schon meine beiden Brüder, die sich um ihre Beine klammern. Meine Schwester schläft im Stehen, den Kopf seitlich auf die Tischplatte gelehnt. Am Fenster schält sich deutlich die Silhouette meines Vaters aus der Nacht, der unbeweglich in den Schnee hinauszustarren scheint.

Der Pfandleiher hat uns vor die Tür gesetzt. Mitten auf die Straße. Er hat meiner Mutter das Ultimatum gestellt, sofort mit ihm ins Bett zu gehen, wenn sie den Ehering zurückhaben will und verhindern will, daß er uns anzeigt. Sie kommt völlig aufgelöst zu meinem Vater gerannt und erzählt ihm alles brühwarm. Und mein Vater, der das Herz und die Geduld von Christus hat, geht hin und spaltet diesem Lump mit seinen gigantischen Fäusten die Fresse wie mit einer Axt.

Einen Augenblick lang denke ich, er hätte ihn kaltmachen

sollen. Aber es ist besser so, sonst müßten wir auf Staatskosten umziehen.

Der Drecksack hat sich danach nicht schlecht beeilt, uns loszuwerden. Um 9 Uhr früh hat er meiner Mutter unter den Rock gefaßt. Um 9.05 Uhr hat mein Vater ihm die Zähne eingeschlagen. Bis 10 Uhr hat er sich in seinem Blut gewälzt. Um 12 Uhr ist er verbunden aus dem Krankenhaus zurück. Und um 13 Uhr, genau um die Mittagszeit, sitzen wir auf unseren verschnürten Persilkartons und einem Pappkoffer mitten auf der Straße.

Wir sind nicht im geringsten deprimiert. Im Gegenteil. Es wurde höchste Zeit!

Wir haben, außer unseren Frostbeulen und außer, daß Arne Asthma hat, dieses Höhlenleben ohne ernste Schäden überstanden und sind gut in Form.

Gott sei Dank ist Frühling. Ich sauge die neue Luft so tief in meine Lungen, als wäre ich lebendig begraben gewesen, und mache einen Strich unter die ersten fünf Jahre meines Lebens. Uff!

Wohnung

Vier Uhr früh. Seit wir aus dem Zimmer mußten, sind wir nur auf Achse und haben nichts als Pensionen und drittklassige Hotels abgeklappert. Keiner will uns. Die haben alle schon genug, wenn sie unser Gepäck sehen. Kinder will auch keiner. Und dann gleich vier. Und wie wir alle aussehen!

Mein Vater versucht es jetzt allein. Wir anderen verstecken uns mit dem Gepäck, wenn er den Nachtportier eines Hotels rausklingelt. Er kneift sich sein kaputtes Monokel ins Auge, weil er glaubt, daß er dadurch Eindruck schindet. Aber das ist alles Quatsch. Er hat keinen Hut, und seine Glatze ist seit Tagen nicht rasiert. Er sieht aus wie ein entsprungener Sträfling. Die Nachtportiers schöpfen sofort Verdacht, wenn jemand im Morgengrauen ohne Koffer kommt, und alle, ohne Ausnahme, wollen eine Vorauszahlung. Also wieder nichts.

Wir sind vollkommen fertig. Wir taumeln nur noch wie Besoffene. Dieser Hunger ist zum Wahnsinnigwerden!

Endlich. Um 7 Uhr früh nimmt uns eine miserable Absteige am Stettiner Bahnhof. Wieder zu sechst in einem Bett. Meine Mutter hat ihre Periode und bekommt einen Blutsturz. Wahrscheinlich vor Überanstrengung. Ihre Beine müssen hochgelagert werden. Das nimmt das halbe Bett ein. Wir könnten sowieso nicht schlafen. Vor Hunger. Außerdem sind wir viel zu überreizt. Wir stoßen uns ständig gegenseitig an, und es schmerzt wie eine Wunde.

Mein Vater hastet von Apotheke zu Apotheke und bietet sich an wie Sauerbier.

Der Lärm in dieser Gegend ist mörderisch. Ebenso der Qualm vom Bahnhof. Meine Geschwister gehen nicht zur Schule, nicht bevor wir eine Wohnung haben.

Die Strapazen reiben uns auf. Jeder macht aus einer Mücke einen Elefanten. Jeder Streit wegen jedem Dreck endet beinahe mit Mord und Totschlag. Und dann der Kampf um jeden Kanten Brot.

Geld! Geld! Wo soll das herkommen?

Vor allen Dingen müssen wir aus dem Hotel raus! Erstens killt das auf die Dauer jeden und zweitens können wir diesen Puff erst recht nicht bezahlen.

Alles wird sich ertragen lassen, wenn wir erst eine Wohnung haben.

Ich bin mit meiner Mutter auf Tour. Inge, Arne und Achim schlafen heute tagsüber im Bett, weil sie nachts auf dem Fußboden gelegen haben. Wir wechseln uns immer ab, einmal Bett, einmal Fußboden.

Meine Mutter bleibt stehen, als kämpfe sie mit sich selbst, um eine Entscheidung zu treffen. Dann geht sie entschlossen in einen Bäckerladen und kauft mir zwei Schnecken à 5 Pfennig. Es war ihr letzter Zehner. Jetzt müssen wir die Teilstrecke der Straßenbahn zu Fuß zurücklegen. Zirka zwei Kilometer. Sie weigert sich hartnäckig, eine Schnecke zu essen. Sie will nicht einmal abbeißen.

Es regnet in Strömen. Vor dem Hotel stoßen wir auf meinen Vater. Er hat auch seit morgens nichts gegessen. Meine Mutter zieht ihre Schuhe aus und verkauft sie bei einem Gebrauchtwarenhändler an der Ecke. Er gibt ihr zwei Mark dafür. Wir kaufen ein riesiges Stück Warschauer und eine große Flasche kalten Kakao und nehmen alles mit ins Hotel.

Warschauer besteht aus abgeschnittenen, verkohlten Kanten von Blechkuchen und allem, was sonst noch von Gebäck und Brot abbricht und Bäcker auf Ladentischen und Fußböden zusammenkehren. Das Ganze wird zu einer Masse zusammengepappt und noch einmal in den Ofen geschoben, damit der Kleister hält. Ein kompletter Warschauer, der die Größe von einem Kommißbrot hat und bei dem man aufpassen muß, daß man nicht Besenhaare, Holz, Metall, Papierfetzen oder sogar aus Versehen ein gebackenes Geldstück mitfrißt, kostet zirka zwanzig Pfennig.

Mein Vater hat Arbeit. Nichts als aus dem Hotel raus!

Pallasstraße. Dritter Hinterhof. Die Wohnung ist ein Gelegenheitstreffer. Der vorherige Mieter hat Selbstmord begangen. Für uns ist es das Paradies: Ein Zimmer, ein halber Meter Korridor, eine Küche und zusammen mit den anderen Mietern des dritten und vierten Stockwerkes ein Etagenklo. Wir haben auch einen Kachelofen. Gekocht wird mit Gas. Das sind Automaten, man wirft zehn Pfennig rein und kann sofort kochen. Die verplombten Automaten werden jeden Monat von der Gasanstalt geöffnet, die Groschen ausgeleert und wieder neu verplombt. Unser Vorgänger hat der Gasanstalt die Arbeit abgenommen. Er hat selbst die Plomben aufgebrochen, die aufgespeicherten Groschen wieder rausgeholt, sie von neuem in den Automaten eingeworfen und sich dann mit Gas vergiftet. Jetzt ist er im Leichenschauhaus und wir in seiner Wohnung.

Das ist auch ein Wanzennest. Wir reißen die Tapeten runter und streichen alles über. Die erste Zeit schlafen alle auf dem Fußboden. Dann kaufen wir beim Lumpenhändler ein altes Eisenbettgestell und eine Matratze.

Unsere Kleidungsstücke legen wir zusammengefaltet auf die Dielen in eine Ecke. Das Zimmerfenster geht direkt auf den Schulhof der 22. Volksschule, in die meine Geschwister eingeschult werden.

Arne hat so schweres Asthma, daß er blau wie Tinte anläuft, wenn er die Treppen zu unserer Wohnung raufsteigt. Mein Vater klaut die ziemlich teure Medizin für ihn in der Apotheke. Ein großer Napf mit einem gelben Pulver, das Arne löffelweise einnehmen muß. Wir anderen Kinder sind neidisch auf das Pulver. Es interessiert uns nicht, daß es Medizin ist, für uns ist es was zu essen.

Kinderhölle

Ich werde in ein Heim verschickt, weil ich noch nicht zur Schule gehe und damit die anderen mehr zu essen und mehr Platz zum Schlafen haben. Vor allem aber, weil meine Mutter so naiv ist und glaubt, daß *ich* in dem sozialen Kinderheim endlich genug zu essen kriege. Dieses sogenannte Heim, das sich 50 Kilometer außerhalb Berlins befindet und das in Wirklichkeit so etwas wie ein Zuchthaus für kleine Kinder ist, nenne ich die Kinderhölle.

Die Folterknechte, die uns »betreuen«, sind unbefriedigte sadistische Weiber. Sie schlagen uns mit Rohrstöcken auf die Hände und über den Kopf, wenn wir den Fraß nicht herunterwürgen können. Ich werde nie begreifen, was diese entmenschten Menschenschinder dazu treibt, uns zu zwingen, Fettstücke zu schlucken, deren penetranter Geruch oder bloßer Anblick mich schon zum Erbrechen bringt.

Eine schmierige Vettel stellt einen vollen Teller vor mich auf den Tisch. Sie hat den Daumen bis zum Handgelenk in der grauen Suppe, in der weiße, wabblige Fettstücke herumschwimmen. Der Teller ist bis zum Rand gefüllt und die Suppe schwappt über. Ich muß mich übergeben und kann nichts essen.

Wir müssen so lange sitzen bleiben, bis wir aufgegessen haben, und wenn es darüber Nacht wird. Ein Kind ist die ganze Nacht an dem Tisch draußen im Freien sitzengeblieben. Heute morgen ist es tot. Ich erfahre nicht, warum. Es hatte schon Fieber, als es sich weigerte aufzuessen und nicht vom Tisch aufstehen durfte.

Ich schlucke die Fettstücke nicht herunter. Ich kann es gar nicht. Ich hebe die Stücke stundenlang in meinen Backentaschen auf, wie ein Eichhörnchen. Ich schlucke nicht einmal den Speichel runter, der sich in meinem Mund ansammelt, damit ich auf keinen Fall den Geschmack oder Geruch dieser Fettstücke spüre. Ich bewege mich kaum. Jeder leiseste Windzug, den eine Bewegung verursachen würde, kann dazu führen, daß der Brechreiz zu stark wird und ich den ganzen Scheißdreck auskotzen muß.

»Na, ist der kleine Teufel gezähmt? Haben wir seinen Widerstand gebrochen?«

Ich kann nicht einmal antworten, daß ich diese Bestie zur Hölle wünsche, weil ich den Mund voll habe.

»Du sagst gar nichts? Hast du vielleicht noch nicht aufgegessen? Hast du noch nicht runtergeschluckt? Zeig mal her. Mach den Mund auf!«

Das ist zuviel für mich. Ich kotze ihr direkt in die Fresse. Ich kotze alles aus, auch das, was ich schon im Magen habe. Wie aus einer Jauchepumpe kommt dieser Schweinefraß stoßweise aus meinem weit aufgerissenen Schlund herausgeschossen, bis mein Magen völlig leer ist und der Ekel nichts mehr hochpumpen kann. Ich winde mich in Krämpfen und stürze davon, während diese Zuchthaussau an meiner Kotze fast erstickt und mich keifend verflucht, bis ihre Stimme überschnappt und sie keinen Ton mehr herausbekommt.

Jetzt schwärmen diese Weiber wie Schweißhunde aus, um mich wieder einzufangen. Ich schreie und schreie. Ich glaube, daß ich den Verstand verliere. Was haben diese Kanaillen davon, uns so zu quälen? Nichts als Gewalt und Bedrohung. Niemals ein Lächeln, wenn wir verstört sind. Kein Trost, wenn wir traurig sind. Kein liebes Wort, wenn wir nach unseren Müttern

45

schreien. Ich schreie und schreie, bis alle Angst vor mir haben und die Oberschinderin meine Mutter kommen läßt. Ich schreie ununterbrochen. Ich höre überhaupt nicht mehr auf zu schreien.

Als meine Mutter endlich da ist, bin ich halb verrückt. Ich kralle mich an ihr fest, als wollte ich in ihren Mutterbauch zurück.

Meine Mutter bricht in Tränen aus. Auch sie hat unter unserer Trennung schwer gelitten und jede Nacht im Traum nach mir geschrien. Aber sie hatte keine Ahnung, daß ich in der Kinderhölle bin.

Die Oberschinderin holt schnell einen Riegel Schokolade, den sie von einer Tafel abbricht, die in einer Schublade eingesperrt ist. Der Riegel ist weiß angelaufen und ranzig. Ganz bestimmt bekommt nie ein Kind ein Stück von dieser Schokolade. Als sie mir den Riegel reicht, beiße ich ihr in die Hand.

Meine Mutter und ich halten uns die ganze Zeit so fest umschlungen, daß wir wieder zu einem Leib werden und es körperlich weh tut, als wir uns voneinander lösen und ich an ihrer Hand aus der Kinderhölle gehe.

Nähmaschine

Meine Mutter hat die erste Heimarbeit bekommen. Toilette-Taschen nähen. Für eine fertiggenähte Tasche gibt es zwischen fünfzehn und zwanzig Pfennig. Im Geschäft kostet dieselbe Tasche mindestens zwanzig Mark.

Zuerst muß eine Nähmaschine her. An eine neue ist gar nicht zu denken. Wir entscheiden uns für eine alte SINGER. Die Abzahlung der fünfunddreißig Mark dauert achtzehn Monate. Natürlich ist das keine elektrische. Sie muß durch ununterbrochenes Treten in Gang gehalten werden.

Das größte Problem ist jedoch die Nähmaschine selbst. Sie macht solchen Lärm, daß die Nachbarn rechts und links, über und unter uns sich aufregen, weil sie nachts nicht schlafen können. Weil sie kein Radio hören können. Weil sie weder in Ruhe frühstücken noch Mittag noch Abendbrot essen können und nicht mal auf dem Klo Ruhe finden. Sie klopfen gegen die Wände, bummern gegen die Zimmerdecke, trampeln auf ihren Fußböden herum, schreien aus den Fenstern, klingeln Sturm an unserer Wohnungstür und beschweren sich beim Hauswirt. Alles wegen der Nähmaschine, denn meine Mutter hört erst auf zu nähen, wenn ihr die Füße vom vielen Treten dick aufgeschwollen sind und sie vor Erschöpfung und Müdigkeit zusammenbricht. In dieser Stellung wacht sie wieder auf und näht dann sofort weiter. Wenn ein Ablieferungstermin näher rückt, verläßt sie ihren Platz an der Nähmaschine nur noch, um aufs Klo zu gehen. Sie nimmt auch das Essen an der Nähmaschine ein. Meine Schwester kocht.

Rattattattattattat ... rattattattattattat. Die Nähmaschine wird nicht nur für die anderen Hausbewohner, sondern auch für uns zum Alptraum. Nachts wachen wir von der Nähmaschine auf. Das erste, was wir morgens hören, ist die Nähmaschine. Die einzige Musik, die wir schon auf der Treppe hören, wenn wir nach Hause kommen: die Nähmaschine. Diese Nähmaschine stellt wirklich alles in den Schatten.

Wir breiten stoßweise altes Zeitungspapier auf dem Fußboden aus, um den Schall etwas abzudämpfen. Aber das hilft nicht viel, und wir werden auch aus dieser Wohnung bald ausziehen müssen. Denn die Nähmaschine ist, abgesehen vom spärlichen Verdienst meines Vaters, unser einziger Ernährer. Wir leben mit allen Nachbarn wegen der Nähmaschine in ständigem Streit. Verstehen kann man die Leute. Es sind alles Arbeiter, die früh aufstehen müssen und ihren Schlaf brauchen. Sie sehen sogar uns Kinder so haßerfüllt an, als könnten wir etwas dafür, daß wir nachts, anstatt zu schlafen, meiner Mutter nähen helfen.

Wir selbst haben uns zwar mit der Zeit an den Krach der Nähmaschine gewöhnt. Aber wir können nie eine Nacht durchschlafen, sondern nur in Intervallen von höchstens ein bis einhalb Stunden. In der Zwischenzeit arbeiten wir in Schichten. Zwei Kinder legen sich zu meinem Vater ins Bett und zwei sitzen auf dem Fußboden neben der ratternden Nähmaschine und geben die genähten Einzelteile von Hand zu Hand weiter. Mein Vater stopft sich Oropax in die Ohren, weil die Apotheke in Pankow liegt, er zwei Stunden Bahnfahrt hat und um fünf aufstehen muß.

Wenn die Taschen fertig sind, fünfzig, hundert, fünfhundert Stück, je nach Auftrag, werden sie zu großen Paketen verschnürt und zum Ablieferungsort geschleppt. Das ist meistens weit weg und nur mit S-Bahn, U-Bahn und x-mal Umsteigen zu erreichen. Einer von uns begleitet meine Mutter, weil sie die Pakete nicht allein schleppen kann. An jedem Ablieferungstag kehrt sie mit ihrem Begleiter bei Woolworth ein, bei Epa, Tietz oder im KdW. In der Lebensmittelabteilung essen wir dann heiße Würstchen mit Kartoffelsalat und viel Mostrich und glibbrige grüne, rote oder gelbe Götterspeise.

Eine Zeitlang näht sie auch Blusen und Hosen für die Marine. Diese Arbeit ist noch anstrengender und wird noch schlechter bezahlt. Aber sie muß annehmen, was kommt.

Ablieferungstag für die Taschen ist gleichzeitig der Tag, an dem die neuen Aufträge verteilt werden. Frauen stehen im Treppenhaus vor einem Lagerraum Schlange, in dem so ein Strolch abnimmt und zuteilt. Meine Mutter ist gerade drin. Ich warte mit den anderen Frauen in der Schlange. Eine Schlange aus Menschenfleisch. Eine schwitzende, sich windende, sich aufbäumende, stumm aufschreiende Schlange. Die meisten kennen sich nicht. Haben sich nie vorher im Leben gesehen. Hier, auf dieser Qualenleiter mit ihren viel zu großen verschnürten Paketen, sind sie zu einer einzigen endlosen Leiberschlange zusammengewachsen. Einige sitzen auf den Treppenstufen. Andere stehen, an die Wand gelehnt. Alle sind übernächtigt. Wenige sprechen miteinander mit gedämpfter Stimme. Andere paffen schweigend vor sich hin und stieren ins Nichts. Frauen jeden Alters und jeder Statur. Eine Dicke, die bestimmt nicht vom vielen Fressen aufgeschwemmt ist und nach Luft japst. Dann eine Frau mit enormen Hüften und ausgesogenen, hängenden Brüsten. Eine, die mindestens zehn Kinder geboren und gesäugt hat. Sie knabbert Bucheckern und spuckt die Schalen um sich herum. Dann wieder ein junges, lauerndes Luder mit prallen Schenkeln und wegstehendem Hintern unter dem gespannten Rock. Mit aufgestellten Titten, deren Zitzen sich durch die Stoffetzen bohren, die sie darüber trägt. Sie zieht sich mit einem Lippenstift die aufgeworfenen Lippen nach. Eine ältere, ausgemergelte Frau mit schneeweißen Haaren klammert sich am Geländer fest, um nicht umzufallen. Die Luft ist zum Ersticken. Eine Hochschwangere, die ebenfalls mit einem Paket wartet, wird von zwei Frauen vorsichtig auf eine Treppenstufe niedergelassen. Andere fächern ihr Luft zu.

»Wenn es Ihnen nicht paßt, dann gehen Sie doch auf den Strich!«

Der Sklavenhalter blökt die Worte hinter verschlossener Tür. Dann Stöhnen und ein Aufschrei.

Ein Zucken geht durch die Menschenschlange. Die Augen der Frauen bekommen einen fiebrigen Glanz. Das junge Luder neben mir kichert lautlos in sich hinein, und ihr Rock platzt beinahe aus den Nähten. Sie zieht sich immer noch die Lippen nach.

»Diese Erniedrigung ist das Schlimmste«, flüstert die aufgeschwemmte Dicke erregt.

»Warum?« gibt das Luder zurück. »Man wird um eine Erfahrung reicher.«

»Vielleicht auch schwanger«, sagt die mit den breiten Hüften und spuckt weiter Schalen von Bucheckern um sich herum.

»Du Sau!« sagt eine andere, die der Schwangeren auf der Treppenstufe Luft zufächelt.

Meine Mutter kommt aus der Tür und ordnet verwirrt ihre Kleider. Ihre Schenkel beben. Ihr ganzer Körper ist schweißverklebt. Ihr Atem flattert. Auch ihre Hände sind klebrig, als sie mich hastig die Treppen herunter mit sich mitzieht. Wir laufen mehr, als daß wir gehen.

Wir sind längst auf der Straße und rennen immer noch. Sie weiß, was ich wissen will, und fängt von selbst an zu reden:

»Es genügt nicht, sich zu schinden, mein Liebling. Um Arbeit zu kriegen, muß man zuerst die Hosen runterlassen.«

Ich sage nichts. Ich packe sie nur noch fester an der Hand.

Dann gehen wir ins KdW und essen heiße Würstchen mit Kartoffelsalat und glibbrige Götterspeise.

Rattattattattat ... rattattattattat ... rattattattattat ... rattattattattat ... Das Rattern der Nähmaschine zerrattert alles.

Mein Zuhause ist die Straße

Damit ich meiner Mutter nicht den ganzen Tag auf der Pelle liege, komme ich in den Kinderhort der Volksschule, in der meine Geschwister sind.

Da bleibe ich nicht lange. Es kümmert sich niemand um uns. Es gibt weder Bilderbücher noch Spielsachen. Beim Ringelreih zockeln die Kleinen uninteressiert im Kreis herum wie alte Zwerge. Die Kindergärtnerinnen feilen sich die Nägel oder poussieren mit irgendeinem Kerl. Die Kinder werden nur hellhörig, wenn es einmal täglich was zu essen gibt. Den Rest der Zeit drücken sie sich verhemmt in dem Mief herum und geben sich nur gegenseitig ihren Keuchhusten weiter.

Ich darf wieder allein auf die Straße und fange an, mich in der Gegend umzusehen. Geschäfte zum Klauen gibt es unheimlich viele.

Ich klaue auf den Märkten und in Warenhäusern. Ich klaue Lebensmittel, Kleidungsstücke, Wäsche, Spielsachen, Bücher, Lippenstifte für meine Mutter und für meine Schwester eine Puppe. Meinem Vater klaue ich Sockenhalter und Hosenträger, einen Schlips und Kragenknöpfe, die ihm immer runterfallen und die er mit seinem einen Auge und dem Monokel niemals wiederfindet. Meinen Brüdern klaue ich einen Fußball. In den Parkanlagen klaue ich Rosen und Flieder für unsere Wohnung.

Inzwischen bin ich eingeschult. Diese Schulen stinken alle gleich. Wie Gerichtsgebäude, Gefängnisse, Kirchen, Irrenhäuser. Es stinkt nach Idiotie und Furz. Nach Angst und Gemeinheit. Die Luft ist dick von Perversion und Geilheit. Vom Fischgeruch der zwölf- bis vierzehnjährigen Mädchen und vom

Brunstgestank der Jungen. Es ist nicht verwunderlich, daß in diesen Treibhäusern die Lehrer und Lehrerinnen, die Mädchen und Jungen an nichts anderes als Onanie und Vergewaltigung denken.

Ich weiß, daß speziell die Lehrerinnen sich sexuell erregen, wenn wir uns bücken müssen, damit die kurzen Hosen sich ganz straff über unseren Popo spannen, bevor sie uns mit dem Rohrstock eines überziehen. Manchmal fassen sie unsere Pobacken an, um zu fühlen, ob die Hosen stramm genug sitzen. Sie kommen dabei ganz nah heran und riechen besonders scharf und aufreizend. Immer wenn wir unter dem Schlag zusammenzucken, kriegen sie einen Orgasmus.

Ich bin kein Masochist, aber es erregt mich irgendwie, und ich breche absichtlich irgend etwas vom Zaun, damit ich aufgerufen werde und diese Sau mir eins überzieht. Andererseits möchte ich ihr meinerseits die Schlüpfer runterziehen und ihr den nackten Arsch versohlen, bis der Rohrstock in Stücke springt.

Ich weiß nicht, welche Unterrichtsstunde mir mehr den Nerv tötet. Der Religionslehrer ruft mich zu sich ans Katheder, nachdem er mir ein Lob ins Klassenbuch geschrieben hat. Er verspricht mir eine Eins und gibt mir drei Bonbons.

»Auf welche Religion bist du getauft, mein Sohn?«

»Auf keine.«

»Was heißt, auf keine . . .?«

»Ich bin überhaupt nicht getauft. Wir haben keine Religion.«

»Das ist ja furchtbar! . . . Wie kommt es dann, daß du das ganze *Neue Testament* auswendig kannst?«

»Ich lerne alles schnell auswendig.«

»Wie kannst du aber um Gottes willen in eine Kirche gehen, wenn du nicht getauft bist?«

»Ich war noch nie in einer Kirche.«

»Und deine Eltern?«

»Auch nicht.«

»Haben deine Eltern dir verboten, in die Kirche zu gehen?«

»Nein.«

»Was sagen deine Eltern über die Kirche?«

»Mein Vater hat sich noch nie dazu geäußert. Meine Mutter sagt, daß man keine Zeit mit euch verlieren darf, sondern daß sie sich eines Tages direkt an euren Chef im Himmel wenden wird.«

Ich bin überzeugt, er würde mir die drei Bonbons, die ich mir während unseres Dialogs in den Mund gestopft hatte, wieder herausangeln, wenn ich sie nicht schon dünn und klein gelutscht hätte.

Das Lob radiert er wieder aus. Im nächsten Zeugnis kriege ich überhaupt keine Note in Religion. Wo die Eins hätte stehen sollen, ist nur ein weißer Fleck.

Da wir auch in der jetzigen Wohnung kein Badezimmer haben, waschen wir uns in der Küche. Bei dem engen Raum, auf dem wir leben, hat keiner von uns das Recht, sich in die Küche einzuschließen, während er sich wäscht. Meine Schwester, die jetzt zwölf ist, fängt an, sich zu genieren. Sie hat einen steinharten Popo, und ihre Brüste quellen so ungeduldig, daß ihnen das Hemd zu eng wird. An ihren baumwollenen Höschen zeichnet sich deutlich und schwer ihre Pflaume ab.

Ich lebe fast ausschließlich auf der Straße. Im Winter lege ich mich auf die Gitter der U-Bahn-Schächte. Jedesmal, wenn unter dem Asphalt ein Zug langdonnert, wird ein Strom von stinkender, aber warmer Luft nach oben durch die Gitter gepreßt und taut meinen Körper für Augenblicke auf. So aufgeladen springe ich hoch und renne meinen Beschäftigungen nach. Wenn ich wieder durchgefroren bin, werfe ich mich auf das nächste Gitter.

Im Sommer ist die Straße heiß und stickig. Die öffentlichen Schwimmbäder kosten Eintritt. Wannsee ist zwanzig Kilometer weit. Die Havelseen sind auch zu weit. Im Grunewaldsee kann man kaum nebeneinander stehen. Die sogenannten Planschbecken sind schwärzer als ein Moorbad und pißwarm, und manchmal schwimmt eine Kackwurst genau in Augenhöhe auf einen zu.

Ja. Es gibt Möglichkeiten. Wir können an der rückwärtigen Seite einer Straßen- oder S-Bahn durch ganz Berlin und noch viel weiter fahren. Wenn eine andere Bahn entgegenkommt, muß man sich ganz flach an die geschlossene Tür, an der man hängt, anschmiegen, sonst wird man erbarmungslos zwischen den beiden Zügen zermalmt. Einem von uns wird dabei der Kopf abgerissen. Die Fahrgäste können nach dem Unfall gar nicht richtig zugucken, wie die Feuerwehrleute seine Leiche stückweise vom Triebwerk klauben. Die Fensterscheiben der beiden Bahnen sind mit dem Gehirn des Jungen ganz und gar verschmiert. Ja, wir kennen alles, und es gibt nichts, was wir nicht können.

Wir legen uns in den Rinnstein und lassen uns von den riesigen Gießkannen der Sprengwagen der Stadtreinigung duschen. Das Wasser ist kühl und noch nicht abgestanden, weil es frisch getankt und gleich verbraucht wird. Da liegen wir nebeneinander und quasseln über die Erfolge oder Mißerfolge des vergangenen Tages wie Geschäftsleute in der Sauna. Wenn der Wagen über uns weg ist, schnellen wir hoch, überholen ihn, legen uns wieder seitlich vor ihm in die Gosse und wiederholen das ganze so lange bis er abdreht.

Die Fahrer der Sprengwagen hassen das und treten nach uns, wenn sie uns erwischen. Ein Junge verblutet bei dieser Baderei buchstäblich in den Gulli. Er liegt im Rinnstein, und ich will mich gerade neben ihn schmeißen, als er sich noch einmal aufrichtet. Das eine Ende des seitlich an den Sprengwagen angebrachten langen Rohrs, aus dem das Wasser aus Hunderten von kleinen Löchern braust, schlitzt ihm die Halsschlagader auf.

Die Sauerstoffbombe der Berliner sind ihre Laubenkolonien. Ihr Muttertier, an dem sie saugen. Ich auch.

Die unserer Wohnung nächstgelegene Kolonie ist das Südgelände hinterm S-Bahnhof Schöneberg. Es gibt so viele Kolonien in Berlin, daß ich hier unmöglich alle aufzählen kann. Es gibt Tausende und aber Tausende. Ich kenne sie alle und habe nahezu in allen Obst gestohlen.

Es ist immer eine Sensation und herzbeklemmend, in einen fremden Schrebergarten einzusteigen. Das größte Problem sind die Hunde. Es gibt Gärten, vor denen ich nicht mal stehen bleiben kann, um zu verpusten, ohne daß ein Hund gleich knurrt und bissig seine Zähne fletscht. Andere toben mit Schaum vor den Mäulern hinter ihren Zäunen hin und her, als hätten sie die Tollwut.

Wenn ich in einen Garten eingestiegen bin, sind die Verhaltungsregeln durchaus nicht immer gleich. Es gibt Hunde, die, bis zur Hysterie abgerichtet, unbedingt in irgend etwas beißen müssen. Am liebsten natürlich in einen Menschen. Sie bellen rauh und heiser, bis ihr Opfer in greifbare Nähe kommt. Dann fallen sie es schonungslos an.

Der weitaus gefährlichste Hundetyp ist der, der weder anschlägt noch eine Möglichkeit zur Verteidigung bietet, weil er dich gar nicht angreift. Er bewacht dich. Hat jede deiner Bewegungen unter Kontrolle. Sieht dich mit seinen stechenden Wolfsaugen ununterbrochen an. Wehe du rührst dich. Und gnade dir Gott, wenn es dir einfallen sollte, ganz unauffällig wegzuschleichen. Du kannst es dir kaum leisten durchzuatmen. An Weglaufen ist überhaupt nicht zu denken. Das wäre ein schlechter Witz.

Diese herrlichen Hunde, die ich am liebsten abknutschen möchte, sind fast ausschließlich deutsche Schäferhunde. Mit denen muß man reden. Natürlich leise. Zuerst kaum hörbar, aber doch so laut, daß sie neugierig werden. Du darfst noch nicht ganz deutlich sprechen, sie dürfen nicht gleich jedes Wort verstehen. Laß sie herumrätseln, spann sie auf die Folter. Dann mußt du langsam zum Kernpunkt kommen. Mußt versuchen, sie zu rühren. Sie zu überzeugen.

. . . Ich fange an zu weinen, um ihn zu erweichen. Ich heule so echt, daß mir die Tränen herunterkollern. Es ist ihm peinlich, er wendet sich ab. Und siehe da! Dieses entzückende Tier leckt mir die Hände. Als ich mich zu ihm herunterbeuge, leckt er mir sogar die Tränen ab. Ich will am liebsten auch ihn klauen, aber er würde den Weg über den Stacheldrahtzaun nicht schaffen. Dies eine Mal komme ich glimpflich davon. Dies eine Mal.

Das andere Mal nicht. Ich bin die ganze Nacht wie ein Panther um einen Garten herumgeschlichen. Kein Bellen. Kein Hund hat sich gezeigt. Es ist halb vier morgens. Die Sonne schiebt sich hinter den Gärten hoch, und ich kann jetzt alles deutlich unterscheiden. Ich habe diesen Garten seit langem auf dem Kieker, weil da ein Baum ist, der die größten Äpfel trägt, die ich je sah. Sie sind so groß wie mein Kopf, wiegen pro Apfel mindestens zwei Pfund, sind alle wie von Hand modelliert und zweifarbig. Der Grundton gelb, ergießt sich ein leuchtendes Orange über die gewölbten Backen, das zur Blüte hin strahlenförmig versprüht. Diese Äpfel üben eine magische Anziehungskraft auf mich aus. Ich konnte keine Nacht mehr schlafen aus Angst, der Schrebergärtner hätte sie nach Hause getragen.

Ich werde jeden einzelnen Stück für Stück abdrehen müssen, um ihn nicht zu verletzen. Sie sind so blank, als hätte ihr Besitzer sie gewichst.

Ich bewege mich, nach allen Seiten witternd, wie ein Indianer auf das Bäumchen zu. Wie schmächtig es ist. Das ist wie bei den Frauen, denke ich. Da gibt es ganz zerbrechliche, die solche Brüste wie Euter haben, gleich beim ersten Mal schwanger werden und große kräftige Kinder gebären.

Ich fange an, die Hände nach den Apfelköpfen auszustrekken — da kommt mir einer der Hunde aus Der Soldat und das Feuerzeug in den Sinn: Vor mir, direkt vor mir, steht so ein Hüne von einem Hund. Das ist nicht möglich! Der hat die Ausmaße von einem Kalb! Ich habe ihn nicht kommen sehen, so sehr war ich von den Riesenäpfeln fasziniert. Er war auch nicht gekommen. Er lag unter dem Bäumchen, auf das ich mich zubewegte. Er brauchte sich nur zu erheben, um mir den Weg zu versperren. Er bellt nicht. Knurrt nicht. Hechelt nicht. Gibt keinen Ton von sich. Starrt mich stumm an. Bohrt seine kleinen Bernsteinaugen in die meinen.

Ich habe den Arm noch immer ausgestreckt in der Luft. Ich kann ihn nicht herunternehmen. Das Kalb läßt es nicht zu. Dieser Hüne läßt einfach nicht zu, daß ich den Arm herunternehme. Er läßt überhaupt keine Bewegung zu. Er zieht nur seine Lefzen nach oben, als ziehe er eine Waffe aus der Scheide. Er weiß, das genügt. Die Eckzähne, die zum Vorschein kommen, sind gut drei Zentimeter lang.

Was soll ich machen? Ich kann hier nicht ewig stehenbleiben.

Meine Lage ist so hoffnungslos, daß ich, so paradox es klingt, nur mit Mühe ein hysterisches Lachen unterdrücken kann. Jetzt bloß nicht loslachen, denke ich. Er könnte es als Beleidigung auffassen. Wie zum Hohn schwanken die blanken Riesen über mir langsam hin und her, als schüttelten sie die Köpfe über meine Unerfahrenheit. Der erhobene Arm fängt an zu schmerzen. Ich kriege einen Krampf. Als mir der Arm ganz von alleine herunterfällt, springt er mich an.

Ich bin für einen zwölfjährigen Jungen nicht gerade schwächlich, aber sein Gewicht allein wirft mich schon um. Ich versuche, mich so fest an ihn zu klammern wie ich kann. Es gelingt mir kaum, ihn zu umfassen. Er hat das Fell eines Bären. Von Kämpfen kann nicht die Rede sein. Seine Zähne schnappen wie ein Fuchseisen um meinen Unterarm. Er beißt nicht tief. Aber ich bin in der Falle. Obwohl ich ihn am liebsten erwürgen möchte, hasse ich ihn nicht. Er ist zu schön. Ich glaube auch nicht, daß er mich haßt. Er tut nur seine Arbeit.

Jetzt ist das Gesicht meines Gegners ganz nah vor dem meinen. Wir küssen uns beinahe. Da beiße ich verzweifelt selbst nach ihm. Zuerst in die Lefzen. Ich fühle das heiße sabbrige Fleisch in meinem Mund. Als das nichts nützt, beiße ich ihn in seine kalte Nase, daß er aufjault und sich das Fuchseisen seiner Zähne für einen Augenblick öffnet.

Meine Rettung ist der dicke Stiel einer Schaufel, die durch unsere Balgerei in meine Richtung kippt. Ich packe ihn und stoße ihn quer wie eine Maulsperre in seinen aufgerissenen Rachen. Er beißt sich darin derart fest, daß er seine langen spitzen Zähne nicht mehr aus dem Holz ziehen kann. Zum Glück habe ich immer Strippe in der Hosentasche. Mit dem einen Arm nehme ich die Schnauze mit dem Schaufelstiel in den Schwitzkasten und binde mit der freien Hand die beiden Maulhälften mitsamt dem Stiel zusammen. Ich denke noch: es tut mir leid, mein Junge, aber jetzt sind wir quitt. Dann stürze ich blutend wie ein abgestochenes Schwein aus dem Garten, nachdem ich wenigstens einen dieser Superdinger von dem Bäumchen abgerissen habe.

Täglich, stündlich andere Gärten. Die Taktik besteht darin, nie zweimal in denselben Garten einzusteigen.

... Ein Schrebergärtner kommt genau auf mich zu. Ich bin nur spärlich von einem Strauch verdeckt. Jetzt ist er nur noch zwei Schritte von mir entfernt. Ich will mich schon ergeben. Will ihn ansprechen. Mache schon den Mund auf. Will sagen: »Entschuldigen Sie, Onkel ... ich mußte so nötig kacken ... da bin ich in Ihren Garten eingestiegen ...« Mir bleibt der Mund offen stehen. Er steckt sich unmittelbar vor mir eine Handvoll Johannisbeeren in die Backen, direkt vor meiner Nase. Ich kann ihn schmatzen hören. Könnte ihn mit der Hand berühren. Kann das Muster seiner Jacke erkennen. Er spuckt mir einen Kirschkern auf die Brust. Geht auf seine Laube zu, wo er Rosen abknipst, schnipp ... schnipp ... Er hat mich nicht gesehen. Puh!

Eine Überraschung jagt die andere. Ich pirsche mich durch so ein Paradies. Keine Seele. Nichts zu hören. Nichts zu sehen. Da! Als ich dabei bin, mein Hemd mit samtenen Aprikosen vollzufüllen, sehe ich sie aus den Augenwinkeln durch das offene Fenster: Sie kann nicht älter sein als ich. Sie sitzt breitbeinig auf dem Klo und onaniert. Sie hat die Augen fest geschlossen, ächzt ... kommt zum Orgasmus. Ich bin so außer Rand und Band, daß ich die blonden Aprikosen fallen lasse und mir mechanisch meinen Hosenschlitz aufmache. Ich brauche nichts zu tun. Es ist mir von allein gekommen. Meine Hände triefen von Samen. Alles ist naß. Meine Unterhosen sind vollgesogen. Ich will zu ihr in die Toilette steigen, mich in sie zwängen ... Ich handle wie in Trance ...

Klingelingelingeling, klingelingelingeling.

Die Fahrradklingel eines Schrebergärtners bringt mich wieder auf die Erde zurück. Was ich riskieren wollte, war hirnverbrannt. Vielleicht sind noch andere in der Laube! Vielleicht sogar die Eltern des Mädchens!

Die Ausflüge in meine Kinderfreiheit dauern nie lange. Ich muß zurück in meinen Asphaltdschungel.

»Kohlen! Wer braucht Kooohlen!«

Ich klingele an jeder Wohnungstür und reiße fast die Klingeln ab. So geht das nicht. Ich muß mich an den Kohlenhändler wenden. Er zahlt meinen Lohn in Kohlen. Gerechnet wird nach Akkordarbeit. Je mehr ich an einem Tag schleppe, um so mehr Briketts bekomme ich. Ich lade mir pro Fuhre bis zu hundert Briketts auf den Buckel und atze, bis ich nur noch Kohlenstückchen huste.

Peng! Peng! Peng! Peng!

Ich klopfe Teppiche, bis ich in den Staubwolken ersticke. Mit jedem Schlag schlage ich etwas von meiner Armut tot.

Ich schleife Schmutzwäsche zu den Wäschereien. Weiche sie in Trögen ein. Wasche, bis mir die Finger auf den Schrubbbrettern bluten. Heize die Bügeleisen an. Ziehe Laken und Bettbezüge durch die Mangel. Spanne Gardinen auf. Rühre Kragenstärke an. Und liefere die saubere Wäsche frei Haus.

Ich putze Schuhe. Fünf Pfennig das Paar. Helfe den Männern der Müllabfuhr die verschütteten Abfälle in die Müllkästen sammeln. Ich ziehe die Karren der Straßenfeger, wenn sie eine Pause einlegen und eine Zigarette rauchen. Ich sammle Zigarettenkippen auf den Straßen, drehe aus dem Tabak neue Zigaretten und verkaufe sie an Rentner und Invaliden. Ich schiebe Krüppel und Versehrte in ihren Wägelchen herum, wenn sie zum Einkaufen oder in den Park zum Skatspielen wollen. Ich sammle für die Leierkastenmänner die aus den Fenstern geworfenen Groschen ein und trage das abgewetzte traurige Äffchen, das immer auf dem Leierkasten sitzt, auf meiner Schulter umher, wenn der Leiermann pinkeln geht.

Die quälendste Arbeit ist, den Leichenträgern zu helfen. Das geht nur in den Fällen, wo es sich bei den Hinterbliebenen um furchtbar arme Teufel handelt, die den Leichenträgern kein Trinkgeld geben können und sich deswegen nicht weiter um meine Anwesenheit kümmern. Die Arbeit wird von den Trägern, die immer eine Schnapsfahne haben, pro Leiche mit fünfzig Pfennig bezahlt. Sie überlassen das Waschen der Leiche mir, bevor der steife Tote in den Sarg gelegt wird. Wenn der Leiche ein Totenhemd angezogen werden soll, helfen mir die Männer, weil ich den leblosen schweren Körper nicht allein umdrehen kann und seine Arme und Beine sich nicht mehr biegen lassen.

Das schwerste bei dieser Arbeit ist nicht das Ausziehen, Waschen und Ankleiden der Leiche, obwohl ich alle Kraft zusammennehmen muß, um die Gesichter der Toten und den Gestank zu ertragen. Der Schmerz der Hinterbliebenen ist es, was mich am meisten schafft.

Ich soll ein siebenjähriges totes Mädchen entkleiden, um es zu waschen und ihr dann ein bereitgelegtes Kleidchen überziehen. Keine Mutter ist zu sehen, kein Vater, keine Geschwister. Nur ein alter Mann sitzt in der Ecke und spricht mit sich selbst. Das Mädchen hat einen Teddibär im Arm. Ich müßte ihr den Teddi, an dem sie sich im Tode festgekrallt hat, erst entwinden, um sie zu entkleiden, sie zu waschen und ihr das Kleidchen anzuziehen.

»Das kann ich nicht«, sage ich zu den Trägern.

Das könnte ich nie tun.

Einer der Träger zerrt vorsichtig an dem Teddi, den das Mädchen nicht loslassen will. Dann rüttelt er. Vergeblich. Als er es mit einem Ruck versucht, richtet die Tote sich durch die brüske Bewegung auf, als wollte sie sagen: »Da könnt ihr lange rütteln!« Ich kann es nicht mehr ertragen und mache mich auf und davon.

Die grausigste aller Arbeiten ist, die Abfalltonnen der Krankenhäuser zu den Müllabladeplätzen zu fahren. Ich sitze nicht beim Fahrer. Ich muß die Tonnen während der Fahrt festhalten. In diesen Tonnen befinden sich nicht nur mit Eiter verklebte Gaze, blutdurchtränkter Mull und verkrustete Binden. In diesen Tonnen befinden sich, so unfaßbar es ist, amputierte Arme und Beine, Finger und Eingeweide von Menschen. Als das Papier, in das er eingewickelt ist, sich von allein öffnet, ragt aus einer Tonne ein blutloser Menschenarm.

Wenn ich keine Arbeit habe, breche ich die Zigaretten- und Telefonautomaten auf. Man weiß nie, ob man beobachtet wird. Ich kann es mir nicht leisten, in die Erziehungsanstalt zu kommen.

Auch Koffertragen auf den Bahnhöfen erregt bei den Gepäckträgern böses Blut. Sie machen geradezu Jagd auf mich.

Ich wasche Fische auf den Märkten und kriege den Fischgeruch nicht mehr aus meinen Kleidern raus. Ich glaube, es gibt keinen Gestank, nach dem ich nicht schon gestunken habe.

Ich verkaufe Bockwurst, Fleckenmittel und Bonbons.

Die Bonbons hat der Händler einfach zu einem Berg auf den Tisch geschüttet. Jeder Kunde muß mindestens fünfhundert Gramm abnehmen. Dafür ist es billige Ware, und die Bonbons kosten nicht viel. Neben dem Bonbonberg häuft er die eingenommenen Geldstücke auf. Die Scheine steckt er in Höhe der Gürtellinie in die Unterhose. Eine Kasse hat er nicht, nicht einmal eine Schublade oder einen Beutel. Mit dem einen Arm reiche ich ihm fäusteweise die Bonbons auf die Waage, mit der freien Hand greife ich in die Moneten. Wie die Tauben in Aschenbrödel: »Die schlechten ins Kröpfchen ... die guten ins Töpfchen.« Nur daß das Töpfchen kein Töpfchen, sondern meine Hosentasche ist. Als er es merkt, schlägt er mich beinahe tot.

Tennisbälle sammeln wird von einer Art Mafia eingeteilt. Die ältesten und stärksten sind die Chefs der Balljungen. Wir müssen fünfzig Prozent von unserem Verdienst an sie abgeben. Wer nicht einverstanden ist, wird nicht zugelassen. Wer Radau macht, wird zusammengeschlagen. Es gibt so viele Balljungen auf den Tennisplätzen, daß man froh sein kann, wenn man sammeln darf. Die Chefs tun nichts. Sie sammeln nur die Prozente ein, wie Zuhälter, und sitzen immer im Schatten.

Immerhin habe ich am Abend, wenn ich bis zu vierzehn Stunden gesammelt habe, zwischen eine Mark fünfzig und drei Mark verdient. Wenn ein Spieler noch ein Trinkgeld gibt, wird das ausgeklammert, außer ein Chef hat es gesehen.

Zwei Uhr mittags. Die härteste Zeit zum Bällesammeln. Die Sonne knallt wie ein Schmiedehammer auf meinen Bregen.

Ich warte mit einem Fettsack. Sein Spielpartner ist noch nicht da. Aus heiterem Himmel sagt er zu mir:

»Komm, Hosenmatz. Spiel du. Hier ist noch ein anderer Schläger. Wenn du gewinnst, schenke ich dir fünf Mark.«

»Einverstanden.«

Zuerst glaube ich, ich habe mich verhört. Ich habe rein mechanisch ja gesagt. Er wiederholt:

»Nun komm schon, spiel. Wenn du nur einen einzigen Punkt

bekommst, gebe ich dir fünf Mark. Komm endlich. Oder willst du nicht?«

Er fragt mich, ob ich will? Und ob ich will! Fünf Mark bedeutet eine Woche Bällesammeln. Ich könnte mir, gleich nachdem ich gewonnen habe, Eis und heiße Würstchen kaufen. Nein, keine heißen Würstchen. Mir ist schon heiß genug. Kalte Buletten werde ich mir kaufen. Über die Straße ist eine Kneipe, ich brauche nicht mal ein Spiel auszulassen. Zu den Buletten werde ich eine Weiße trinken. Weiße mit Schuß. Ich werde heute früher vom Platz gehen und mir neue Tennisschuhe kaufen. Meine sind so zerrissen, daß der eine große Zeh bis auf die Erde hängt. Er ist ewig abgeschürft und wund, weil die Nagelkuppe bei jedem Schritt auf den körnigen Sand aufstößt. Danach werde ich meiner Mutter Schokolade kaufen, Nußschokolade, mit ganzen Haselnüssen, die sie so gerne ißt. In Gedanken habe ich schon gesiegt, als der Fette mir den Schläger reicht und mir ermutigend auf die Schulter tatscht.

Und wenn ich nicht gewinne? Ich kann doch gar nicht spielen! Ich weiß nicht mal, wie man den Schläger hält. Ich habe es jahrelang gesehen, das stimmt. Aber ich habe nie einen Schläger in der Hand gehabt.

Um mir einen Gefallen zu tun sagt er:

»Wir gehen ganz nah ans Netz heran.«

Wir stehen uns so nah gegenüber, daß wir gegenseitig unsere Schläger berühren könnten, wenn wir uns vorbeugen und den Arm ausstrecken würden.

»So geht das nicht! Wir müssen weiter zurück.«

Wir sind jetzt ungefähr fünfzehn Meter voneinander entfernt. Aber das ist noch schlimmer. Ich weiß nicht, wie ich den Ball zurückschlagen soll.

Bälle während eines Spieles aufsammeln, ja, das kann ich. Das kann ich wie kein anderer. Ich werde nie müde und renne wie ein Wiesel. Nie, niemals muß ein Spieler auch nur eine Sekunde auf einen Ball von mir warten. Ich habe immer zwei, drei parat und werfe sie ihm geschickt zu. Er muß sich nie danach bücken. Noch nie hat sich ein Spieler über mich beschwert.

Aber spielen? Und dann mit dem? Ich habe diesen Fetten spielen sehen. Er ist ein alter Kunde, und ich habe auch schon für ihn gesammelt. Er hat einen ungeheuren Schlag und bekommt jeden Ball seines Gegners.

Warum hat er mir also dieses Angebot gemacht? Will er sich über mich lustig machen? Hat er Tomaten auf den Augen? Er muß doch sehen, daß ich mir nicht zum Spaß die Zunge aus dem Hals laufe. Warum will er mich also verhöhnen? Warum weidet er sich an der Aussichtslosigkeit meines Versuchs? Ja, er weidet sich daran. Er gibt die Bälle ganz leicht, beinahe liebevoll, und doch so geschickt und hinterlistig, daß ich keinen seiner Bälle auch nur streife.

Ich klotze mit dem Schläger in der Luft herum. Der Griff ist viel zu dick für meine Hand. Ich nehme ihn in beide Hände und hebe die Arme über den Kopf, als wollte ich Holz hacken. Warum nicht. Ich will ihn zerhacken, diesen teuflischen, kleinen, springenden Ball. Der Fettsack krümmt sich vor Lachen. Dieser fette Wurm kann sich vor Lachen nicht mehr halten über den jämmerlichen Balljungen, der ihm fünf Mark abgewinnen will. Er lacht und lacht, verschluckt sich vor Lachen, und würde sich bestimmt totlachen, wenn nicht sein Spielpartner auf der Bildfläche erscheinen würde. Jetzt lacht der auch. Sie halten sich die Bäuche vor Lachen. Sie brüllen vor Lachen. Lachen, lachen . . .

Ich gebe ihm den Schläger zurück. Dann sage ich einem anderen Balljungen, daß er an meiner Stelle sammeln soll.

Ich höre die beiden noch feixen, als ich das Tennisgelände verlassen habe.

Wegen der Nähmaschine wird uns die Wohnung gekündigt. Meine Mutter vergiftet sich mit Schlaftabletten. »Ich habe eine Wohnung gefunden!« ruft sie aus, nachdem sie ihr im Krankenhaus den Magen ausgepumpt haben und sie wieder auf den Beinen ist. »Die Wohnung ist sündhaft teuer. Aber wir werden Licht und Sonne haben und Blumen in den Blumenkästen. Wir haben einen Balkon!«

Es ist wahr. Sie hat eine Wohnung in der Wartburgstraße gefunden, deren ein mal zwei Meter großer Balkon im vierten

Stock zur Straße hin auf der Südseite liegt. Wir werden also Licht und Sonne haben.

Ich darf nur nicht an die Nähmaschine denken. Keiner von uns will an die Nähmaschine denken. Und doch sitzt sie uns wie eine Faust im Nacken.

Die Wohnung hat vier Zimmer, eine Küche und zum erstenmal in unserem Leben ein Badezimmer, dessen Kohleofen vom Flur aus geheizt werden kann. Sündhaft teuer ist die Wohnung, da hat meine Mutter recht. Sie kostet achtundsechzig Mark.

Aber irgendwie werden wir es schon schaffen.

Beischlaf

Wenn Inge weiterhin morgens mit einem baumwollnen Hemdchen und ebensolchen Schlüpfern bekleidet an meinem Bett vorbei aufs Klosett geht, kann ich für nichts mehr garantieren. Wenn sie sicher ist, daß alle anderen schlafen und weiß, daß ich wach liege und auf ihren Gang zum Lokus warte, treibt sie es noch ärger. Auf dem Wege zum Pinkeln hat sie nur noch das Hemdchen an, das ihr nicht mal über die Votze und den wegstehenden Hintern reicht.

Was soll ich machen? Soll ich aufstehen und ihr hinterhergehen? Und wenn jemand anders pissen geht und mich mit ihr aus dem Bad kommen sieht? Wann also? Wo?

Ich weiß nicht mal, ob sie sich ficken läßt. Außerdem schlafe ich mit Arne und Achim in dem Zimmer, das zwischen dem Schlafzimmer meiner Eltern und Inges Zimmer liegt. Inges Bett steht Wand an Wand mit Arnes. Und quietscht. Achims Bett steht einen Meter von Inges Zimmertür entfernt, die wie ein alter Karren knarrt. Vormittags ist Inge in der Schule. Nachmittags hilft sie meiner Mutter. Oder sie macht Schularbeiten. Arne und Achim auch. Abends ist es unmöglich, weil zum Abendbrot nie einer fehlt. Danach hören sie alle Radio. Es muß

63

eine Möglichkeit geben! Und zwar schnell! Ich halte es nicht mehr aus!

Ich habe eine Nierenentzündung und muß viel schlafen. Auch tagsüber liege ich im Bett. Das ist nicht gut. Ich denke nur an Inge und habe die Hände Tag und Nacht an meinem Schwanz.

Sieh mal einer an! Heute nachmittag ist niemand in der Wohnung! Wo mögen sie alle sein? Jemand ist auf dem Klo. Die Spülung rauscht. Ich werfe mich schnell auf die andere Seite und stelle mich schlafend. Jemand kommt ins Zimmer ... ich weiß noch nicht, wer es ist ... beugt sich über mich ... hebt die Bettdecke hoch ... steigt zu mir ins Bett. Ich halte den Atem an. Es ist Inge! Ich kann es nicht fassen. Ich habe die Augen fest geschlossen, aber ich weiß, daß es Inge ist. Ihr Fleisch hat mich gestreift und ich kenne ihren Geruch. Sie steigt über mich hinweg, dreht mir den Arsch zu und tut, als ob sie schläft. Jedenfalls rührt sie sich nicht. Ich mich auch nicht. Aber ihre Pobacken berühren meinen Pimmel, und er richtet sich auf.

Wir können nicht nur so liegenbleiben! Wenn sie nichts von mir wollte, wäre sie nicht zu mir ins Bett gestiegen. Das ist klar.

Ich tue, als ob ich unruhig schlafe, murmle im »Traum« und lege wie zufällig meinen Arm um ihre Hüften. Die Hand lasse ich über ihren Bauch auf ihre Votze heruntergleiten. Mein Gott! Diese Votze! Ich arbeite mit meinem Zeigefinger durch die struppigen Haare. Wühle ihn zwischen die geschwollenen Lappen, die sich sofort wie eine Auster öffnen, weil sie ganz leicht den Schenkel lüftet. Mein Finger rutscht in ihren Schlitz, der von Saft überläuft. Ich bleibe eine Weile so und rühre mich nicht. Dann bewege ich langsam die Fingerkuppe.

Immer noch tut sie, als merke sie nicht, was ich mit ihr mache. Sie knurrt verschlafen und will mir ihrerseits weismachen, daß sie träumt. Als ich tiefer eindringe, versperrt mir ihre Jungfernhaut den Weg.

Aber ich gebe nicht auf. Eine solche Gelegenheit wiederholt sich nicht so schnell. Ganz langsam, Millimeter um Millimeter zwänge ich meine Fingerkuppe in den winzig kleinen Schnitt. Ich fühle, wie sich das Jungfernhäutchen dehnt, Millimeter um Millimeter. Da stößt sie meine Hand weg. Natürlich so, als täte sie es im Schlaf. Ich ziehe schnell die Hand zurück und lecke sie ab. Sie ist so glitschig, als hätte ich sie in einen Teller Haferbrei getaucht. Sie greift nach meiner Hand und legt sie zurück auf ihre Lappen. Dabei läßt sie sich gähnend auf den Rücken rollen. Sofort führe ich den Finger wieder ein. Je öfter sie meine Hand wegstößt, um so breiter spreizt sie sich.

Sie hat die Augen geschlossen und wirft den Kopf herum, als würde sie schlecht träumen. Dabei umfaßt sie mit den Händen ihre Oberschenkel und zieht die Beine an. Als ich mich auf sie lege, beißt sie mir die Lippen blutig. Jemand schließt die Korridortüre auf.

Inge springt aus dem Bett. Ich auch. Mein Samen schlingert in einer weißen Zickzackschlange durch die Luft, als wäre ich eine entkorkte Sektflasche, und die Samenfäden fliegen auf ihre Brüste, in ihr Gesicht und auf ihre Haare. Bekleckert wie sie ist, stürzt sie in ihr Zimmer. Der Rest von meinem Saft spritzt auf den Boden, an die Wände und gegen Inges Zimmertür.

Den ganzen Abend spreche ich mit niemandem. Nachts mache ich kein Auge zu und starre an die Zimmerdecke. Ab und zu gehe ich pissen und untersuche meinen Ständer. Dann starre ich wieder an die Zimmerdecke.

Drei Uhr früh. Höchstens halb vier. Ich richte mich auf und lausche lange. Arne und Achim schlafen. Ich höre ihren regelmäßigen Atem. Aus dem Balkonzimmer das Schnarchen meines Vaters und der pfeifende Ton meiner Mutter, die eine verstopfte Nase hat. Ich gehe auf Zehenspitzen. Arne liegt wie ein Sack auf dem Bauch. Achim wiegt im Schlaf den Kopf hin und her wie er es schon als Baby tat, um sich noch tiefer einzulullen.

Als ich die Klinke von Inges Zimmertür runterdrücke, stemme ich mich mit aller Kraft gegen die Türfüllung, um das leiseste Geräusch zu vermeiden. Natürlich knarrt die verfluchte Tür wie immer. Ich hätte schon längst daran denken und sie ölen sollen.

Inge hat beide Hände an der Votze, als ich ihr die Bettdecke wegnehme. Ein Bein hat sie angezogen und die Fußsohle auf die Matratze aufgesetzt, das andere Bein ist von der Matratze gerutscht und hängt nach unten. Als ich auf sie steige, schlägt sie die Augen auf und sieht mich an.

65

Zweiter Teil

Der Stengel wächst in die Höhe

Die Töter

Mit der Schule hat es keinen Zweck mehr. Ich habe nichts als Scherereien. Aus dem Prinz-Heinrich-Gymnasium fliege ich raus, weil ich sieben Monate lang die Schule geschwänzt hatte und zum zweitenmal sitzenbleibe.

Meine Mutter bettelte so lange, bis der Direktor des Bismarck-Gymnasiums es nicht mehr mitanhören kann und mich unter Vorbehalt nimmt. Nach zweieinhalb Monaten ist auch für ihn das Maß voll.

»Schämst du dich nicht, du Ungeheuer, mit solchen Paarungen dein Lehrbuch zu entweihen?«

Ich hatte den römischen Statuen Schwänze und Votzen ins Lateinbuch gezeichnet. Mit Vorhaut und Hoden, Schamlippen und Klitoris. Der Samen spritzt von einer Figur zur anderen.

»Wieso denn? Sind Sie ein Homo? Hätte ich nur Schwänze zeichnen sollen?«

Der Lateinlehrer schlägt mir ins Gesicht. Ich trete ihm gegen das Schienbein und werfe ihn mit einem Judo-Griff aufs Kreuz.

Bombenhagel. Die Hausbewohner haben sich in den Luftschutzkeller verkrochen. Meine Mutter und ich sind allein in einer fremden Wohnung, zu der sie die Schlüssel hat. Wir beide wissen seit Jahren, daß es zwischen uns passieren muß. Wir lieben uns auch körperlich bis zur Unerträglichkeit. Sie zieht sich vor mir aus. Auch die Schlüpfer. »Komm ins Bett, es ist kalt«, sagt sie nur. Draußen zerreißen die Luftminen die Häuser um uns herum.

Mit sechzehneinhalb muß ich zum Militär. Als ich den Stellungsbefehl lese, weine ich. Ich will niemanden töten und will auch nicht getötet werden.

S-Bahnhof Westkreuz. Ich muß umsteigen, um zur Fallschirmjägerkaserne zu fahren. Ich mache mich von dem Mund meiner Mutter los und springe auf den Bahnsteig. Sie bleibt im Abteil und fährt bis Schöneberg weiter. Die automatischen Türen schließen sich. Sie sieht mich durch die verdreckten Scheiben an. Ihre Augen werden mit dem S-Bahnzug aus dem Bahnhof gefahren.

»Mutti!!!!!!«

Bei der Einheit treffe ich einen anderen Straßenjungen wieder: »Keule!« Wir liegen uns in den Armen. Wir nannten uns gegenseitig »Keule«. Das heißt Bruder.

Oktober 1944. Die Tommies schlagen uns zusammen. Für Keule und mich ist das ganze Herumgeballere wie Silvesterfeuerwerk, bei dem wir nie genug Frösche, Schwärmer und Kanonenschläge hatten. Wir werfen uns überhaupt nicht hin, wenn wir die Granaten zwitschern hören und spielen mit abgezogenen Eierhandgranaten Murmeln.

Als die Tommies endlich müde werden, finde ich Keule nicht wieder. Ich habe niemand mehr, der mit mir spielt, und habe mich verlaufen. Wie ein verlorenes Kind. Nicht wie früher im Strandbad Wannsee, wenn ein Kind im Gewühl seinen Bruder verloren hatte. Das Kind wurde dann über den Lautsprecher ausgerufen, und man konnte durchs Mikrofon sein Weinen hören. Nach einer Weile kam dann immer jemand und nahm es in Empfang.

Es müßte jetzt also jemand über Lautsprecher rufen:

»Sechzehnjähriger Junge, goldblonde Haare, veilchenblaue Augen, Mund wie eine Hure, will zu Keule zurück. Hört mit dem Geknalle auf, bis er euch den Arsch zukehrt!« Der Gedanke reizt mich zum Lachen. Aber hier führt mich niemand zu Keule zurück.

»Wer freiwillig mit auf Patrouille geht, vortreten!«

Ich gehe woanders hin. Leckt mich am Arsch.

In den verlassenen Häusern, aus denen die Bewohner geflohen sind, finde ich alle möglichen Zivilklamotten. Ich werfe die Uniform in den Mülleimer und ziehe alles an. Auch ein grün und weiß kariertes Kinderhemd und ein paar viel zu große Frauenschlüpfer. Männerunterhosen finde ich nicht.

Die Leute müssen von der Mahlzeit aufgesprungen sein. Die Teller sind halb abgegessen, die Gläser noch halb voll;

alles ist mit Schimmel überzogen wie bei Dornröschen. In den Speisekammern dasselbe Bild.

Ich schlage mich querfeldein in die Richtung, aus der die Granaten kommen, und lebe von zermatschten Pflaumen. Überall Pflaumen, die unter den Bäumen im Wasser liegen. Die ganze Gegend ist überschwemmt mit Wasser und Pflaumen. Ich habe solchen Dünnschiß, daß ich nur noch in der Hocke esse.

Ich laufe nur nachts. Am Tage kann ich mich nicht mal zum Pinkeln aufrichten. Ich pisse im Liegen und friere mit der vollen Hose auf der Erde fest.

Da ich keinen Kompaß habe, laufe ich immer im Kreis. Ich werde wieder eingefangen und zum Tode verurteilt.

Der Herr Offizier will gar nicht wissen, daß ich mit seinem Scheißspiel nichts zu schaffen habe. Das Erschießungskommando und die Sanitäter sind eingeteilt. Morgen früh soll ich erschossen werden.

Der Soldat, der mich bewachen muß, ist ein Homo und unheilbar geil.

»Dir kann es ja wurscht sein«, sagt er.

Es ist mir wurscht. Ich lasse mich von ihm in den Hintern ficken. Als er zum Orgasmus kommt, gebe ich ihm eins über den Schädel, um ihn zu betäuben. Diesmal türme ich in die richtige Richtung.

Im Mondschein stoße ich auf die Patrouille, an der ich mich nicht beteiligen wollte. Die Kadaver der armen Jungen sind eisenhart und verrenkt wie Gliederpuppen.

Trommelfeuer. Die Tommies bereiten einen Angriff vor. Ich liege in einer flachen Kuhle auf der einzigen Zugangsstraße, auf der sie angreifen können. Der Rest ist unter Wasser.

»Bss... bss... bss...« Die Maschinengewehrgarben fressen sich in Zickzackschlangen durch den Sand, der in winzigen Fontänen aufspritzt. Die können mich mal.

Bodennebel. Man kann keine zehn Meter weit sehen. Ich muß endlich meine Knochen ausstrecken. Rrrrrrrrrrt... Die Salve aus einer Tommy-gun. Fünf Kugeln treffen mich. Der Kanadier, der plötzlich vor mir steht, hat nur vor Schreck geschossen.

»Come on! Come on!« Sie spießen mich mit den Läufen ihrer Maschinenpistolen auf. Mindestens fünf zielen auf meinen Kopf. Andere aufs Herz. Auf den Bauch. Fehlt nur noch einer im After, denke ich. Als sie sehen, daß ich keine Waffen habe, schicken sie mich ohne Bewachung zu ihren eigenen Linien zurück.

Immer mehr Boys tauchen aus dem dicken Nebel auf, während ich an ihnen vorbei in die Richtung torkle, aus der sie kommen.

Mein rechter Unterarm schwillt in Sekundenschnelle an wie ein Oberschenkel. Ich blute am ganzen Körper und werfe die Jacke weg.

»Go on! Go on!« sagt jeder, dem ich meine Wunden zeigen will. »Go on! Go back! Back! Back!« Es sind alles prima Kerle, aber sie haben einfach keine Zeit für mich. Sie haben genug mit sich selbst zu tun. Die Luft ist voll mit pfeifenden Kugeln und platzenden Schrapnells, und die deutschen Tiefflieger schwimmen wie Haifische darin herum.

Trotzdem gehen die Burschen aufrecht. Den Helm lässig ins Genick geschoben. Manche haben eine Zigarette im Mundwinkel.

Mir selbst rutscht die Hose runter. Meine Hosenträger sind kaputtgegangen, und mit den blutigen Armen kann ich die Hose nicht halten. Mein Bauch ist nackt. Das Kinderhemdchen geht mir nicht mal bis zum Nabel.

Hinter ihren Linien werde ich menschlich aufgenommen. Ich werde es diesen Männern nie vergessen. Sie schieben mich in einem Kahn, während sie selbst bis zu den Hüften im Wasser waten. Ich fange vor Freude an zu singen, obwohl ich noch nicht weiß, wie ernsthaft ich verwundet bin. Langsam sinkt mir der Kopf auf die Brust.

In einem Zelt holen sie mir die Kugeln raus. Als ich aus der Narkose aufwache, zwinkert mir ein Feldkaplan zu und legt mir ein dünnes Täfelchen Schokolade auf die Brust.

»He is still a child«, sagt er wie zu sich selbst. Dann zündet er sich eine Zigarette an und steckt sie mir zwischen die trokkenen Lippen.

71

Vierzehn Wochen Lazarett. Draußen fallen Schneeflocken. Man gibt mir eine Hose, eine Jacke, einen Mantel und ein Paar Schnürstiefel ohne Schnürsenkel. Kein Hemd, keine Unterwäsche, keine Socken, keine Handschuhe, keine Mütze. Sie brauchen ihr Zeug selber.

»Take your hands out of your pockets or I'll whip your face!«

Ein rothaariger, schottischer Offizier mit einem lächerlichen Seehundsbart fuchtelt mit der Reitgerte in der Luft herum, als er uns am Tor des Gefangenenlagers in Empfang nimmt. Ich bin so empört, daß ich zurückschreie:

»Ich spiele nicht an den Eiern, du rote Ratte! Mir ist kalt!«

Ein Mitgefangener zupft mich am Ärmel und flüstert:

»Laß dich nicht provozieren. Nimm die Hände aus den Taschen.«

Ich nehme die Hände widerwillig aus den Taschen. Als wir nach stundenlangem Abzählen blaugefroren in den Käfig trotten, sagt mein Kamerad:

»Du wirst sehen, es sind nicht alle so. Im Durchschnitt sind es dufte Kerle.«

Die zwanzig Meter langen Trockenhäuser der ehemaligen Ziegelei sind so niedrig, daß man sich ganz tief bücken muß, um einzutreten.

Wir schlafen in zwei gegenüberliegenden Reihen auf der kalten schleimigen Erde. Jeder hat eine Militärdecke zum Zudekken. Wir essen mit den Fingern aus alten Konservendosen.

Jeden Tag Sauerkohl mit Wasser, ein halbes Weißbrot und eine Blechdose voll Tee. Ich habe gar nicht gewußt, daß es so viel Sauerkohl auf der Welt gibt.

Was sich hier abspielt, ist sagenhaft. Außer Tauschhandel und Wucher, Arschficken und Mord und Totschlag sagen erwachsene Männer Gedichte auf, gehen von Baracke zu Baracke, lesen aus der Bibel vor (Bibeln gibt es immer und überall), deuten sich die Handlinien, weissagen, wollen sich gegenseitig bekehren und zanken sich um die letzte Kelle Sauerkohl.

Tabak ist das Wichtigste. Noch wichtiger als Ficken. Die Männer stürmen die Mülltonnen, trocknen die weggeschütteten

Teeblätter und drehen Zigaretten aus Zeitungspapier, das wir manchmal zum Arschabwischen haben.

Ein alter Gefangener ißt an seiner Zigarette. Er schneidet von seiner echten jeden Tag mit einer rostigen Rasierklinge ein hauchfeines Scheibchen ab und frißt es mit Papier genüßlich auf.

Nach zwei Monaten Ziegelei werden wir nach England transportiert. Auf dem Weg zum Hafen von Ostende spucken uns die Belgier auf der Straße an. Na wenn schon!

Die Lagerlatrinen in Colchester Essex sind der Treffpunkt aller. Hier wird alles besprochen, geplant, ausgeheckt. Hier finden Verschwörungen statt. Und hier ist auch der Markt der Homos.

Einmal Befriedigen wird je nachdem, ob mit dem Mund, mit dem Schwanz oder mit der Hand, mit einem Stück Seife, Tabak oder Zigaretten bezahlt. Wenn man mit in die Baracke geht, wird mehr bezahlt. Für ein Dauerverhältnis gibt es eine Pauschale, eine Büchse Kaffee, ein Päckchen Tee, eine Stange Zigaretten, Gürtel, Unterwäsche, Jacken, Hosen, Schuhe usw. Ein Dauerverhältnis dauert nie länger als eine Woche. Immer ist jemand da, der mehr bietet.

Es gibt richtige Homobaracken. Richtige Bordelle, in denen Orgien stattfinden. Die Hurer arbeiten mit vier, fünf Schwänzen gleichzeitig. Zwei in den Händen, einen im Mund, einen im After und den eigenen in einem anderen Loch.

In diesen Bordells kann man auch die nötigen Utensilien kaufen. Sogar Präservative. Sie werden von den Homos unter den Wachposten eingeschmuggelt. Vaseline wird aus Hammelfett von den Gefangenen selbst hergestellt, aber es gibt auch richtige englische Vaseline.

Ein Junge wird tot aufgefunden. Ein eifersüchtiger Homo hat ihn erwürgt und in die Latrine gestoßen. Die Latrinen sind lange, sehr tiefe Gräben, über denen man auf einem Balken sitzt. Ein Gefangener hat den Toten entdeckt, als er vom Kakken aufstand. Die Militärpolizei holt den Mörder ab. Er wird gehenkt.

Der Krieg ist aus. Colchester Essex ist jetzt Durchgangslager für Gefangene aus Kanada und USA. Sie bringen das erste Mal Lux-Seife, Blue jeans, Camel und Lucky Strike.

Der Rücktransport der Gefangenen dauert noch ein ganzes Jahr. Die Kranken kommen zuerst dran. Ich bin nicht krank, aber ich will unbedingt mit dem ersten Transport nach Deutschland zurück.

Ich stelle mich die ganze Nacht nackt an die Barackenwand, damit ich nierenkrank werde und Eiweiß im Urin ist, wenn man mich untersucht. Ich fresse ein Paket Zigaretten, heiße Ölsardinen und trinke literweise meinen eigenen Urin, damit ich Fieber kriege. Es gibt keinen Kniff, den ich nicht ausprobiere. Ich bin so bleich, daß selbst die Kumpels Angst um mich haben. Aber die englischen Ärzte sind clever. Als ich zur Untersuchung dran bin, sagt der Arzt: »He stays.« Mir fehlt nichts. Ich bin nicht umzubringen.

Endlich bin ich dran. Zwei Transporte sind schon weg. Ein Jahr und vier Monate habe ich in diesem Homozoo zugebracht. Ein Lastwagen nach dem anderen fährt aus dem Lager. »Come on! Come on!«

Wenn ich gesagt hätte, daß ich in Berlin wohne, hätte ich im deutschen Auffanglager bleiben müssen. Nach Berlin darf noch keiner. Ich gebe irgendein Provinznest an und fälsche meinen Entlassungsschein. Beruf: Schauspieler. Ich besitze einen Seesack, Blue jeans, Hemd und Hose, ein Paar Stiefel, zwei Stück Lux-Seife, eine Büchse Goldflak-Tabak und sieben Reichsmark.

Ich verkaufe ein Stück Seife und die Hälfte des Tabaks auf dem Schwarzen Markt und ziehe weiter. Immer kreuz und quer. Ich schlafe in Bunkern oder im Gebüsch.

Auf einem Bahnhof lächelt mir ein Lockenköpfchen zu. Sie ist schon im Coupé. Ich steige zu ihr in den Vorortzug.

Wir küssen uns gleich während der Fahrt. Auf der Zugtoilette setze ich sie auf die Klobrille und ziehe ihr nicht mal die Schlüpfer runter, ich zerre sie nur zur Seite. Ihr Loch ist groß und weich und pitschenaß. In Heidelberg steigen wir aus.

Sie bewohnt eine niedliche Dachkammer in der Nähe des

amerikanischen Headquarters, wo sie es mit allen treibt. Die Einnahmen teilen wir.

Wenn sie gegen Morgen mit verschmiertem Lippenstift ins Bett kommt, geht es erst richtig los. Sie ist sechzehn und sehr süß. Sie bringt mir die verschiedenen Stellungen bei, und ich habe noch nie so gut gelebt. Wir sind immer nur ein paar Stunden beisammen. Nach dem Frühstück gehe ich spazieren und lasse sie bis drei Uhr schlafen. Ihre Arbeit ist sehr anstrengend, sie braucht ihren Schlaf.

Nach sechs Wochen habe ich genug. Das Zuhälterleben reicht mir. Ich will nach Berlin. Als sie bei einem Kunden ist, nehme ich meinen Seesack und verschwinde.

Die Züge sind so überfüllt, daß die Menschen aus den Türen und Fenstern quellen. Ich bohre mich in ein Menschenknäuel und hänge die ganze Fahrt mit dem Kopf nach unten ins Abteil, während meine Beine aus dem Fenster zeigen.

Stuttgart, Kassel. Karlsruhe. Ich habe keinen blassen Schimmer von Geographie. In jeder Stadt, in die ich komme, pumpe ich die Intendanten der Theater an. Manche geben mehr, manche weniger, manche geben Zigaretten.

In Jeeps und Lastern trampe ich weiter. Aber ich trampe immer in die falsche Richtung. Ich lande in Tübingen.

Harald Kreutzberg gibt einen Tanzabend im Theater. Ich habe gehört, daß er zu Knaben sehr nett sein soll. Ich gehe zu ihm in die Garderobe, um ihn um Geld zu bitten. Aber dieser Schlingel behauptet, daß er auf Tourneen nie Geld mit sich führt.

Ich schicke ein Telegramm nach Berlin. Als Adresse gebe ich das Theater in Tübingen an. Meine Mutter wird mir bestimmt gleich antworten. Den Rest des Tages gehe ich spazieren und trällere froh vor mich hin. Vorläufig habe ich keine Sorgen. Ich habe zu essen und zu rauchen, und nachts schlafe ich in den Parkanlagen.

Die Sekretärin des Theaters, bei dem ich mich bewerbe, macht einen Termin zum Vorsprechen aus. In der Mittagspause gehen wir in den Park, und ich zeige ihr, wo ich schlafe. Das Bett aus Blättern ist noch unverändert von der vergangenen Nacht, und wir sind durch große Büsche vor den Blicken der Fußgänger geschützt. Aber ich muß ihr den Mund zuhalten, denn sie schreit so laut, als würde ich sie ermorden. Ihr ganzes Unterzeug ist blutig. Ihr Jungfernhäutchen war so stark, daß ich brutal zustoßen mußte. Jetzt geht es wie geschmiert, und wir verabreden uns für die Nacht.

Ich bin schon längst wieder auf der Straße und lese immer noch an dem Telegramm, das mir die Sekretärin im Theaterbüro freudig übergeben hatte. Im Park begreife ich endlich die Worte, die Arne telegrafiert:

mutti lebt nicht mehr stop von
den andern weiss ich nichts stop
ich danke gott dass du lebst stop
ich umarme dich mit meiner ganzen liebe

Ich weine nicht. Aber ich sehe die Menschen nicht, die mir entgegenkommen, und renne in sie hinein. Ich laufe ziellos herum, bis es Nacht wird. Dann lege ich mich mit dem Gesicht auf die Erde.

Am nächsten Morgen spreche ich vor. *Melchtal* aus *Wilhelm Tell.* Bei der Stelle »In die Augen, sagt ihr? In die Augen . . . ?« bekomme ich einen Weinkrampf. Weil ich an die Augen meiner Mutter denken muß. Nach dem Aufschrei »Und hell in deiner Nacht wird es dir tagen!« renne ich von der Bühne und aus dem Theater.

Die Sekretärin holt mich auf der Straße ein und sagt, daß ich einen Vertrag bekomme. Ich gehe mit ihr zurück, unterschreibe den Wisch, lasse mir fünfzig Mark Vorschuß geben und haue für immer ab.

Die Marokkaner

Ein Wandertheater nimmt mich mit. Sie spielen Operette, und ich muß singen, was ich nicht kann. Die anderen auch nicht. Ich bin mit allem einverstanden, was mich Berlin ein paar Kilometer näher bringt. Ich glaube dem Telegramm meines Bruders nicht. Ich glaube nicht, daß meine Mutter nicht mehr lebt.

Die Frau des Direktors ist sehr jung und hat einen zerküßten rosa Himbeermund. Ich werde sie auf alle Fälle vögeln.

Wir spielen in Vereinssälen und Kneipen. Was wir aufführen, ist nicht zu beschreiben. Es ist grauenhaft. Als Höhepunkt sollen wir *Charlys Tante* spielen. Wir fahren auf offenem Lastwagen und sitzen auf eisernen Gartenstühlen. Ich verfluche alles, aber es geht nach Norden. In Offenburg lassen sie uns sogar ins Theater.

Der Park von Offenburg ist voller Menschen. Aber irgendwo muß ich diesen schwachsinnigen Text von *Charlys Tante* lernen. In dem Stall, in dem ich wohne, werde ich verrückt.

Auf einer Bank, im hellen Sonnenschein, sitzt ein marokkanischer Soldat. Er grinst mich mit seinen gelben Zahnstummeln an und zeigt auf seinen Hosenschlitz und auf ein Päckchen Zigaretten in seiner Hand. Dann zeigt er auf ein Gebüsch hinter sich. Er wiederholt die Pantomime ganz ungeniert: Hosenschlitz, Zigaretten, Gebüsch.

Der muß nicht ganz normal sein. Der will, daß ich mit ihm in dieses mickrige Gebüsch gehe? Mitten auf den Blumenbeeten, um die die Leute latschen! Außerdem hat er bestimmt die Syphilis. Und dann sind die Gauloises, die er in der Hand hält, überhaupt nicht rauchbar. Sie sind eigens für farbige Einheiten und für die Fremdenlegion hergestellt. Über den ersten Zug kommst du gar nicht hinaus, der wirkt wie eine Handgranate in der Lunge. Was bildet der sich ein!

Sonntags geben wir zwei von diesen infamen Vorstellungen.

Eine ist schon vorbei, und ich klaue prächtige Knupperkirschen auf der Landstraße nach Offenburg. Neben mir klaut ein marokkanischer Soldat. Als er sieht, daß ich einen besonders vollen Zweig erwische, will er ihn mir aus der Hand reißen. Ich trete ihm in den Arsch. Er stürzt sich auf mich und schleift mich in die gegenüberliegende Kaserne.

Im Nu bin ich von unzähligen Marokkanern umzingelt. Ich verstehe nicht alles, was sie quasseln, aber sie gebärden sich wie Menschenfresser und bedrohen mich mit ihren Bajonetten. Ein paar Homos fummeln mir gleich am Hosenschlitz rum. Die Marokkaner sind fast alle Homos, zumindest treiben sie es untereinander. Besonders scharf sind sie auf hellhäutige Knaben.

Ein Signal ruft die Horde Wilder zum Appell. Das ist meine Rettung. Sie stoßen und trampeln mich vor das Kasernentor, daß ich mir die Hände und das Gesicht aufschürfe. Der Wachtposten vor der Kaserne hat anscheinend nur auf diese Gelegenheit gewartet. Er läd sein Gewehr durch. Ich höre ganz deutlich das Schloß einschnappen. Die Patrone ist jetzt im Lauf! Er legt auf mich an . . . »Va-te-faire foutre, crasseux!« Ich bin noch nie so schnell gerannt. Zur Hölle mit euch Homos!

Der Direktor und seine Frau wohnen in dem Gasthof, in dem wir seit zwei Wochen unsere widerlichen Vorstellungen geben. Tagsüber proben wir im Vereinssaal *Charlys Tante.*

Ich habe mindestens zwei Stunden Zeit, bis ich mit meinem Quatsch dran bin, und gehe pissen. Die Toilette ist im ersten Stock.

Immer wenn ich pissen gehe, komme ich an dem Doppelzimmer vorbei, in dem der Direktor mit seiner Frau pennt und sie vögelt. Auch am Tage, in der Mittagspause, vor der Vorstellung, morgens, immerzu.

Es ist zehn. Die Zimmertür ist offen. Das Zimmer ist unaufgeräumt. Ich lausche, ob niemand kommt, und gehe ins Zimmer. Das Laken ist vollkommen versaut. Alles voll Samenflecken. Riesige Lachen. Sie sind noch feucht und cremig. Ich bin aufs äußerste erregt und kriege einen Ständer.

Als ich mich umdrehe, steht sie hinter mir.

»Was machen Sie hier?«

78

»Kannst du dir das nicht vorstellen?«

Ich mache die Tür zu.

»Was wollen Sie?«

»Dasselbe, was du willst.«

»Was will ich denn?«

»Ficken.«

»Wenn mein Mann kommt, können Sie was erleben!«

»Der probt *Charlys Tante*. Und ich komme in höchstens eineinhalb Stunden dran.«

»Du Schuft!«

Sie atmet schwer. Das Blut schießt ihr ins Gesicht. Ihr Himbeermund wird dunkelrot. Ihre Augen bekommen einen bleier-
nen Glanz.

Ich nehme ein benutztes Handtuch und hänge es vor das
Schlüsselloch. Im Spiegel über dem Waschbecken sehe ich, wie
sie sich den Rock hochzerrt und ihre Schlüpfer abstreift.

Sie stellt sich breitbeinig vor mich hin, die Knie etwas einge-
knickt.

Sie wirft den Kopf zu mir herum und keucht mir ihren glü-
henden Atem in den Hals. Sie ächzt. Ein Strom von heißer Suppe
schießt aus ihrer Votze bis auf mein Handgelenk. Ihr aufgesperr-
ter Mund spuckt weißen dicken Speichel. Ihre geschwollene
rauhe Zunge füllt meinen Gaumen aus.

Ihr Unterleib arbeitet wie eine Maschine. Sie spritzt und
spritzt. Wir brechen in die Knie. Kriechen aufs Bett.

Ich stoße meinen wieder steifgewordenen Schwanz bis zu den
Hoden rein und zapple wie an einer Hochspannungsleitung.

Der Direktor will mir keinen Vorschuß geben. Ich schlage ihn
zusammen. Wir rollen wie zwei kämpfende Kater über die Straße.
Wieder ist es ein marokkanischer Soldat, der uns mit seinem
Bajonett auseinandertreibt, weil unser Zweikampf vor der Bür-
germeisterei stattfindet.

Ich fliehe noch, bevor es Abend wird, und nehme den Frack,
den ich auf der Bühne trage, in meinem Seesack mit. Ich sage
niemandem etwas. Die werden bei der Abendvorstellung schon
merken, daß ich nicht mehr da bin.

Nach Berlin fahren nur Güterzüge. Ich muß eine Fahrkarte

bis zum nächsten Kaff lösen, damit ich durch die Sperre komme. Wenn es dunkel ist, werde ich über die Schienen laufen. Der Güterzug nach Berlin fährt um sechs Uhr früh ein.

Jeder, der die Sperre passiert, wird gefilzt. Eine Frau hat eine Flasche Milch in der Aktentasche. Der Posten zerschmettert sie auf dem Bahnsteig. Mir kann dieser Halunke nichts zerschmettern. Ich habe nichts außer meinem Seesack und dem Frack.

Ein Päckchen Zigaretten habe ich mir zwischen die Arschbacken geklemmt.

Bis zum Morgengrauen verstecke ich mich im Bremserhäuschen eines abgestellten Waggons und stecke mir eine Zigarette an der anderen an, um nicht einzuschlafen. Mein Güterzug hat nur ganz kurz Aufenthalt, um ein paar Wagen anzuhängen. Ich darf ihn nicht verschlafen.

Bis Frankfurt klappt die Reise. Von hier rührt sich der Zug nicht mehr vom Fleck. Man hat mir eine falsche Information gegeben.

Ich schlafe in einem Luftschutzbunker. Eine kleine Mollige liegt auch auf einer Pritsche. Wir gehen raus, im Bunker gucken zu viele zu.

Am Kanal will ich ihr die Schlüpfer im Gehen runterziehen. Ich packe sie am Genick und zwinge sie auf alle viere. Mitten auf der Straße. Dann stoße ich sie von hinten. Als wir zum Orgasmus kommen, bremst ein Auto mit aufgeblendeten Scheinwerfern vor uns.

Ich gehe nicht mehr in den Bunker zurück. Ich muß noch tagelang warten, bis ein Güterzug nach Berlin fährt.

Krepiert

In Berlin merke ich, daß ich mir meinen ersten Tripper geholt habe. Von welcher, weiß ich nicht. Daran werde ich mich in Zukunft gewöhnen müssen.

Unsere Wohnung in der Wartburgstraße steht noch. Ein paar

Brandbomben haben das Hinterhaus ausgebombt und unsere Fensterrahmen verkohlt. Die Scheiben sind alle zerplatzt. Es ist wieder Winter, und es schneit in alle Zimmer.

Arne erzählt mir, wie unsere Mutter krepiert ist. Er weiß es von einem Mann, der eine Frau kennt, die bei ihr war, als es passierte.

Amerikanische Tieffflieger hatten ihr die Beine weggeschossen, und eine Garbe war über ihren Bauch gegangen.

Während sie im Rinnstein verblutete, hat sie eine Zigarette geraucht und sich Sorgen um uns Kinder gemacht. »Kann mir denn niemand sagen, wo ich mein kleines Känguruh wiederfinde«, waren ihre letzten Worte. Dann hat sie geweint. Man hat sie irgendwo verscharrt. Wo, das konnte die Frau auch nicht sagen, weil Luftminen fielen und sie in den Luftschutzkeller mußte.

Von meinem Vater weiß man nichts. Er bleibt verschwunden. Bei Achim besteht die Hoffnung, daß er in Gefangenschaft geraten ist. Inge hat aus Schliersee geschrieben.

Arne erzählt mir eine Begebenheit, die ihm widerfahren ist. Er zittert und schluchzt wie Raskolnikow nach dem furchtbaren Traum mit dem Pferdchen.

Er hatte sich ein Beil besorgt und sich im Stadtpark hinter einem Baum versteckt. Er wollte einem Fußgänger auflauern und ihn berauben, weil er nicht mehr aus noch ein wußte.

Als die Person, die er berauben wollte, an ihm vorbeikam und er das Beil schon zum Schlag erhoben hatte, konnte er es nicht tun.

»Bin ich in deinen Augen ein gemeiner Mörder?«

»Nein«, sage ich, »du hast ja niemanden getötet.«

Schauspieler, was ist das

Ich spreche am Berliner Schloßparktheater vor. Nenne die berühmtesten Schauspieler, bei denen ich angeblich Unterricht hatte, und gehe so weit, daß ich behaupte, den *Hamlet* gespielt zu haben, obwohl ich das Stück gar nicht kenne.

Ich weiß nicht, ob mir jemand glaubt. Barlog engagiert mich jedenfalls. Für 110 Mark im Monat.

Der Regieassistent G. W. lädt mich zu sich nach Hause ein, um mit mir zu arbeiten. Der kann mir auch nichts nützen. Aber ich gehe hin, weil ich hoffe, daß ich mich da aufwärmen kann, denn ich bin wieder ein Straßenhund und nehme alles mit, was kommt.

Er wohnt mit seiner Mutter in einer kleinen Villa in Dahlem. Sein Vater muß irgendein hohes Tier gewesen sein.

Wir lesen und proben das blödsinnigste Zeug, was zum Repertoire gehört, wie er sich ausdrückt. Aber seine Bude ist geheizt, und seine Mutter macht Tee und Stullen. Sie kennt die Schwächen von ihrem Sohnemann, weder sie noch seine Schwester kommen jemals zu uns rein.

Die sogenannten Lektionen, von denen er selbst keine Ahnung hat, werden immer kürzer. Die ersten Male leiert er noch seine gebüffelten Fleißaufgaben her, die mich anöden, als wenn ich Nachrichten im Radio höre, und er will, daß ich die lächerlichsten Bewegungen ausführe. Mit der Zeit scheint es ihn selbst zu langweilen. Und bald wartet er nur noch, bis ich die Teekanne leergetrunken und meine Stullen gemampft habe. Dann zieht er mir die Hosen runter und bespringt mich wie ein Ziegenbock. Das geht Gott sei Dank sehr schnell. Nach ein paar erbarmungswürdigen Stößen, bei denen er mit heraushängender Zunge hechelt, kommt er zum Erguß. Dann fällt er wie ein satter Säugling von mir ab und will pennen.

Geld gibt er mir keins. Entweder er bekommt kein Taschengeld, oder er ist geizig.

Das Jahr bei Barlog ist stumpfsinniger als alles, was ich bis jetzt in meinem Leben tun mußte. Dieser Mensch ist überhaupt kein Regisseur. Was dem einfällt, ist richtig peinlich. Aber das Angebot ist nicht groß, und so hat er Erfolg. Mit mir weiß Barlog überhaupt nichts anzufangen. Er sagt mir nie etwas. Was auch? Zu G. W. sagt er: »Dieser Kinski ist mir unheimlich. Das ist einer, dem ich einen Banküberfall zutrauen würde.« Wenigstens hat er Angst vor mir!

Die Rolle, die ich spielen muß, ist die des Pagen im Vorspiel zu *Der Widerspenstigen Zähmung*. Er hat nichts anderes zu tun, als in Frauenkleidung den besoffenen Kesselflicker festzuhalten, damit er sich aus einer Loge die Aufführung ansieht. Während dieser zwei Stunden, oder wie lange die Vorstellung dauert, muß der Page ihm die Schnapsflasche aus den Händen reißen, sobald der Kesselflicker daraus saufen will. Natürlich ist das kein wirklicher Fusel, sondern irgendeine lauwarme Plürre. Wahrscheinlich Coca Cola. Das jeden Abend!

Nach einem Monat habe ich es dick. Ich fülle Steinhäger in die Flasche. Jedesmal, wenn ich dem Kesselflicker die Flasche aus der Hand gerissen habe, gieße ich mir einen Kuhschluck in den Mund. Als die halbe Vorstellung vorbei ist, bin ich sternhagelbesoffen. Ich fange an zu blödeln, torkle, aus der Flasche saufend, auf der Bühne rum und trete mit einem Bein in den Souffleurkasten. Der Vorhang fällt.

Hinter den Kulissen werfe ich dem Verwaltungsdirektor die leere Flasche hinterher, weil er mich zur Rede stellt.

Morgens um vier wache ich auf einer Bank am Bahnhof Zoo auf. Ich weiß nicht, wie ich hier hingekommen bin. Jemand quatscht mich an. Wahrscheinlich ein Homo. Ich schubse ihn weg.

Der Winter 1946/47 ist der grimmigste seit Jahrzehnten. Das Thermometer sinkt bis unter 28°. Ich habe keinen Mantel, und Barlog scheint das auch egal zu sein. Er ist gut eingemummelt, hat immer eine große Thermosflasche und belegte Brote dabei und bekommt die beste Lebensmittelkarte, Nr. 1. Ich kriege die

83

schlechteste, Nr. 3. Zu Hause kann ich nicht mehr schlafen. Wir decken uns mit den kleinsten Lumpenfetzen zu, die wir finden können, mit Zeitungspapier und Pappe, wickeln uns Stoffstreifen um die Hände, Füße und um den Kopf. Aber der Wind pfeift pausenlos ins Zimmer, dringt uns bis auf die nackte Haut, und es schneit aufs Bett und in unsere Gesichter.

Nach der Vorstellung verstecke ich mich im geheizten Theater und schlafe auf Stühlen in der Garderobe. Der Portier hat ein Einsehen und drückt beide Augen zu. Als mich irgend jemand an Barlog verpfeift, wird es mir strengstens untersagt.

Zu essen nehme ich mir von zu Hause mit. Eine Scheibe kalte Grütze. Arne und ich kochen sie für mehrere Tage vor. Die Grütze wird nach ein paar Stunden steif wie Brot. Jeden Tag, wenn ich ins Theater fahre, schneide ich mir eine Scheibe kalte Grütze ab, wickle sie in Zeitungspapier und stecke sie mir unters Hemd.

Tagsüber werde ich nirgends lange geduldet. In jedem Bezirk sind Wärmehallen eingerichtet, in denen meist alte Leute um einen Eisenofen kauern. In ihren Wohnungen sterben sie wie die Fliegen. Jemand paßt auf, daß niemand zu lange bleibt. Die Stuben sind immer überfüllt. Ich muß also von einer zur anderen pendeln. Die Entfernungen sind groß, und ich mache mir einen genauen Plan. Ich lege die vereisten Fetzen, die ich mir wie ein Leprakranker um Kopf und Hände wickle, auf den Ofen, bis sie fast verbrennen, ziehe meine heiße »Kleidung« an und hetze geduckt bis zur nächsten Wärmehalle. Das geht nicht in einem Zug. Alle hundert Meter muß ich ein neues Ziel anpeilen, einen Hauseingang, eine Torausfahrt, einen Kellereingang, eine U-Bahn-Treppe, um mich vor der schneidenden Kälte zu verkriechen.

Die Hygiene ist katastrophal. In der Wartburgstraße kann ich nicht baden, Holz und Kohlen sind überhaupt nicht aufzutreiben. Selbst der Rasierapparat ist morgens festgefroren. Ich wasche mich, wo ich kann, im Theater, in öffentlichen Bedürfnisanstalten. Flöhe, Läuse, Filzläuse habe ich gehabt wie Millionen anderer Menschen. Jetzt juckt es mich zwischen den Fingern, dann auf den Handrücken, in den Kniekehlen, Gelenken, Armen, Beinen, zwischen den Zehen, auf den Fußsohlen, an den

Fersen, unter den Achselhöhlen. Es ist wie eine Pest. Anfangs weiß ich gar nicht, was das ist. Ich erzähle es Arne. Er sagt: »Das ist die Krätze! Du mußt sofort in eine Apotheke gehen und dir was zum Einreiben besorgen!«

Die Flüssigkeit stinkt so unerträglich, daß ich mich zu niemandem in die Nähe traue. Bevor ich ins Theater gehe, laufe ich mit offener Kleidung um den Block herum, damit der Gestank vergeht, bis ich vor Kälte grün und blau bin. Was soll ich machen. Ich kann keinem zumuten, sich mit mir in eine Garderobe zu setzen.

Gustaf Gründgens muß in der von ihm am *Deutschen Theater* inszenierten Aufführung von *Der Schatten* eine Rolle umbesetzen, da der betreffende Schauspieler krank geworden ist. G. W. schlägt mich für die Rolle vor. Als ich Gründgens sehe, denke ich, von euch bin ich bedient.

Der Winter ist vorbei, und die Sonne scheint wieder. Jetzt läßt Barlog mir aus einer amerikanischen Militärdecke einen Wintermantel nähen, nachdem ich ihn den ganzen Winter darum gebeten hatte.

Die größte Ente ist seine Behauptung, ich hätte der Kostümbildnerin, die mir dieses Monstrum von Mantel anprobiert, in der Theaterschneiderei an die Votze gefaßt. Ich hätte es vielleicht getan, aber sie war viel zu zickig.

Als Barlog sein Versprechen nicht hält, mir in *O Wildnis* die Hauptrolle zu geben, werfe ich die Fensterscheiben des *Schloßparktheaters* ein, und mein Jahresvertrag wird nicht erneuert. Ich wäre ohnehin an dem Provinztheater verblödet.

Ich schlafe und esse, wo es sich ergibt. Hauptsache, ich kann meinen Kopf irgendwo hinlegen. Als es wärmer wird, schlafe ich nur noch in Parks. Die Wohnung in der Wartburgstraße kann ich nicht mehr ertragen, vor allem weil meine Mutter nicht mehr lebt.

Ich muß es allein rausfinden

Inzwischen habe ich erfahren, daß es Schauspielschulen gibt. Ich benutze sie, um mir Bücher und Mädchen zu besorgen. Vor allem Bücher. Ich muß lesen, lesen! Ich kann nicht mal richtig deutsch. Ich muß alles kennen, alles wissen! Ich brauche Textbücher! Ich muß Rollen lernen, lernen, lernen!

Ich sehe beim Unterricht zu. Aber das ist alles Unsinn und vergeudete Zeit. Ich muß es allein rausfinden. Wie sollen die mir beibringen, wie und warum man lacht und weint. Was Schmerz und Verzweiflung ist. Was Haß und Liebe ist. Was Sehnsucht ist und Erfüllung.

Ich allein werde die Form des Ausdrucks eines Tages finden. Also nehme ich aus den Schauspielschulen nur die Bücher und die Mädchen mit. Es sind ganz junge Mädchen. Eine ist nicht mal dreizehn.

Die älteste, die ich kennenlerne, ist sechzehneinhalb. Sie war eine Amihure und bekommt immer noch Lebensmittel, Schokolade, Whisky und stangenweise Zigaretten. Sie hatte die Syphilis, aber ist anscheinend ausgeheilt. Sie ist sehr süß und lieb, aber wir ficken nur einmal auf einer abfallenden Böschung in Halensee.

Eine Vierzehnjährige nehme ich in ihrer elterlichen Wohnung. Sie lebt mit ihrer Mutter in der Nähe des Treptower Parks. Ich glaube, ihre Eltern sind geschieden, oder ihr Vater ist tot oder was weiß ich. Ich lerne nur ihre Mutter kennen. Sie läßt uns den ganzen Nachmittag allein, weil ich ihr sage, daß ich mit ihrer Tochter die Bettszene aus *Romeo und Julia* proben will. Als ihre Tochter sich nackt auszieht und nur ein durchsichtiges Nachthemd überstreift, geht sie vorsichtshalber aus dem Haus. Das mit dem Nachthemd habe ich ihr gesagt.

Als ihre Mutter weg ist, proben wir die Szene auf dem Ehebett. Aber das Bett ist zu weich, ich rutsche immer wieder an ihrer fest verschlossenen Muschel ab, so weit sie sich auch spreizt. Wir gehen ins Kinderzimmer, in dem sie noch in einem eisernen Bettchen schläft. Das Bettchen ist natürlich viel zu klein für zwei Personen. Wir legen uns auf den harten Diwan. Der ist eigentlich genau geeignet, aber ich dringe und dringe nicht in sie ein. Ich drehe sie auf den Bauch und stelle sie auf die Knie, sage ihr, daß sie den Oberkörper auf ihre Ellenbogen stützen soll und zwinge sie mit der Faust, das Kreuz hohl zu machen. Dann versuche ich es von hinten. Aber auch von hinten gleite ich immerzu in ihren After ab. Sie ist wirklich unwahrscheinlich zu. Selbst ihre dicken Schamlippen springen immer wieder zu wie zwei halbe Gummibälle. Jetzt muß sie auch noch pinkeln gehen. Ich lasse sie nicht weg. Als ich sie an der Tür an den Haaren packe, macht sie die Beine breit und pinkelt im Stehen. Es pladdert auf die Dielen wie bei einem Wolkenbruch. Dann schleudere ich sie zurück auf den Diwan. Lege sie auf die Seite.

Ich stoße zu. Ihr Unterleib bäumt sich mir entgegen, als wäre sie von einem Skorpion gestochen. Sie kreischt und krallt sich an meinen Hüften fest. Ich explodiere tief in ihr.

Die Wohnung von Hannelore F. wird für kurze Zeit mein Zuhause. Auch sie hat eine Schauspielschule, und ich klaue mir auch von da die Mädchen wie ein Fuchs die Hühner stiehlt — aber die liebenswürdige, alte Dame und ihre Stieftochter Jutta S. nehmen mich gütig und selbstlos auf wie einen verlorenen Sohn. Sie teilen alles mit mir, Essen, Trinken, das bißchen Geld und die Wohnung.

Das erste, was ich von Jutta sehe, ist ein Rötel-Akt, der an der Wand im Besuchszimmer hängt und von dem ich mich nicht losreißen kann. Dann kommt sie selbst. Alles an ihr ist fest wie aus Marmor gemeißelt. Der Po, die Brüste, der kleine spitze Bauch, die feste Punze.

Nach meinem ersten Besuch komme ich spät nachts zurück und steige durchs Fenster, das sie für mich offengelassen hat. Ich krieche gleich zu ihr ins Bett. Ich zeige ihr alle Stellungen, auch alles mit dem Mund.

Ihr Körper strafft und krümmt sich und zuckt ohne Unterlaß. Ich spüre ihren Koitus wie Stromstöße, während ich wie eine Wurzel immer tiefer in sie wachse.

Die Tür zum Nebenzimmer, in dem Frau F. schläft, ist offen und wir müssen uns gegenseitig mit Gewalt festhalten, um kein Geräusch zu machen und unsere Schreie Mund an Mund zu ersticken.

Als sie mich ausgesogen hat und sie selbst nicht mehr kann, springe ich wieder aus dem Fenster und laufe durch die sternhelle Nacht. Meine Hände und mein Gesicht duften noch stärker als die Blüten an den Gebüschen, in denen ich mich mit dem Gesicht nach oben schlafen lege.

Prinzen, Diebe, Huren, Mörder

G. W. nimmt mich mit zu einem Ball bei Walterchens Seelentröster. Er pudert mir das Gesicht und schmiert mir Vaseline auf die Lippen und auf die Augenlider. Nur keine Angst. Das Schaf wird sich bald in einen Wolf verwandeln.

Wo man hinsieht Homos. Sie gebärden sich wie gackernde Hennen und fassen sich beim Tanzen an den Arsch.

Prinz Sasha K. ist auch ein Homo. Aber er hat gewisse Klasse. Hat Grips und Geschmack und tölt nicht herum. Aber er ist ein Verbrecher. Tagsüber handelt er mit antiken Möbeln und Juwelen und nimmt auch alten Mütterchen ihren letzten goldenen Löffel weg. Er nimmt alles, Eheringe, Amulette, die goldenen Einfassungen von Familienalben, Fotorahmen, sogar Goldzähne. Hauptsache Gold. Er kratzt ein bißchen daran herum, träufelt eine Säure auf die Stelle und weiß sofort, wieviel Karat es hat. Den meisten Reibach macht er mit Perlen, farbigen Edelsteinen und Brillanten. Er ist sehr reich und bezahlt immer für alle.

Am liebsten hat er Strichjungen, die ihn dann für eine Zeitlang ausplündern und seiner Mutter sogar einmal eins über den Schädel hauen, um die Wohnung auszuräumen.

Auch heute nacht sitzt er mit einem Strichjungen an der Bar, glotzt ihn mit seinen glasigen Augen an, als wäre es die Heilige Madonna, und hört nicht auf, Wodka zu saufen, bis Lotte dazwischenkreischt, den Strichjungen mit ihrer frechen Schnauze zusammenscheißt und Sasha in ein Taxi drängelt. Mich nimmt sie auch mit.

Lotte R. ist eine schöne Frau, so um die dreißig. Außer ihrem Tick, Sasha zu heiraten und Prinzessin K. zu werden, weil sie einen Adelsfimmel hat, haben sie viele Männer gefickt. Auch sie kann ausgezeichnet ficken. Ein prima Kumpel. Sie schlaucht sich zwar bei Sasha und allen anderen reichen Homos durch und nimmt mit, was sie kriegen kann, verteilt aber alles wieder großzügig unter den Knaben, die noch weniger haben als sie. Sie selbst gibt sich den Titel *Homoprinzessin von Berlin*. Es geht ihr beileibe nicht schlecht. Sie handelt auch mit antiken Möbeln, die sie von Hinterbliebenen direkt aus den Sterbezimmern ihrer Angehörigen ersteht, die sich von dem Geld einen Klumpen Butter kaufen. Handelt mit wurmstichigen Kreuzen, silbernen Kruzifixen, goldenen Hostientellern, Kelchen, mit Tabernakeln und Ikonen und sogar mit Beichtstühlen, die sie aus ausgebombten Kirchen stehlen läßt. Handelt mit Grabsteinen von zerwühlten Friedhöfen, kauft und verkauft auf dem schwarzen Markt, bietet den Neureichen Schmuck an, den Sasha ihr in Kommission überläßt, macht seinen Schlepper, läßt sich Prozente zahlen, führt ihm auch die Knaben zu, verwaltet in Gedanken sein Vermögen und erinnert ihn zu jeder Tages- und Nachtzeit daran, daß er ihr im Suff versprochen hat, sie zu heiraten, was heißen soll, daß er ihre sämtlichen Rechnungen zu bezahlen hat. Manchmal verdrischt er sie und hat ihr sogar einen Finger gebrochen, was sie jedem erzählt. Die meisten lachen. Sie ist schlau. Sie scheut sich nicht, sich zum Gespött zu machen, wenn sie dadurch Mitleid erregen kann. Von Natur aus ist sie froher Laune, was wohl auf ihr rheinisches Gemüt zurückzuführen ist und bleibt selbst nach einer herzzerreißenden Tragödie, die sich mindestens einmal täglich abspielt, nicht nachtragend.

Mich hat sie mitgenommen zum Ficken. Ich bleibe gleich bei ihr wohnen. Sie kauft mir Zahnbürste und Rasierzeug, kleidet mich mit dem Nötigsten ein und schleift mich sofort auf alle möglichen Parties und zu anderen Nutten, um mich vorzuzeigen. Sie verpflegt mich gut und nahrhaft, kocht selbst die leckersten Gerichte und schafft täglich kiloweise Fleisch zu Wucherpreisen an. Im übrigen preßt sie meine Hoden aus wie zwei Zitronen. Was ich an Stellungen und Raffinessen noch nicht kenne, bringt sie mir bei. Sie ist eine hervorragende Hure.

Ich bin bei ihr wirklich gut aufgehoben. Sie tut jedenfalls alles, um mich zufriedenzustellen, und ich tue alles, um sie zu befriedigen. Aber mit der Zeit geht sie mir auf die Nerven, und ich sehe sie nur noch ab und zu bei Sasha.

Die K.s gehören zu denjenigen Weißrussen, deren Familien noch zur rechten Zeit mit ihren Klunkern türmen konnten und die ewig in irgendeinem Winkel dieser Erde Angst vor den Bolschewiken haben. Sasha war mit seiner Mutter in Berlin hängengeblieben und lebt in ständiger Angst vor Entführung durch die G.P.U. In seiner Acht-Zimmer-Wohnung trifft sich alles, was sich eben in solchen Salons trifft, sogar Sowjetrussen. Agenten des C.I.C., der Chef der amerikanischen Militärpolizei, hohe französische, englische, amerikanische Besatzungsoffiziere, Schleichhändler, Adlige, Modeschöpfer, Diebe, Strichjungen, Mörder, Künstler und vor allem die arrivierten Homos von Berlin.

Sasha liebt mich sehr. Er liebt sicher auch mein Gesicht, meinen Körper, meine slawische Seele. Vor allem liebt er mich, weil ich die Wahrheit sage.

Aber wir treiben es nie miteinander. Wir sind wieder mal die ganze Nacht aufgeblieben. Als wir uns um sechs Uhr morgens auf sein Bett aus dem zwölften Jahrhundert legen und uns gegenseitig unseren Hosenschlitz aufmachen, kracht das Bett zusammen. Wir lachen wie die Kinder. Es klappt einfach nicht.

Sasha hat unbegrenztes Vertrauen zu mir, weil ich ihn nie beklaue. Er läßt mich mit Perlenketten und Diamanten allein in der Wohnung und stellt mir frei, bei ihm zu essen und zu schlafen, wann ich will. Sein schwuler Diener hat Anweisung, mich zu jeder Tages- und Nachtzeit hereinzulassen. Geld gibt er mir selten, obwohl er sich vorstellen kann, daß ich es dringend brauche. In Kommission gibt er mir auch nie was. Wenn ich sage, daß ich auf dem schwarzen Markt handeln will, lacht er mich aus. Dafür

90

erzählt er mir von Rußland. Von Dostojewskij und Tolstoij, von Tschaikowskij und Nijinskij, spielt mir russische Platten vor und weint wie alle Russen, wenn sie ihre Musik hören. Und wie die Russen in den Romanen von Tolstoij und Dostojewskij beichtet er im Suff seine Gemeinheiten und Sauereien und fleht mich an, ihn zu erlösen. Der hat Sorgen!

Nach einem Jungen ist er ehrlich verrückt. Jan D. Er ist keiner von den Strichjungen, die ihn beklauen und denen er vor lauter Geilheit wertvolle Ringe auf die Finger zieht und einem nach dem anderen immer ein und dasselbe Auto schenkt. Jan ist ein netter, intelligenter Junge mit einem großen Schwanz. Sasha ist so hoffnungslos in ihn verknallt, daß er ihn nicht nur von Kopf bis Fuß einkleidet und ihm alles zur Verfügung stellt, was er besitzt, sondern er schickt ihm auch Blumen nach Hause, Enten und Hühner, einen Weihnachtsbaum, Festkörbe und Pralinen. Aber Jan schickt die Geschenke meistens zurück. Er ist launisch und läßt sich nicht beschenken, wenn er nicht will. Zwar kokettiert er mit Sasha, aber er ist sehr verwöhnt und läßt ihn leiden. Wenn selbst Sashas Briefe und Telegramme nichts mehr nützen und wenn Jan sogar die Blumen und Pralinen ablehnt, sieht Sasha keinen Ausweg mehr und flennt sich bei mir aus. Es ist eine richtige Fotoromanze.

Bei Sasha lerne ich einen Teppichhändler kennen, durch den er seidene, antike Teppiche bezieht, um sie an Amerikaner weiterzuverscheuern. Natürlich ist das auch ein Homo und er leckt sich lüstern die Lippen, während er mit mir spricht.

Er hat einen richtigen Schweinskopf, blasse, wäßrige Schweinsäuglein und blonde Wimpern wie ein Schwein. Sasha sagt, daß er geizig ist. Er kotzt mich an. Aber er läßt nicht locker und verspricht mir einen Teppich. Obwohl der Schweinekopf mich ankotzt und obwohl ich die Homos satt habe, gehe ich mit.

In seiner kleinen, miefigen Neubauwohnung im ersten Stock in der Fasanenstraße hat er Hunderte von wertvollen Teppichen bis zur Zimmerdecke aufgestapelt. Die sechs Schlösser an der mit Stahl ausgeschlagenen Wohnungstür schließt er alle ab, und ein gewaltiger Stahlriegel kippt wie eine Guillotine runter.

Wir essen Tartar und saure Gurken und trinken Bier dazu.

Nach der zweiten Flasche werde ich schläfrig. Darauf hat er gewartet. Seine schlaffen Schweinsäuglein werden flink und schimmern geil. Er zieht die Bettcouch aus und geht ins Badezimmer.

Inzwischen bin ich eingeschlafen. Ich komme zu mir, als ich das Schweinchen auf mir grunzen höre.

Sein kleiner, spitzer Schweinschwanz ist glibbrig, bevor er mir die Beine spreizt, und er spritzt mir auf den Bauch, weil er vor lauter Aufregung mein Afterloch nicht findet. Ich schüttle ihn ab und haue mich auf die andere Seite.

Es ist schon ein paar Wochen her, daß ich bei dem Schweinchen war, als mir plötzlich einfällt, daß er mir den Teppich nicht gegeben hat.

Als ich an der Wohnungstür klingele, rührt sich nichts. Aber ein dumpfer, süßlicher Geruch wie von verfaulten Rosen dringt durch die Tür. Mir ist nicht wohl zumute, und ich verlasse eilig das unheimliche Haus.

Durch die anderen Homos erfahre ich, daß man das Schweinchen erschlagen in seiner zugeklappten Bettcouch gefunden hat. Der Portier hat die Tür aufbrechen lassen, weil das ganze Treppenhaus nach dem Schweinchen stank. Es soll alles in der Zeitung gestanden haben. Die Kriminalpolizei vermutet, daß ihn ein Strichjunge ermordet hat. Gott sei Dank hat mich niemand gesehen, sonst würden die Pupen denken, daß ich es war.

Eduard M. ist Regisseur und will, daß ich *Savonarola* spiele. Er ist ganz benebelt von dem Stück. Ich finde es Quatsch. Ich will keinen religiösen Irrsinnigen spielen. Mir ist es auch gleichgültig, wer die Bilder von Botticelli verbrannt hat. Aber das alles wäre kein Grund. Der Grund ist, daß ich erst zu mir selbst finden muß. Daß ich erst alles verarbeiten muß, was ich in den zwanzig Jahren erlebt habe. Ich muß mich erst entwirren, dieses Chaos von Himmel und Hölle, von Schmerz und Freude ordnen, das mich zerfetzt, das mich fasziniert und abstößt zugleich.

Ich gehe oft zu Eduard. Wir reden die Nächte hindurch, bis es wieder hell wird.

Eduard ist arm, und aus dem Sofa, auf dem ich manchmal schlafe, bohren sich mir die Sprungfedern in den Rücken. Seine

Frau ist Barmädchen. Ihre Kunden sind Waffenhändler, die mit dem Geld um sich werfen. Manchmal bringt sie etwas davon mit. Eduard teilt alles mit mir. Er ist besessen von mir. Ich weiß nicht warum, ich habe noch nicht zeigen können, wozu ich auf der Bühne fähig bin. Vielleicht liest er es in meinem Gesicht, das ich selbst noch nicht kenne.

Eduard hat bei den Russen die *Schneekönigin* inszeniert und darf im Ostsektor in den HO-Geschäften einkaufen. Er hat eine Tiefkühlgans mitgebracht. Sie ist hart wie Beton und muß erst aufgeweicht werden. Ich sage, ich mache das. Eduard ist müde und soll schlafen gehen. Ich werde ihn später wecken.

Ich lasse heißes Wasser in die Badewanne laufen, um ein Bad zu nehmen und will die Gans gleichzeitig auftauen, damit wir sie anbraten können, wenn Eduard aufwacht. Ich nehme also die nackte Gans mit in die Wanne.

Ich habe nicht mit meiner eigenen Müdigkeit gerechnet. Eduard schläft durch, und auch ich wache erst am nächsten Morgen im kalten Badewasser auf, als seine Frau nach Hause kommt und pissen muß. Ich habe elf Stunden in der vollen Badewanne geschlafen. Die Gans ist aufgeweicht. Ich auch.

Eduard ist Bühnenbildner und Maler und hat zwei Ateliers. Er benutzt sie nicht nur zum Malen, sondern auch um seine Frau zu betrügen. Während er mit einem Mädchen in einem Atelier ist, schlafe ich mit seiner Frau im anderen. Ich bin eigentlich in das Atelier gegangen, um allein zu sein. Ich hole mir seine Frau, weil ich in dem Atelier nicht schlafen kann. Ich wache immer wieder auf. Etwas würgt mich an der Kehle.

Heute will ich es noch mal allein versuchen. Irgend etwas schreckt mich aus dem Schlaf. Ich richte mich im Bett auf und starre wie gelähmt auf die gegenüberliegende Wand: auf der Wand ist ein erleuchteter Fleck, obwohl weder eine Lampe brennt, noch von außen Licht durch die Fenster dringen kann. Das ganze Zimmer ist von dem Fleck erhellt!

Allmählich gelingt es mir, den Arm nach meiner Kleidung auszustrecken. Ich raffe sie zusammen und taste mich über den dunklen Flur, weil ich den Lichtschalter nicht finde. Mir ist, als ob mich etwas Unsichtbares umklammert. Ich stürze die Treppen runter. Erst unten ziehe ich mich an.

Am nächsten Tag bekomme ich die Erklärung.

»Ich habe es dir verheimlicht«, sagt Eduard. »In dem Atelier hat sich jemand erhängt. Deswegen hat der Hauswirt es mir so billig überlassen. Entschuldige.«

Das andere Atelier benutze ich noch öfter. Wir tauschen die Mädchen unter uns aus.

Eine gebe ich ihm nicht, weil ich nach drei Tagen merke, daß ich schon wieder einen Tripper habe. Sie war zwar willig mit mir gekommen, aber als ich in sie eindringen will, nachdem ich ihren ganzen Leib geleckt habe, klemmt sie ihre Schenkel fest zusammen. Ich habe es bis jetzt bei allen auf die eine oder andere Weise geschafft und schaffe es nach langem Fummeln auch bei ihr. Aber sie hätte mir ruhig sagen können, daß sie geschlechtskrank ist, es wäre für mich kein Hinderungsgrund gewesen. Ihr Loch ist so eng, daß ich gleich beim Hineingleiten spritze. Wir stehen achtundvierzig Stunden nur noch aus dem Bett auf, um Pipi zu machen und uns rohes Eigelb anzurühren. Als ich sie am dritten Morgen zu einem Taxi bringe, müssen wir uns gegenseitig stützen.

Ich war schon eine ganze Weile nicht mehr bei Sasha. Ich mag ihn gern, aber die Schwuchteln, die sich bei ihm ein Stelldichein geben, sind mir zu eintönig. Wenn er keine Ruhe gibt, gehe ich mit ihm in eine Bar. Meistens sind es schwule Kneipen, in denen Transvestiten singen und Knaben in Frauenkleidern bedienen. Das *Eldorado* ist die bekannteste. Aber wir gehen auch in jeden anderen Bums. Es endet immer damit, daß Sasha wie eine Drohne *Eier* legt, aus denen sich immer mehr fleißige Bienen entpuppen und er, von Wodka wie eine Wasserleiche aufgedunsen, auf seinem Hocker pennt.

Die Paris-Bar in der Nähe der Gedächtniskirche will schließen. Ich tanze mit einer polnischen Zigeunerin. Der Himmel hat sie mir geschickt. Sie kam vor zehn Minuten ins Lokal. Sie ist Schönheitstänzerin in einem Nachtclub am Savignyplatz und wohnt in einer Pension gleich um die Ecke. Ich fasse Sasha in die Tasche und nehme mir soviel, wie ich für die Polin brauche.

Ich habe noch mit keiner Zigeunerin geschlafen. Die muß eine Zaubertechnik haben, mein Schwanz bleibt immer steif, auch wenn es mir schon mehrmals gekommen ist.

Dann stößt sie mich heraus, dreht sich um und schläft. Ich kann nicht schlafen. Ich warte, bis ihr Hintern sich wieder zu bewegen anfängt und sich mir entgegendrängelt. Das ist das Zeichen. Sie spricht ganz wenig und nur, wenn es unbedingt nötig ist. Außerdem verstehe ich ihr Kauderwelsch kaum.

Man könnte meinen, ich liege nur in Betten rum

Das stimmt nicht ganz. Ich schließe mich oft wochenlang in ein Zimmer ein und gehe nicht einen Schritt auf die Straße. In dieser Zeit lerne ich Texte und mache Sprachübungen. Zehn, zwölf, vierzehn Stunden täglich. Oder die ganze Nacht. Wenn die Nachbarn sich beschweren, und das tun sie immer, muß ich aus dem jeweiligen Zimmer wieder raus. Ich wechsle die Zimmer öfter als die Mädchen. In einem Monat muß ich zweiunddreißig Mal umziehen. Aus einem Zimmer muß ich noch am selben Tag wieder raus.

Ich gehe tagelang in den Parks spazieren oder laufe nächtelang durch die Straßen. Ich spreche immer irgendwelchen Text und nehme nicht wahr, was um mich herum geschieht.

Wenn ich bei den Sprachübungen müde werde oder ein mir selbst gestelltes Pensum nicht erreiche, schlage ich mir ins Gesicht, um mich zu bestrafen. Ich muß es schaffen. Ich muß! Ich werde es beweisen.

Alfred Braun, der ehemalige Star-Reporter des Berliner Rundfunks, inszeniert mit mir *Romeo und Julia*. Ich bekomme für das Hörspiel dreitausend Mark. Von dem Geld miete ich mir mein eigenes Atelier. Eigentlich ist es eine Waschküche in einem Haus in Friedenau. Aber der Raum hat ein großes Atelierfenster, durch das viel Licht reinflutet. Ich streiche die Bude weiß und schrubbe den Fußboden. Ich habe ein Bett, einen Tisch, einen

95

Stuhl und ein eigenes Klo, auf dem ich mich unter dem Wasserhahn wasche. Mehr brauche ich nicht. Mein bißchen Wäsche wasche ich selbst.

Ich laufe kilometerweit zu Fuß, um immer Sonnenblumen bei mir zu haben. Wenn sie vertrocknet sind, lege ich sie aufs Fensterbrett, wo sie weiterglühen. Sonnenblumen sind auch die ersten Blumen, die mir ein Mädchen nach einer Vorstellung ins Theater bringt.

Nachts schlafe ich nicht in meinem Bett. Ich streife durch die Parks und lege mich, wenn ich nicht mehr laufen kann, auf die Erde und sehe in den Himmel. Wenn die Sonne nach drei Uhr morgens aufgeht, wenn der erste bleiche Schimmer mir anzeigt, daß die Nacht überwunden ist, gehe ich in meine Wohnung und lege mich angezogen aufs Bett. Ich brauche nicht viel Schlaf. Drei, vier Stunden. Nicht mehr.

Die Schreibmaschine von Jean Cocteau.

In einer Szene muß ich einen epileptischen Anfall vortäuschen. Was der Regisseur Otto G. sich darunter vorstellt, ist so lächerlich, daß ich es nicht beschreiben möchte. Er hat noch nie einen Epileptiker gesehen. Ich auch nicht. Deswegen fahre ich in die Berliner Charité am Bahnhof Friedrichstraße und bitte den Chefarzt der psychiatrischen Abteilung, mir einen solchen Anfall zu erklären.

Er will mich zusehen lassen, wie eine Patientin einen Elektroschock bekommt. Die Reaktionen seien die gleichen wie bei einem epileptischen Anfall: Der Körper des Betroffenen verrenkt sich in krampfartigen Zuckungen, als wäre er mit Starkstrom elektrisiert. Er beißt die Zähne so plötzlich und mit solcher Gewalt aufeinander, daß sie zerbrechen. Schaum steht ihm vor dem Mund. Die Augen quellen heraus.

Die junge Patientin wird in den Behandlungsraum gefahren. Sie ist siebzehn Jahre und sehr schön. Aber Gesicht und Körper sind grau wie eine Straße. Sie ist nur mit einem Nachthemd bekleidet. Sie richtet sich halb auf, scheint aber ihre Umgebung nicht zu erkennen und stammelt ganz leise einen Männernamen, Karl oder Kurt oder so ähnlich. Der Arzt sagt, daß ihr Geliebter sie verlassen habe. Daß sie dadurch einen Schock erlitten hätte, der sie um den Verstand gebracht hat.

Durch die Schockbehandlung versuche man, einen Gegenschock zu erreichen, der ihr, wenn es gutgeht, helfen könne.

»Und wenn es nicht gutgeht?«

»Dann hat sie Pech gehabt.«

Ihre Arme werden festgeschnallt. Die Drähte werden angesetzt. An den Schläfen. Den Pulsen. Wie auf dem elektrischen Stuhl. Zwischen die Zähne bekommt sie ein Stück Gartenschlauch, damit sie sie nicht zerbeißt.

Der Strom wird eingeschaltet. Mit einem schrecklichen Ruck zieht sie die Beine an und spreizt sie, daß ihr Nachthemd nach oben fliegt und ich ihre offene Scham sehen kann. Ihr Unterleib stößt mit solcher Gewalt nach oben, als schreie sie nach Liebe und nicht nach einer Schockbehandlung. Dann stoßen die Beine nach vorn, als wolle sie nach jemandem treten. Ich wende mich ab und gehe aus dem Raum. Ich schäme mich, daß ich so taktlos war, aber ich habe nicht ahnen können, daß mir Derartiges wiederfährt.

Es gelingt mir, die Reaktionen des Mädchens auf der Bühne darzustellen. Aber ich sehe sie ununterbrochen vor mir, ihren Unterleib, der mir sein Geheimnis enthüllt hat, das nicht für mich bestimmt war.

Roberto Rossellini kommt nach Berlin, um Schauspieler für seinen nächsten Film zu suchen. Graf Treuberg, den ich bei Sasha kennengelernt hatte und der Rossellinis Berater ist, bringt mich zu ihm. Das Wartezimmer des Produktionsbüros ist mit Schauspielern verstopft, die alle ganz verrückt danach sind, in Rossellinis Film zu spielen.

Rossellini telefoniert im Nebenzimmer mit Anna Magnani in Rom und hat anscheinend vollkommen vergessen oder weiß überhaupt nicht, daß wir da sind. Nach vier Stunden wird es mir zu bunt, und ich brülle:

»Was bildet dieser Spaghettifresser sich ein!«

Rossellini reißt die Tür auf, sieht, wie ich mit der Faust auf den Tisch schlage, lacht und fragt Treuberg:

»Chi è quello? Mi interessa. Fategli un provino.«

Nach den Probeaufnahmen soll ich gleich mit nach Italien fahren. Aber das Theater in der Kaiserallee läßt mich nicht weg.

Wir spielen *Die Schreibmaschine* über hundertsechzig Mal. Die Zeitungen zerfetzen sich das Maul über mich. Wichtiger als das Zeitungsgewäsch finde ich die Reaktion des Publikums.

Ein Mann kommt aufgeregt zu mir gelaufen und erzählt, daß seine Frau nicht mehr schlafen kann, seit sie mich auf der Bühne gesehen hat. Ich wollte ihm am liebsten sagen: Ich auch nicht, seit ich das Mädchen in der Charité gesehen habe.

Mit E. E. bin ich jeden Abend nach der Vorstellung zusammen und auch tagsüber oft bis zur Abendvorstellung in ihrer Wohnung in Westend.

Obwohl E. über vierzig ist, hat sie noch nie einen Mann gehabt.

Die erste Zeit befriedige ich sie mit der Zunge. Sie zeigt mir alle Feinheiten dieser Liebe, die ich bis jetzt bei anderen Frauen nur in meiner zügellosen Fantasie begriffen hatte. Bald habe ich E. so weit, daß ich in sie eindringen kann. Der Eintritt ihrer Scheide ist so winzig wie der eines zehnjährigen Mädchens, und sie hat furchtbare Schmerzen. Ich ergieße mich ein paarmal, dann quäle ich sie nicht mehr. Sie bittet mich, sie nur noch zu lecken.

Sie hat ihr Leben lang Mädchen und Frauen geleckt und sich ihr Leben lang nur von Mädchen und Frauen lecken lassen. Als Kind in der Schule, im Mädchenpensionat und später als Frau.

Sie erzählt mir von leidenschaftlichen Bindungen, die sie an Mädchen und Frauen gekettet haben. Vom ersten Betasten unter Siebenjährigen. Von der Verführung durch ihre Erzieherin. Von einer Krankenschwester, die sie brutal vergewaltigt hatte, die sie völlig beherrschte, die sie deswegen haßte und der sie doch völlig verfallen war. Und die sich später das Leben nahm, weil E. sich von ihr losgerissen hatte.

Sie erzählt mir von romantischen, verträumten Frauen, die so waren wie sie selbst — wie kleine Mädchen, die sich unter der Bettdecke verkriechen, weil sie sich graulen.

Sie erzählt mir von der hemmungslosen Hingabe einer katholischen Nonne, die ihretwegen die Soutane ablegte. Und von ihrer eigenen Schwester, die ihr Abgott war.

Und sie erzählt mir von ihrem Verhältnis mit Marlene, als sie beide noch blutjunge Anfängerinnen waren. Es war Marlene, die ihr hinter den Kulissen eines Berliner Theaters die Schlüpfer runterriß und sie mit dem Mund zum Orgasmus brachte.

E. liebt mich als ihren ersten und einzigen Mann. Vor allem aber, weil ich sie begreife.

Ich mache den größten Schauspieler
des 20. Jahrhunderts aus ihm

Jürgen Fehling, der genialste lebende Theaterregisseur, ruft mich zu sich. Ich spreche sieben Stunden lang vor.

Es ist sechs Uhr abends. Das Bühnenpersonal kommt bereits ins Hebbeltheater, um die Abendvorstellung vorzubereiten. Fehling gibt mir eine junge Platzanweiserin auf die Bühne, damit ich mit ihr die Sterbeszene aus *Romeo und Julia* spiele.

»Du hältst den Schnabel«, sagt er zu dem verdatterten Mädchen. »Egal, was Kinski mit dir macht, du bleibst leblos wie ein Stück Holz, gibst keinen Pieps von dir. Ich will nur seine Stimme hören.«

Es ist sieben Uhr. Wir müssen abbrechen. Nach dem Aufschrei des *Franz Moor* aus den *Räubern* ruft Fehling:

»Halt! Schone deine Stimme!«

Nach sieben Stunden!

Aber dieser Mann ist unersättlich. Wir gehen in eine Garderobe, und ich muß ihm aus dem Telefonbuch vorlesen. Ich lese und lese und bringe ihn zum Lachen und zum Weinen.

Fehling läßt mich nicht mehr aus den Krallen. Ich ziehe wochenlang Tag und Nacht mit ihm herum, sehe seinen Proben zu, gehe mit ihm essen. Er spricht und spricht, und ich hänge an seinen Lippen. Dieser Mann ist so liebevoll zu mir, wie mein eigener Vater nicht liebevoller hätte sein können. Gott strafe die großmäuligen Schweine, die dieses Genie mit Steinen aus Berlin vertreiben!

Nach seinem sensationellen Erfolg mit den *Fliegen* von Sartre hat Fehling eine große Macht. Er soll Intendant des Hebbeltheaters werden.

»Wenn ich Intendant bin, werde ich an allem sparen, an Kulissen, an Kostümen, an dieser Pestillenz von herumstinkenden Beamten und dem ganzen übrigen Plunder«, erregt er sich, als wir in der Ecke einer Kneipe sitzen, »nur nicht an der Gage für meine Schauspieler. Sie sollen alles haben, was sie brauchen. Alles! Dann werde ich alles von ihnen verlangen, und sie werden die Kraft haben, mir alles zu geben.«

Otto G. will *Gespenster* von Ibsen rausbringen. Mit mir als *Oswald*. Ich unterschreibe den Vertrag, erhalte pro Abend hundertfünfzig Mark, nehme tausend Mark Vorschuß. Vor Freude werfe ich einem Bettler auf der Straße hundert Mark in den Hut. Er starrt mir mit offenem Mund hinterher.

Als ich Fehling sage, was ich vorhabe, antwortet er:

»Du darfst den *Oswald* noch nicht spielen. Das wird ein hohes ›C‹ von dir. Du mußt den Vertrag brechen! Ich, Fehling, werde dich beim Bühnengericht verteidigen. Vergiß nie: der liebe Gott hat was vor mit dir! Und ich werde das aus dir machen! Wenn du den *Oswald* spielst, dann nur unter meiner Regie. Nie bei einem anderen. Vor allem bei Gründgens darfst du niemals arbeiten. Der würde dich nie begreifen. Der weiß überhaupt nicht, was Theater ist. Der behauptet, Gefühl gäbe es nicht, weil er selbst keins hat. Wenn du Geld brauchst, sage es mir, ich gebe dir Geld.«

»Nein, Herr Fehling, ich danke Ihnen. Ich habe noch Geld.«

»Gut. Sage mir alles, was du brauchst. Ich werde immer da sein für dich. Ich werde dich beschützen.«

Ich bin so glücklich über diese Begegnung und so fest von dem Sinn seiner Worte überzeugt, daß ich zu G. gehe und ihm alles wörtlich wiederhole. Ich sage ihm auch, daß ich den Vertrag breche. Otto ist sehr traurig. Aber er verehrt Fehling und wagt nicht, zu widersprechen. Er sagt nur:

»Dann mache ich *Gespenster* nicht.«

Am nächsten Morgen sagt Otto mir, daß er noch einen Versuch machen wird. Er will mit mir zu Fehling fahren und ihn fragen, mich für die Inszenierung freizugeben. Wir fahren hin.

Fehling bittet mich, im Nebenzimmer zu warten, während er mit Otto spricht. Er ist sehr nett zu ihm. Aber er ist auch grausam, denn er macht Otto klar, daß er seine Finger von mir lassen soll.

»Sie können ihn nur verderben«, sagt er zu ihm. »Ich aber mache den größten Schauspieler des 20. Jahrhunderts aus ihm!«

Zu mir sagt er, daß ich der erste bin, den er ans *Hebbeltheater* engagieren wird. Bis es soweit ist, soll ich irgendwo hinfahren und mich erholen.

Der Chef der amerikanischen Militärpolizei von Berlin, den ich unter den Homos bei Sasha kennengelernt hatte, besorgt mir ein Ticket für ein amerikanisches Militärflugzeug nach München. Von München fahre ich mit dem Zug nach Schliersee, wo Inge sich mit einem Holzfäller verheiratet hat, mit dem sie nach Kanada auswandern will. Der Traum dieses Hünen ist, Wälder abzuholzen. Ich denke, Rübezahl steht vor mir, als er, die Axt über der Schulter, meine Hand wie mit einem Schraubstock zusammenquetscht.

Da weder ich noch sie genügend Geld haben und wir mit ihrem süßen blonden Buben in einem Zimmer schlafen, bleibt auch mir nichts anderes übrig, als mir nachts ihr Geficke anzuhören, das sie so treiben, als wäre ich gar nicht zu Besuch gekommen. Wie geil sie ist, denke ich, sie kann sich nicht mal eine Nacht beherrschen. Vielleicht tut sie es auch absichtlich, um mich an unsere Ferkeleien zu erinnern. Jedenfalls stöhnt und schreit sie schamlos bis zum frühen Morgen, während mir nichts weiter übrigbleibt, als unter der Bettdecke zu onanieren.

Als ich nach Berlin zurückkomme, war Fehling Intendant des *Hebbeltheaters* geworden. Er wurde aber sofort wieder abgesetzt, nachdem er bekanntgegeben hatte, daß er zuerst einen Film drehen will, in dem er selbst den lieben Gott darstellen wird. Nach einem Vortrag in der Universität bewerfen Studenten ihn mit Steinen, bis er am Kopf blutet. Danach bleibt er verschwunden.

Ich gehe zu G. und sage zu, den *Oswald* zu spielen, denn ich brauche Geld.

Frau *Alving* ist Maria Schanda. Mit Maria habe ich sofort einen solchen beängstigenden Kontakt, daß ich in den Stunden zwischen den Proben nicht weiß, was ich ohne sie machen soll. Ich verehre und liebe sie. Sie liebt mich auch und glaubt ganz fest an mich.

Die Proben zu *Gespenster* sind so schön, daß ich traurig bin, als die Vorstellungen beginnen. Nach der Generalprobe der Wahnsinnsszene des *Oswald* nimmt Maria mich lange in die Arme, weil sie Angst hat, daß ich wirklich wahnsinnig werden könnte. Ich lache und beruhige sie, denn ich weiß, ich bin stark genug, die größten Erschütterungen auszuhalten.

Ich erzähle ihr von meiner Kindheit, und sie erzählt mir aus ihrem Leben, das mich fasziniert.

Vor der Premiere gibt Otto mir Kokain, weil ich so aufgeregt bin, daß ich heiser werde. Das geht so weit, daß Nase und Stirnhöhle in Mitleidenschaft geraten und ich Angst habe, daß ich bei der Vorstellung überhaupt nicht mehr sprechen kann. Ich schnupfe das weiße Pulver, und meine Atemwege sind wie durch Zauberhand befreit.

Aber das Kokain trocknet die Schleimhäute aus, die Zunge wird schwer und gehorcht mir nicht mehr, während ich mich körperlich so stark fühle, daß ich Bäume ausreißen könnte.

Bei der Premiere geht alles gut. Die Zuschauer schreien bei meiner Schlußszene mit Maria auf, und ich kann die Tränen sehen, die den Leuten in den ersten Reihen aus den Augen quellen.

Auch Maria und ich sind vollkommen fertig. Nach der Vorstellung gehen wir lange durch die Straßen und verabschieden uns erst, als der Tag anbricht.

Otto hätte mir das Kokain nicht geben sollen. Er hatte mir noch ein Heftchen mit einem halben Gramm mitgegeben.

Als ich das halbe Gramm aufgebraucht habe, frage ich überall herum, wer Kokain verkauft. Die Gefahr bei diesen harten Rauschgiften besteht darin, daß man nicht zur rechten Zeit bemerkt, wann man damit aufhören muß.

Jeden Augenblick kann es zu spät sein. Man kommt nie mehr davon los, krepiert an einer Überdosis, an Verfolgungswahn, vergiftet sich mit Gas oder begeht auf eine andere Weise

Selbstmord. Manche werden sogar zu Mördern, um sich das Zeug zu beschaffen.

Es gelingt mir, mich davon loszureißen. Ein Gramm habe ich noch zum Preis einer Wochengage gekauft und den Inhalt des Heftchens innerhalb einer Woche geschnupft. Plötzlich kommt mir zum Bewußtsein, daß ich überhaupt keinen Appetit mehr habe, daß ich seit Tagen nichts mehr esse, statt dessen aber die letzten Körner aus dem Papier lecke, in das das Kokain eingewickelt war.

Ich habe in einem Restaurant Essen bestellt. Als der Kellner die Rechnung kassieren will, stehen die vollen Teller noch unberührt vor mir. Ich hatte Suppe, Hauptgericht und Creme Caramel von mir weggeschoben und nur eine Zigarette nach der anderen geraucht. Die Sprachlosigkeit des Kellners und mein eigenes Gesicht, das ich im Spiegel der Toilette betrachte, alarmieren mich.

Außerdem kann ich nicht dulden, daß meine Zunge mir nicht mehr gehorcht.

Jeden Tag *Gespenster*. Selbst in brütender Hitze. Sogar Sonnabendnachmittag und Sonntagvormittag als Matinée. Auch bei den nächsten Vorstellungen springen Zuschauer schreiend von ihren Sitzen auf. Eine Frau wird ohnmächtig herausgetragen. Eine andere bekommt eine Frühgeburt.

Fehling, von dem man weiß, daß er sich niemals eine andere Vorstellung ansieht als seine eigene, sagt, nachdem er mich als *Oswald* gesehen hat:

»Ich dachte, es wird sein hohes ›C‹, aber er kommt noch höher.«

Eine Journalistin will mich interviewen. Wir verabreden uns an einem spielfreien Tag, an dem das Theater geschlossen wird, weil die Lichtanlage repariert werden muß. Ich weiß, daß dieses Interview lange dauern wird.

Sie hat ihre Bluse absichtlich einen Knopf zuwenig zugeknöpft und trägt keinen Büstenhalter. Ihre Birnentitten springen mit jedem ihrer Schritte auf den hohen Stöckelschuhen, als wollten sie mir ins Gesicht hopsen. Ich gucke immerzu auf die Birnen. Ihr Leib ist jung und geschmeidig und so gespannt, daß ich den

Eindruck habe, ihre Schenkel würden ganz von allein wie ein Federmesser aufspringen und ihre entzückenden Pobacken, die genau in eine Männerhand passen, würden auseinanderklappen, würde ihr Rock sie nicht wie ein Gefängnis einsperren. Ihr schöner enger Mund ist fast zu klein für die starken weißen Zähne, die ihn halb offen halten. Unter den hellgrauen Augen hat sie tiefe Ringe.

Um drei Uhr bittet sie ihre Mutter, ihr zweijähriges Mädchen und ihren vierjährigen Jungen zu sich zu nehmen. Dann sind wir allein in ihrer Wohnung am Reichskanzlerplatz.

Wir sprechen über die Aufführung, über mich, über alles mögliche, während sie ein peinigendes Spiel mit mir treibt.

Sie legt sich angezogen aufs Bett, liegt ganz still, ohne mich anzusehen, steht wieder auf, zündet sich eine Zigarette nach der anderen an, verschwindet lange auf dem Klo, macht Kaffee und belegte Brötchen, legt sich wieder aufs Bett, raucht wie ein Schlot und sagt nicht ein Wort, als ich mich neben sie lege.

Aber jedesmal, wenn ich sie auch nur berühre, entwindet sie sich geschickt meinen Liebkosungen.

Um fünf reiße ich ihr mit einem einzigen Griff die Bluse runter, daß die Birnentitten nicht mehr zu halten sind. Sie führen einen richtigen Tanz auf, toben, bohren sich in meinen Mund. Wir zerren an unseren Kleidungsstücken, stolpern, fallen auf den Boden, als ginge es um unser Leben, die Kleider loszuwerden.

Als wir nackt sind, hocken wir wie zwei zum Sprung bereite Bestien gegenüber. Zuerst ist es wie ein Flash, dann sehe ich nur noch Flammen . . .

Wir schlagen uns. Den Körper. Das Gesicht. Die Geschlechtsorgane. Wir verbeißen uns ineinander. Reißen uns immer wieder voneinander los. Fallen uns immer gefährlicher an. Sie reckt ihren Unterleib bis zu meinem Mund hoch, als wollte sie »Brücke« machen. Wirft sich auf den Bauch, streckt den Hintern, dessen Backen zu einem Spalt aufspringen und den Rachen ihrer gefräßigen Votze aufreißen, steil nach oben . . .

Es gibt kaum etwas, was wir in den sechzehn Stunden nicht getan haben, als ich die Wohnung um neun Uhr früh verlasse.

Kurz danach erfahre ich durch eine Zeitungsnotiz, daß sich die Journalistin Soundso mit ihrem Mann und ihren beiden Kindern das Leben genommen hat.

Ost

Wolfgang Langhoff, der Intendant von Max Reinhardts Deutschem Theater, hatte noch vor sieben Monaten abgelehnt, mich zu engagieren. Zuerst mußte ich wochenlang warten, bis ich vorsprechen durfte. Als es endlich soweit war, ich mir die Stimme aus dem Hals schrie, die Tränen aus den Augen weinte und mir Hände und Arme blutig schlug, hatte Langhoff gar nicht zugehört. Er mampfte belegte Brote und rieb an seiner Krawatte rum, auf die er sich gezuckerten Tee kleckerte.

Warum die Intendanten bloß immer Angst haben, im Theater zu verhungern.

»Kommen Sie in ein paar Jahren wieder«, sagt er mit vollem Mund, »vielleicht läßt sich dann was machen. Und essen Sie. Essen, essen! Sie sind ja so dünn, daß man Angst hat, Sie würden an Ihren Ausbrüchen zerbrechen. Also essen Sie tüchtig.«

Ich hätte diesem Armleuchter seine speckigen Schwabbelbäckchen einschlagen sollen. Aber ich dachte: Du kommst auch noch gekrochen! Und in ein paar Jahren lebst du gar nicht mehr!

Er kommt eher gekrochen als ich dachte. Nach *Gespenster* bittet sein Verwaltungsdirektor mich durch einen Brief, ins Deutsche Theater zu kommen. Langhoff gibt mir, diesmal ohne Vorsprechen, einen Saisonvertrag für zweitausend Mark im Monat und beteuert immer wieder, daß ich nach Beendigung der Spielzeit entscheiden könne, ob ich meinen Vertrag um mehrere Jahre verlängern lassen will. Natürlich für eine höhere Gage.

Das *Deutsche Theater* ist eines der schönsten der Welt, wenn nicht das allerschönste überhaupt.

Man mußte mir nie sagen, daß man seinen Hut abnehmen soll,

wenn man über eine Bühne geht. Erstens trage ich nie einen, und außerdem würde ich ihn schon ziehen, wenn ich in die Nähe eines Theaters käme. Vor dem Deutschen Theater würde ich ihn schon zu Hause ziehen. Aber bestimmt nicht vor Langhoff, der ein Stümper ist und die Bühne mit politischen Versammlungen degradiert.

Ich gehe nur auf Zehenspitzen. Das tun auch die Bühnenarbeiter, die alle Filzpantoffeln tragen und sich jede Vorstellung aus den Kulissen ansehen.

Wir geben *Maß für Maß* von Shakespeare. Meine Rolle ist *Claudio*, der ein Mädchen entjungfert hat, ohne es vorher geheiratet zu haben und dafür zum Tode verurteilt wird. In der Kerkerzelle hat er Visionen, wie die Würmer seinen Leichnam zerfressen werden.

Bei den Proben kann Langhoff mir nichts Neues sagen. Er ist völlig verklemmt und redet nur in Beispielen von Nazis und KZ. Ich kann mit dem Gefasele nichts anfangen. Es ist schwer für mich, mir vorzustellen, wie die Würmer mich zerfressen werden. Ich bin zwanzig Jahre und denke nie an den Tod.

Ich schleiche mich nachts auf Friedhöfe und steige in fremde Grufte ein. Ich lehne mich an die mit Planen überdeckten Särge, ich lege mein Ohr auf die Gräber und spreche mit den Toten, die mir keine Antwort geben. Ich muß die Antwort auf eine andere Weise finden.

Ein junger Schauspieler ist noch völlig chaotisch. Er muß sich langsam aus dem Gewirr seiner Empfindungen herausarbeiten. Man glaubt, an den Schlingpflanzen seiner Seele zu ersticken. Ich habe niemanden, der mir hilft, keinen Lehrer, keinen, der mir wirklich etwas beibringen kann. Das ist für mich beklemmender als die Visionsszene.

Bei der Premiere kommt alles von selbst. Ich habe das Geheimnis enträtselt: man muß stillhalten. Man muß ganz ruhig werden und sich der Situation der Szene unterordnen, die Umgebung, die Personen auf sich wirken lassen, sich besinnen, wo man ist. Der Text kommt dann ganz von allein. Und der Sinn des Textes bestimmt die Erschütterungen deiner Seele. Das übrige besorgt das Leben, das man leben muß ohne sich zu schonen.

Nie vergesse ich auf einer Bühne ein einziges Wort von meinem Text oder brauche einen Souffleur. Nicht nur, weil mein Gedächtnis nie aussetzt, sondern weil die Worte sich aus dem Geschehen formen. Dazu gehört natürlich eine grenzenlose Fantasie, die man, wenn sie sich zu entfalten beginnt, gegen alle äußeren Einflüsse abkapseln muß, um sie nicht zu irritieren. Das fordert seinen Preis. Man wird so übersensibel, daß man unter normalen Umständen gar nicht mehr leben kann. Deshalb sind die Stunden zwischen den Vorstellungen die schlimmsten. Oder man hat das mörderische Pech, an ein Theater oder an Partner zu geraten, die durch ihre Grobheit dieses feine Gewebe, aus dem die größte Kraft des Schauspielers erwächst, zerstören. Dann wird man entweder das Opfer oder man wehrt sich seiner Haut. In beiden Fällen leidet man wie ein Vieh. Auch das Publikum ist sich dessen oft nicht bewußt, begreift oft nicht, daß es zusammenarbeiten muß mit dem Schauspieler, der bereit ist, vor ihm zu verbluten. Daß die Zuschauer ihm durch ihre Andacht helfen müssen, die letzte Scham, die letzte Angst abzuwerfen. Daß sie an dem Erfolg beteiligt sind. Daß sie selbst bestimmen, ob ein Schauspieler das Höchste geben kann, was sie von ihm verlangen, oder ob er sich in sich selbst zurückzieht, um nicht aus der schwindelnden Höhe in die Tiefe zu stürzen, aus der ihn niemand heraufholen kann.

Das sind keine Phrasen. So ist es und nicht anders! Und wer glaubt, mit einer bezahlten Eintrittskarte das Recht zu haben, einen Schauspieler auch nur durch ein Husten oder Räuspern zu stören oder gar durch Zwischenrufe, gehört aus dem Theater entfernt. Ich spreche nicht für mich allein. Ich spreche für die Schauspieler auf der ganzen Welt und zu allen Zeiten, deren Empfindungen die meinen sind und vor denen ich Achtung habe.

Auch in Deutschland greift diese Ahnungslosigkeit um sich. Die einzelnen Menschen können nichts dafür. Man muß es ihnen sagen. Und wenn nötig, sie zwingen.

Paul Wegener und ich treten bei einer Matinée für die Volksbühne Berlin am Kurfürstendamm auf. Paul Wegener spricht die Ringerzählung aus *Nathan der Weise*. Ich spreche den *Cornet* von Rilke.

»Führ du mich auf die Bühne«, sagt Paul Wegener zu mir, »ich will keinen mitleidigen Krankenpfleger. Außerdem sollen die Zuschauer nicht merken, daß ich sterbe.«

Es ist unerträglich, mitanzusehen, wie dieser bereits halbgelähmte Mann und einer der größten Schauspieler mit jedem Schritt, mit jedem Atemzug, mehr und mehr und bei vollem Bewußtsein völlig gelähmt wird. Zuerst Glied für Glied, dann die Eingeweide, die Lunge, das Herz. Ich kenne seine Krankheit nicht, aber man hat es mir gesagt.

Er spielt noch den *Nathan* im Deutschen Theater. Kurze Zeit darauf ist er tot. Ich habe ihn kaum gekannt, aber ich weine, als ich von seinem Tod erfahre.

Es gibt kaum ein Wort von den großen russischen Dichtern und vor allem von Dostojewskij, das ich nicht kenne. Ich bearbeite *Idiot* und *Schuld und Sühne* neu für die Bühne. Meine Bearbeitung bringe ich Langhoff, der *Schuld und Sühne* aufführen lassen will. Inzwischen ist Fehling wieder aufgetaucht und nach München emigriert. Ich nehme Langhoff die Bearbeitung weg, um zu Fehling zu fahren und sie ihm zu zeigen. Vorher arbeite ich die Fassung noch einmal um.

Den Text diktiere ich einer Sekretärin in Treptow, die ich nur in Ostgeld bezahlen muß. In Treptow wohnt auch das Mädchen, mit dem ich nackt auf dem Diwan *Romeo und Julia* geprobt hatte. Sie ist jetzt fast fünfzehn und immer genauso unwiderstehlich.

Den ersten Tag gehe ich noch zu ihr, wenn die Sekretärin Mittagspause macht, denn das Schreibbüro ist nicht weit von ihrer Wohnung entfernt. Danach habe ich keinen klaren Kopf mehr, um weiterzudiktieren. Aber etwas anderes raubt mir fast die Besinnung. Die Sekretärin riecht aus ihrem Rock so stark nach Sardelle, daß ich mich nicht mehr beherrschen kann und ihr zwischen die Beine fasse. Da in dem Raum noch andere Sekretärinnen tippen, gehen wir nacheinander aus dem Zimmer und treffen uns auf dem Hof im Hühnerstall.

Sie ist so aus den Fugen, daß ihr der Saft bis zu den Waden runterläuft. Ich ergieße mich einmal. Weiter können wir es nicht treiben. Ich müßte sie erwürgen, damit sie nicht mehr schreit.

Heute können wir unmöglich weiterarbeiten. Sie sagt ihrem

Chef, daß sie Kopfschmerzen hat, und geht nach Hause. An der nächsten Ecke warte ich auf sie.

Ihre Mutter arbeitet als Garderobiere in einem Nachtlokal und kommt nie vor morgens nach Hause. Wir melken und trinken uns gegenseitig aus. Obwohl wir nicht eine Minute schlafen, hören wir das Schlüsselgeräusch nicht, als ihre Mutter die Tür aufschließt. Sie kommt nicht ins Zimmer, wahrscheinlich weil sie denkt, ihre Tochter schläft. Leise machen wir weiter.

Um zwölf Uhr mittags, als ihre Mutter noch schläft, schleiche ich mich aus dem Zimmer. Ich muß mir eine andere Sekretärin suchen. Diese hier macht mich fertig.

Die Vorstellungen für *Maß für Maß* sind mir zuwider. Ich kann zwar die Darstellung des *Claudio* verbessern, aber ich kann Langhoffs Inszenierung nicht verändern, von der mir schlecht wird. Natürlich hat er pompöse Kritiken gehabt, und die Schreiberlinge haben sich über alle möglichen politischen Aspekte ausgeblabbert, weil Langhoff zu den Bonzen gehört. Ich schnüffle also überall herum, um etwas Besseres zu entdecken, und schließlich läßt Brecht mich bei Umbesetzungsproben seiner *Mutter Courage* zusehen.

Monatelang probiert Brecht jede Bewegung eines Schauspielers tausendmal, daß mir angst und bange wird. So etwas könnte ich nun wieder auch nicht. Als er mich fragt, ob ich in sein Berliner Ensemble eintreten will, weiche ich freundlich aus und sage:

»Ich werde es mir überlegen.«

Brecht ist klug genug, meine Antwort auf elegante Weise zu interpretieren. Er sagt:

»Ich selbst müßte dir abraten es zu tun. Ich habe im Osten Narrenfreiheit. Aber soviel Humor, wie man für dich haben müßte, haben die ganz sicher nicht.«

Ich zerbreche mir den Kopf, was ich anstellen kann, um nicht jeden Abend auftreten zu müssen. Ich besuche Arne in der Wartburgstraße. Lege mich angekleidet in die volle Badewanne mit kaltem Wasser und krieche mit triefenden Kleidern in die Ruinen des ausgebombten Hinterhauses, wo ich bis zum Abend auf den Trümmerklamotten liegenbleibe. Ich will eine Lungenentzündung bekommen. Aber ich kriege nicht einmal einen Schnupfen. Der liebe Gott muß wirklich etwas mit mir vorhaben. Er hält immer seine Hand über mich. Vor Wut, daß ich doch ins Theater muß, werfe ich alle Möbel aus dem Fenster, die auf dem Pflaster des Hinterhofs zerschmettern.

Als Mitglied des Deutschen Theaters bekomme ich Bons, mit denen ich einmal täglich im Theaterclub essen darf.

Dieser Klub ist von den Russen eingerichtet und für alle zugänglich, die zu Oper, Ballett und Theater gehören. Im Klubrestaurant gibt es alles, selbst Krim-Sekt und Malossol-Kaviar. Im Foyer muß man sich jedesmal ins Klubbuch eintragen.

Ich blättere in dem Buch und finde die Unterschrift von Fehling. Wahrscheinlich ist bisher niemandem aufgefallen, was er ins Klubbuch geschrieben hat, sonst hätte man die Seite herausgerissen. Da steht nämlich: *Erstickt an eurem Fraß, ihr Nazis! Heil Hitler! Jürgen Fehling.*

In erster Linie ist dieser Klub für die Bonzen da, und die extra für solche Zwecke geschulten Aufpasser passen höllisch auf, ob von uns Schauspielern nicht etwa einer so frech ist und auf die Idee kommt, zweimal pro Tag zu essen. Ich esse zwar keinen Kaviar und trinke keinen Sekt, weil ich das gar nicht bezahlen könnte, erlaube mir aber an einem Tag zweimal zu essen. Mittags und nach der Abendvorstellung. Prompt bekomme ich eine Verwarnung. Der Verwaltungsdirektor des Deutschen Theaters, der selbst täglich zweimal frißt, hatte mich gesehen und angezeigt.

Derselbe Verwaltungsdirektor weigert sich eine Woche später, mir einen Vorschuß auf meine Gage zu geben. Ich packe ihn am Schlips und ohrfeige ihn so lange, bis auf sein Blöken hin andere Büroangestellte hereinstürzen. Jetzt kommt auch Langhoff und verlangt, daß ich das Kostüm ausziehe, da ich mit sofortiger Wirkung entlassen sei. Man kann über interne Treppen und Korridore von den Garderoben direkt bis zu den Büroräumen gelangen. Ich bin bereits im Kostüm. Nur die langen Stiefel habe ich noch nicht an, ich gehe auf Socken. Ich denke nicht daran, Langhoffs Aufforderung Folge zu leisten, und renne in meine Garderobe, um mir auch die Stiefel anzuziehen.

Aber die Stiefel sind noch in der Schusterei. Da kann ich nicht hin, weil Langhoff, der Verwaltungsdirektor und die anderen Büroangestellten, die mir wie eine Reihe Gänse folgen, den Weg abschneiden würden. Also die andere Treppe ins Foyer! Die Reihe Gänse immer hinter mir her.

Die ersten Zuschauer sammeln sich an der Kasse. Ich laufe aus dem Theater auf die Straße. Überall Zuschauer, die ins Theater strömen. Da! Die Theaterkneipe! Ich kenne den Wirt sehr gut.

Auch die Theaterkneipe ist voller Leute, die vor der Vorstellung einen Imbiß oder eine Molle mit Korn zu sich nehmen. Die Reihe Gänse, mit Langhoff an der Spitze, hat eine andere Treppe benutzt, die aus dem Foyer des Theaters in die Kneipe führt. Ich laufe ihnen direkt in die Arme. Die Hetzjagd geht über Tische, Gäste, Stühle.

Ich springe auf einen Tisch:

»Wenn ihr euer Kostüm zurückhaben wollt, hier ist es!«

Ich reiße mir das Kostüm vom Leib. Stückweise.

»Das ist für dich! Und für dich! Und für dich! Da! Friß es auf, wenn du willst! Nie wird es jemand anders nach mir tragen!«

Der Verwaltungsdirektor leidet bei jedem Stück Stoff, das ich zerfetze. Ich zerfetze das Kostüm in so winzige Stücke, daß man es nie mehr zusammenflicken kann. Hindern können sie mich nicht daran. Ich stehe mit dem Rücken zur Wand und würde jedem einen Tritt an den Kopf versetzen, der sich mir nähert. Dann bin ich nackt. Splitterfasernackt. Der Wirt legt mir einen Mantel um und versucht, mich zu beruhigen, denn ich bin außer mir vor Wut und Ekel über diese Brut. Aus der Kneipe können sie mich nicht rauswerfen. Die gehört dem Wirt, und der hält zu mir. Die Reihe Gänse zieht mit ihren Stoffetzen ab.

Der Wirt läßt meine Sachen aus meiner Garderobe holen, und nachdem ich mehrere Schnäpse getrunken habe, verlasse ich diesen Ort und sage mir:

»Der liebe Gott und Max Reinhardt werden ihnen bald einen Blitz aus dem Himmel schicken!«

West

Nach dem Ding am Deutschen Theater sitze ich wieder auf der Straße und gehe zu Sasha zurück. »Pfeif drauf«, sagt er nur und gibt mir einen Wodka. Das ist seine Art. Als ein Schleichhändler ihm eine echte Perlenkette vertauschte, die 300 000 Mark wert war, indem er unechte Perlen auf die Schnur aufzog, goß Sasha auch nur einen Wodka runter. Er lacht, als ich ihm von dem Knatsch erzähle:

»Mach dir keine Sorgen und danke dem Schöpfer für dein gigantisches Talent. Sieh mich an. Ich würde gern mit dir tauschen. Ich bin vierzig Jahre und habe in meinem Leben nichts anderes getan, als anderen Menschen das Blut auszusaugen, Strichjungen hinterherzulaufen, mich von ihnen ausplündern zu lassen und mich unter meinen Ikonen zu besaufen. Glaubst du, daß ich mich dieses Lebens freue? Du aber hast allen Grund, froh zu sein! Die Menschen werden sich eines Tages um dich scharen. Sie werden sich deinetwegen schlagen. Und du wirst alles erreichen, was du willst. Kümmere dich nicht um die, die dir drohen. Verstecke deine eigene Faust vor ihnen. Sie können dich nicht erreichen. Geh, such dir ein neues Atelier, ich bezahle es für dich. Oder schlaf hier und laß dir zu essen geben. Oder wohne in der Villenetage in der Königsallee.«

Ich wohne nicht bei Sasha und ziehe auch nicht in die Königsallee, aber ich finde ein neues Atelier in der Brandenburgischen Straße.

Helga ist das Mädchen, das mir die ersten Sonnenblumen ins Theater brachte. Ihre Eltern haben ihr verboten, zu mir zu gehen, ihr Vater ist evangelischer Pfarrer. Aber obwohl sie ein braves Mädchen ist, und es verdammt lange dauert, bis ich sie verführen kann, kommt sie jeden Tag wieder. Als ihre Eltern sie nicht mehr allein aus dem Haus lassen, heiratet sie einen Studenten. Jetzt können ihre Eltern ihr nichts mehr verbieten. Sie schlüpft jeden Morgen zu mir ins Bett und bleibt so lange, bis ihr Mann aus der Universität nach Hause kommt und sie ihm Essen kochen muß.

Ich brauche neue Sonnenblumen! Ich habe eine riesige in einem Garten in Tempelhof gesehen. Sie ist so groß wie ein Luftballon. Ich kann jetzt nicht riskieren zu klauen und frage den Schrebergärtner, ob er sie mir verkauft. Er gibt sie mir umsonst. Ich will sie an ihrem hellgrünen, zwei Meter langen Stiel bis zur Brandenburgischen Straße tragen. Ihr schwarzes, von Honig klebriges Gesicht ist von leuchtend gelben Blütenblättern umrahmt, während ich selbst eine kornblumenblaue Hose und ein mohnblumenrotes T-Shirt trage. Da es Sommer ist, gehe ich barfuß.

Ich hatte nicht damit gerechnet, daß ich solches Aufsehen erregen würde. Es ist Sonntag. Die Straßen sind voller Spaziergänger, und ich versuche, den Leuten durch Nebenstraßen zu entkommen. Aber wo auch immer ich auftauche, kommen mir Menschen entgegen, die über mein Aussehen und über die Sonnenblume lachen und zotige Bemerkungen machen.

Um diesem Spießrutenlaufen zu entgehen, breche ich den Kopf der Sonnenblume von ihrem Stiel, drücke sie wie ein schweres Kind an meine Brust und hetze im Laufschritt nach Wilmersdorf weiter.

Ich versuche, in einen Autobus zu steigen. Aber selbst der Schaffner kann sich nicht enthalten, die Fahrgäste mit blöden Bemerkungen über mich und die Sonnenblume zu erheitern. Ich springe vom fahrenden Autobus ab.

Auf der Straße wird es immer unerträglicher. Ich bin derart verletzt von der Dummheit und Roheit der Passanten, die über mich und die Sonnenblume in Lachen ausbrechen, daß ich, von Fußgängern eingekreist, keine andere Lösung mehr sehe, als den Kopf der Sonnenblume unter meinen Füßen zu zertreten.

Achim ist aus der Gefangenschaft zurück und schon wieder im Knast. Er hat mit einer Bande Pelzmäntel geklaut. Ich besuche ihn im Untersuchungsgefängnis in Moabit und bringe ihm Schokolade und Zigaretten. Er ist überglücklich, mich wiederzusehen, und wir umarmen und küssen uns. Wegen des Coups, den er gedreht hat, ist er sehr gelassen. Er sieht seine Ungeschicklichkeit ein und bittet mich nur, ihm einen Anwalt zu besorgen. Den beschaffe ich ihm.

Rechtsanwalt Dr. St., einer der besten Strafverteidiger von Berlin, ist mein Freund, seit er nach einer Vorstellung in meine Garderobe kam und mich zu sich nach Hause eingeladen hatte.

Ecke Fasanenstraße, direkt vor dem Kino Astor: Eine Polizistin in Uniform schleppt und schubst eine weinende Frau mit einem Rucksack auf dem Rücken. Die Leute bleiben stehen, gaffen und sagen nichts.

»Was tun Sie mit der Frau?« frage ich die uniformierte Zicke.

»Sie hat auf dem schwarzen Markt Sachen verkauft«, antwortet sie.

»Na und?« gebe ich zurück. »Schämst du dich nicht, du Flintenweib, die Frau deswegen zu verhaften? Sicher hat sie es bitter nötig, sonst hätte sie es nicht getan. Laß sie los, oder du bekommst es mit mir zu tun!«

Sie läßt die verängstigte weinende Frau für einen Augenblick los und packt mich statt dessen am Handgelenk.

»Zeigen Sie Ihren Personalausweis!«

Ich befreie mich aus ihren Wurstfingern und lache ihr ins Gesicht.

»Ich habe gar keinen! Außerdem wird es für dich besser sein, deine lächerliche Uniform auszuziehen und dir ein paar vernünftige Klamotten zu besorgen. Mir wird nämlich übel, wenn ich dich in dieser Verkleidung sehe!«

Das ist zu viel für ihr Pupengehirn. Sie hebt ihr umgehängtes Trillerpfeifchen an den dünnlippigen Mund und pfeift so lange, bis der Verkehrspupe die Autos fahren läßt, wie sie wollen und sich, ohne zu fragen was vorgefallen ist, auf mich stürzt. Auch die Passanten fühlen sich jetzt sicher genug und nennen mich »Aufwiegler« und »gefährliches Element«.

Der Verkehrspupe dreht mir die Hände auf den Rücken, und ich und die Frau mit dem Rucksack müssen mit auf die Wache.

»Sie haben die Uniform meiner Kollegin beleidigt und sich der Staatsgewalt widersetzt!« sagt ein Oberpupe auf dem Polizeirevier. Ich lache.

114

»Hören Sie auf zu lachen!« schreit er. »Oder ich lasse Sie einsperren!«

Ich lache noch lauter.

»Wollen Sie, daß ich heule?«

»Ich will, daß Sie das Maul halten und nur reden, wenn Sie gefragt werden!«

Ich muß so stark lachen, daß ich mich verschlucke.

»Sie bringen mich schon wieder zum Lachen, ich kann gar nichts dafür.«

Ich kriege einen Tritt ins Kreuz und lande in einer Zelle. Es sind offene Reihenzellen, vor denen ein Pupe wie ein Raubtierwärter auf und ab geht und dem mein Toben an den Gitterstäben sein Bewußtsein stärkt. Er muß deprimiert gewesen sein, bevor ich in den Käfig gesperrt wurde, denn die Nachbarkäfige sind leer. Jetzt grinst er höhnisch. Also geht es ihm wieder gut. Er läßt den Schlüsselbund durch die Finger gleiten wie einen Rosenkranz.

Als ich aus vollem Halse schreie, daß ich den Regierenden Oberbürgermeister von Berlin Otto Suhr kenne (ich hatte ihn durch Frau Dr. St. kennengelernt. Er ist ein großartiger Kerl) und alle mitschuldigen Ganoven dieser Wache brotlos machen werde, läßt der diensthabende Offizier mich aus der Zelle und bedauert den Zwischenfall.

»Was wird mit der Frau?« frage ich ihn, als er mich zum Ausgang schiebt, um mich loszuwerden.

»Der Frau geschieht nichts Arges«, lügt der Herr Oberleutnant dreist.

Als ich wieder auf der Straße bin, pisse ich an das Haus.

Als Achim aus dem Gefängnis kommt, versucht er, sich etwas ehrlicher durchzuschlagen. Er hütet Hunde, arbeitet als Babysitter und spendet zweimal wöchentlich Blut. Für jede Spende bekommt er zwanzig Mark und ein großes Steak.

Wir beide haben die Idee, unseren Leichnam zu verhökern. Wir haben in Erfahrung gebracht, daß man seine Leiche im voraus an die Anatomie verkaufen kann, zum Sezieren, und dafür eine bestimmte Summe bekommt. Unser Plan ist folgender: Unsere *Leiche*

115

an so viele verschiedene Anatomien wie möglich zu verkaufen. Aber es stellt sich heraus, daß das unmöglich ist, weil der einmalige Verkauf der eigenen Leiche in den Personalien vermerkt wird.

Ich fahre mit dem Reisebus nach München. Nicht wegen Inge, die mir weder Geld geben kann noch sexuell Erbarmen mit mir hat. Ich habe von den Faschingsfesten gehört, wo es von halbnackten Mädchen wimmeln soll.

Im Haus der Kunst stoße ich auf Linda und Rosamunde. Beide sind wie Pierrot geschminkt, beide im schwarzen Trikot, durch das sich ihr Unterleib abzeichnet, die Hüften, die Schenkel, das Bäuchlein, der Po und ihre dicken, süßen Schneckenhäuser. Mit beiden tanze ich die ganze Nacht. Beide sind schweißgebadet. Beiden fresse ich die Zunge auf, und mit beiden verkrieche ich mich unter die Tische und bade meine Hände in ihrem Saft.

Ficken tu ich beide getrennt. Sie sind die besten Freundinnen und hassen sich nicht meinetwegen, aber beide leiden Höllenqualen und warten sehnsüchtig, bis sie dran sind. Ich schwängere beide. Linda trägt unser Kind aus. Rosamunde wird von weiß ich wem gezwungen abzutreiben.

Sie ist unsagbar traurig. Sie wollte das Kind, obwohl sie weiß, daß ich nicht beide heiraten kann. Auch mit Linda spreche ich nie von Heirat. Sie freut sich einfach auf unser Kind.

Ich kann nicht nur ficken, ich muß auch Geld verdienen. Ich treibe mich in den Bavaria Studios herum und lerne Freddi kennen. Er hat eine Filmgesellschaft und verdient ein Schweinegeld.

Er gibt mir Geld, sooft ich welches brauche. Ich nutze ihn nicht aus, aber ich geniere mich auch nicht, ihn immer wieder darum zu bitten. Meistens fragt er mich, ob ich noch was habe.

Freddi bewohnt mit dem Dichter B. ein Haus am Starnberger See, und wir fahren in seinem Wagen zu ihm raus. Ich weiß nicht, wie alt B. ist, ich schätze siebzig. Fehling hatte eines seiner Stücke vor vielen Jahren in Berlin zu sensationellem Erfolg gebracht.

Nach dem Abendessen tanzen wir. Natürlich nur Männer. B. tanzt auch mit mir und faßt mir trotz seines Alters an den Arsch.

Die übrige Zeit streicht er mir über die Haare und nennt mich »mein kleiner Moissi«.

Fehling ist am Bayerischen Staatstheater, und ich verabrede mich mit ihm. Er liest die Bühnenfassung von *Schuld und Sühne* und sagt:

»Ich werde es mit dir machen. Aber nicht hier. Ich nehme Theater so ernst, daß ich mit diesen rührenden Provinzlern nur Mitleid haben kann. Laß uns überlegen, wann und wo. Ziehe inzwischen in die Nähe aufs Land und ruh dich aus, du bist sehr mitgenommen.«

Als Joana Gorvin hört, daß ich aufs Land ziehen soll, sagt sie zu mir:

»Um Gottes willen! Vielleicht würdest du in ein paar Jahren immer noch auf dem Lande wohnen!«

Ich bin sehr niedergedrückt. Fehling ist immer noch so liebevoll und geistreich wie in Berlin und strahlt die gleiche ungeheure Kraft und Wärme aus. Aber ich befürchte, und das befürchten alle, daß er nie wieder inszenieren wird.

Das ist Elsa: sie bleibt mitten auf der Straße stehen, als ich in eine Straßenbahn einsteige und lacht mich mit ihren schneeweißen Zähnen an. Als greife sie mir an die Eier. Ich springe wieder ab und lasse die Straßenbahn sausen. Ich weiß noch nicht, daß sie Elsa heißt, ich kenne das Mädchen überhaupt nicht, ich habe sie eben zum erstenmal gesehen. Sie hat ein bräunliches Gesicht, lange, strähnige, schwarze Haare, metallisch glänzende Augen, einen kleinen Mund und feingliedrige, sinnliche Hände.

Elsas Verwandte haben alle hohe Posten in der katholischen Kirche. Ein Onkel ist die »rechte Hand« von Papst Pius XII. in Rom.

Sobald diese Mischpoke erfährt, daß Elsa sich mit mir abgibt, wird das Lämmchen aus der Herde ausgestoßen, als hätte es die Pockenpest, und bekommt keine Unterstützung mehr. Bis jetzt hatte sie ein Verhältnis mit dem Boß des amerikanischen Geheimdienstes in München, der immer noch hinter ihr her ist. Er war extra aus den USA gekommen, um im Bayerischen Wald versteckte Nazis aufzustöbern, die sich in Sepplhosen verkleidet haben. Er läßt ihnen bei den Verhören in dem Eckhaus neben der Stuck-Villa Daumenschrauben anlegen und ihnen die Fingernägel ausreißen. Er hat Elsa aus lauter Liebe alles erzählt.

Eine Zeitlang zahlt wenigstens noch der. Dann versiegt auch diese Quelle, denn sie hat überhaupt keine Zeit mehr für den Ami, weil wir *wie die Kaninchen ficken*, wie sie sich ausdrückt. Wir leben in einem Bretterverschlag in einer Altweiberpension in Schwabing und stehen nur auf, um was zum Essen einzukaufen. Als wir den Bretterverschlag nicht mehr bezahlen können, machen wir im Englischen Garten weiter, auf einem kleinen Kirchfriedhof in Bogenhausen und auf dem Rundgang um den Friedensengel. Elsa schläft mit einer Betschwester im selben Zimmer. Ich in einem katholischen Seminaristenheim, das ihr Großvater gegründet hat. Der Bannfluch, der durch mich auf ihr lastet, ist noch nicht bis hierher gedrungen, und auch die kleinen Kirchengemeinden wissen nicht, daß Elsa mit dem Teufel hurt. Deswegen gehen wir in die Kirchen betteln, denn die Masche mit dem Onkel in Rom und dem Großvater, der die Heime gegründet hat, zieht immer. Die Beute ist jedesmal eine Mark aus der Klingelkasse, mit der uns der Pfarrer an der Kirchentür abspeist. Man kann sich vorstellen, wie viele Kirchen wir abklappern müssen.

Mit diesen Almosen kommen wir auf keinen grünen Zweig, und die beiden Damen Elli S. und Ilse A., die eine Schauspieler-Agentur haben, nehmen sich meiner an. Das sieht so aus: Ich muß in einer Garderobe der Bavaria Studios wohnen, damit ich nicht abhanden komme. Immer wenn ein Regisseur oder ein Produzent das Agenturbüro betritt, das sich über derselben Halle des Studiogeländes befindet, über der auch ich mein Kämmerchen bewohne, werde ich aus der Garderobe geholt, gekämmt und geschniegelt und wie ein artiger Junge vorgeführt. Für diese Komödie bekomme ich täglich sieben Mark Taschengeld als Vorschuß auf eine eventuelle spätere Gage. Das Geld teile ich mit Elsa. Ich verdufte über die Feuerleiter und treffe mich mit ihr im Wald, der ganz in der Nähe der Bavaria Studios beginnt.

Die Frau des berühmten amerikanischen Fotografen David Kunz oder Schlunz oder Punz oder weiß ich wie der heißt, kommt nach

München, um bei den deutschen Produzenten ihre Fotos herumzuzeigen. Im Studiogelände gerät sie an mich. Und obwohl ihre Schwiegermutter, die sie begleitet, sie ständig bewacht, gelingt es uns, im Hofgarten an der Feldherrnhalle einen Augenblick allein zu sein.

Sie ist so ungeduldig, daß sie mir das ganze Gesicht zerkratzt, als ich sie nicht an einem Baum im Stehen ficken will, nachdem ich meine Hand auf der Wiese eine Stunde lang zwischen ihren Beinen hatte. Es geht einfach nicht. Das Gebüsch ist so niedrig und durchsichtig, daß die Fußgänger, die oberhalb der Mauer entlanglaufen, alles mitansehen.

Wir versuchen es in den Ruinen der ausgebombten Synagoge. Aber das scheint eine Pinkelbude geworden zu sein, überall stehen Männer, die an die Wände pissen. Wütend läßt sie sich darauf ein, abends nach Geiselgasteig in meine Garderobe zu kommen. Im Taxi auf der Fahrt zum Hotel Bayerischer Hof, wo sie mit ihrer Schwiegermutter wohnt, klemmt sie die Schenkel zusammen und stöhnt.

Dummerweise werden wir gesehen, während wir die Feuerleiter hinaufsteigen. Die beiden Damen von der Agentur haben gerade einen Kunden im Büro und wollen mich vorführen.

Sie rütteln an der verschlossenen Garderobentür, weil sie fest davon überzeugt sind, daß wir uns eingeschlossen haben. Ich verstopfe das Schlüsselloch, und wir versuchen, kein Geräusch zu machen.

Das ist sehr schwer. Denn die Frau des Fotografen hat ihre Schlüpfer schon auf dem Flur ausgezogen, und ich komme überhaupt nicht mehr dazu, meine eigenen Hosen auszuziehen, weil sie mir den Schlitz aufreißt, sich vor mich hinkniet und mich mit dem Mund bearbeitet. Dann preßt sie mein Gesicht zwischen ihre weit gespreizten Beine, und es kommt ihr so oft, daß ich es nicht mehr zähle. Sie ist soweit, und es geht los. Wir wechseln die Stellungen wie beim Bodenturnen.

Immer wieder kommen die beiden Damen nach oben und rütteln fanatisch an der Garderobentür. Sagen, daß ich mir eine große Chance verderbe. Wenn das Geunke vor der Tür zu lange dauert,

119

machen wir vorsichtig weiter. Aber dieses blonde Biest will immer schreien. Ohne Schreien kein Orgasmus.

Draußen ist Nacht. Wir können beide nicht mehr, außerdem wird ihr plötzlich klar, daß sie eine Schwiegermutter im Bayerischen Hof sitzen hat. Bevor sie mit ihrem total verknautschten, über und über vollgespritzten Kleid die Feuerleiter runtersteigt, bespringe ich sie noch mal auf dem Korridor von hinten.

Bei den beiden Damen kann ich mich nicht mehr blicken lassen. Ich gehe zu Stella J., von der ich höre, daß sie eine Agentur in der Widenmayerstraße eröffnet hat. Stella gibt mir weder täglich meine sieben Mark noch hat sie etwa einen Film für mich. Aber sie nimmt mich.

Ich muß immer bei ihr anrufen oder am besten persönlich bei ihr vorbeischauen, sonst weiß ich nicht, was sich tut, denn ich habe keinen festen Wohnsitz, geschweige Telefon. Was hat sie wohl heute schönes für mich? Laß mal sehen:

Sie will mich mit dem Schriftsteller Erich Ebermayer zusammenbringen, der ein Drehbuch über Kaspar Hauser geschrieben hat.

»Sei recht nett zu ihm«, sagt sie zu mir, bevor ich mich mit Ebermayer treffe.

Was sie wohl damit meint?

Stella hat schon wieder jemanden auf Lager. Einen jungen amerikanischen Regisseur, oder er will es erst werden.

Sein Bruder ist Offizier in der amerikanischen Armee, und er wohnt mit ihm, dessen Frau und ihrem kleinen Kind in einer Villa in Grünwald.

Ich schlafe im Spielzimmer des kleinen Amerikaners, das im hellen, sauberen Keller der Villa eingerichtet ist, zwischen Disneyland-Teddybären, Stoff-Mickymäusen, lackierten, bunten Bällen, amerikanischen Spielzeugsoldaten mit dem Sternenbanner und Spielzeugtanks.

Die Familie bringt sich fast vor Güte und Fürsorge für mich um, ich esse auch mit ihnen am selben Tisch. Aber wir können uns kaum verständigen, weil ich ihren amerikanischen Akzent nicht verstehe und auch nur drei Worte Englisch spreche. Bei der Fotografenfrau war das was anderes, die war Kanadierin und sprach Französisch, wovon ich ein paar Worte mehr verstehe.

Ich bin nicht sicher, ob der amerikanische Offizier weiß, daß sein Bruder ein Homo ist und mich immer im Keller besucht. Vielleicht denkt er auch, daß wir über movies reden, der angehende Regisseur nimmt sicherheitshalber immer einen Stoß Fachzeitschriften mit ins Spielzimmer. Auch »Stars and Stripes«. Er ist mindestens dreimal so dick und schwer wie ich und schwitzt ununterbrochen, aber er ist nicht ekelhaft. Er ist wie alle guten Amerikaner sauber gewaschen und stinkt nicht. Er wird nur unerträglich, wenn er mit seinem Gewicht auf mir liegt.

Ich hätte dieses idiotische Disneyland-Dasein in Grünwald vielleicht noch länger mitgemacht, denn mein Gehirn arbeitet an ganz was anderem. Als der Dicke mich allerdings für ein Malerfest als Cowboy verkleidet und mir einen Colt aus Bakelit umhängt, haue ich nach der Party so wie ich angezogen bin ab und stehe, diesmal als Cowboy, wieder auf der Straße.

Linda hat schon einen Bauch, an dem ich manchmal horche, ob sich das Kindchen regt. Da ich es in München zu nichts bringe, muß ich zurück nach Berlin. In ungefähr drei Monaten wird unser Kind geboren, das ich, wenn es ein Mädchen wird, nennen werde wie die kleine Tochter des überfahrenen Säufers Marmeladow, die Raskolnikow hinterherläuft und ihn umarmt und küßt.

Elsa schenkt mir zum Abschied ein Buch von *Villon*. Ich lese es im Reiseautobus auf der Fahrt nach Berlin.

Als wir im Morgengrauen auf der Avus fahren und ich den Funkturm sehe, weiß ich:

Villon, das bin ich

Im Café *Melodie* am Kudamm spreche ich zum ersten Mal die Balladen von François Villon. Die Studenten der Kunsthochschule schreiben mit bunter Kreide in riesigen Lettern auf die Fahrbahnen des Kurfürstendamms: KINSKI SPRICHT VILLON. Eintritt ist frei. Ich werde mit der Mütze sammeln.

Café *Melodie* ist so überfüllt, daß die Leute sich gegenseitig auf die Füße treten. Die Zuschauer, die keinen Einlaß finden, drücken die Fensterscheibe ein, weil sie sich dagegenpressen, um ins Café zu gucken. Als sich ein Pupe einmischt, verprügeln sie ihn.

Ich stehe barfuß auf einem Tisch, in zerrissenem Pullover und Schiebermütze, mit der ich nach der Vorstellung Geld einsammle.

Sasha wirft mir einen Hundertmarkschein in die Mütze, andere von ein bis zwanzig Mark, arme Studenten einen oder zwei Groschen, einer sogar seinen letzten Pfennig. In weniger als einer Viertelstunde habe ich über dreihundert Mark kassiert.

Walter S. ist auch da. Er wirft zwar nichts in meine Mütze, aber er will, daß ich in *Die Zwanzigjährigen* spiele, die er am Hebbeltheater inszenieren wird.

Als wir in seinem möblierten Zimmer den Text durchgehen, faßt er mich immer wieder um die Hüften und sagt: »Wenn ich so schlank wäre wie du!« Ich antworte: »Du mußt nicht soviel saufen, das schwemmt auf.« Schlanksein und Saufen beiseite, ich gehe nicht mit ihm ins Bett. Dafür mache ich es mit seiner Frau, die getrennt von ihm, im selben Haus wie E. wohnt. Sie hat unwahrscheinlich dicke, lange, tizianrote Haare, ist wie alle Rothaarigen sehr leicht erregbar, und ihre Schlüpfer sind vollkommen durchtränkt, bevor ich sie ihr über die langen Beine ziehe. Und jetzt kommt die Überraschung: auch die Haare von ihrem Vötzchen sind rot!

Hertha, die mit mir *Die Zwanzigjährigen* spielt, ist aus Wien. Wir sprechen über ihre Heimat, und sie bringt mir die Heurigenlieder bei, weil ich ernsthaft vorhabe, im Wiener Grinzing zur Zither Lieder zu singen. Die Unterrichtsstunden dauern leider immer nur so lange, bis ich ein nacktes Stück Fleisch von ihr sehe, dann ist es mit dem Singen aus. In ihrem Bett in der Meineckestraße vergessen wir einmal, daß wir abends zur Vorstellung müssen.

Während einer Vorstellung passiert etwas, was mich von jetzt ab immer beschäftigen wird. Ich bin allein auf der Bühne und habe nur nachdenklich hin und her zu gehen, ohne dabei zu reden. Plötzlich befinde ich mich an der Rampe, die nicht mehr zum Bühnenbild gehört, und starre in den vollbesetzten, aber stockdunklen Zuschauerraum. Nicht die Zuschauer suche ich mit meinen Augen, sondern ich versuche, etwas zu erkennen, viel weiter entfernt als ein menschliches Auge sehen kann. Ich weiß nicht, was ich zu erkennen suche, aber es ist wichtiger als die Tatsache, daß ich hier auf der Bühne stehe. Ich glaube, es ist meine Zukunft, die ich sehe, die nichts mehr mit Theater und Schauspielerei zu tun hat. Ich bin so abwesend, daß ich für geraume Zeit komplett vergesse, wo ich mich befinde. Die unheimliche Stille der Zuschauer bringt mich in die Wirklichkeit zurück.

Der Inspizient sagt mir, daß ich den Ablauf der Aufführung um zehn Minuten aufgehalten habe. Ich entschuldige mich.

Valeska Gert eröffnet die *Hexenküche*. Das ist ein Cabaret, in dem sie ihre exzentrischen Faxen treibt. Ich soll bei ihr eine Serie von *Villon*-Abenden geben. Abendgage zweihundertfünfzig Mark. Abende heißt Nächte, denn meine Vorstellung im Hebbeltheater ist nicht vor zehn Uhr zu Ende. Ich kann also frühestens um dreiviertel elf in ihrem Laden sein.

Heute ist die erste Nachtvorstellung bei Valeska. Nach der Vorstellung im Hebbeltheater habe ich keine Lust mehr und besaufe mich. Zwanzig Minuten nach ein Uhr morgens komme ich doch noch in der *Hexenküche* an. Die Vorstellung war in allen Zeitungen angekündigt, und die verqualmte Spelunke ist knüppeldickevoll. Bis halb zwei trinke ich noch Kaffee. Dann trete ich auf. Morgens um fünf versucht Valeska mir klarzumachen, daß ich für die erste Nacht nicht die volle Gage erwarten könne, da die Hälfte des Publikums aus Presseleuten bestanden habe, die nicht nur nicht bezahlen, sondern auch noch gratis fressen und saufen. Ich schlage das ganze Lokal zusammen.

Mit der Gage vom Hebbeltheater miete ich ein neues großes Atelier in der Nähe des Kudamm. Linda ist im neunten Monat und will unser Kind in Berlin zur Welt bringen, weil ich nicht nach München kommen kann. Ich streiche das Atelier weiß und kaufe ein paar Möbel auf Abzahlung. Ein Bettgestell mit Einsatz und Matratze, einen rohen Holztisch und zwei ebensolche Stühle, einen Wäschekorb für unser Kind, Deckchen, Babywäsche und Windeln. Zu Bettwäsche für Linda und mich reicht es nicht, aber für Sonnenblumen, die ich in Krüge stelle, die mir ein Professor der Kunsthochschule leiht. Ein Babyhemdchen trage ich immer mit mir in der Tasche rum.

In der Klinik in der Schlüterstraße wird meine Tochter geboren. Ich bin so froh, daß ich es allen Strichmädchen sage, die in der Nähe der Klinik auf- und abmarschieren und die mich alle kennen. Als sie hören, daß ich in die Klinik gehe, um meine Tochter das erste Mal zu sehen, schenken sie mir Blumen, die ich Linda bringen soll.

Als mein Kind zum erstenmal die Augen aufschlägt, sieht es wütend um sich. Ich will nicht mehr weggehen. Ich will auch nicht, daß diese verdammten Nonnen mir meine Tochter wieder aus dem Arm nehmen. Schließlich ist es eine Privatklinik, und ich bezahle ein Heidengeld. Die Nonnen werden frech. Ich beschimpfe sie. Die Oberin sagt, daß ich bitte einen Moment auf den Flur kommen möchte. Sofort nehmen mich zwei Pupen in Empfang. »Ihr Jesusschänder!« schreie ich so laut, daß Linda es gehört haben muß, denn sie packt ihre Sachen, und wir fahren mit dem Baby in mein Atelier.

Die Vorstellungen im Hebbeltheater gehen zu Ende. Unser Geld auch. Ich kann die Möbel nicht mehr weiter abzahlen, und der Gerichtsvollzieher holt alle Möbel wieder ab. Eine Nacht schlafen Linda und ich noch auf dem Fußboden. Am nächsten Tag lasse ich sie mit unserem Kind zu ihrer Familie nach München fliegen.

La voix humaine

Sasha pachtet für mich das Theater in der Kaiserallee. Graf Treuberg, der mit Cocteau befreundet ist, hat Sasha ein Stück von Cocteau gebracht: *La voix humaine*. Ich soll es spielen. Das Ganze ist ein Monolog, das Telefongespräch einer Frau, die von ihrem Geliebten verlassen wird und zum letzten Mal mit ihm telefoniert. Am Schluß erwürgt sie sich mit der Telefonschnur.

Beim Lesen des Textes denke ich an nichts anderes mehr, als diese Frau zu spielen. Warum nicht? Bei Shakespeare gab es gar keine Schauspielerinnen, alle Frauenrollen, auch *Julia,* wurden von Männern dargestellt. Die Mona Lisa war auch ein Mann. Außerdem, was soll das alles, ich spiele diese Frau und basta!

Der Text besteht aus vierundzwanzig vollbeschriebenen Schreibmaschinenseiten. Ich lerne ihn in drei Tagen auswendig.

Ich renne zu Sasha und spreche den eine Stunde dauernden Monolog für ihn allein. Er sitzt auf dem Boden vor seiner Bibliothek und hört mir zu. Es dauert die ganze Nacht. Immer wieder und wieder will er den Monolog von mir hören. Morgens um sechs kommt seine Mutter, die Prinzessin Nina K., im Nachthemd hereingeschlichen und beschimpft Sasha auf russisch, weil sie inzwischen erfahren hat, daß er sehr viel Geld in das Theater investiert hat. Sie beleidigt ihn mit den gemeinsten Worten, bis ihr vor lauter Geiz die Tränen herunterlaufen, obwohl sie selbst Millionärin ist und Sasha sein Geld allein verdient. Ihr fettiger Scheitel erinnert mich an die Pfandleiherin aus *Schuld und Sühne,* und ich verstehe, warum Raskolnikow ihn ihr mit einer Axt gespalten hat.

Sasha nimmt einen halb heruntergebrannten, brennenden Kerzenleuchter und schleudert ihn seiner Mutter hinterher.

»Das darfst du nicht tun, Sasha«, sage ich. »Sie ist deine Mutter.«

125

Aber Sasha ist außer sich, und ich kann ihn nicht beruhigen. Ich lasse ihn allein und gehe zu Fuß bis zur Königsallee.

Seit drei Tagen wohne ich in Sashas Villenetage, die er mir seit langem angeboten hatte. Ich brauche Ruhe für die schwierige Rolle und bin Sasha dankbar. Aber ich kann in diesem antiken Chi-chi nicht atmen, den er für seine Weekends mit Strichjungen zusammentragen ließ und selbst niemals benutzt. Ich lege mich zusammengekrümmt in einen Renaissanceschrank und versuche, etwas zu schlafen.

Nach vier Wochen Probe soll die erste Vorstellung sein. Das Theater ist für zwei Monate ausverkauft. Einen Tag vor der Premiere wird die Aufführung von *La voix humaine* mit mir in der Frauenrolle von der englischen Militärregierung verboten. Irgendwelche Scheißer von »Kultur« und »Kunst« hatten solange intrigiert, bis sich die ganze Magistratsclique über den *Skandal* einig war und es dem französischen Theateroffizier weiterpfiff. Der wiederum pfiff es dem englischen Theateroffizier. Dem ging der Arsch zu Grundeis, weil er von der bevorstehenden Aufführung gar nichts wußte.

Theateroffiziere sind verkrachte Existenzen, die, in eine Uniform verkleidet, glauben, daß sie den Deutschen vorzuschreiben hätten, was im Theater erlaubt und was verboten ist. Der größte Frevel besteht für ihn aber darin, daß wir die Vorstellung gar nicht angemeldet haben, das heißt wir hatten *ihn* nicht um Erlaubnis gefragt, und er tut alles, um die Vorstellung zu verhindern.

Ich gehe selbst zu diesem sogenannten Theateroffizier und stelle ihn zur Rede. Die Anmeldung der Aufführung kann man ja nachholen und wenn nötig, die Premiere verschieben. Er ist sehr *sorry* und schlängelt sich aus der Affäre: Sein französischer Kollege behaupte, Cocteau selbst habe darum ersucht, die Aufführung zu untersagen. Das schreit zum Himmel!

Sasha schickt ein Telegramm an Cocteau nach Paris, in welchem er den Sachverhalt erklärt. Cocteau telegrafiert noch am selben Tag zurück:

je suis heureux que c'est kinski qui joue ce rôle je le con-
gratule pour son courage. je ferai de mon mieux pour
être présent a la première.

Das ist der Beweis, daß die Strolche in Berlin lügen. Aber die englische Militärregierung hebt das Verbot nicht auf. Die Zeit vergeht. Sasha hat eine Menge Geld verpulvert und will nicht mehr
zahlen, weil er unter dem Druck seiner Mutter steht, die von dem
Verbot der Militärregierung weiß.

Ich bin enttäuscht von Sasha und sage es ihm. Er ist wieder besoffen und fleht mich auf den Knien an, ihn von diesem unwür-
digen Leben zu befreien. Ich schmeiße die Wodkaflasche an die
Wand und sage, daß er mich nicht wiedersieht. Er reißt den Safe
auf: »Nimm alles, was du willst!«

Dann geht er in irgendeine schwule Bar und ersäuft seinen Haß
gegen seine Mutter und gegen seine eigene Schwäche.

Ich stehe vor dem offenen Safe, in dem sich nicht nur Packen
von Geldscheinen häufen, sondern auch Diamanten, Perlen, Ru-
bine, Smaragde und Berge von Gold. Ich weiß nicht warum, und
ich werde es mir nie verzeihen, aber ich gebe der Safetür einen
Tritt und gehe aus der Wohnung, ohne etwas angerührt zu haben.
Sicher war es dämlich, was ich tat. Aber Sasha ist wirklich mein
Freund, und vielleicht war er zu besoffen, als er die Safetür auf-
schloß.

In die Königsallee will ich nicht zurück. Ich gehe zu Arne
nach Schöneberg. Die Haustür ist abgeschlossen. Ich schlage die
bunte Glasscheibe ein und klingele ihn aus dem Bett.

Arne arbeitet seit kurzer Zeit in der Redaktion einer Haus-
frauenzeitung und hat sich ganz schön hochgerappelt. Er hat die
Wohnung in Schuß gebracht, sich Möbel gekauft, trägt Maßanzüge und will sich auf Abzahlung ein Auto kaufen. Was Achim
treibt, weiß er nicht, er kommt ab und zu bei ihm vorbei. Arne
gibt mir das Fahrgeld für den Autobus nach München. Das Hin-
und Hergezockele ist kein Vergnügen, aber ich habe Sehnsucht
nach meiner Tochter.

Linda lebt mit ihr bei ihrer Familie in einer Sechszimmerwoh-
nung in der Mauerkircherstraße, an der Isarbrücke, genau gegen-

127

über dem Englischen Garten. Ihr Vater ist ein hervorragender Arzt, der mit Sauerbruch gearbeitet hat. Nach dem Krieg kam seine Praxis mehr und mehr herunter, weil er irgendein Leiden hat, das keiner definieren kann und seine Kräfte immer mehr nachlassen. Er nimmt mir mein Vagabundenleben nicht übel und kreidet mir meine Armut nicht an, weil er erkennen kann, daß ich im Grunde meiner Seele verzweifelt bin und darum ringe, meinen Weg zu finden. Lindas Mutter ist eine liebe Frau, aber sie hat kein Verständnis für einen Mann wie mich, der noch immer keine feste Existenz besitzt, obwohl er sich erdreistet hat, ihre Tochter zu schwängern. Sie meint es nicht böse.

Sabine ist die jüngste Schwester. Sie kümmert sich um nichts und hämmert, wo sie kann, auf dem Klavier. Sie hat so ein zorniges Gesicht wie Beethoven und einen Anschlag, daß ich in Tränen ausbreche, wenn ich sie spielen höre. Als sie keinen Ort mehr findet, wo sie üben kann, weil sie natürlich die ganze Familie stört, bringt sie sich um. Ich werde ihren Tod nie verwinden.

Obwohl die ganze Familie gut zu mir ist und ich Linda inzwischen geheiratet habe, bleibe ich nicht in der Wohnung in der Mauerkircherstraße. Ich merke, daß ich fehl am Platze bin. Ich schlafe im Englischen Garten und unter der Isarbrücke. Ich bin froh, endlich wieder im Freien zu schlafen, denn ich muß den Himmel über mir haben, um nicht zu krepieren.

Einmal täglich treffe ich mich mit Linda, die mir Essen und Zigaretten bringt und manchmal ein paar Mark. Alle drei, vier Tage gehe ich mit in die Wohnung, um meine Tochter zu sehen, was Heißes zu mir zu nehmen und mich zu rasieren. Sonst wasche ich mich in der Isar. Wenn es regnet, mache ich mir ein Bett aus Blättern und decke mich mit Zweigen zu. Das Geräusch des Regens schläfert mich ein. Als die Nächte kühler werden, bringt Linda mir eine warme Decke.

Der Regisseur Grimm schenkt uns den Kinderwagen, in dem sein Sohn Oliver gelegen hat.

Seit wir den Kinderwagen haben, fahre ich meine Tochter im Englischen Garten aus. Der Kinderwagen ist aus Korbgeflecht, und ich stecke Gänseblümchen in die Zwischenräume, bis der ganze Kinderwagen wie ein Blumenbeet aussieht.

Im Englischen Garten treffe ich Wanda, die Frau eines Bulgaren. Sie fährt auch ihr Baby aus. Zwei Stunden später liegen wir beide im Gebüsch. Alles an ihr ist groß und mutterhaft. Ihr Mund, ihre Brüste, ihre Hüften, ihr Hintern, ihre Schenkel, ihre Scham. Mit jedem Stoß wühlen wir uns tiefer in die Erde. Die Kinderwagen haben wir so abgestellt, daß wir sie immer im Auge haben.

Es ist stockdunkel, als wir uns, beide mit Erde verschmiert, trennen. Ihre Schlüpfer findet sie nicht wieder. Ich hatte sie weit weggeschleudert.

Ich gehe sie jeden Tag besuchen. Gleich morgens, wenn ihr Mann zur Arbeit muß. Sie bewohnen nur ein möbliertes Zimmer und alles riecht nach vollen Windeln, die herumgestreut auf dem Boden liegen. Ich stoße sie auf ihrem Ehebett und trinke an ihrem langen Busen, der wie bei einer gut genährten Kuh von Milch überläuft. Wir werden so süchtig, daß wir alle Vorsicht außer acht lassen und ich mich auf dem Flur verstecken muß, als ihr Mann bereits von der Arbeit nach Hause kommt.

Der Modefotograf H. v. N., dem ich Lindas Telefonnummer hinterlassen hatte, ruft aus Berlin an. Er will sein Atelier, das so groß wie ein Vereinssaal ist und zu seiner Zehn-Zimmer-Wohnung am Kurfürstendamm gehört, für die Aufführung von *La voix humaine* zur Verfügung stellen. Die Aufführung kann nicht verboten werden, da wir sie als Vorstellung eines Theaterclubs anmelden wollen.

Ich reise noch am selben Abend mit dem Interzonenzug nach Berlin. Elsa hat etwas für mich im Leihhaus versetzt. Sie hat den Generaldirektor der Bayreuther Gasanstalt geheiratet, der sie zwar beschenkt, ihr aber wenig Bargeld gibt.

Nach den Ankündigungen in den Zeitungen sind die Vorstellungen von *La voix humaine* für die nächsten vier Wochen ausverkauft.

Wohnung habe ich keine. Arne benutzt in der Wartburgstraße nur das Balkonzimmer und das Wohnzimmer und ich richte mir Inges Zimmer ein, wo ich am ungestörtesten bin. Ich lebe von Camembert, hartgekochten Eiern, Honig, heißem Wasser und Zitronen. Im übrigen arbeite ich an *La voix humaine*. Das nötige Geld gibt mir wieder Sasha, der auch die Möbel für das Bühnenbild stellt.

Aber die Premiere muß wieder verschoben werden. Ich kriege eine schwere Gelbsucht. Ich bin so gelb wie ein Kanarienvogel, als ich die Warnung der Ärzte in den Wind schlage und auf der Straße zusammenbreche. Ich bin nach Tempelhof gefahren, um wieder mal mit zwei Mädchen zu schlafen, die sich einmal um mich gekümmert hatten und denen ich aus dem Wege gegangen war, weil ich mit mir allein sein mußte. Vor ihrer Haustür habe ich keine Kraft mehr und sacke auf dem Rinnstein zusammen. Sie bringen mich zu sich ins Bett und rufen einen Arzt: Dr. Velena B.

Als sie ihr bleiches Gesicht mit den größten Augen, die ich je sah, mit den feinen blauen Äderchen an den zerbrechlichen Schläfen und dem weichen, wunderschönen Mund über mich beugt, um mich abzuhören, küsse ich sie und will sie nicht mehr hochlassen. Sie entwindet sich verlegen, aber lächelnd meiner Umklammerung. Ihr Blut schießt ihr so stark in das bleiche Gesicht, daß sie wie ein blühender Teenager aussieht. Die Haut ihres Gesichts, ihres Halses und ihrer Arme ist so frisch und jugendlich, daß ich an Schneewittchen denken muß, die nach dem Kuß des Prinzen im Glassarg wieder zum Leben erweckt wird. Sie läßt mich ins Krankenhaus am Zoo transportieren.

Die beiden Mädchen leisten eine Anzahlung, weil ich in einem Einzelzimmer liege. Lotte bringt mir alle möglichen Delikatessen, die ich auf keinen Fall essen darf, und Velena besucht mich jeden Tag. Aber sie läßt sich um nichts in der Welt von mir ins Bett ziehen:

»Bei einer so schweren Gelbsucht brauchst du nichts als Ruhe«, sagt sie sanft.

Sie hat recht. Ich muß jeden Tag zweimal einen langen Schlauch schlucken, und meine Galle läuft literweise in einen Eimer.

Der Nonne, die mir abends das Thermometer bringt, fasse ich an die Titten, die mein Gesicht streifen, als sie die Tafel mit der Fieberkurve über meinem Kopf aushakt. Sie tut, als habe sie es nicht bemerkt.

Nachts kommt sie wieder. Und als ich zuerst mit der Hand vordringe, weiß ich, daß sie schon Männer hatte.

Die acht Wochen im Krankenhaus fressen an meinen Nerven. Ich bin überreizt und ungerecht und werfe den Krankenschwestern die heißen Leintücher hinterher, die ich mir auf die Galle legen soll. Auch zum Lesen fehlt mir die Geduld. Endlich lasse ich mir Papier und Federhalter geben und schreibe eine Abhandlung über das *perfekte Verbrechen*. Die Idee ist mir gekommen, als ich während der letzten Wochen noch einmal *Schuld und Sühne* gelesen habe. Raskolnikow verfaßt im Roman eine solche Arbeit, die ihm später vom Untersuchungsrichter zur Last gelegt wird. Im Roman wird der Wortlaut dieser Arbeit nicht angegeben. Ich schreibe den Text für den Fall, daß meine Bühnenfassung eines Tages aufgeführt wird.

Heut nacht fliehe ich aus dem Krankenhaus. Die Ärzte hatten mir noch nicht erlaubt aufzustehen, und ich habe sowieso kein Geld, um den Rest der Rechnung zu bezahlen. Ich fahre nach Tempelhof und klingele an Velenas Wohnung, die zugleich ihre Praxis ist.

Velena ist Jugoslawin. Sie ist seit vielen Jahren Witwe und hat nur Kontakt zu ihrer Schwester, die Augenärztin ist und eine siebzehnjährige Tochter hat. Gunja.

Als Velena Vertrauen zu mir bekommt, bringt sie mich zu ihrer Schwester in die Wohnung. Ich bin ihr zwar dankbar, aber sie hätte es nicht getan, wenn sie geahnt hätte, daß Gunja und ich uns sofort mit den Augen ficken. Als ich sage, daß ich Zigaretten kaufen gehe, kommt sie mit. Es ist dunkel, und wir sind so aufeinander geil, daß ich sie auf einer Baustelle, an der wir vorbei müssen, auf einen Bretterhaufen lege und sie mit meiner Zunge zum Jauchzen bringe. Nach einer Stunde oder so sind wir der Überzeugung, daß Zigarettenholen beim besten Willen nicht länger dauern kann und gehen Hand in Hand nach Hause.

Ihre Mutter und Velena merken uns noch nichts an, auch nicht, als ich jedesmal hinterherrenne, wenn Gunja aus dem Zimmer geht, um ihr wenigstens für ein paar Sekunden an ihre nasse Feige zu fassen. Oder wenn Gunja mir sogar nachkommt, so oft ich ins Badezimmer muß.

Ich wechsle immer zwischen Velenas Wohnung und der von Gunja und ihrer Mutter hin und her. Mal hier, mal da. Ich übernachte auch in beiden Wohnungen. Wenn Gunjas Mutter in ihre Praxis muß, muß Gunja in die Schule. Ich hole sie täglich von der Schule ab und gehe bald auch in den Pausen hin, in denen sie zu mir auf die Straße stürmt und sich wie eine Klette an mich hängt.

Nach Schulschluß ist auch ihre Mutter bereits in der Wohnung. Nachmittags geht sie nicht in die Praxis, und Gunja und ich halten es nicht mehr aus.

Deswegen gehe ich heute schon um zehn in ihre Schule, klopfe ohne Hemmungen an ihre Klassentür und sage der Lehrerin, daß Gunjas Mutter mich geschickt hat, um sie abzuholen. Ihre Mutter sei krank. So einfallslos der Trick ist, so bombensicher schlägt er ein. Gunja denkt nicht einen Augenblick an ihre Mutter, sondern kann sich kaum beherrschen, mir nicht vor der Lehrerin um den Hals zu fallen.

Auf dem letzten Treppenabsatz vor ihrer Wohnung beginnen wir bereits mit dem Ausziehen der Kleidungsstücke. Als wir in ihrem Kinderzimmer ankommen, sind wir nackt.

Ich sehe mir dieses Früchtchen ganz genau und lange an, küsse ihr ganz süß hinein und lege mich dann auf sie. Sie wirft den Kopf nach hinten und beginnt zu stöhnen. Verdammt! Genau in diesem Augenblick kommt ihre Mutter nach Hause. Weiß der Teufel warum. Gunjas Kinderzimmer ist durch das Schlafzimmer ihrer Mutter, den Salon, das Zimmer in dem ich schlafe und durch vier Glastüren von Flur und Wohnungstür getrennt. Ins Bad kann man direkt durch Gunjas Zimmer gehen. Als wir die Schlüssel rasseln hören, rast Gunja ins Bad. Ich halte meinen Kopf eine Sekunde unter die Brause und gehe im Bademantel ihrer Mutter entgegen, während ich mir die Haare frottiere.

Ich helfe ihr die Einkaufsnetze in die Küche schleppen.

»Heute nacht ist jugoslawische Weihnachten«, sagt sie, »und ich muß noch backen.«

Ich weiß überhaupt nicht, wovon sie redet, und tue so, als würden meine Haare nicht trocken werden. Sie nimmt mir das Handtuch aus der Hand und rubbelt mir den Kopf. Dabei öffnet sich mein Bademantel. Als sie meinen aufgestellten Schwanz an ihrem Körper fühlt, glaubt sie wahrscheinlich, daß sie es ist, die mich erregt. Sie läßt das Handtuch fallen, kniet sich auf die Fliesen vor mich hin und arbeitet mit ihrem Mund, bis ich mich ergieße. Das war nicht schwer, weil ich an Gunja denke.

Über Gunjas Anwesenheit in der Wohnung wundert sie sich nicht, sie denkt nur noch an mich. Gunja denkt auch nur an mich, und ich denke jetzt an Gunja, an ihre Mutter und an Velena.

Gunja muß im Bad unheimlich onaniert haben, ich habe sie noch nie mit solchen Augenringen gesehen. Ihre Mutter sieht sie überhaupt nicht an. Ihre Augen funkeln böse.

Nachmittags kommt Velena, alle drei sprechen jugoslawisch, und ich habe bis abends meine Ruhe. Ich liege auf meinem Bett und stelle mir alle drei nackt vor: Velena, Gunja und ihre Mutter. Die anderen beiden haben auch ihren Reiz, aber ich ziehe Gunja vor.

Ich dachte, so geil wie Gunja können die anderen beiden gar nicht sein. Aber als dieses Weihnachtsgefeiere endlich vorbei ist, Gunja schon früher gähnend schlafen geht und Velena sich verabschiedet, weil ihre Schwester über meinen Kopf hinweg sagt: »Er schläft heute hier«, ahne ich, was jetzt kommt. Und richtig, sobald sie wieder im Zimmer ist, nachdem sie Velena zur Tür gebracht hat, knipst sie das Licht im Zimmer aus, greift im Dunkeln nach meinem Schwanz und zieht mich in ihr Schlafzimmer.

Bis jetzt ging alles gut. Keine weiß, was ich mit der anderen treibe oder was sie mit mir treibt. Die Bombe platzt, als Gunjas Mutter Gunjas Beziehung zu mir entdeckt und einen Selbstmordversuch macht. Velena und Gunja haben sofort kapiert. In der Familie ist Mord und Totschlag. Velena haßt ihre Schwester und Gunja.

Gunja haßt ihre Mutter und Velena. Gunjas Mutter haßt die anderen beiden, und alle drei hassen mich.

Die Situation wird noch komplizierter, als die beiden Mädchen, die Velena an mein Krankenbett gerufen hatten, auch eifersüchtig werden, weil sie als Patienten zu Velena in die Praxis kommen und entdecken, daß ich bei ihr wohne.

Sie schreiben einen Brief an Velena, in dem sie behaupten,

beide von mir schwanger zu sein. Als sie sich weigern, sich von Velena untersuchen zu lassen, ohrfeigt Velena sie.

Velena läßt mich trotz des Familienknatsches weiter bei sich wohnen und gibt mir auch weiter Geld. Als Gras über die Sache gewachsen ist, macht sie auch gnädig wieder ihre Beine breit und findet erst richtig Geschmack an der Sache.

Ich fühle mich kräftig genug, die erste Vorstellung von *La voix humaine* ansetzen zu lassen. Die Premiere ist nachts. Die meisten Zuschauer kommen in erster Linie aus Neugierde, sie haben noch nie einen Mann eine dramatische Frauenrolle spielen sehen.

»Ich bin nur gekommen, um ihn auszulachen«, hatte irgend so ein Kretin gesagt, der nach der Vorstellung schluchzend die Hände vors Gesicht schlägt und verschwindet. Eine andere Person, die zu Velena gesagt hatte: »Daß dieser Kerl nicht einmal davor zurückschreckt«, ruft nach der Vorstellung in derselben Nacht bei Velena an: »Ich nehme alles zurück. Bitte sagen Sie ihm, daß er mich kirre gemacht hat!«

Nach zehn Tagen wird *La voix humaine* endgültig verboten. Ein Überfallkommando trampelt mitten in die Vorstellung. Zuschauer empören sich und beschimpfen die Pupen, die nicht eher das Atelier verlassen, bis alle Zuschauer gegangen sind.

Cocteau konnte zwar nicht zur Premiere kommen, aber er kommt zur Premiere seines Films *Orphé*. Ich treffe mich mit ihm im Hotel, und er bittet mich, noch einmal (zum letzten Mal!) *La voix humaine* für ihn zu spielen. Als ich zu Ende bin, küßt er mich und sagt:

»Ton visage est jeune comme celui d'un enfant et ton regard est mûr dans un même temps. D'un moment à l'autre c'est le contraire. Je n'ai jamais rencontré un tel visage.«

Erwachsenenhölle

Da ich noch nicht ausgeheilt war, als ich aus dem Krankenhaus geflohen bin, habe ich ständig Gallenschmerzen. Ich fresse irgendwelche Tabletten, die ich in Velenas Praxis finde und irrtümlich für die richtigen halte. Ich wache auf der Rettungsstation eines Krankenhauses auf, wo man glaubt, daß ich mich absichtlich vergiftet hätte. Was für eine Idee!

Nachdem man mir den Magen ausgepumpt und mich mit Pervitininjektionen wieder lebendig gemacht hat, springe ich aus dem Fenster des ersten Stockwerkes, um abzuhauen. Bevor ich über die Mauer kann, holen mich die zartfühlenden Krankenpfleger ein, reißen mich von der Mauer ab wie Borke von einem Baum und tragen mich mit Gewalt zurück.

Ich schreie den Arzt an, der sagt, daß ich so lange im Krankenhaus zu bleiben habe, bis er entscheide, daß ich entlassen werden kann. Velena hat sich erst für zwölf Uhr mittags angemeldet, und ich bin diesen Knechten auf Gedeih und Verderb ausgeliefert. Ich sage dem Viehdoktor, daß er mich am Arsch lecken kann und daß ich als freier Mensch tue und lasse, was mir paßt. Das bringt den Viehdoktor erst richtig aus dem Häuschen. Nachdem er Bewachungsmaßnahmen wie für einen Kriminellen angeordnet hat, will er aus dem Zimmer. Ich werfe ihm die Kackpfanne hinterher und werde gefesselt.

Kurze Zeit darauf kommt er mit einem Pupen zurück, der mich dem Amtsarzt vorführen wird.

Dieser Amtsarzt möchte alles ganz genau erfahren, da ich während der Wiederbelebungsversuche von einer Velena fantasiert haben soll. Er fragt mich, ob ich mit Frau Dr. Velena B. ein Verhältnis habe. Ich spucke ihm ins Gesicht.

Er hätte mich ja liebend gern sofort nach Wittenau ins Irrenhaus schaffen lassen, aber Velena taucht plötzlich auf.

Sie verspricht, für alle Kosten aufzukommen, wenn der Herr

Amtsarzt die Güte hätte, mich, wenn er schon darauf besteht, anstatt nach Wittenau, in die geschlossene Abteilung einer Klinik einzuweisen. Ganz davon abbringen kann sie ihren Kollegen nicht, denn dieses Stück Mist von Amtsarzt kann sich gar nicht vorstellen, daß man noch lange nicht verrückt ist, nur weil man ihm in seine sexuell verdrängte Fresse spuckt. Velena ist mit schuld an allem, da sie aus Schiß vor dieser Kröte nicht zugeben will, daß sie mit mir pennt. Sie behauptet im Gegenteil, daß sie mich kaum kennt und daß ich ihr nur leid täte, weil ich niemanden hätte, der sich um mich kümmert. Dadurch bin ich vogelfrei, und nichts kann meinen Abtransport verhindern. So weit kann die Moral gehen!

»Das ist aber eine Ehre«, hänselt der Fleischbeschauer, der in der geschlossenen Abteilung der Klinik Visite macht, »so einen großen Schauspieler bei uns zu haben!«

Ich schleudere ihm einen Schuh ins Gesicht.

»Wittenau! Ab nach Wittenau!« schreit die Kanaille, die sich, von zwei Knechten abgedeckt, feige zurückzieht. Die klinkenlose Tür schnappt ins Schloß. Ich kontrolliere das vergitterte Fenster, das auf den Hof hinausführt. Selbst wenn es mir gelingen sollte, das stählerne Drahtgitter zu entfernen, könnte ich nicht aus dem dritten Stock auf die Steine springen, ohne mir sämtliche Knochen zu brechen.

Die klinkenlose Tür wird aufgeschlossen. Vier Knechte stürzen sich auf mich und verschnüren mich in eine Zwangsjacke. Dann werde ich in einen als Krankenwagen getarnten VW-Bus verladen, der mit offenen Türen und laufendem Motor auf dem Hof auf uns wartet.

Ich kann nicht viel sehen während der Fahrt, denn die Scheiben sind aus milchigem Glas. Nur die schmalen Ränder um die Sanitätskreuze sind etwas durchsichtig, und ich sehe für eine Sekunde den Funkturm. Wie oft bin ich hier vorbeigekommen, um zu Gunja zu gehen oder zu ihrer Mutter und wie oft bin ich von ihnen zu Velenà gefahren, die mich so schäbig im Stich gelassen hat. Ob Velena sie angerufen hat? Das zählt jetzt auch nicht mehr. Ich habe nichts zu erwarten von ihnen, ich habe sie zu tief verletzt.

Wittenau. Berüchtigte Irrenanstalt von Berlin. Der VW-Bus

wird angehalten, kontrolliert und passiert die schwer bewachte Einfahrt. Ich versuche durch die Ränder um die Kreuze Einzelheiten auszumachen. Aber es geht zu schnell. Ich begreife nur, daß es sich um einen immensen Komplex handeln muß. Wie viele angeblich Irre es gibt! Asphaltierte Straßen, Blocks, viele andere verschiedene große und kleinere Steinbaracken, wahrscheinlich Wäschereien, Küchen, Mülldepots, Leichenhäuser. Das Ganze ist von hohen Mauern eingeschlossen.

Der VW-Bus hält vor dem Empfangsgebäude. Ich werde direkt in die Wartehalle ausgeladen.

Sie knoten mich aus der Zwangsjacke. Ich bewege und massiere sofort meine abgestorbenen Arme und Handgelenke. Einer der Knechte drückt mich auf eine Bank. Ich muß warten. Lange.

Die Halle ist hoch, kahl, die Wände bis Mannshöhe grünlich lackiert wie die Gaskammern in Amerika. Die blinden Fensterscheiben sind vergittert. Überall Gitter. Überall klinkenlose Türen. Immerzu Schlüsselgerassel. Zuschließen. Aufschließen, Zuschließen, jedes Mal zwei, drei, vier Mal hintereinander.

Andere Häftlinge werden an mir vorbeigeführt. Man merkt, daß sie schon länger hier sind. Sie schlurfen mit den Knechten mit wie Roboter. Lassen sich schubsen, stoßen, dirigieren. In allem liegt ein Mechanismus, als würden Hinrichtungen vorbereitet. Das Personal läuft geschäftig hin und her. Sie tragen schmuddlige Kittel, die sie über die Schlägerunterarme hochgekrempelt haben. Die Opfer stecken in einer Art Sträflingskluft. Lange graue Baumwollhemden und so was wie Pantinen an den nackten Füßen.

Dann Neuankömmlinge wie ich. Manche sind störrisch, sie lassen sich trotz brutaler Puffe und Knüffe nicht schieben und ziehen, und man muß sie tragen. Manche werden von einem Familienangehörigen oder irgendeiner Person begleitet, die sich schnell verabschiedet und das Weite sucht. Die meisten sind allein, nur rechts und links Knechte. Manche sind abwesend. Manche weinen. Eine Frau schreit. Ihr Schrei bohrt sich mir ins Herz. Sie wirft sich auf die Fliesen, schlägt um sich. Klinkenlose Türen öffnen sich, Knechte schleppen die Frau weg, die Füße schleifen auf den Fliesen nach. Kommandos ertönen· wie auf Kasernenhöfen. Alles geht schnell und reibungslos vor sich.

137

Wenn ich nur etwas gegen meine Kopfschmerzen hätte!

Ich werde von einem Fleischbeschauer auf Station III eingeteilt. Das ist schräg gegenüber der nächste Block, und wir gehen die paar Schritte zu Fuß. Diesmal nur zwei Wärter und ich. Ich versuche mich zu orientieren und mir alle Einzelheiten einzuprägen. Aber es sieht alles gleich aus. Steinerne Blocks, asphaltierte Straße, steinerne Baracken. Wir sind da.

Im ersten Stock werde ich einem anderen Knecht übergeben, dem es gar nicht in den Sinn kommt, daß ich mich ihm widersetzen könnte. Hinter uns sind mindestens zehn Türen ohne Klinken ins Schloß gefallen. Er taxiert mich mit fachmännischem Blick, ohne mir ins Gesicht zu sehen, als ob er sich ausrechne, was ich wiege und wie groß ich bin. Für die Irrenhauskleidung kann das nicht sein, denn er wirft später ein zusammengefaltetes graues Paket und ein Paar Pantinen vor mich hin, ohne abzuwarten, ob mir die Sachen passen. Vorher werde ich aufgefordert, mich nackt auszuziehen. Er greift so entschieden nach meinen Sachen und tut sie wie Abfall in einen Sack, als wollte er sagen: Die brauchst du nicht mehr. Ich werde gewogen wie eine Rinderhälfte. Dann werde ich gemessen. Dann muß ich mich mit einem kalten Wasserstrahl abspritzen lassen.

In dem kahlen, vergitterten, schlauchartigen Raum stehen zehn Eisenbadewannen in einer langen Reihe wie offene Särge. In diese Wannen, die mit eiskaltem Wasser angefüllt werden, stößt man die Häftlinge. Sie müssen so lange in dem eiskalten Wasser aushalten, bis ihre *Krise* nachläßt. Wenn sie nicht nachläßt, gibt es Elektroschocks. Wenn das auch nichts nützt, werden die Opfer in Einzelzellen isoliert. Man nimmt ihnen ihre Pantinen und ihr Hemd weg, damit sie es nicht in Streifen reißen oder beißen können, um sich damit zu erhängen und läßt sie allein mit ihren Exkrementen. Ein Klo gibt es nicht in der Zelle. Essen auch nicht. Es lohnt nicht, sie zu füttern. Die meisten werden hoffnungslos wahnsinnig, wenn sie nicht schon vorher sterben.

Ich ziehe das graue Hemd und die Pantinen an und werde in den Saal geführt, wo die ständigen Aufpasser mich in Empfang nehmen.

In diesem Saal, in dem ich mit zirka achtzig bis hundert Mithäftlingen eingeschlossen werde, spielt sich alles ab: Schlafen, Essen, Pissen, Scheißen, Schreien, Toben, Jammern, Wimmern, Beten, Fluchen, Drohen, Prügeln, Quälen und der endgültige Zusammenbruch derer, die es überstanden haben. Der Gestank ist nicht zu beschreiben. Es ist die Hölle! Die wahre, von Menschen erdachte.

Irgend jemand schreit. Zwei Aufpasser ersticken seine Schreie. Er bekommt ein Heftpflaster auf den Mund und wird an sein Bett gefesselt.

Nur nicht hinsehen! Sie nicht ansehen, sage ich mir immer wieder. Nicht hinhören! Nicht den süßlichen Geruch einatmen, der Brechreiz erzeugt, wie die Fettstücke in der Kinderhölle! Mein Gott! Wie viele Jahre ist das her! Und jetzt das! Jetzt die Erwachsenenhölle. Aber ich darf nicht jammern! Ich darf auf keinen Fall verzweifelt sein! Nicht einmal traurig! Das vermindert den Haß! Ich brauche den Haß! Keine Verachtung! Verachtung ermüdet! Ich brauche bösen rachgierigen schadenfrohen gehässigen Haß!

Ich rede mit mir. Nicht zu laut, nicht zu leise, so daß ich mich gerade verstehen kann. Ich sage mir mein Geburtsdatum vor, das von Arne, Achim, Inge, das meiner Eltern, Telefonnummern, Nummern von Häusern, Namen. Ich darf nicht müde werden. Die Tragödie fängt an, mich zu umnebeln wie eine Droge. Ich muß auch körperlich in Form bleiben. Ich mache Kniebeugen. Oberkörper kreisen. Bewegen! Nur nicht stehenbleiben, gehen, gehen! Aber wohin? Wir dürfen uns nur in der Nähe unseres Bettes aufhalten.

Essenausteilung. Von dem Fraß rühre ich nichts an. Als die anderen merken, daß ich nicht esse, stürzen sie sich auf meinen Blechnapf. Der Aufpasser notiert es in seinem Heft. Ich darf nicht aufstehen, bis alle fertig sind.

Die Schmerzen im Kopf werden so unerträglich, daß ich den Aufpasser nach einer Tablette frage. Er hört gar nicht zu, auch nicht, als ich meine Frage wiederhole. Nicht provozieren lassen! sage ich mir. Einfach umdrehen und weggehen, vergessen, daß ich eine Frage an dieses Vieh gerichtet habe. Vergessen, daß ich solche Schmerzen habe.

Nachts werden die Schmerzen immer schlimmer. Mit jedem Schrei eines Leidensgenossen, mit jedem Toben, Fluchen, Drohen, mit jedem Niedersausen der Fäuste der Aufpasser, mit jedem dumpfen Schlag, der diesen Jesus Christus trifft, mit jedem geknebelten Mund, mit jedem Schleifgeräusch der Füße von jemand, den sie aus dem Saal schleppen, mit jedem Weinen, Jammern, Flehen, Furzen, Pissen, Scheißen auf die Klos, die mitten im Saal stehen.

Ich bete zu Gott. Ja! Ich bete zu Gott, daß er meine Schmerzen noch stärker werden läßt. Immer stärker! Wir werden ja sehen, ob mein Kopf zerspringt. So muß Christus in Gethsemane gebetet haben: »Mein Gott, wenn du willst, daß ich das alles ertragen soll, dann gib mir Kraft.«

Er gibt mir Kraft. Ich werde nicht irrsinnig. Heute werde ich zum erstenmal etwas von diesem Fraß herunterwürgen, ich habe Hunger.

Ich denke schon, ich habe es überstanden, aber so einfach ist das nicht. Als ich mich dem vergitterten Fenster nähere, um einen Fetzen Himmel zu sehen, werde ich von einem Aufpasser zurückgerufen. Ich wende mich ab und weine. Ein einbeiniger Mithäftling flüstert mir zu:

»Du darfst nicht weinen. Wenn du weinst, bist du nicht gesund.«

Vor den vergitterten Fenstern, durch die man nur die graue Mauer eines anderen Blocks sieht, sitzen an Extratischen die Aufpasser und schreiben alles in ein Heft: Wenn du weinst. Wenn du nicht ißt. Wenn du das Essen eines anderen ißt. Wenn du sprichst. Wenn du nicht sprichst. Wenn du dich den vergitterten Fenstern näherst. Wenn du zu viel schläfst. Wenn du nicht schläfst. Es gibt nichts, was sie nicht aufschreiben.

»Bist du Dreher?« fragt mein Einbeiner. »Du hast einen starken Oberarm.«

Ich kann nicht sagen, daß ich Schauspieler bin. Er würde denken, daß ich ihn verhöhnen will.

»Ja. Ich bin Dreher«, sage ich, um ihn nicht zu enttäuschen.

Seine Geschichte ist so erschütternd, daß ich darüber mein eigenes Schicksal vergesse:

Er war aus russischer Kriegsgefangenschaft nach Hause gekommen. Seine Frau, die er über alles liebte, hatte noch während seiner Gefangenschaft durchs Rote Kreuz erfahren, daß er lebt, aber nur mehr ein Bein besitzt. Daraufhin läßt sie ihn für tot erklären. Mein Einbeiner kommt also auf Krücken nach Hause gehumpelt und findet sie mit einem Kerl im Bett. Natürlich geht er mit der Krücke auf die beiden los. Dann bekommt er einen Heulanfall. Die beiden Täubchen zeigen ihn wegen geistiger Umnachtung und Gemeingefährlichkeit an und schaffen ihn geschwind nach Wittenau.

»Ich selbst bin schon so gut wie tot«, sagt er am Schluß seiner Erzählung. »Ich will nur noch so lange leben, bis ich eines Tages hier rauskomme und die beiden und den Amtsarzt umlegen kann.«

Der Viehdoktor kommt nur alle drei Tage. Wenn er mich fragt, wie es mir geht, kehre ich ihm den Rücken, um ihn nicht anzuspringen. Als ich ihm heute wieder keine Antwort gebe, sagt er:

»Na schön. Wir haben Zeit. Unbegrenzt.«

Ich schreie ihm hinterher:

»Das einzige, was ich zu sagen habe, ist, daß ich Ihnen das Genick brechen werde!«

Die nächsten zwei Wochen spricht er mich nicht mehr an. Dann hat er es sich anders überlegt. Ich werde zu ihm ins Untersuchungszimmer gerufen. Der Grund wird mir klar, als ich Velena entdecke, die sich am vergitterten Fenster herumdrückt, sich furchtbar geniert und mich nicht anzusehen wagt. Ich begrüße sie nicht und bleibe stehen, nachdem der Dreckskerl mir einen Stuhl angeboten hat. Er verlangt von mir, daß ich einen Wisch unterschreibe, in dem ich erkläre, daß Frau Dr. Velena B. an meiner Inhaftierung unschuldig ist und daß ich mich verpflichte, sie in Zukunft in Ruhe zu lassen, das heißt, mich weder an ihr zu rächen, noch mich ihr jemals wieder zu nähern. Wenn ich mich weigere zu unterschreiben, werde ich nicht entlassen. Ich bin so verblüfft, daß ich diese infame Erpressung für einen Augenblick vergesse und darüber nachdenke, was diesen schwarzbebrillten wabbligen Eunuchen wohl dazu gebracht haben könnte, sich als Velenas Anwalt aufzuspielen. Hat sie ihm vielleicht versprochen mit ihm ins Bett zu gehen? Zuzutrauen wäre es ihr, sie muß verdammten Schiß haben.

Vielleicht hat sie den Amtsarzt auch schon hinter sich. Ich muß plötzlich lachen. Wahrscheinlich denkt er, daß ich richtig verrückt geworden bin, denn er verabschiedet Velena tuschelnd und begleitet sie zur Tür. Dadurch fällt mir wieder der Wisch ein. Ich unterschreibe ihn. Nichts kann mich daran hindern, das zu tun, was ich will. Wenn ich nur erst in Freiheit bin.

Die Brillenschlange greift nach dem Papier, als wäre es ein Liebesbriefchen von Velena, und steckt es zusammengefaltet und pedantisch in seine Brieftasche.

»Die Sache wäre erledigt«, sagt er. »Aber ich möchte mich gerne ein bißchen mit Ihnen unterhalten, Sie interessieren mich.«

Das ist ein starkes Stück!

»Ich will mich aber nicht mit Ihnen unterhalten. Ich will aus dieser Abfalltonne für menschliche Gehirne raus! Und zwar sofort!«

Ich glaube, nur sein Gehilfe, der die ganze Zeit über an der Tür Wache steht, würde vielleicht verhindern können, daß ich ihn mit dem Briefbeschwerer erschlage. Ich brauchte nur die Hand nach der Granatenhülse auszustrecken. Aber ich tue es noch nicht.

»Wer wird sich denn so aufregen. Alles geht seinen Gang. Ich gebe Ihnen mein Wort darauf.«

Wort? Was für ein Wort gibt er mir? Was hat so einer für ein Wort? Ein Ehrenwort? Ich würde ihm in die Hand scheißen, wenn er sie mir hinhielte.

»Also was ist? Wann komme ich aus dieser Abfalltonne raus? Sagen Sie Ihren Knechten von der Müllabfuhr, daß man mir meine Sachen bringen soll!«

»Langsam, langsam. So schnell wie Sie sich das vorstellen, geht das nicht. Zuerst muß Ihr Herr Bruder kommen und mit mir reden. Die Frau Doktor hat ihn bereits benachrichtigt, er wird morgen hier erscheinen.«

»Mein Bruder? Was hat denn mein Bruder mit Ihnen zu reden?«

»Ich möchte, daß er mir etwas über Sie erzählt, ich sagte doch, Sie interessieren mich. Ich bin schließlich verantwortlich, wenn ich Sie in Freiheit setze. Sie erzählen mir ja nichts.«

»Was!!!«

»Was Sie zum Beispiel mit Ihren Händen machen, wenn Sie reden. Haben Sie das immer schon getan?«

Ich bin sicher, daß dieser Sadist wahnsinnig ist, wie sollte er es auch nicht sein. Was mache ich denn mit meinen Händen? Ich gestikuliere, wie ich es immer tue und wie es in vielen Ländern alle Menschen tun. Es liegt mir auf der Zunge zu sagen: Was ich mit meinen Händen mache, wirst du gleich merken, wenn ich dich erwürge. Aber ich sage nichts. Ich sage überhaupt nichts mehr. Ich gehe wortlos aus dem Raum und lasse mich von dem Wärter in den Saal zurückführen. Wenn es wahr ist, daß Arne weiß, wo ich bin, dann wird er mich herausholen, und koste es sein Leben. Das ist das einzige, dessen ich in diesem Augenblick sicher bin.

Nach einer Ewigkeit in der Erwachsenenhölle umarmen wir uns, und Arne fährt mich in seinem neuen Opel in die Wartburgstraße. Er fragt mich nichts und ist nur lieb zu mir. Er begreift, daß ich jetzt keine Erklärungen abgeben kann. Nachdem ich gebadet und gegessen habe, was er mir zubereitet hat, bedanke ich mich für alles, nehme das Geld und die Zigaretten, die er mir zusteckt, und küsse ihn zum Abschied. Er weint.

Draußen

Ich gehe zu Fuß. Ich laufe bis zur Clayallee. In einer Seitenstraße muß die Villa sein. Ein junger Student der Hochschule für bildende Kunst hatte mir vor längerer Zeit angeboten, bei ihm und seiner Mutter zu wohnen. Sie wohnen in einem hölzernen Gartenhäuschen auf dem Grundstück der Villa des englischen Botschafters, in der sie als Reinemachefrau arbeitet. Ich liege tagelang mit dem Gesicht in den Blumenbeeten und schlafe die ersten Nächte im Freien. Ich muß erst wieder anfangen zu leben.

Für zwei Monate verlasse ich das Grundstück nicht und sehe außer dem Jungen und seiner Mutter keinen Menschen. Tagsüber bin ich allein in dem Häuschen. Der Junge ist auf der Kunsthochschule, und seine Mutter bleibt den ganzen Tag in der Villa des Botschafters.

Ich bin fest überzeugt, ich habe die Erwachsenenhölle überwun-

den, denn ich bin auch körperlich wieder zu Kräften gekommen —
als eine Wespe an der Fensterscheibe mich mit ihrem Gesurre zur
Weißglut bringt, während ich am Tisch sitze und Briefe schreibe.
Ich öffne das Fenster, aber sie fliegt nicht raus. Eine Weile ist alles
still. Dann fängt sie von neuem an zu surren und mit dem Kopf
gegen die Fensterscheibe zu fliegen. In meiner augenblicklichen
Überempfindlichkeit erscheint mir das Gesurre so überdimensio-
nal, daß ich mir die Ohren zuhalten muß. Das dauert mehrere
Stunden. Immer wenn ich die Fäuste von meinen Ohren nehme,
setzt die Wespe ein, als beobachte sie mich und warte nur darauf.
Ich schlage nach ihr, aber ich treffe sie nicht. Sie versteckt sich.
Und sobald ich mich wieder an den Tisch setze, weil ich denke,
daß ich sie erschlagen habe oder daß sie weggeflogen ist, beginnt
die Tortur von neuem. Ich presse mir die Fäuste so lange gegen
die Ohren, bis ich glaube, daß sie die Quälerei endlich satt haben
muß. Als ich die Fäuste wegnehme, geht es von vorn los. Ich bleibe
noch eine Weile sitzen, ohne mir die Ohren zu verstopfen, wobei
ich die Wespe aus den Augenwinkeln verfolge, während ich so
tue, als ob ich schreibe. Dann reiße ich die Tischdecke mitsamt der
Tinte und allem, was sonst noch darauf steht, vom Tisch und
schlage die Wespe mit der Tischdecke zu Boden. Sie ist nur betäubt. Ich erwürge sie mit einem Wollfaden und verbrenne sie
über der Gasflamme.

Während ihr verkohlter Körper knistert und sie langsam ver-
glüht, begreife ich, daß sie nichts dafür kann, was die in Wittenau
mit mir gemacht haben, und ich schäme mich, daß sie dafür büßen mußte.

Niemand außer Arne, Achim und meinen beiden Freunden hier
weiß, daß ich im Irrenhaus war. Vor allem die Zeitungen wissen
nichts, für die das ein gefundenes Fressen wäre. Niemand weiß,
daß ich hier wohne. Trotzdem bekomme ich Post, die ursprünglich an die Adresse von H. v. N. adressiert war, der sie dem Studenten aushändigt.

Die Leute stellen mir in ihren Briefen viele Fragen. Manche bitten mich um Rat. Ausgerechnet mich! Ich brauche selber Rat. Aber
ich beantworte jeden Brief, jede Frage. Ich habe jetzt Zeit, ich

werde vorläufig keine Arbeit annehmen, bis ich wieder unter Menschen gehen kann.

Ein Junge, der Schauspieler werden will, fragt mich in seinem Brief, was man tun muß, um so zu werden wie ich. Ich schreibe zurück: *Bitten Sie Gott, daß er Sie davor bewahrt, so zu werden!*

»Wie konnte man es wagen, ihn mir jahrelang vorzuenthalten!« sagt Fritz Kortner nach unserer ersten Begegnung. »Er ist der einzige Schauspieler der Welt, der mich erschüttert, wenn ich ihn nur ansehe! Es gibt auf der ganzen Welt keinen anderen *Carlos* für mich!«

Kortner will, daß ich den *Carlos* spiele. Er selbst will *Philipp II.* sein.

Der Ausruf Kortners ist ein Triumph für mich. Vier Jahre zuvor hatte man am *Schloßparktheater* über mich gelacht, als ich geäußert hatte, daß ich eines Tages *Carlos* sein werde.

Kortner und ich sind allein. Wir proben nicht. Wir unterhalten uns nur. Er erzählt mir von seinen Ideen, wie er das Stück inszenieren will. »Man muß Schiller ab und zu auf die Goschen hauen«, sagt er. Er will damit ausdrücken, daß man den Text kürzen und stellenweise verändern muß, um ihn den heutigen Verhältnissen anzupassen und allen verständlich zu machen. Er hat tatsächlich gute Einfälle.

»Die große Szene zwischen *Philipp* und *Carlos* muß ganz ohne Pathos gespielt werden. Du kniest dich nur hin, streckst die Hand aus und sagst: ›Versöhnung Vater!‹ Ich schlage dir dann auf die Fingerspitzen deiner ausgestreckten Hand, und dir müssen die Tränen aus den Augen quellen. Komm, knie dich mal hin.«

Ich knie mich hin, strecke die offene Hand aus und sage ›Versöhnung Vater!‹. Kortner schlägt mir mit solcher Gemeinheit auf die Fingerspitzen, und ich bin innerlich so verletzt, daß mir die Tränen aus den Augen spritzen.

»Mit dieser Szene wirst du den Abend erobert haben«, sagt er noch. Dann trennen wir uns für heute.

Bei den Theaterproben kriege ich bald genug von der Hysterie und Ungerechtigkeit Kortners. Nach einer Woche verlasse ich die Proben.

145

Kortner ist durch den plötzlichen Abbruch unserer Beziehungen so kopflos, daß er ausruft:

»Mein ganzer *Carlos* ist kaputt . . . mein ganzer *Carlos* ist kaputt.«

Trotzdem geht seine Inszenierung von *Don Carlos* ohne mich über die Bühne. Ich schreibe Kortner einen Brief, in dem ich ihm meinen Weggang erkläre.

Ein Mädchen will unbedingt ganz schnell von mir geheiratet werden, damit sie nicht zum Militär nach Israel muß. Ihr Vater hat in Berlin eine Kneipe, ist aber israelischer Staatsangehöriger. Seine Tochter, die in Berlin geboren ist, auch. Der Gedanke, diese kleine Jüdin zu heiraten, ist nicht verlockend und außerdem unmöglich, weil ich mit Linda verheiratet bin. Wohl aber ist es verlockend, sie zu vögeln. Wir fahren in den Wald nach Nikolassee.

Sie ist wirklich süß, streift sich den engen Rock hoch, so daß ihr Schenkelfleisch mit den schwarzen Strapsgummis und geradeso ihr schwarz beschlüpfertes Vötzchen sichtbar werden, stellt sich im Abstand von ungefähr fünf Metern an einen Baum und sagt:

»Na? Wie ist es? Willst du mich heiraten oder soll ich durch den Negev robben? Ist es nicht ein Jammer, daß ich mir über so was eine Uniformhose streifen soll?«

Dieses Spiel treibt sie durch den ganzen Wald bis zum S-Bahnhof.

Paul ist Architekt und, wie er sagt, seit langem hinter mir her. Warum, erfahre ich, als ich bei ihm und seiner Frau eingeladen bin. Nach dem Abendessen geht er ins Bad, seine Frau räumt ab. Dabei beugt sie sich so weit über den Tisch, obwohl sie die entfernten Teller von der anderen Seite viel bequemer holen könnte, daß ich ihren großen vollen Arsch direkt vors Gesicht bekomme, wobei ihr der Rock so hoch rutscht, daß ich den Ansatz ihrer Schlüpfer sehe. Sie kann gar nichts anderes wollen, als daß ich ihr den Zip aufmache. Also tue ich es. Sie läßt den abgefressenen Tisch so wie er ist, und wir rennen ins Bett.

Sie hat ein solches Gebüsch zwischen den Beinen, daß ich den Mund voller Haare habe, und spritzt in einem fort. Ich lecke ihr über den Warzenhof ihrer Brüste, der so groß und dunkel ist wie braune Astern. Während wir ficken, kommt Paul nackt ins Zimmer geschlichen und hebt vorsichtig die Bettdecke an, um zuzusehen, wie seine Frau von einem anderen Mann gefickt wird. Ich kümmere mich nicht darum, nur der Luftzug stört mich etwas. Als ich mich ergieße, wird sie wütend.

»Du mußt es länger zurückhalten«, sagt sie. »Was soll ich jetzt machen? Ich bin so geil, daß ich nicht weiß, was ich machen soll.«

»Paul kann ja weitermachen«, gebe ich schnoddrig zurück.

»Das ist es ja. Paul spritzt auch viel zu schnell. Ihr müßt euch beide länger beherrschen. Ich brauche alle beide. Beide ganz lange.«

Wir ficken die ganze Nacht, und sie kommt auf sechsundsiebzig Orgasmen. Paul auf fünf und ich auf sieben. Um vier Uhr nachmittags frühstücken wir endlich.

Paul und Erni bewohnen die oberste Etage einer Villa am Hasensprung, die Pauls Vater gehört, der ein berühmter Architekt ist. Sie haben zwei niedliche Kinder und sind dabei, sich ihre eigene Existenz aufzubauen. Ich wohne nicht bei ihnen, ich gehe nur zum Ficken hin, was manchmal allerdings mehrere Tage dauert. Erni würde bis zum Herzinfarkt weiterficken. Nicht nur bis zu ihrem.

Ich ficke Erni auch allein. Das ist weitaus anstrengender. Außerdem ist Paul dann eifersüchtig. Beide beschimpfen sich, und Erni erinnert ihn daran, daß er sie nach Kriegsende auf den Strich geschickt hat. Dann ist alles wieder gut, und wir ficken wieder zu dritt.

Paul hat die Idee, ein Bordell mit vielen Mädchen zu eröffnen und von dem Ertrag für mich ein Theater zu bauen. Ich lehne ab. Nicht aus moralischen Gründen, denn die Mädchen würden es auch ohne Paul für Geld tun. Aber ich bin überzeugt, daß ich das nicht nötig habe. Außerdem will ich kein Theater.

Ich bin heilfroh, als Paul und Erni mit den Kindern nach Frankfurt fahren, wo Paul einen Bauvertrag zu erfüllen hat. Nicht weil ich so viel ficken mußte, von mir aus können es täglich mehrere sein, aber ich habe es satt, den Zuchtbullen zu machen.

Warum ich eine Hure bin? Ich brauche Liebe! Liebe! Immerzu! Und ich will Liebe geben, weil ich so viel davon habe. Niemand begreift, daß ich mit meiner Hurerei nichts anderes will als mich verschwenden. Unwichtig ob an meine Mutter oder an meine Schwester, meine Geliebte, meine Frau oder an meine Tochter, an eine Jungfrau oder an ein Straßenmädchen, an eine Frau, einen Mann oder ein Tier. Ich gebe allen meine Liebe, die sie wollen, und ich will von allen Liebe haben.

Ein Lastwagen nimmt mich mit nach München. An der Autobahnausfahrt vor Nymphenburg setzt er mich ab. Bis Schloß Nymphenburg geht es mit Autostop, dann halten die Autos nicht mehr an und ich nehme die Straßenbahn.

Nach einigen Stationen steigt ein Kontrolleur zu. Ich finde meinen Fahrschein nicht, ich weiß nicht, wo ich ihn hingetan habe, vielleicht habe ich ihn in Gedanken weggeworfen. Der Kontrolleur läßt halten und verlangt, daß ich aussteige. Ich weigere mich. Ein Catchertyp mischt sich ein und packt mich am Arm. Ich reiße mich los und bitte den Schaffner zu bestätigen, daß ich einen Fahrschein gelöst habe. Der Schaffner sagt, daß er sich erinnert, aber nicht mehr weiß, bis wohin. Da ich nur wenig Geld besitze, will ich nicht noch einmal bezahlen. Es bleibt mir nichts übrig, als auszusteigen, und ich gehe zu Fuß weiter. An der nächsten Haltestelle sehe ich den Catcher, der mich am Arm gepackt hatte, und beschimpfe ihn. Als ein Pupe vorbeikommt, zeigt er dem irgendein Dokument, und der Pupe fordert mich auf mitzukommen.

Der Catcher war ein Kriminalbeamter, und ich kriege eine Anzeige wegen *Beamtenbeleidigung und Widerstand gegen die Staatsgewalt!*

Nach diesem herzlichen Empfang marschiere ich bis Bogenhausen und komme nach Mitternacht in der Mauerkircherstraße an. Lindas Haustür ist verschlossen, und alle schlafen. Ich bin durchgefroren und habe Hunger. Ich schreie so laut und lange, bis ihr Vater das Fenster aufreißt und mir den Hausschlüssel runterwirft. Die anderen will ich nicht wecken. Er hat sich wieder hingelegt. Ich gehe in die Küche und fresse die kalten Reste aus den Töpfen. Dann lege ich mich zu der großen schwarzen Dogge und wärme mich an ihrem heißen Leib.

Morgens gehe ich zu Linda ins Zimmer und werfe unser Baby vor Freude in die Luft. Linda erzählt mir von einem Regisseur, der mich gesucht hat und der mit mir noch einmal die *Schreibmaschine* aufführen will. Ich gehe hin, und wir legen die Daten fest. Die Proben sollen in zehn Tagen beginnen. Von Jutta S., die ich in Berlin anrufe, um ihr die Neuigkeit zu erzählen, erfahre ich, daß E. E. in Garmisch-Partenkirchen zu einer Kur ist, weil sie einen Schlaganfall hatte.

Ich fahre mit dem Zug nach Garmisch und besuche E. im Sanatorium. Wir gehen spazieren und bleiben den ganzen Tag zusammen. Sie lächelt so puppenhaft wie immer, nur das Reden fällt ihr unendlich schwer, und ich weiß nicht einmal, ob sie mich versteht. Ich versuche ganz behutsam mit ihr zu reden, Wort für Wort, wie mit einem kleinen Kind. Aber sie stottert und lallt nur unzusammenhängende Sätze und sieht mich dabei flehend an, als wollte sie sich dafür entschuldigen, daß sie nicht sprechen kann.

Als ich mich verabschiede, weil sie wieder ins Sanatorium muß, will sie mich nicht loslassen. Ich habe das Gefühl, daß wir uns nie wiedersehen werden, und ich glaube, sie hat dasselbe Gefühl.

Ich spiele die *Schreibmaschine*. Aber wenn ich während der Liebesszene in den Armen der Schauspielerin liege und sie mir über die geschlossenen Augen streichelt, denke ich, daß es E. ist. Vielleicht ist es ihr Geist, wer weiß. Denn E. ist in Berlin gestorben.

Sybille Schmitz, nach der ich mich schon sehnte, als ich noch ein Straßenjunge war, bringt mir nach einer Vorstellung einen Brief von Josef Kainz als Geschenk. Ich umarme und küsse sie dafür. Den Brief verkaufe ich für tausend Mark an Ebermayer, der solche Briefe sammelt. Was soll ich mit Briefen anfangen.

Nachdem ich seit Kriegsende vierzig Filmangebote ausgeschlagen hatte, weil entweder die Drehbücher schwachsinnig waren oder ich für die Produzenten zuviel Geld verlangt hatte, wofür ich wirklich genug büßen mußte, bin ich froh, daß ich heute einen Vertrag unterschrieben habe. Regie führt Verhoeven. Ich fahre nach Wiesbaden, wo die Aufnahmen sind. Verhoeven bittet mich, einer jungen Schauspielerin bei ihren Probeaufnahmen vor der Kamera die Stichworte zu geben. Am übernächsten Morgen wird mir mein Vertrag mit der Bemerkung ausbezahlt:

»Herr Verhoeven sagt, Ihr Gesicht sei zu stark für den deutschen Film.«

Das ist der dickste Hund, den sich bis jetzt jemand mit mir geleistet hat! Aber scheiß drauf! Dieser Herr wird auch bald vergessen sein. Hauptsache, ich habe das Geld!

Ich lasse mir einen Anzug schneidern, kaufe mir Hemden, Taschentücher und endlich Strümpfe, damit ich meine Schuhe nicht mehr auf den nackten Füßen tragen muß. Meiner Tochter kaufe ich Lackschuhe und lasse ihr einen weinroten Samtanzug nähen mit Stulpen und Kragen aus Brüsseler Spitze und winzige weiße Glacéhandschuhe. Für Linda lasse ich mir bei Braun & Co. das teuerste Kostüm vorführen und nehme das lange Mannequin gleich mit in die Pension Clara.

Sie bringt mich mit der Makkabäerin zusammen. Die ist Chefin eines Filmverleihs, fährt einen großen Wagen und nimmt mich mit nach Salzburg, hin und zurück. Sie riecht nach Schweiß und starkem Parfüm und hat überall Haare, auf den Armen, auf den Beinen, sogar auf der Brust. Sie sprießen ihr aus der Poritze, aus dem Schlüpfer, bis hoch zum Bauch.

Ich weiß es gleich am ersten Tag, denn auf der Autobahn müssen wir dringend einen Parkplatz suchen, wenn wir keinen Unfall bauen wollen. Nach dem Parking muß ich den Wagen steuern, weil sie ununterbrochen weiterspritzt.

»Schneller! Schneller!« Sie will in ihre Wohnung am Max-II-Denkmal.

Ich ziehe vor, sie im Fahrstuhl zu ficken, als wir zu ihrer Wohnung rauffahren. Sie bückt sich im Stehen, und ich gebe es ihr von hinten. Ein paarmal, vom Parterre zum Dachgeschoß, rauf und runter, rauf und runter, und es hat sich. Dann laß ich sie im Dachgeschoß aussteigen, so wie sie ist, mit hochgestreiftem Rock, verschmiertem Hintern und zerrissenen Strümpfen, und drücke die Taste zum Erdgeschoß. Während der Fahrt reibe ich mir mit Spucke die Flecke vom Hosenschlitz. Auf diese Weise muß ich gar nicht erst mit ihr in die Wohnung.

Die ersten Tage war ich so geil nach ihr, daß ich ununterbrochen meinen Schwanz in ihr hatte, sogar morgens am Frühstückstisch thronte sie mit ihrem nackten Arsch auf mir. Wenn ich auf dem

Klo saß, stellte sie sich nacktärschig vors Waschbecken und schminkte sich, wenn sie badete, streckte sie ihren Arsch aus dem Wasser, wenn sie kochte, hatte sie eine Schürze um, die ihren nackten Arsch freiließ, selbst wenn sie oben bereits aufgetakelt war und schon Straps und Strümpfe und Schuhe anhatte, ja bereits irgendeinen unmöglichen Hut aufsetzte, streckte sie mir noch den nackten Arsch entgegen. Überall und immerzu ihr nackter, behaarter Arsch, der mich wie ein Kommando ansah, wie ein Befehl. Im Bett war an Schlafen nicht zu denken, obwohl ich absichtlich im Nebenzimmer schlief. Wenn ich dachte, daß ich sie befriedigt hatte und in meine Heia wankte, kam sie noch mal, um mir ein letztes Gutenachtküßchen zu geben, und blieb gleich breitärschig auf mir liegen.

Filmverleih hin, Filmverleih her, diese Makkabäerin braucht die ganze israelische Armee.

Zuschriften vom Gericht, Zahlungsbefehle, Vorladungen und so weiter öffne ich nicht. Ich werfe sie in den Abfalleimer oder lasse sie auf dem Wasser der Isar schwimmen, wo sie bald untergehen. Heute habe ich, ganz in Gedanken, einen solchen Umschlag aufgerissen und lese, daß ich wegen »*Beamtenbeleidigung und Widerstand gegen die Staatsgewalt*« in Abwesenheit zu vier Monaten Gefängnis verurteilt bin. Dafür soll ich dreitausend Mark bezahlen. Wenn ich das nicht tue, soll ich mich im Gefängnis in Stadelheim melden, mit Unterwäsche, Rasierzeug und Zahnbürste. Wenn ich das auch nicht tue, holt man mich sogar ab.

In der Pension Erna wohnt der junge Rechtsanwalt Dr. Z. Er kann sich um meinen Fall nicht kümmern, weil ihm eine Karriere in der Filmwelt vorschwebt. Er will lieber Scheidungsklagen erheben, Schauspieler und Schauspielerinnen voneinander scheiden, scheiden, scheiden, nichts als scheiden. Er ist davon ganz besessen. Und dann interessieren ihn Verträge, Schauspielerverträge, Produktionsverträge. Wer gegen wen ist ihm egal, Hauptsache es geht um Verträge, um Forderungen, möglichst hohe. Man sagt »der macht sich«, und alle laufen zu ihm, obwohl ich fest überzeugt bin, daß er keine Ahnung hat.

Wie man verstehen wird, kann er sich also nicht mit Stadelheim befassen, und man empfiehlt mir (zu meinem Glück) Rechtsanwalt

A. T. Der wird nicht nur mein bester Freund, der mich nie im Stich läßt, sondern er ist der beste Strafverteidiger, den ich mir wünschen kann. Er rollt den Fall von *Beamtenbeleidigung und Widerstand gegen die Staatsgewalt* noch einmal auf und erreicht, daß ich die Strafe nicht absitzen und auch nicht bezahlen muß. Ich kriege vier Jahre *Bewährungsfrist*.

Das Mannequin von Braun & Co. kann ich nicht mehr in die Pension von Mama Erna mitbringen, wir brauchen zuviel Platz, und ich bewohne eine zwei mal eineinhalb Meter große Kammer gegenüber dem Gemeinschaftsklo. Jeder, der auf dem Lokus sitzt, hört ihr Geschrei, und da sitzt immer jemand. Das allein wäre nicht weiter schlimm, und auch der schwule Journalist der Frankfurter Allgemeinen, St. A., der Fotograf der Revue und was sonst noch in der Pension wohnt regen sich nur auf, wenn sie nachts nicht schlafen können. Aber Mama Erna kann in ihrem Salon, der an mein Kämmerlein grenzt, nicht mehr in Ruhe tratschen. Das ist ein Grund. Und selbst wenn es kein Grund wäre, dann sind mein Singlebett und die Wände meiner Kammer für die langen Beine meines Mannequins zu eng beieinander.

Ich wäre ja von Anfang an zu ihr gefahren, aber wir kommen jedesmal so schwer auseinander, und ich verpenne alles, was ich zu erledigen habe. Bei Mama Erna ist das nicht möglich, weil wir alle am Früstückstisch erscheinen müssen, sonst gibt es nichts, und einer weckt den andern.

Mein Mannequin wohnt über dem Autosalon in der Leopoldstraße. Die ganze Häuserreihe besteht aus Geschäften, und nachts macht nur der Nachtwächter seine Runde.

Alexander der Große ist ein völlig abstraktes, völlig sinnloses Theaterstück, das kein Mensch versteht. Ich spiele trotzdem *Alexander*, weil ich Geld brauche und eine entsprechende Anzahlung bekomme.

Ich habe drei Partnerinnen. Einen achtzehnjährigen großen, sportlichen Typ, eine Fünfzehnjährige mit Babyspeck und eine kleine magere Vierundzwanzigjährige. Ich muß mir das also einteilen.

Den Sportstyp besuche ich nur zweimal in ihrer Bude in der Türkenstraße. Sie hat nicht viel Fantasie und spricht fortwährend von ihrem Filmstar-Zahnarzt in Grünwald, der an ihren gesunden, blendend weißen Zähnen weiß ich was herumzubasteln hat. Ich versuche, nicht hinzuhören, und ziehe mich an ihren starken Leichtathletikschenkeln bis zu ihren Zähnen hoch, die sie bald gegen Jacketkronen einzutauschen gedenkt, und turne, ohne sie in ihrem Redefluß zu unterbrechen, auf ihr herum. Mit der Zeit vergißt sie dann ihren Zahnarzt und kommt zum Endspurt.

Die Fünfzehnjährige hat überhaupt keine Ahnung, wie das mit den Männern ist, ist aber ungeduldig. Ihre Mutter, die eine Fabrik für Hundefutter besitzt, läßt mich mit ihrem Töchterchen wie unabsichtlich ganze Abende zwischen den schauderhaften Nippsachen ihres Schlafzimmers allein.

Ich weiß nicht, ob es der Grund ist, daß die Fünfzehnjährige noch Jungfrau ist und sich vor dem ersten Geschlechtsverkehr fürchtet, oder ob sie es mit dem Mund ganz einfach lieber hat. Jedenfalls liege ich stundenlang mit dem Gesicht zwischen ihren prallen Kinderbeinen, oder ich sauge an ihren Puppentitten. Dabei mache ich mir den Hosenschlitz auf. Aber sobald ich nur für einen Augenblick aufhöre zu lutschen, ist es, als ob sie sich plötzlich besinnt, und jedesmal, wenn ich auf sie steigen will, verschließt sie ihre Beinchen. Ich muß also anders vorgehen.

Ich lutsche mich tief in ihr dralles Säckchen und beginne nach und nach, das Jungfernhäutchen mit der Zunge zu durchstoßen, das läßt sie zu. Gleichzeitig spiele ich an ihren Brüstchen, indem ich mit den Fingern abwechselnd um deren weiche Warzen kreise, sie mit Daumen und Zeigefinger wie einen Euter in die Länge ziehe und dann ohne Vorwarnung roh zusammenkneife. Je öfter und stärker ich das tue, um so mehr pumpt ihre arbeitende Dattel ihren Saft in meinen Mund. Als ich mit der Zunge ganz in sie eindringe und ihre Zitzen steinhart werden, weil sie einen besonders langen Orgasmus hat, wechsle ich mit dem Mund blitzschnell auf die wunden Brüstchen über, die ich zur Hälfte in meinem Mund verschlinge, und dringe mit meinem Haken in sie ein. Ich lasse sie schreien soviel sie will. Ich habe den Fernseher auf volle Lautstärke gestellt. Auf dem Bildschirm läuft eine Werbung für Badeschaum.

Die Affäre mit der Mageren bringe ich nicht so folgenlos hinter mich. Wir schleppen sofort wortlos die Matratze auf den Fußboden, weil das Bett in ihrem Untermietzimmer zu schwächlich ist. Wir ziehen uns beide gleichzeitig und so schnell wie möglich aus. Der Verkehr selbst geht ohne Komplikationen vor sich, weil sie sich aufs äußerste spreizt und öffnet, während sie meinen ganzen Körper zerfleischt und ihr eigener Leib mich wie ein Taucheranzug umschließt, ohne daß ich sie ein einziges Mal mit dem Mund berühre. Ich gehe erst am nächsten Nachmittag von ihr weg.

Das alles ist nicht außergewöhnlich. Aber dieses Mädchen wirkt wie eine harte Droge, die man sich in die Vene spritzt, wie Morphium oder Heroin. Je mehr ich von ihr loskommen will, weil sie mich ruinieren würde und weil ich mich aber auch gar nicht nach ihr sehne, um so öfter ertappe ich mich dabei, daß ich bereits wieder auf dem Weg zu ihrem Zimmer bin, wo sie schon im Morgenrock auf mich wartet, als hätte sie gewußt, daß ich wiederkommen muß.

Sie sieht mich nicht einmal an, so sicher ist sie meiner. Das geht so weit, daß ich sie regelrecht zu hassen anfange, überhaupt kein Wort mehr mit ihr rede und doch zwei, drei, viermal täglich zu ihr zurückrenne. Schließlich beschimpfe ich sie und schlage sie sogar. Sie verzieht nicht einmal ihr Gesicht, sondern sieht mich nur triumphierend mit halb wahnsinnigen Augen an. Wir kochen manchmal bei ihr, essen aber immer weniger, und sie besteht ohnehin nur aus Haut und Knochen. Aussehen tun wir wie zwei Süchtige. Unsere fiebrig glitzernden Augen liegen tief in ihren Höhlen. Die darunter eingekerbten breiten dunklen Ringe ziehen sich bis zu den Backenknochen. Ein brennender Durst trocknet unsere Kehlen aus. Der Pulsschlag ist anormal beschleunigt, und die Adern schwellen an. Je schwächer wir uns fühlen, um so maßloser und unaufhaltsamer wird unsere Begierde. Meine eigenen schmerzhaften Orgasmen spüre ich bis ins Gehirn.

Auf diese Weise kann man sich totficken, auch ohne einen Herzinfarkt zu kriegen. Meine Rettung ist der Regisseur, der mehrere Tage nicht proben konnte, weil wir nicht erschienen sind, und mir droht, daß ich keinen Vorschuß mehr bekomme, wenn das so weitergeht. Ich sage ihm nicht die Wahrheit, daß ich nach der Mageren süchtig bin. Ich sage ihm, daß ich die Magere nicht leiden kann. Er setzt die Proben mit ihr so selten wie möglich an, damit ich ihr nicht begegne. Er versteht sehr wohl, daß er mein Lebensretter ist.

Klaus Budzinsky, der mich angeblich von der Schule her kennt, kommt nach der Generalprobe in meine Garderobe.

»Ich werde die Kritik schreiben«, sagt er.

»Wenn du der bist, an den du mich jetzt erinnerst, kannst du nicht einmal richtig Deutsch«, antworte ich und schiebe ihn zur Seite, weil er mich stört. »Außerdem, was willst *du* denn schreiben? Du willst *mich* kritisieren? Du mußt besoffen oder verrückt geworden sein!«

Er schreibt, glaube ich, keine Kritik, ich habe seinen Unsinn wenigstens nicht gelesen. Aber er kommt wieder und will einen Artikel über mich schreiben. Er fängt gerade bei der Abendzeitung als Schreiberlehrling an.

»Das wird dein Meisterstück«, sage ich. »Die Gesellenprüfung kannst du gleich überspringen! Ich werde dir den Artikel diktieren, dann steht wenigstens einmal etwas Wahres über mich in der Zeitung!«

Wir gehen zusammen in die Redaktion der Abendzeitung, und ich diktiere den Artikel über mich in die Schreibmaschine.

Im Druck erscheint er nicht ganz wortgetreu, aber immerhin wird er daraufhin befördert und später ein (in der Abendzeitung) bekannter Mensch.

Die eigentliche Aufführung von *Alexander der Große* ist in den Münchner Kammerspielen. Danach steht in allen Zeitungen, ich hätte eine Lanze in den Zuschauerraum geschleudert. Das nennt man Berichterstattung! Ich hatte lediglich die Lanze zum Wurf in Richtung Publikum angesetzt, um dann mit erhobener Lanze um mich selbst zu wirbeln und sie vor den Füßen meines Partners in den Bühnenboden zu stoßen. Das gehört zur Darstellung meiner Rolle. Ich verändere diese Details natürlich jeden Abend wieder. Im Zuschauerraum schreien die Leute auf, aber das bin ich gewöhnt.

Als der Regieassistent, seine Frau und ich nach der Premiere und nach einem Nachtbummel durch Schwabing gegen Morgen zu ihm nach Hause kommen und er und ich den Eisschrank in der Küche leerfressen, erscheint seine Frau im Korsett in der Küche und beteiligt sich an unserem Schmaus. Mir gehen die Augen über. Ich hatte es zuerst gar nicht bemerkt, daß sie außer dem Korsett nichts anhat, sondern nur auf ihr Schenkelfleisch gestarrt. Einerseits geht die Farbe des schwarzen Korsetts, das ihr bis zur Blase reicht, in den üppigen, braunschwarzen Tang ihres Venushügels über und andererseits habe ich bis jetzt nicht für möglich gehalten, daß es so eine große Pflaume überhaupt gibt.

Nach dem Imbiß läßt sie sich von uns auf ihr Bett fesseln. Wir knoten ihr Stricke an Hand- und Fußgelenke, ziehen die Stricke so fest wir können an und verknoten sie an den vier Pfosten des Bettes. Sie ist ganz nackt, ihr Körper glänzt, als wäre er eingeölt.

Sie bäumt sich derart auf, daß wir fürchten, die Stricke reißen. Dann wechseln wir uns ab.

Sie kann nicht mehr. Sie will, daß wir sie losmachen. Aber wir machen sie nicht los. Wir ziehen uns wieder an und fahren zum Weißwurstglöckl, weil nichts mehr im Eisschrank ist.

Als wir wieder in die Wohnung kommen, ist sie eingeschlafen. Er legt sich auf sie, und ihr Unterleib arbeitet im Schlaf. Dann lege ich mich drauf. Sie wacht auf und spuckt mir ins Gesicht.

Am Nachmittag machen wir sie endlich los. Sie bleibt in der gespreizten Stellung liegen, und wir schlafen alle drei bis zum nächsten Morgen.

»Ich dachte, ihr seid verreist«, sagt die Schwiegermutter. Sie lag mit Grippe im Bett und hatte sich in ihrer Schwerhörigkeit gewundert, daß sich keiner um sie kümmert.

Die Studenten der Münchner Hochschule für bildende Kunst malen Plakate. Ich stehe ihnen im Malsaal in der Ludwigstraße Modell, und jeder malt auf einen großen Fetzen Rotationspapier meinen Kopf und darüber und darunter mit schwarzer und roter Tusche: *Kinski spricht Villon.* Jedes einzelne Plakat ist ein

Kunstwerk. Wir hängen sie in Schwabinger Kneipen, in Geschäfte und in Fakultäten der Hochschule und Universität.

Ich trete wieder in einer Kneipe auf und steige wieder barfuß auf die Tische. Diesmal nehme ich pro Platz fünf Mark Eintritt. Die Kasse leere ich selbst in meine Hosentasche aus.

Linda ist mit einer Freundin aufs Land gefahren. Meine Tochter ist bei ihrer Großmutter geblieben.

Als sie sie mir nicht geben will, reiße ich sie ihr aus den Armen. Ein paar Anziehsachen nehme ich in einer Papiertüte mit. Tagsüber gehen wir in den Englischen Garten, fahren mit der Pferdedroschke und mit dem Kinderkarussell am Chinesischen Turm. Abends nehme ich sie mit in mein Zimmer in einem Bordell in der Giselastraße, wasche sie im Waschbecken und lege sie schlafen. Dann gehe ich in meine Kneipe und spreche *Villon*.

Helga, die Pfarrerstochter aus Berlin, die mir die ersten Sonnenblumen brachte, konnte es nicht mehr aushalten und steht unter den Zuschauern, die sich bis auf die Freitreppe drängeln, die in die Kneipe führt.

Nach der Vorstellung gehen wir an die Isar, weil meine Tochter in meinem Bett schläft und ich sie auf keinen Fall wecken will. Ich ziehe Helga die Hosen und den Pullover aus und bestaune ihre jetzt ausgereiften fraulichen Formen lange im Mondschein, bevor ich sie mit durchgedrückten Beinen fikke. Dann springe ich in die eiskalte Isar, in der noch Eisstücke schwimmen, und trockne mich an Helgas langen Haaren ab. Danach muß ich unbedingt zu meinem Kind, das sich vielleicht fürchtet und nach mir schreit.

Helmut Käutner kommt auch in meine Kneipe und gibt mir einen Text, den ich bei Probeaufnahmen für den Film *Ludwig II.* sprechen soll. Meine Rolle ist *Prinz Otto*. Ich weiß überhaupt nicht, wer Ludwig II. ist.

Ich lerne den Text im Englischen Garten, während meine Tochter auf dem Kinderkarussell um die Runden saust, und zerbreche mir den Kopf, was ich daraus machen kann.

Bei den Probeaufnahmen sagt Käutner nicht ein Wort. Ich bekomme eine Uniform angezogen und bin allein vor der Kamera. O. W. Fischer, der die Titelrolle spielt, sitzt hinter der

Kamera und guckt zu. Nach der Szene umarmt er mich und sagt, daß ich die Rolle bekomme.

Die Produzenten Reinhardt und Molo geben mir einen miserablen Vertrag, aber ich kriege Vorschuß und kann in der Kneipe aufhören.

Ich bringe meine Tochter zu Lindas Schwester, die sie an ihre Mutter weitergibt.

Bei den Dreharbeiten sagt Käutner nur:

»Mach es so wie bei den Probeaufnahmen.«

Wenigstens spricht er mit mir, denke ich.

Als ich kein Geld mehr habe und im Studiogelände der Bavaria mit O. W. spazierengehe, bitte ich ihn, mir hundert Mark zu borgen. Ich verspreche, sie ihm von meiner nächsten Wochenrate zurückzuzahlen, er kann sie sich direkt von Molo geben lassen. O. W. redet lange und umschweifig und erklärt mir in aller Freundschaft, daß er es ohne weiteres täte, aber keinen Pfennig Bargeld mit sich führe und als Devisenausländer seine Gage erst nach Beendigung der Dreharbeiten in Österreich ausbezahlt bekäme. Ich gehe zu Molo, der wegen Überziehung der Drehzeit auch sehr knapp bei Kasse ist, und erzähle ihm von meinem Gespräch mit Fischer.

»Was hat dieses Schwein gesagt?« erregt sich Molo. »Fischer bekommt für den Film 400 000 Mark und hat in Deutschland soviel Geld zur Verfügung wie er will!«

Er greift in seine Hosentasche und gibt mir fünfzig Mark von seinem eigenen Geld. »Mehr kann ich dir nicht geben, aber ich werde dafür sorgen, daß der Kassierer dir die nächste Rate schon Donnerstag auszahlt.«

In der Schankstube des Hotels in Hohenschwanstein, in dem wir alle, außer O. W., wohnen, kann ich nicht warten, bis die sechzehnjährige Bedienung endlich Feierabend hat. Ich rufe sie vor die Tür, und wir wandern den verschneiten Abhang hinauf. Sie hat noch ihre Kellnerinnenschürze um, als ich sie an eine hohe Tanne stelle und ihr rotes Blut in den weißen Schnee tropft wie die Fährte eines verwundeten Tieres. Danach rollen wir lachend den Abhang hinunter, bewerfen uns mit Schnee-

158

bällen, und sie bedient die Gäste in der Schankstube weiter, die die ganze Zeit nach ihr gerufen hatten.

Da ich kein Zimmer habe, weil es zu kalt ist, im Park oder unter der Isarbrücke zu schlafen und weil ich nicht in der Mauerkircherstraße wohnen will, bringt Linda mich zu ihrer Freundin Ruth. Ruth bewohnt mit ihren Eltern eine Villa in Bogenhausen, und ich kriege ihr Jungmädchenzimmer, eine Mansarde unter dem Dach. Ruth ist siebzehn und ist mit einem fünfzehnjährigen Geiger verlobt, der immer auf Konzerttournee ist.

Beim gemeinsamen Abendessen mit ihrem Vater erfahre ich, daß der Herr Professor Tierfänger ist und den Münchner Zoo mit wilden Tieren aus Afrika beliefert. Mir bleibt der Fraß im Halse stecken:

»Und Sie können ruhig schlafen?« rufe ich aus und werfe meine Serviette in seine Suppe. »Sie haben nie, niemals Alpträume, nachdem Sie Löwen, Gorillas und Panther hinterlistig mit Netzen gefangen haben und sie mit der Strafe ›lebenslänglich sterben‹ an die Todeszellen weiterverkaufen?!«

Ich stürze aus dem Speisezimmer und will meine Sachen holen. Ruth kommt mir atemlos nachgelaufen. Sie zittert am ganzen Körper. Also verlasse ich dieses Tierfängerhaus erst am nächsten Morgen und sehe den Herrn Professor und leider auch Ruth nie wieder.

Idiot

Tatjana Gsovsky, die russische Ballettmeisterin der Deutschen Oper, ruft mich für die Internationalen Theaterfestspiele nach Berlin. Tatjana inszeniert und choreographiert *Idiot* von Dostojewskij. Ich soll die Titelrolle *Fürst Myschkin* spielen. Das Ganze ist eine Kombination von Pantomime, klassischem Ballett und Theater. Die Primaballerinen, die Tänzer und das Corps de Ballet tanzen klassisch, ich passe mich in Gang, Haltung und

Bewegungen pantomimisch an und spreche einen langen Monolog.

Die Proben beginnen erst in drei Monaten. Tatjana schickt mir den Vertrag und bittet mich, meine Haare und meinen Bart wachsen zu lassen, damit ich keine Perücke tragen und mir nicht das Gesicht mit Mastix verkleistern muß.

Die Zeit meiner langen Haare wird ein Martyrium, denn die Leute auf den Straßen sind es nicht gewohnt, außer einem orthodoxen Popen, einen Mann mit langen Haaren zu sehen. Überall werde ich angepöbelt und beschimpft und wage mich nur noch im Dunkeln auf die Straße. Nicht, weil ich mich fürchte. Es wird einfach unerträglich. Am Münchner Hauptbahnhof spucken die Leute nach mir. Andere werfen mir Steine hinterher. Wir schlagen uns gegenseitig blutig.

Linda und ich lassen uns scheiden. Wir sind beide traurig, daß wir uns trennen, aber sie weiß sehr gut, daß ich niemals ein geordnetes Leben führen kann und es besser ist, uns gegenseitig freizugeben. Linda selbst schlägt die Scheidung vor, obwohl sie mich so liebt, daß sie für diese Liebe auf alles verzichten würde.

Da ich nicht warten kann, bis der Antrag für einen Scheidungstermin durch ist, macht A. T. es für mich möglich, vorzeitig bei Gericht auszusagen.

»Wann haben Sie den letzten ehelichen Geschlechtsverkehr gehabt?« fragt mich so eine verdrängte Laus.

»Selbst wenn ich es bei meiner Hurerei noch wüßte, würde ich es Ihnen bestimmt nicht verraten«, antworte ich angewidert.

Ich nehme alle Schuld auf mich, und dieser Papierkram ist auch erledigt.

In Berlin wohne ich bei Tatjana. Sie macht mein Bett, räumt mein Zimmer auf, macht mir zu essen und sorgt und kümmert sich um alles. Sie trainiert bis zu vierzehn, sechzehn Stunden am Tag.

Erste Primaballerina für die Rolle der *Nastassja* ist ein Mischling. Halb Holländerin, halb Indonesierin. Ihre platinfarbenen Haare reichen ihr bis weit über den Po. Sie hat den Kör-

per einer minderjährigen Bali-Tänzerin, sie ist nur etwas größer. Ich weiß nicht, wo wir die Kraft hernehmen, täglich so
lange zu trainieren, nachdem wir nachts alles andere tun als
schlafen. Aber wir sind so besessen wie Tatjana und außer Essen genügt uns Pervetin, um fit zu bleiben.

Yasmin, Primaballerina der Osloer Oper, hat mit Tatjanas
Ballett nichts zu tun. Sie ist zweiundzwanzig, kommt gerade
aus Paris, kann wegen einer Rückgratverletzung nicht mehr
tanzen und stellt sich bei mir als Journalistin vor. Das Interview,
um das sie bittet, wird nie geschrieben. Da wir es wegen des
Mischlings nicht in Tatjanas Wohnung treiben können, mietet
sie ein Hotelzimmer.

Sie hängt an meinem Körper wie ein Klammeraffe, ich kann
keinen Schritt ohne sie tun. Sie putzt mir sogar die Zähne, ba-
det mich und hält mir den Pipel, wenn ich mal muß. Selbst
wenn ich im Stehen telefoniere, umklammern mich ihre Schenkel. Das Essen müssen die Kellner vor der Tür abstellen. Die
Zimmermädchen haben lange nichts zu tun, weil Yasmin schlafen muß, wenn ich trainiere. Wir kleben das Schild an die Tür,
damit es nicht immer von der Klinke rutscht: NICHT STÖ-
REN!

Der weltberühmte indische Tänzer Ramon, der mit seiner
Truppe während der Festwochen auftritt, ist von Paris her mit
Yasmin befreundet. Er ist ein Homo und zahlt das Hotelzimmer
für Yasmin und mich weiter.

Als die Proben im Theater losgehen, ist Yasmin überall dabei. In meiner Garderobe, in den Kulissen, im Zuschauerraum.
Wir lieben uns überall. Auf den Straßen, in der letzten U-Bahn,
im Kino, im Flugzeug, und vor allem in den Wäldern der Havel.
Auch ihre Periode ist kein Hinderungsgrund. Mein Mund ist
blutverschmiert wie das Maul eines Löwen, der eine Gazelle er-
legt hat.

Idiot wird ein gigantischer Erfolg und für die Festspiele nach
Venedig eingeladen.

Yasmin muß ich zurücklassen. Sie will die Zeit, die ich weg
bin, nach Paris fahren und versuchen, Geld zu verdienen. Dann
wollen wir uns eine Wohnung nehmen.

In Venedig wohnt unsere Truppe am Lido in einer kleinen Pension, die dem Neffen der Duse gehört. Er gibt uns alles umsonst. Die Italiener sind so gastfreundlich, so herzlich, so überfließend von spontaner Liebe, daß ich mir wie ein Emigrant vorkomme, der in seine Heimat zurückgekehrt ist. Außerdem sind sie natürlich, wie alle Südländer, von einer unbezähmbaren Neugier. Wo immer die Primaballerina mit mir auftaucht, am Piazza San Marco, auf dem Canale Grande, selbst wenn ich mit ihr in einer Gondel sitze, die sich durch die entlegensten Gäßchen zwängt, bildet sich sofort ein Menschenknäuel. Sie reden, gestikulieren, rufen, lachen, drängeln sich heran, betasten uns wie seltene fremdartige Gewächse und wollen uns mit allen Mitteln klarmachen, daß sie uns lieben und daß wir bei ihnen willkommen sind.

Die Aufführung ist im Teatro Fenice. Hier sind alle, von den Garderobieren bis zu den Bühnenarbeitern und Beleuchtern zwar von spontaner Liebe und voller Charme, aber da wir im letzten Moment angereist kommen und keiner von uns italienisch spricht, begreifen die Bühnenarbeiter den schwierigen, ständigen Kulissenwechsel nicht, der von dem über zwanzig Meter hohen Schnürboden dieser immensen Bühne während der Vorstellung herauf und herunter dirigiert werden muß. Tatjana versucht sich auf Spanisch zu verständigen, aber daraus entstehen gefährliche Mißverständnisse, die mich um ein Haar das Leben kosten.

Am Abend der Aufführung, bei der ich fast schreien muß, weil das Teatro Fenice eigentlich eine Oper ist und über dreitausend Zuschauer faßt, löst ein Bühnenarbeiter eine Teilkulisse zu früh, und die mehrere Zentner schwere Eisenstange, an der sie befestigt ist, saust mir auf den Rücken. Ich breche für einen Augenblick zusammen und rolle vor Schmerzen gekrümmt über die Bühne, dann stehe ich auf und mache weiter.

Nachdem der Vorhang am Schluß der Aufführung gefallen ist, klatschen und brüllen dreitausend Italiener über eine Stunde lang, obwohl sie kein einziges Wort von meinem Monolog verstanden haben. Die Bühnenarbeiter umarmen und küssen mich und brechen in Tränen aus, derer sie sich nicht schämen.

Am nächsten Morgen bringen uns die Menschen auf den Straßen Blumen, selbst kleine Kinder. Ich umarme dich, du wunderbares Land Italien!

Unsere Truppe ist inzwischen nach Amerika eingeladen und Tatjana plant eine Tournee bis nach Japan und Australien. Aber nachdem in unserer Truppe jeder mit jedem oder alle zusammen geschlafen haben und wir uns in Venedig noch um die Gage zanken, die sich ein deutscher Reiseleiter zur Hälfte unter den Nagel gerissen hat, entsteht eine derart geladene Atmosphäre, daß dieses herrliche Ensemble auseinanderbricht. Ich fahre von Venedig nicht direkt nach Paris, wo Yasmin auf mich wartet, sondern fliege mit einer Tänzerin nach New York, wo sie im New York City Ballet auftreten soll. Sechs Wochen später fliege ich von New York nach Paris.

Yasmin hat inzwischen schwer gearbeitet. Ein Angebot, als Stripteasetänzerin aufzutreten, hatte sie abgelehnt, weil der Unternehmer ihr zuwenig Geld geboten hatte.

»Erzähl mir.«

»Was?«

»Von den Männern, mit denen du in den letzten sechs Wochen geschlafen hast.«

Sie lacht.

»Wie viele hattest du?«

»Da muß ich erst mal zählen.«

»Ich meine pro Tag? Oder hast du nicht als Hure gearbeitet?«

»Doch. Ich war Call-girl.«

»Was ist das?«

»Das sind Mädchen, die telefonisch verkuppelt werden, an Geschäftsleute, Diplomaten, Minister, Filmstars. Unser Zuhälter ist eine Frau, die selbst Hure war, Madame C., sie hat ihr Büro in der Rue Lincoln im achten Bezirk. Es geht alles über ihr Büro, die Verabredungen, die Abrechnung, alles. Wir haben nichts damit zu tun. Sie nimmt dreißig Prozent für die Vermittlung, den Rest bekommen wir. Ich habe zehntausend Mark gespart, du kannst jetzt mit mir wohnen, wo du magst. Wenn du es verlangst, mache ich die Arbeit weiter, solange du willst. Bist du wütend auf mich?«

»Nein. Aber ich will nicht, daß du weitermachst. Also, wie viele hattest du pro Tag?«

»Verschieden. Drei, vier, fünf, manchmal nur einen. Ausgenommen die Zeit der Periode. Das mache ich nur mit dir. Ich habe ein kleines Buch, in das ich die Verabredungen eintrug, lange im voraus. Dreißig bis fünfunddreißig Männer die Woche!«

»Hat es dir Spaß gemacht?«

»Spaß nicht, aber du warst ja nicht da.«

»Wieviel hast du pro Mann genommen?«

»Die Mädchen verdienen gut, zwischen hundert und hundertfünzig Mark umgerechnet. Manchmal gibt einer was extra. Das geht natürlich nicht über Madame C.«

»Wo mußtest du dich mit den Männern treffen?«

»In ihren Hotels.«

»Zu welcher Tageszeit?«

»Meistens von drei Uhr nachmittags bis Mitternacht, je nachdem wie gebucht wird. Die Verabredungen für abends sind fast immer mit Abendessen verbunden.«

»Wie lange dauert so ein Rendezvous?«

»Ein bis eineinhalb Stunden. Es kommt darauf an, was der Kunde ausgemacht hat. Manchmal liegen die Termine so dicht hintereinander, daß wir ablehnen müssen, wenn der Kunde unbedingt noch mal spritzen will und wenn er noch soviel dafür bezahlt. Wir dürfen den nächsten Kunden auf keinen Fall warten lassen. Ich konnte mich manchmal nicht mal mehr auswaschen, bevor ich mit einem Taxi zur nächsten Verabredung hetzen mußte. Wir hatten bis zum letzten Augenblick gefickt. Madame C. legt größten Wert auf Sauberkeit. Aber ich würde es auch von allein tun, weil ich mich ekle. Auch den Mund habe ich immer gespült, wenn Zeit war.«

»Wie warst du angezogen? Wie eine Hure?«

»Nicht wie ein Strichmädchen, wenn du das meinst. Wir müssen ordentlich gekleidet sein.«

»Wie?«

Sie reißt den Kleiderschrank auf.

»Sieh selbst. Ganz normal, ganz bürgerlich, den Rock nicht zu kurz. Wir dürfen auch kein Parfüm benutzen, damit die Kleidungsstücke der Männer nicht nach uns riechen, wenn sie zu ihren Ehefrauen zurückkommen.«

»Erzähl mir von den Männern. Wie sind sie?«

»Verschieden. Die meisten sind nett.«

»Warst du geschlechtskrank?«

»Oft — das heißt nicht so oft, dreimal, nein viermal. Du weißt, das ist schnell wieder auskuriert. Natürlich Tripper. Wir haben uns zweimal wöchentlich untersuchen lassen. Syphilis hat hoffentlich keiner gehabt.«

»Hattest du nicht Angst, schwanger zu werden?«

»Ich trage doch einen Gummiring um die Gebärmutter, sonst wäre ich bereits von dir schwanger geworden.«

»Hast du die Schwänze in den Mund genommen?«

»Ja, fast alle Männer wollen es. Aber ich habe den Samen nie runtergeschluckt, das tue ich nur bei dir.«

»In welchen Stellungen haben die Männer dich gefickt? Auch von hinten?«

»Die meisten auch von hinten. Die anderen haben mich breitbeinig auf den Rücken gelegt und mir ein Kissen unter den Hintern getan. Natürlich auch alle anderen Stellungen. Alles. Manche haben mich auch zwischen die Titten gefickt.«

»Welche anderen Stellungen?«

»Alle, die es gibt.«

»Hast du Neger gefickt?«

»Bis jetzt nicht.«

»Würdest du?«

»Warum nicht.«

»Hast du auch in Bordells gearbeitet?«

»Manchmal. Madame C. hat so ein Haus. Da mußte es schnell gehen. Manchmal war ich mit einem Kunden noch nicht fertig, während der nächste schon in einem anderen Zimmer wartete.«

»Wußtet ihr, wer die Männer waren?«

»Im allgemeinen nicht. Aber die Mädchen sagen, daß auch

165

hohe Polizeifunktionäre unter den Kunden sind. Die zahlen natürlich nicht, das Geld legt Madame C. selber drauf. Als Gegenleistung sorgen die Flics dafür, daß die Organisation von Madame C. nicht auffliegt. Sonst weiß ich nur, daß der Schah von Persien von Madame C. beliefert wird, wenn er in Paris ist. Er war vor zwei Wochen da, aber ich wurde nicht zugelassen. Man muß mindestens fünf Jahre für Madame C. gearbeitet haben, ehe man zum Schah von Persien zugelassen wird.«

»Warum tust du das alles?«

»Für dich.«

»Warum?«

»Du stellst dumme Fragen. Weil du mich glücklich machst.«

Sie kommt zu mir gekrochen und flüstert mir ins Ohr:

»Jede Frau braucht den idealen Schwanz. Meiner bist du. Ich bin nicht eifersüchtig, wenn du mich immer liebst. Liebst du mich?«

»Ja.«

Aus unserer gemeinsamen Wohnung, von der Yasmin träumte, wird nichts. Ich fliege nach München zu meiner Tochter. Yasmin fliegt nach Berlin, um in der Zwischenzeit die Wohnung zu suchen. Als ich in Berlin ankomme, ist Yasmin tot. Sie ist auf der Clayallee von einem vorbeirasenden Auto erfaßt worden und ist mit mehrfachem Schädelbruch auf dem Weg ins Krankenhaus gestorben. Ich könnte sie sehen, sie liegt im Leichenschauhaus, aber ich gehe nicht hin. Ich könnte den Anblick nicht ertragen.

Das Geschwür

Ich fahre nach Paris zurück und miete noch einmal das Hotelzimmer, in dem Yasmin mir von Madame C. erzählt hat.

Sie ekelte sich vor den Männern, mit denen sie ins Bett gehen mußte. Sie hatte es nur für mich getan, für unsere Wohnung, in der sie mit mir leben wollte.

Als ich kein Geld mehr habe, das Hotel zu bezahlen, schlafe ich unter den Brücken der Seine. Zuerst lassen die Clochards mich in Ruhe, und ich denke, daß sie mich akzeptieren. Aber dann paßt es ihnen nicht mehr, daß ich mich neben sie lege. Sie jagen mich weg und werfen mir faule Tomaten hinterher.

Es ist kalt. Bei den Clochards konnte ich mich aufwärmen, weil sie unter den Brücken kleine Koksöfen haben. Ich streife zwei Tage lang herum, bis ich so müde werde, daß ich mich irgendwo zusammenkauere und in tiefen Schlaf falle. Als ich aufwache, bin ich zugeschneit, und eine Metro donnert ganz nah an mir vorbei. Weiß der Kuckuck, wie ich hierhergekommen bin.

Es ist früh am Morgen, es ist noch dunkel. Auf der Straße gabelt mich ein Homo auf und nimmt mich mit zu sich nach Hause. Ich sage ihm, daß ich nur schlafen will, und er berührt mich nicht, obwohl wir beide in seinem Bett schlafen. Bevor er nachmittags aus der Wohnung muß, macht er mir Milchkaffee und holt ein Baguette dazu. Dann rasiere und wasche ich mich bei ihm und trockne meine Kleidung. Als ich gehen will, fragt er mich, ob er mir noch mit irgend etwas helfen kann. Ich sage, daß ich Fahrgeld brauche nach Marseille. Ich will als Matrose auf einem Schiff arbeiten, das weit weg fährt. Möglichst nach Japan oder Australien oder zu den Fidji-Inseln oder nach Tahiti. Er gibt mir Geld für eine Fahrkarte dritter Klasse und sagt, daß ich es ihm ja später einmal wiedergeben könne. Das klingt unwahrscheinlich, aber es ist wahr. Ich glaube nicht, daß er es nur getan hat, weil er ein Homo ist. Es gibt einfach solche Art von Menschen, nicht viele, aber es gibt sie.

Er will, daß ich noch eine Nacht bleibe, weil heute Heiligabend ist, aber ich nehme den Nachtzug nach Marseille.

Ich bin ganz allein im Abteil und kann mich endlich auf den Holzbänken ausstrecken. In Marseille steigen Fallschirmjäger der Fremdenlegion zu. Sie kommen direkt aus Indochina. Derselbe Zug fährt wieder zurück nach Paris. Bevor ich aussteigen kann, sind sie schon im Abteil, geben mir zu trinken und zu rauchen und sagen, daß ich so lange bleiben soll, bis der Zug losfährt. Die Abteile und Gänge sind so von Fallschirmjägern überfüllt, daß wir uns gegenseitig auf den Schößen sitzen. Ich verstehe nicht alles, was sie untereinander reden, denn sie sprechen einen ziemlichen Argot, aber ich verstehe doch so viel, daß sie ihre Ordensbändchen von ihren Uniformen abreißen, sie unter ihre Füße trampeln, als zermalmten sie Ungeziefer, und mit dem Dankschreiben eines kommandierenden Generals die Geste des Arschabwischens machen. Dann singen sie die »Marseillaise« und furzen dabei.

In Marseille gehe ich zuerst auf den arabischen Markt, um meinen Anzug zu verscheuern. Von dem Geld will ich mir Marinezeug kaufen und von dem, was übrigbleibt, was Warmes essen. Die Araber reißen mir den Anzug förmlich vom Leib und bieten mir (umgerechnet) zwanzig Mark. Die sind ja verrückt! Der Anzug ist fast neu und hat sechshundert Mark gekostet. Ich gehe ins Leihhaus, um zu fragen, was ich dafür bekommen würde. Vor dem Leihhaus, das noch nicht geöffnet hat, steht eine endlose Schlange. Als ich endlich dran bin, wird schon wieder geschlossen. Aber die Ratte am Schalter sagt, daß er denselben Preis bietet wie die Araber auf dem Markt. Also gehe ich zu den Arabern zurück, schließe den Handel ab, suche mir an einer Verkaufsbude gebrauchte Arbeitshose, Pullover und Joppe aus, laß den Araber für mich bezahlen und gehe mit ihm in eine öffentliche Pinkelbude, wo ich mich umziehe und das restliche Geld für den Anzug in Empfang nehme.

Ich laufe die Außengitter der Hafenanlagen ab, die von Pupen mit angelegter MP bewacht werden, und bin schließlich sieben Kilometer aus Marseille raus. In einem Gasthof, der gleichzeitig Zimmer zum Schlafen hat, mache ich halt. Ich esse Pommes frites und trinke ein Glas Wein dazu. Danach falle ich auf meine Pritsche.

Ab jetzt habe ich nichts anderes mehr im Sinn als ein Schiff zu finden, so schnell wie möglich. Aber das ist nicht leicht. In den Hafen darf man nicht ohne spezielle Genehmigung, und die Schiffahrtsbüros, die Matrosen anheuern, sind überfüllt von arbeitslosen Matrosen, die sich um die freien Plätze schlagen. Mich guckt überhaupt keiner an, geschweige, daß einer mit mir spricht. Ich versuche es bei englischen und amerikanischen Gesellschaften, aber die nehmen nur Engländer oder Amerikaner. Ich versuche es als Hafenarbeiter und schleppe elf Tage gemeinsam mit afrikanischen Negern Säcke. Mit dem Geld gehe ich zu den Huren von Marseille. Obwohl diese Mädchen nicht wählerisch sein können und mit Matrosen und Arbeitern aller Rassen schlafen, die aus allen Winkeln der Erde kommen und sicher alle erdenkbaren Krankheiten einschleppen, ficke ich sie nicht nur ohne Gummi, sondern lecke sie auch. Ich weiß, daß es unverantwortlich leichtsinnig ist, was ich tue. Aber ich will sie lieben, ich will, daß sie fühlen, daß ich sie liebe und daß ich Liebe brauche. Daß ich krank bin nach Liebe.

»Tu as une bouche comme une pute«, sagt eine zu mir, bevor sie mich zum Abschied küßt.

»Je sais«, antworte ich.

Zu meinem Gasthof fährt alle vierzig Minuten eine Straßenbahn. Aber ich spare das Geld lieber und lege die vierzehn Kilometer zu Fuß zurück. Es macht mir nichts aus. Vor allem nicht, wenn ich zu meinen Huren gehe.

Mit Hafenarbeit ist vorläufig nichts, und ich verrichte mal einen Tag hier, mal einen Tag dort Aushilfsarbeit. Bei der Müllabfuhr sogar eine Woche, dann kommt der Algerier zurück, der wegen Krankheit ausgefallen war, und ich muß den Platz wieder räumen. Das bißchen Geld, das ich verdiene, reicht nicht hin und nicht her, das meiste gebe ich sowieso für die Huren aus, und der Wirt, bei dem ich wohne, kündigt mir mein Zimmer, das ich nicht mehr bezahlen kann. Das ist eigentlich kein Zimmer, sondern ein Steinstall, kleiner als eine Zuchthauszelle, auf dessen Steinfußboden ein Eisenbettgestell steht, und das keine Fenster hat. Aber es kostet Geld. Mein Essen verdiene ich dadurch, daß ich in seiner Küche arbeite, Pommes frites, Fleisch, Salat und Crème Caramel für die Arbeiter zubereite und ihnen das Essen auftrage, die Küche, die ganze verdammte Baracke samt der vollgeschissenen Klosetts scheuere, Berge von Holz hacke und Weinfässer schleppe. Dafür bekomme ich einmal täglich zu essen, Pommes frites und Salat, und einmal täglich ein Glas Wein. Die Bezahlung für das Zimmer ist in der

Arbeit nicht mit einbegriffen. Das Geld muß ich dazuverdienen, sonst wirft er mich raus.

Die Männer, die ich bediene, sind alles Schwefelarbeiter, Algerier, die in der Schwefelmine in der Nähe des Gasthofes arbeiten. Das Geld, das sie verdienen, verfressen und versaufen sie. An ihrem arbeitsfreien Tag haben sie bis zum Mittagessen bereits zehn Pernods intus. Zu jedem Essen trinkt jeder einen Liter Wein. Die Arbeit in der Mine macht sie alle fertig. Sie wissen es, deshalb sparen sie nichts. Es lohnt sich nicht. Sie tragen bei der Arbeit Gasmasken, aber das nützt nicht viel, nach ein paar Jahren krepieren alle. Einer meiner Freunde, die ihre Gauloises und die letzten paar Francs mit mir teilen, ist fünfunddreißig und sieht aus wie sechzig. Er schenkt mir einen bunten arabischen Schal, den ich jeden Tag trage. Was sie auf den Tellern übriglassen, bringe ich nicht in die Küche, wo ich im allgemeinen esse, sondern verschlinge es, während ich abräume, oder stecke es mir, wenn es ein Stückchen Fleisch ist, unter den Pullover. Wenn es Pommes frites sind, wickle ich sie in Zeitungspapier und stecke sie in die Tasche.

Der Algerier, der mir den Schal geschenkt hat, besitzt nur ein Auge, das andere ist aus Glas. Eines Tages kommt er nicht mehr zum Essen. Die anderen Arbeiter sind niedergedrückt und sprechen nicht miteinander. Der geschwätzige Wirt tratscht alles aus: Mein Freund hatte seine Freundin in Marseille auf der Straße erstochen, weil sie ihn mit einem anderen Kerl betrog. Dann hatte er sich im Schwefelbergwerk, in der Baracke, in der er wohnte, verbarrikadiert. Als er die Sirenen der Überfallwagen hörte, nahm er einen Mund voll Wasser, schob den Lauf seines alten Karabiners hinterher und drückte ab. Die Explosion hatte ihm den Kopf weggefetzt.

Ich schreibe an Cocteau um Geld, ich war in Paris nicht auf die Idee gekommen, ihn aufzusuchen. Er schreibt zurück:

Mon cher ami,
J'aimerai partager avec toi tous mes biens. Malheureusement
rien ne m'appartient. Je vis de la générosité des autres. Je suis

*malade et j'ai déjà un pied dans la tombe. Je t'envoie ce dessin
que certainement tu pourras vendre.*

Dem Brief ist eine seiner typischen Zeichnungen beigefügt, die
mich aus dem Gedächtnis darstellen soll. Er hat mir einen
Mund gezeichnet wie von einem Neger und Augen wie Sterne.
Die Arbeiter werden mir die Zeichnung wohl kaum abkaufen.
Ich hebe sie also auf, Ebermayer wird sich freuen.

Windstärke zwölf. Kein Mensch ist draußen. Ich sitze auf
dem Felsen am Meer, von dem ich immer den auslaufenden
Schiffen nachsehe. Die Brandung tobt über fünfzehn Meter
hoch. Der Sturm peitscht die salzige Gischt bis in mein Gesicht.
Der Donner läßt den Himmel einstürzen, und die Blitze umzuk-
ken mich. Ich war noch nie so glücklich in meinem Leben.

Der Wirt verliert die Geduld und will mich zwingen, auch in
der Schwefelmine zu arbeiten. Ich weigere mich. Er wirft mich
raus, und ich schlafe von jetzt ab in einem zerschossenen Bunker am Meer.

Ich kann mir keine Arbeit mehr suchen. Ein Geschwür in
meinem Hals, das von einer Angina kommt, läßt keine Beschäf-
tigung mehr zu. Es wird immer größer. Mein Hals wächst völlig
zu. Ich kann nicht mehr schlucken, kaum mehr atmen.

Meine Freunde, die Arbeiter, bringen mir glühendheiße Steine in den Bunker, die ich mir auf den Hals lege. Nachts hält
immer einer bei mir Wache, tagsüber bin ich allein. Sie bringen
mir auch Zitronen. Ich presse den Saft direkt in die Kehle, dreißig Zitronen hintereinander. Es hilft nichts, ich bekomme nur
Magenkrämpfe.

Ich will nicht zum Arzt, weil die Ärzte sich im voraus bezahlen lassen und die Arbeiter vor dem nächsten Zahltag kein
Geld haben. Ich will auch nicht ins Krankenhaus, weil ich nicht
weiß, ob dieser Scheißkerl von Wirt mich angezeigt hat. Ich
könnte nicht einmal einen Wohnsitz angeben, wenn sie mich
danach fragen, und ich will nicht von der Fremdenpolizei wegen Vagabundierens ausgewiesen werden.

Die Arbeiter haben untereinander Geld gesammelt und bringen mich mit Gewalt zu einem Arzt ganz in der Nähe, der mir

eine Penicillininjektion macht, die die guten Leute bar auf den Tisch bezahlen.

Noch immer tritt keine Besserung ein. Ich laufe nach Marseille und suche einen Spezialisten. Ich will ihn bitten, mir ohne Bezahlung zu helfen, weil ich befürchte, daß ich ersticken muß. Ich suche die Türschilder in den Straßen ab, Haus für Haus, Türschild für Türschild, niemand kann mir sagen, wo ein Hals-, Nasen-, Ohrenarzt wohnt.

Bis zum Nachmittag laufe ich durch die Straßen. Es dauert jedesmal mehrere Minuten, bis ich einmal schlucken kann. Die Qualen sind unbeschreiblich.

Um sieben Uhr abends finde ich einen Spezialisten, der seine Praxis schon geschlossen hat. Er ist bereits in Hut und Mantel. Aber er ist sehr nett, guckt mir in den Hals und sagt, daß er mich auch ohne Bezahlung operieren wird. Ich soll morgen früh wiederkommen.

Ich laufe die zehn Kilometer zu meinem Bunker zurück und verbringe die Nacht mit heißen Steinen, die mir die Halshaut und das Kinn verbrennen.

Um acht Uhr früh laufe ich wieder nach Marseille. Heute dauert es noch länger, bis ich einmal schlucken kann. In Marseille gehe ich zuerst zur Deutschen Botschaft. Ich schreibe meine Bitte auf ein Stück Papier, weil ich nicht mehr sprechen kann: *Ich habe ein Geschwür im Hals und muß mich umgehend operieren lassen. Bitte geben Sie mir Geld. Ich besitze keins. Ich werde es in Deutschland zurückzahlen.* Ich weise mich aus und man gibt mir fünfhundert Mark und zuzüglich Geld für eine Rückfahrkarte nach Deutschland, wo ich gar nicht hin will.

Eine Stunde später bin ich auf dem Weg zum Arzt. Wieder muß ich unbedingt schlucken. Aber ich kann nicht. Diesmal gelingt es mir nicht mehr. Ich kann anstellen, was ich will, ich kann nicht mehr schlucken. Ich halte mich an einer Straßenlaterne fest und denke, das ist das Ende. Da passiert es! Das Geschwür bricht auf und ich kotze einen halben Liter Eiter in den Rinnstein. Dann bin ich alles los und habe auch keine Schmerzen mehr.

Mit dem Geld für die Fahrkarte und den fünfhundert Mark, die ich in der Tasche habe, könnte ich mich in Marseille noch eine Weile über Wasser halten. Ich könnte in eine einigermaßen erträgliche Pension ziehen, jeden Tag einmal warm essen und in aller Ruhe abwarten, bis ich ein Schiff gefunden habe, das mich mitnimmt. Aber ich habe meinen Plan geändert, ich will mir nicht auf einem stinkenden Tanker als Matrose in den Arsch treten lassen. Ich will genug Geld verdienen, um mir eines Tages ein Segelschiff zu bauen. Mit dem werde ich dann wegfahren und nie mehr wiederkommen. Ich muß vorläufig also doch nach Deutschland oder weiß ich wohin und Filme machen.

Ich gehe nicht mehr zu dem Chirurgen. Ich gehe überhaupt zu niemandem mehr, nicht einmal zu meinen Huren.

Ich kaufe mir eine Fahrkarte nach München. Der Zug geht um 18 Uhr. Um 12 Uhr mittags setze ich mich in ein gutes Restaurant, lasse mir Zeit, mein Menü zusammenzustellen, trinke eine ganze Flasche Beaujolais, gebe ein großzügiges Trinkgeld und nicke am Tisch ein. Dem Kellner sage ich, daß er sich nicht um mich kümmern soll und mich nur wecken möchte, wenn ich länger als bis 5 Uhr schlafe.

Cadillac

In München hatte O. W. Fischer alles mobil gemacht, um mich zu finden, und in München und Berlin hatte man nach mir gesucht.

»Ich brauche deine Augen!« sagte O. W. zu mir.

Das ist nun wirklich kein Grund für mich, denke ich. Aber ich nehme die Arbeit an, die diesmal besser bezahlt wird. Schließlich filme ich ja nicht, um mich an meinen Rollen aufzugeilen.

Von der Gage miete ich eine Wohnung in einem modernen Haus mit Müllschlucker. Das Drehbuch von *Hanussen* ist das erste, was ich in diesen Müllschlucker werfe. An Gegenständen habe ich nur Bett, Tisch, Stuhl, Kochtopf, Pfanne, Tasse, Teller, Löffel, Messer, Gabel.

Und dann kaufe ich mein erstes Auto, das heißt, ich zahle es an und nehme es gleich mit: ein Cadillac Cabriolet.

Im Studiogelände der Bavaria steigt die Produktionssekretärin Irmgard in meinen perlgrauen Schlitten und kann es nicht erwarten, bis wir endlich losbrausen. Leider regnet es in Strömen, und wir müssen das Verdeck herunterlassen.

Vor einer unbeampelten Kreuzung trete ich aufs Gas, wie ich es immer vor Kreuzungen tue. Ein Lastwagen kommt von rechts, wir prallen aufeinander. Die schwere Stoßstange des Cadillac zerplatzt und saust in drei Teilen durch die Luft. Dem Lastwagen ist nicht viel passiert, dem Fahrer auch nicht. Er hat sich nur das Knie geprellt. Irmgard und ich steigen aus dem Cadillac, als hätten wir eine Fahrt im Bumperauto hinter uns.

Bis zu meiner Wohnung nehmen wir ein Taxi, weil der Cadillac abgeschleppt werden muß.

Irmgard ist so ängstlich, daß ich geschlagene vier Stunden brauche, um in sie einzudringen. In der Rückenlage geht es nicht, von hinten auch nicht. Ich lege mich auf den Rücken, und sie steigt auf mich, so kann sie das Einführen selbst dirigieren und unterbrechen, wenn sie zu große Schmerzen hat. Sie spreizt sich fast bis zum Spagat. Ihre Schamlippen sind groß und dehnen sich, aber ich kann genau den Schnitt ihres Jungfernhäutchens sehen, der nicht größer ist als die Öffnung einer Kindersparbüchse, in die man nur Pfennigstücke stecken kann.

Ihre Muskulatur arbeitet vor und zurück, vor und zurück, wie der Schlund eines unterseeischen Pflanzentieres, das ungeduldig auf seine Beute wartet und das eine schleimige Flüssigkeit absondert, auf der ihr Opfer sich verfangen soll.

Gegen neun Uhr abends bin ich in sie eingedrungen, und sie zieht sich glücklich glucksend selber durch wie mit einem Pfahl. Dabei hat sie ihren Kopf auf meiner Brust und saugt an meinen Brustwarzen. Dann an meinem Hals. Die Oberlippe, die Unterlippe, die Nase, die Ohren, die Augen. Sie will unbedingt, daß ich mich in sie ergieße, strampelt, während sie selbst spritzt, wie ein ungezogenes Kind und zittert noch, als sie mich morgens um 8.10 Uhr verläßt, um in die Bavaria ins Produktionsbüro zu fahren.

Als ich mich im Spiegel über dem Waschbecken betrachte, weil mir Brustwarzen, Hals und Gesicht schmerzen, sehe ich, daß ich voller braun-grüner Knutschflecken bin. Auf der Brust, am Hals, im Gesicht, auf den Augenlidern. Die Oberlippe ist so aufgequollen, als hätte mir jemand einen Faustschlag versetzt.

Bei den Dreharbeiten muß ich mich schminken lassen, um die bunten Flecken zu vertuschen. Ich hasse Schminke wie die Pest.

Der läppische Unfall mit dem Cadillac hat Folgen. Bei der Gerichtsverhandlung muß A. T. mich unentwegt auf die Anklagebank zurückdrücken, weil ich immer wieder aufspringe und den Staatsanwalt unterbreche.

»Name. Vorname. Wann geboren. Wo. Anschrift?«

»Das steht doch alles in den Akten, Sie brauchen es bloß abzulesen.«

»Ich habe *Sie* gefragt.«

Schon wieder dieser Sadismus. Ich will aufspringen. A. T. drückt mich auf die Anklagebank zurück.

»Also gut. Ich bin der Herr Soundso, geboren am Soundsovielten, in dem Kaff Soundso, wohnhaft in der Straße Soundso.«

»Ehestand?«

»Was ist denn das nun wieder?«

»Sind Sie verheiratet? Geschieden? Ledig?«

»Geschieden.«

»Wann haben Sie geheiratet?«

»Das weiß ich nicht mehr.«

»Wann wurden Sie geschieden?«

»Das weiß ich nicht mehr.«

»Sie sollten sich was schämen!«

»Was hat denn das mit meinem Cadillac zu tun?«

»Hier stelle ich die Fragen! Vorbestraft?«

Ich drehe mich zu A. T. um.

»Bin ich vorbestraft?« »Ja.«

»Ja.«

»Weswegen?«

Ich drehe mich zu A. T. um.

»Weswegen?« »Wegen Beamtenbeleidigung und Widerstand gegen die Staatsgewalt.«

»Wegen Beamtenbeleidigung und Widerstand gegen die Staatsgewalt.«

»Aha!«

»Was heißt Aha!«

»Wenn Sie noch einmal reden, ohne gefragt zu sein, beantrage ich für Sie die Höchststrafe!«

»Was habe ich denn verbrochen! Dem Lastwagenfahrer ist nichts passiert. Den Schaden am Lastwagen bezahlt meine Versicherung. Mein Cadillac ist im Eimer. Der einzige Leidtragende bin doch ich!«

»Sie sind ein asoziales Element! Sie glauben, weil Sie Filme drehen und viel Geld verdienen, könnten Sie sich im Straßenverkehr roh und arrogant verhalten!«

»Wenn Sie wüßten, warum ich Filme drehe und wenn Sie wüßten, warum ich es am Unfalltag so eilig hatte. Aber davon verstehen Sie sowieso nichts.«

»Wenn Sie frech werden, lasse ich Sie verhaften!«

Ich drehe mich zu A. T. um.

»Kann er mich verhaften lassen?«

»Ach Schmarrn. Bleib endlich sitzen und laß ihn reden.«

»Wissen Sie was? Geben Sie mir die Höchststrafe und lassen Sie mich hier raus.«

A. T. ist rot angelaufen vor Erregung. Ich sage ihm, daß mich diese Sabberfresse von Staatsanwalt ankotzt und daß ich noch im Zuchthaus lande, wenn ich nicht endlich die Höchststrafe kriege und ins Freie kann.

»Herr Rechtsanwalt, Sie haben gehört, was Ihr Klient gesagt hat?«

»Was?«

»Er hat selbst um die Höchststrafe gebeten. Stimmt das?«

»Ja. Das stimmt, aber . . .«

176

»Ich bin zu Ende«, unterbricht ihn der Staatsanwalt, indem er sich an den Richter wendet.

Ich kriege die Höchststrafe. Zehntausend Mark. Dafür, daß ich keinen Cadillac mehr habe. Ah! Das hätte ich beinahe vergessen: Oder dreihundert Tage Gefängnis!

Handschellen

Laslo Benedek holt mich noch während der Dreharbeiten zu *Hanussen* für seinen Film *Kinder, Mütter und ein General*, den Erich Pommer in Hamburg produziert.

Ich wohne nicht im Hotel Bellevue, wo immer die ganze Filmmischpoke wohnt und wo so viel und laut gevögelt wird, daß man nicht schlafen kann, selbst wenn man will. Ich ziehe in eine kleine Pension um die Ecke. Um sechs Uhr morgens werde ich aus dem Bett weg verhaftet. Die Pupen wären gar nicht darauf gekommen, daß ich in ihrem Fahndungsbuch stehe, wenn ich meinen Anmeldezettel richtig ausgefüllt hätte. Ich hatte in den Anmeldezettel geschrieben, daß ich vor der Zeitrechnung geboren bin, daß ich auf dem Meeresgrund wohne und daß mein Beruf das übelste Gewerbe der Welt ist. Die Wirtin war mit meinen Angaben nicht zufrieden und brachte mir einen neuen Anmeldezettel, als ich schon schlief. Damit war ich nun wieder nicht zufrieden und ich bemalte den Anmeldeschein mit chinesischen Fantasieschriftzeichen, auch die Rückseite. Darauf hatte sie die Pupen gerufen, und die hatten mich in ihrem Nachschlagewerk gefunden.

Der Grund, warum ich im Fahndungsbuch stehe, ist, daß das Gericht vergessen hatte, das Gefängnis in Stadelheim zu benachrichtigen, daß meine Gefängnisstrafe wegen *Beamtenbeleidigung und Widerstand gegen die Staatsgewalt* in Bewährungsfrist umgewandelt worden war. In Stadelheim hatte man sich gewundert, warum ich nicht mit Zahnbürste und Rasierzeug erschien und hatte sich an die Fahndungsstelle gewandt, die mich wiederum ins Fahndungsbuch drucken ließ.

Ich werde also erst mal abgeführt und dann von einer Wache des Bezirks, zu dem die Pension gehört, in der Grünen Minna mit Handschellen an den Händen und zusammen mit anderen Verhafteten zur Sammelstelle transportiert. Dort bekomme ich einen Tritt und lande in der Zelle, mit dem Kopf gegen die Wand! Weil ich mich über die Ungerechtigkeit beschweren wollte.

Am nächsten Morgen sagen die Pupen nur »Maul halten«, legen mir wieder Handschellen an, und die Minna bringt uns ins Untersuchungsgefängnis.

Bücken. After auseinander. Vorhaut zurück. Messen. Fotografieren mit Gefangenennummer. Fingerabdrücke aller zehn Finger. Gürtel und Schnürsenkel abgeben.

»Hast du Flöhe?« fragt mich so ein Stinktier, das mir eine Lumpendecke an den Schädel wirft, womit ich mich ab jetzt zudecken soll.

»Bis jetzt nicht, du Wanze, aber sicher werde ich alles Ungeziefer der Welt kriegen, wenn du nicht gleich verschwindest!«

Ich lasse die nach Furz und Schweiß stinkende Decke auf den Boden fallen und schleudere sie mit dem Fuß von mir weg.

Mein Gezeter hat anscheinend doch was genützt. Ich hatte verlangt, daß man auf meine Kosten A. T. in München anruft. Nach zwei Tagen haut er mich raus. Das ganze war nur ein »Irrtum«.

Ich ziehe ins Hotel Prem, wo auch die Häßliche wohnt. Die Häßliche ist Schauspielerin und Kabarettistin und ist so häßlich, daß ich sie nur im Dunkeln ficke, wenn ich ihr nicht ein Handtuch übers Gesicht legen will. Aber ihr Körper ist so jung und heiß und leidenschaftlich, daß ich glaube, der liebe Gott hat sie absichtlich so geschaffen, um alle die zu strafen, die nur auf hübsche Gesichter fliegen.

Heute bin ich unfähig, sie und mich zu befriedigen. Ich habe mir in diesem mittelalterlichen Gefängniskeller eine Bronchitis geholt, mir Kodeintropfen gekauft und, ungeduldig wie ich bin, beinahe die ganze Flasche ausgetrunken. Als sie in mein Zimmer kommt, sitze ich auf einem Stuhl und kann mich nicht bewegen. Ich bin high, als hätte ich LSD geschluckt, und ich habe den Eindruck, als schwebe die Häßliche in den Raum und laufe mit dem Kopf nach unten über die Zimmerdecke. Sie zieht sich trotzdem aus. Die Halluzinationen, die ich habe, sind aufregender als alles, was ich mir bisher selbst in meinen kühnsten Träumen an erotischen Bildern vorzustellen wagte.

Als die Häßliche nach vierzehn Tagen abreist, gehe ich in die Hamburger Bordellstraße, in der die Mädchen wie Auslagen in den spärlich erleuchteten Schaufenstern breitbeinig auf Stühlen sitzen oder sich in aufreizenden Stellungen auf Diwanen räkeln, um die Männer zu sich hereinzulocken.

Ich stehe fasziniert vor den Glasvitrinen. Die Gesichter und Körper der meist jungen Prostituierten verwandeln sich in die Gesichter und Körper aller Mädchen und Frauen, die ich in meinem Leben geliebt hatte. So war es immer, wenn ich ein Mädchen oder eine Frau umarmte: Ihre Gesichter und Körper nahmen den Ausdruck und die Formen der anderen Mädchen und Frauen an, die ich schon geliebt hatte oder nach denen ich mich erst sehnte, auch derer, die ich noch nicht kannte und denen ich erst begegnen wollte.

Die Mädchen in den Schaufenstern winken mir zu, daß ich zu ihnen hereinkommen soll. Aber die zotigen Bemerkungen der Männer, die sich in Gruppen vor den Glasscheiben drängeln, halten mich davon ab. Ich kann es nicht ertragen, daß man die Frau, die im nächsten Augenblick meine Geliebte wird, verhöhnt, und gehe weiter. Den Mädchen gebe ich durch Zeichen zu verstehen, daß ich wiederkomme.

Die Straße selbst ist nicht erleuchtet, und ich kann mich unerkannt in eine Hausnische stellen oder auf und ab gehen, wenn ich die Männergruppen meide.

Ich hatte mich auf den Rinnstein gesetzt und war eingeschlafen. Als ich aufwache, bricht die Morgendämmerung an. Die rötlichen Lichter in den Schaufenstern verlöschen. Aus einem Fenster im ersten Stock ruft mich eine ältere Prostituierte, und ich steige die Treppen zu ihr rauf.

Sie spricht ununterbrochen. Ich lächle nur und antworte

nicht. Nicht, weil sie alt und verbraucht ist und ich nicht die geringste Erregung verspüre, sondern weil ich mit meinen Gedanken ganz woanders bin.

»Du bist sicher so ein Söhnchen von einem reichen Papa, das mit einem Schiff gekommen ist, stimmt's?«

Ich nicke. Ich will ihr nicht den Traum vom reichen jungen Mann verpatzen, dessen Luxusdampfer im Hamburger Hafen liegt.

»So einer wie du wird sicher nicht kleinlich sein.«

Ich schüttle den Kopf. Ich habe Hemmungen zu reden. Wenn sie mich weiter ausfragt, muß ich sie belügen. Ich habe immer eine Scheu davor zu sagen, daß ich Schauspieler bin. Ich bin traurig, daß ich hier bin. Aber ich will nicht gehen, das wäre zu einfach. Und ich will sie auch nicht verletzen.

Sie zieht sich aus und wartet, daß ich mich selbst ausziehe. Dann streift sie mir ein Präservativ über den Schwanz, massiert ihn etwas mit dem Mund, weil er nicht richtig steif ist, und seift den gespannten Gummi über der Eichel mit Kernseife und Wasser ein. Wahrscheinlich damit es besser gleitet oder zur Desinfektion, falls das Präservativ verrutscht.

Ich lege mich uninteressiert auf den Rücken, und sie steigt breitbeinig auf mich. Als sie mich abzureiten beginnt, keucht sie geil und stöhnt verlogen. Wie es oft Prostituierte tun, um dem Kunden weiszumachen, daß sie selbst zum Orgasmus kommen. Sie wissen, daß das die Männer aufregt und sie sich dann schneller ergießen.

Ich bin aufs Äußerste erregt. Nicht weil sie so übertrieben und dilettantisch stöhnt und fortwährend sagt »Komm, mein Junge, gibs der Mutti. Raus damit, ich will den ganzen Saft« — sondern weil sie in Wirklichkeit gar nicht mehr wagt, auf die Lust von irgend jemand zu hoffen und ihr die Lust zum Ficken seit langer Zeit vergangen ist. Ihr Gestöhne ist eine einzige Selbstverhöhnung. Ihr Fleisch ist kalt. Sie friert. Ihr Körper ist verwüstet. Brüste und Bauch hängen wie fremde tote Wesen an ihr herum. Die Cellulitis ihrer Schenkel wirft sich zu breiigen Bergen auf. Ihr welker Hintern ist so ängstlich zugekniffen wie bei einem getretenen Köter. Die langen Lippen ihrer Scham, von

Tausenden von Männern ausgeleiert, schließen sich nicht mehr vor dem Loch, in das ich meine geballte Faust stecken könnte.

Schmerz und Wut packen mich. Wut, daß man diesen Clown der Liebe weggeworfen hat. Und Schmerz, daß sie ihre Späße weitertreiben muß, weil sie keine Wahl hat.

Und plötzlich sehe ich sie, wie sie einmal gewesen sein muß: wie die jungen Huren in den Schaufenstern der Häuser nebenan. Als sie noch stolz auf sich sein konnte, weil sie wußte, daß die Männer geil nach ihr waren, deren Schwänze allein bei ihrem Anblick in die Höhe standen. Und als sie selbst noch ehrlich war, wenn sie stöhnte, weil sie die Männer noch in sich fühlte und wirklich zum Orgasmus kam. Jede Frau, jede Hure glaubt im Orgasmus an die Liebe.

Ich werfe sie mit einem Ruck auf den Rücken, reiße mir das Präservativ herunter und stoße meinen großgewordenen Schwanz mit solcher Gewalt in ihr Loch, daß ihr der Schweiß ausbricht. Ihr Körper wird schnell heiß, fängt an zu glühen. Ihre Augen unter den halb geschlossenen Lidern bekommen einen abwesenden fiebrigen Glanz. Ihr Unterleib arbeitet mir entgegen, als wenn ihre Eierstöcke noch fruchtbar wären und sie meinen Samen empfangen will. Als sie laut im Orgasmus brüllt, ergieße ich mich.

Ich gebe ihr soviel Geld, wie sie bei zehn Männern nicht verdient. Ich will, daß sie sich heute einen freien Tag macht.

»Ich gehe jetzt einkaufen und dann frühstücken wir zusammen, ja?« sagt sie und bedeckt eilig ihre Blöße, um die Illusion nicht zu zerstören.

Ich bedanke mich bei ihr und zeige auf meine Armbanduhr.

»Ich verstehe, dein Schiff fährt, du mußt in den Hafen.«

Ich nicke. Zum Abschied gebe ich ihr einen Kuß auf den alten Mund.

Pommer kommt jeden Tag ins Atelier und popelt aus Feigheit vor der Wahrheit am Text des Drehbuchs herum, das Herbert Reinecker so großartig geschrieben hatte.

Im Hotel Prem verabrede ich mich mit den beiden Stubenmädchen der obersten Etage, in der ich wohne. Sie sollen sich in mein Zimmer einschließen, bis ich aus dem Studio zurück komme, damit der Portier sie abends nicht ins Hotel kommen sieht. Morgens können sie dann gleich mit Bettenmachen beginnen. Die Nacht mit den beiden ist ein richtiges Fest. Ich zeige ihnen, wie sich zwei Mädchen lieben und was man alles zu zweit mit einem Mann machen kann. Sie sind bemerkenswert begabt und begreifen sofort. Leider hole ich mir wieder, ich weiß nicht von welcher, der Häßlichen, der Alten, oder den beiden Zimmermädchen, einen Tripper. Ich werde wirklich öfter geschlechtskrank als andere sich erkälten.

Jessica Y. weicht nicht mehr von meiner Seite. Seit ich in der Berliner Kongreßhalle Villon gesprochen habe, sieht sie mich ohne Unterlaß mit ihren glutenden mongolischen Augen an.

Jessica wohnt mit ihrem kleinen Söhnchen bei ihrer Mutter in der Olympischen Straße. Dort schlafe ich auf einer schiefen Couch, deren Kissen aus einer Art Lumpensäckchen bestehen und hüte ihr Kind, wenn Jessica zur Arbeit geht. Sie arbeitet mit ihrer Mutter für die Deutsch-Polnische Gesellschaft. Ich mache Jessicas Sohn tagsüber zu essen, setze ihn auf den Topf, spiele mit ihm Blindekuh und lasse ihn zwischendurch in seinem Gitterställchen. Wenn er schläft, lege ich mich auf die schiefe Couch und denke darüber nach, was ich wohl in der Zukunft tun werde.

Auf dieser schiefen Couch, von der ich immer runterrolle, sobald ich die Augen schließe, brüte ich die Idee zu meinen späteren Tourneen aus. Und auf dieser schiefen Couch lese ich zum erstenmal Rimbaud, Oscar Wilde, *Märchen* und *Zuchthausballade*, Tucholsky, Hauptmanns *Ketzer von Soana*, Nietzsche, Brecht und Majakowskij.

Zuerst trete ich in Berliner Kinos auf. Dann in der Aula der Freien Universität. Jessica verkauft die Eintrittskarten in der Mensa und tut das Geld in eine Zigarrenkiste, die sie mir abends übergibt. Dann nehme ich die Komödie, Die Volksbühne, die Große Kongreßhalle, den Titaniapalast und die Neue Philharmonie.

Ein Agent hat ein Angebot für die Carnegie Hall in New York. Ich soll die Märchen von Oscar Wilde in Englisch sprechen. Der Text ist einfach, und wenn ich richtig pauke, schaffe ich es. Als ich auf dem Flugplatz Tempelhof in die Maschine steigen will, werde ich verhaftet. Ich stehe wieder im Fahndungsbuch. Ich hatte völlig vergessen, die zehntausend Mark für den Unfall mit dem Cadillac zu zahlen. Ich rufe vom Büro der Flughafenpolizei Dr. St. an, der die Summe nicht zur Verfügung hat, und bitte ihn, A. T. in München zu alarmieren. Inzwischen werde ich ins Polizeigefängnis in der Grunewaldstraße gebracht.

Bücken, After auseinander, Vorhaut zurück, messen, Fingerabdrücke aller zehn Finger, fotografieren mit Gefangenennummer, Gürtel und Schnürsenkel abgeben.

A. T. läuft in München zu Stella und bittet sie, einen Teilbetrag der Summe vorzuschießen, zwei-, dreitausend Mark, er kann die ganze Summe nicht allein auftreiben. Stella antwortet:

»Lassen Sie ihn ruhig im Gefängnis. Dann weiß ich wenigstens wo er ist.«

A. T. nimmt eine Hypothek auf seine Eigentumswohnung auf und bringt das Geld noch am selben Tag persönlich zum Münchener Gericht. Aufgrund eines Fernschreibens der Staatsanwaltschaft werde ich nach neun Tagen auf freien Fuß gesetzt.

Stella J. gibt mir nie Geld. Nicht einen Pfennig. Auch nicht, wenn ich schon einen Filmvertrag unterschrieben habe. Nicht einmal, wenn die Dreharbeiten bereits begonnen haben. Sie streicht nur ihre zehn Prozent ein, die sie gleich von der ersten Rate abzuziehen beginnt. Sie tut nichts anderes, als höchstens ein paarmal zu telefonieren, und das auch nur, wenn man sie triezt und es ja nicht zu viel kostet. Sie schreibt lieber einen Brief, auch wenn es dringend ist, und schickt die Briefe nur mit normaler Frankierung, nie Expreß oder Einschreiben.

Dafür bringt sie mich aber mit einem Wucherer zusammen. Der geht folgendermaßen vor: Er schießt einem jungen Schauspieler, meistens sind es Schauspielerinnen, eine bestimmte Summe vor und streicht dann von sämtlichen Filmen für die Dauer von mehreren Jahren fünfunddreißig Prozent der Gage für sich ein. Getrennt davon, und zwar als erstes, holt er sich

183

natürlich sein Darlehen zurück. Also ein ganz Kecker. Das erste, was er zu mir sagt:

»Sie dürfen nicht so lange Hemdmanschetten tragen. Sie müssen Konfektionshemden kaufen und Anzüge von der Stange.«

»Vor allem Ihr Auto«, fährt dieser Schlauberger fort, »das muß ein Volkswagen sein und kein Cadillac.«

Ich lasse diesen Schwätzer faseln, denn sonst hätte ich mir durch meine Antwort gleich alles ruiniert, und er hätte mir die fünftausend Mark nicht vorgeschossen. Den sogenannten »Vertrag« unterschreibe ich auch, aber ich mache mir darüber keine Gedanken. Ich werde ihm niemals auch nur einen Pfennig von meiner Gage geben. Er hat eben nicht damit gerechnet, daß ihm mal ein Straßenjunge unter die schmutzigen Finger kommt, der mit mehr Wassern gewaschen ist als er selbst. Von meinem nächsten Geld, das ich verdiene, werde ich ihm die fünftausend Piepen zurückgeben und ihn zur Hölle schicken.

Palais Kinsky

Kortner holt mich für seinen Film *Sarajevo* nach Wien. Ich spiele den Anführer der Verschwörer. Erika ist meine Partnerin und wird meine Geliebte. Wir lieben uns so heftig, daß ich selbst beim Drehen im Stehen schlafe und Kortner in meiner Nähe leise redet, weil er denkt, ich meditiere über meinem Text.

Auch sonst behandelt Kortner mich diesmal taktvoll und fair. Die anderen haben dafür um so mehr zu büßen und müssen seine Komplexe ausbaden. Kortner leidet unter der Zwangsvorstellung, daß alle, die nicht wie er emigrieren mußten, an seiner Flucht aus Nazi-Deutschland und den für ihn verlorenen zwölf Jahren mit schuld sind.

Als Kortner aus der Emigration in Amerika nach Deutschland zurückgekehrt war, hatte Fehling sich mit ihm getroffen und ihn gefragt, ob er bei ihm *König Philipp* in *Don Carlos* spielen wolle. Kortner sagte zu. Fehling erklärte ihm die Konzeption seiner Inszenierung.

Fehling: »Das Bühnenbild im Palast des Escorial ist ein riesiger Saal, dessen Wände aus unzähligen Türen bestehen. Philipp will in den Saal. Er rüttelt von außen, für die Zuschauer unsichtbar, an einer Tür. Sie ist verschlossen. Er rüttelt an der zweiten, der dritten, auch sie sind verschlossen. Jede Tür, an der Philipp rüttelt, ist verschlossen, so daß er nicht in den Saal gelangen, also auch nicht auftreten kann.«

Kortner: »Wann und wie trete ich denn auf?«

Fehling: »Nie.«

Fehling hatte dieses Gespräch inszeniert, um Kortner zu verhöhnen. Daraufhin schrien die beiden sich derart an, daß ihr Gebrüll bis zu den angrenzenden Häuserblocks zu hören war, und wetteiferten, wer von beiden in den zwölf Jahren mehr zu leiden hatte.

Kortners Wunden, die Fehling wieder aufriß, sind nie mehr verheilt. Während der Dreharbeiten bildet Kortner sich ein, daß ihn alle sabotieren, und knirscht von morgens bis abends mit den Zähnen.

Es ist wahr, seine Mitarbeiter tun nicht haargenau, was er will, aber sie tun es nicht absichtlich, sie sabotieren ihn nicht. Im Gegenteil, sie rennen sich die Beine aus dem Leib, sie haben nur eine andere Mentalität. Sie nehmen das Leben nicht so tierisch ernst, das macht sie so sympathisch. Kortner ist harte und präzise Arbeit gewohnt und ist ein Perfektionsfanatiker. Ich auch. Aber das muß nicht immer ein Vorzug sein.

Kortner weiß, daß ich ein Arbeitstier bin, und gibt mir sogar verschiedene Sätze meiner Partner. Er glaubt, daß auch sie ihn sabotieren und vor allem, daß sie kein Talent haben. Das ist mir peinlich. Außerdem tut er mir damit keinen Gefallen. Ich habe immer alle Regisseure gebeten, mir soviel wie möglich von meinen Texten wegzustreichen, und habe einmal sogar verschiedene Sätze meines Textes an andere Schauspieler verkauft. Die meisten Schauspieler reißen sich darum, soviel wie möglich zu reden.

Für die Szenen des Attentats auf den Straßen werden richtige Wiener Pupen in kaiserliche Uniformen verkleidet. Sie müssen sich nach dem Bombenwurf auf mich stürzen.

»Schlag richtig zu«, sagt Kortner heimlich zu mir, als wollte er sich an seinen eigenen Wienern rächen.

»Ich werde den Polizisten die Szene nicht erklären, ich schikke sie im richtigen Augenblick einfach los. Ich will ihre wirklichen Reaktionen haben. Schlag, tritt, stoß, beiß um dich und wehre dich, als kämpftest du um dein Leben.«

Mir sind die Komplexe Kortners schnurz. Ich befolge nur seine Anweisungen, damit man nicht wieder sagt ›Kinski ist schwierig‹. Zuerst begreifen die Pupen nicht, was eigentlich gespielt wird. Sie sind zaghaft, denn sie fühlen sich beileibe nicht als Pupen, sondern als Filmschauspieler, die einem »Kollegen« nicht weh tun wollen. Dann wehren sie sich instinktiv, vergessen, daß es sich um einen Film handelt, und benehmen sich wie üblich. Zwei müssen ins Krankenhaus. Ich selbst mußte Ochsenblut in den Mund nehmen, damit es so aussieht, als ob mir mein eigenes Blut aus dem Mund spritzt, wenn die Pupen auf mich einschlagen.

Heute ist Sonntag, und ich bin mit Erika in Schönbrunn verabredet. In die Stadtbahn nach Schönbrunn steigt ein Mann mit einem Schäferhund. Der Schäferhund steigt zuerst ein, ohne das Kommando seines »Herrchens« abzuwarten, und setzt sich artig vor die rückwärtige geschlossene Tür. Das hätte er nicht tun sollen, denn sein »Herrchen« ist über die Selbständigkeit seines Schützlings so entrüstet, daß er ihm die Hundepeitsche über den Kopf schlägt. Der Hund jault vor Schmerzen auf, muckst sich aber nicht.

»Würden Sie mir bitte für einen Augenblick die Peitsche reichen?« frage ich das »Herrchen«.

»Warum?«

»Damit ich Ihnen eins über den Schädel ziehen kann, wie Sie es bei dem Hund getan haben.«

Das »Herrchen« wird pampig, und ein Pupe, der auch im Abteil mitfährt, will sich einmischen. Zugunsten wessen wohl?

»Sie wissen nicht, wer ich bin«, schreie ich den Pupen an. »Ich bin Kinski!«

Mir fiel nichts Besseres ein. Dem Pupen bleibt der Mund offen stehen. Er sackt auf seine Bank zurück und bleibt bis zur Endstation so stumm und unterwürfig, daß ich Erika in Schönbrunn frage, was ich denn da gesagt habe. Sie lacht, bis ihr die Tränen kommen.

»Du weißt nicht, wer die Familie Kinski ist? Du kennst das berühmte Fürstenpalais Kinsky in Wien nicht?«

»Nein.«

Ich kenne es wirklich nicht. Ich hatte den Namen Kinski vor Jahren als Abkürzung für Nakszynski gewählt, wie ich in Wirklichkeit heiße. Ich hatte nicht die geringste Ahnung von meinen noblen »Vorfahren«.

Kuß

In München wohne ich mit Erika in ihrem möblierten Zimmer in der Widenmaierstraße, und wir können bei unserem anstrengenden Liebesleben von Glück sagen, daß wir beide keinen Film zu drehen haben. Dadurch kommen wir auch nicht zu Geld. Deswegen muß zumindest Erika bald jede Gelegenheit wahrnehmen und, meistens abends, mit allen möglichen Typen aus- und essen gehen, die sich als Filmproduzenten oder zumindest als Angestellte oder Bekannte eines Filmproduzenten ausgeben. Ein besonders streberhafter Kavalier ist Herr R., der tatsächlich und ernsthaft an seinen Charme zu glauben scheint, den er durch seine geckenhafte Kleidung und durch die Plattheiten, die er redet, zu unterstützen sucht. Ich muß ihm irgendwann wohl mal gesagt haben, daß ich ihn nicht unbedingt unwiderstehlich finde. Oder etwas viel Schlimmeres. Er mag mich nicht. Und das nicht nur, weil nicht er in Erikas Bett schläft, sondern ich.

Normalerweise bringe ich Erika nirgends hin und hole sie auch nirgends ab. Heute ist es was anderes. Ich erwarte sie vor dem Prinzregentenbad, wo sie schwimmen ist. Wir werden uns für den Rest des Tages nicht mehr sehen, weil ich wieder was zu tun habe, und so lange kann ich nicht ohne sie sein.

Ich habe Sehnsucht nach ihr und will sie wenigstens küssen.

Erika kommt aus dem Prinzregentenbad. Ich küsse sie. Ein Funkstreifenwagen schleicht langsam an uns vorbei. Ich sehe ihn aus den Augenwinkeln und begreife gleich, daß die Pupen nichts zu tun haben und sich anscheinend langweilen. Noch ein Küßchen und noch eins und noch eins, bevor ich mich von Erika trennen muß.

Der Funkstreifenwagen ist zurückgekommen und fährt mit gedrosseltem Motor leise um uns herum.

»Können Sie Ihre Schweinereien nicht zu Hause machen?« fragt ein Pupe aus dem vorbeifahrenden Funkstreifenwagen.

Ich hatte mich nicht getäuscht, sie suchen Streit. Wahrscheinlich sind sie auch neidisch, denn Erika ist sehr aufregend.

»Der muß mit sich selber reden«, sage ich laut zu Erika und küsse sie noch mal.

Ich will mich nicht provozieren lassen. Ich habe mir geschworen, mich nie mehr von Pupen provozieren zu lassen. Ich küsse sie zum allerletzten Mal, dann geht sie zu ihrem Ford und ich zu meinem Austin Healey. Der Funkstreifenwagen schleicht mir wie eine Viper hinterher und fährt mir fast in die Hacken.

»Ihre Papiere!«

Noch immer nehme ich mich zusammen.

»Okay, ich hole sie aus meinem Wagen.«

Einer der Pupen springt aus dem Maikäfer, der jetzt mit mir auf gleicher Höhe ist, und drückt mich gegen den Wagenschlag. Ich gebe ihm einen Haken. Die beiden anderen Pupen (sie sind vorsichtshalber immer zu dritt) mischen jetzt mit. Sicher, es sind richtige Schläger, aber wenn ich wütend werde, entwickle ich die Kraft eines Berserkers, und ich bin rasend vor Wut über dieses Gesindel.

Inzwischen haben die Pupen über Funk einen zweiten Streifenwagen angefordert. Zu sechst überwältigen sie mich, nachdem ich einem in die Eier getreten und die anderen mit nicht zu verachtenden Faustschlägen und Fußtritten traktiert habe. Ich selbst liege mit dem Gesicht im Dreck, zwei drehn mir von links und rechts die Arme um, ein dritter hat seinen Stiefel in meinem Kreuz, und ein vierter tritt meine Waden runter. Kortner hätte für die Szene in *Sarajevo* seine helle Freude an den Münchner Pupen gehabt!

Im Funkwagen auf der Fahrt zur nächsten Wache schlagen sie mir weiter mit den Fäusten ins Gesicht, weil ich zwischen ihnen eingekeilt bin und mich nicht wehren kann.

Auf der Wache schreie ich diese Halunken an, daß wir uns wiedersehen werden. Nach der Aufnahme meiner Personalien lassen sie mich laufen.

A. T., ein Fotograf und ich fahren noch am selben Tag zur Funkzentrale des Münchner Polizeipräsidiums, um die Namen der verantwortlichen Pupen festzustellen und ihnen mit unserer Anzeige zuvorzukommen. Die Pupen in der Funkzentrale weigern sich, sich fotografieren zu lassen und die Namen der sechs Rabauken anzugeben.

Ich werde, wie könnte es auch anders sein, wegen *Widerstand gegen die Staatsgewalt* angeklagt und zu einer ärztlichen Untersuchung aufgefordert: Jemand, der es wagt, sich mit sechs Pupen zu schlagen, kann nicht normal sein!

A. T. wendet sich direkt an den Polizeipräsidenten von München. Der ist gerecht, und A. T. gewinnt die Partie.

Erika muß im Ausland filmen. Es hat keinen Zweck, daß wir zusammenbleiben. Ich kann nicht mit ihr fahren und ihr auf der Pelle liegen. Ich weiß, daß sie mit anderen Männern schlafen wird. So ist das nun mal. Ich gebe es zu, ich bin eifersüchtig. Ich bin so eifersüchtig, daß ich froh bin, als auch ich München endlich wieder verlasse, wo unser letztes Liebesnest war.

Im Prater blühn wieder die Bäume

Magda, die Frau des österreichischen Strumpffabrikmillionärs, hat mir einen langen Brief geschrieben. Der Brief erreicht mich über das Büro von Stella. Magda bietet sich an, mir zu helfen. Ich weiß noch nicht, was sie damit meint, aber Hilfe kann ich immer gebrauchen. Ich rufe sie im Bayrischen Hof in München an, und wir verabreden uns in Salzburg, wo sie ein Haus besitzt.

In Salzburg angekommen und von Magda vom Bahnhof abgeholt, schließen wir uns vierzehn Tage lang in ihrem Haus ein. Sie hat sicherheitshalber Proviant eingekauft. Das Haus steht in einem Grundstück völlig isoliert.

Magda hat eine Erotik, die ich noch nicht kenne. Sie ist weder richtig sadistisch noch ist sie Masochistin, aber sie quält sich und mich bis zu immer stärkeren Schmerzen, die bei ihr und mir immer größere Erregung hervorrufen.

Sie bohrt ihre spitzen Fäuste in die Drüsen unter meinen Achselhöhlen, in meine Rippen, in die Leisten. Zerbeißt meinen ganzen Körper mit ihren Zähnen. Sie stößt ihre Zunge in alle Öffnungen, die ein menschlicher Körper hat, und will, daß ich dasselbe mit ihr tue. Sie riecht nach Frau und Eau d'Elysée. Ihre tierischen Schreie brechen nicht ab, bis wir von Salzburg nach Wien übersiedeln.

Magda bezahlt alles. Ich habe kein Geld, denn ich hatte nicht einmal Zeit, meinen Austin Healey zu verkaufen. Als ihre Reserven so gut wie aufgebraucht sind, weil sie von ihrem Mann so lange kein Geld bekommt, bis sie zu ihm zurückkehrt, müssen wir uns selbst den Kopf zerbrechen, wo wir in Zukunft den Zaster herkriegen. Vorläufig ziehen wir noch von einer möblierten Wohnung in die andere, die von Mal zu Mal deprimierender werden. Schließlich bringt sie mich in einem baufälligen Altersheim unter, in dem ich mich in einem Zimmer hinter der Geheimtür der Bibliothek einniste, während Magda in der Villa ihres Mannes, in der auch ihre kleine Tochter und ihre Schwiegermutter wohnen, Essen aus der Speisekammer stiehlt, wenn ihr Mann nicht da ist.

Magda kennt Gott und die Welt und wird von allen hofiert und geachtet. Es spricht sich schnell herum, weswegen sie für niemanden mehr Zeit hat und jede Einladung ablehnt, denn sie zeigt sich mit mir ganz ungeniert in Cafés, Restaurants, Konzerthäusern, Theatern und wo immer Menschen zusammenkommen und über andere tratschen.

Ein Manager für Showgastspiele macht mir ein Angebot: Die Wiener Leichenbestattung feiert fünfzigjähriges Jubiläum und veranstaltet für ihre Angestellten eine Matinée. Er fragt mich, ob ich mich an dieser Matinée beteiligen will, es handelt sich um ein buntes Programm. Ich soll aus Grillparzers *König Ottokars Glück und Ende* einen Monolog vortragen, in dem ein Heerführer, oder wer auch immer, auf dem Schlachtfeld Phrasen drischt von Ehre und Vaterland.

Ich kaufe mir ein Reclamheftchen und lese die Stelle mit der Ansprache auf dem Schlachtfeld durch. Zuerst verstehe ich überhaupt nicht, worum es da eigentlich geht. Ich arbeite den Text in einem Kaffeehaus um, aber wie ich ihn auch drehe und wende, es bleibt ein Gequatsche auf dem Schlachtfeld über Ehre und Vaterland.

Das lehne ich ab. So was kann ich nicht reden, auch nicht für die Leichenbestattung.

»Also schön«, sieht der Manager ein, »dann schlagen Sie was anderes vor.«

Ich schlage den Monolog des *Hamlet* mit dem Totenschädel auf dem Friedhof vor. Das ist der Leichenbestattung zu makaber. Ich schlage den Faustmonolog vor. Der ist ihnen zu lang. Ich sage »Lassen Sie mich nur machen« und streiche den Monolog auf eine Reclamseite zusammen. Bei der Matinée ist alles in drei Minuten vorbei. Den Satz »Die Erde hat mich wieder« schluchze ich, während ich von der Bühne laufe und streiche zehntausend Schillinge ein. Die Leichenträger und Totengräber, die im Zuschauerraum des Mozartsaals sitzen, haben noch

191

nicht ganz begriffen, daß sie soeben den kürzesten Faustmonolog aller Zeiten gehört haben.

Das Geld reicht wieder für kurze Zeit, aber bis zum fünfundsiebzigsten Jubiläum der Leichenbestattung kann ich nicht warten.

Also spreche ich *Villon*. Ich nehme gleich den Mozartsaal, der mir durch die Leichenbestattung schon vertraut ist. Dann den Beethovensaal und den Großen Konzerthaussaal. Nach *Villon* spreche ich *Rimbaud*. Dann wieder *Villon*. Und dann *Rimbaud* und *Villon* in einem Programm. Am Theater am Fleischmarkt spiele ich *Der König stirbt* und an der Josefstadt den Gelähmten in *Die erste Legion*, der durch seinen Glauben wieder gehen kann. Dann spreche ich den *Ketzer von Soana* von Gerhart Hauptmann. Ich ziehe mir einen katholischen Priesterrock an und will die Geschichte des italienischen Kaplans von der Kanzel des Stefansdoms verkünden. Aber man gibt mir den Stefansdom nicht.

Dann wieder *Villon*, *Rimbaud* und immer wieder *Villon*.

Ich bin froh, daß ich jetzt für Magda sorgen kann. Ihr Mann bietet ihr immer wieder Geld, falls sie zu ihm zurückkommt. Magda will nicht zu ihm zurück und geht nur in die Villa, um die Speisekammer zu plündern und ihre kleine Tochter zu besuchen, die sie meinetwegen in den vielen Monaten so selten gesehen hat. Sie ist jetzt sechs und fragt ihre Großmutter immer öfter nach ihrer Mama.

Magda und ich wechseln unsere Wohnungen noch bevor die nächste Monatsmiete fällig ist. Schönbrunn, Goethedenkmal, Kärntnerring, Naschmarkt, ich halte es nirgends aus. Wenn Magda bei ihrer Tochter ist, streife ich durch Wien. Es ist schon wahr, was man von den »süßen Wiener Maderln« sagt. Verdammt wahr! Sie sind alle süß, von den minderjährigen bis zu den verheirateten Frauen und den Huren in der Kärntnerstraße und was weiß ich wie die Ecken alle heißen.

Ich komme aus dem großen Konzerthaussaal, wo ich die Beleuchtung für eine neue Vorstellung eingerichtet habe. Eine Göre mit einer Schultasche unterm Arm, sie kann höchstens vierzehn sein, geht auf der anderen Straßenseite und lacht zu mir herüber. Ich lache zurück. Wir gehen in dieselbe Richtung. Jeder auf seiner Straßenseite. Nach einer Weile kommt sie auf meine Straßenseite, geht neben mir her und lacht. So geht das, bis ich bei meiner Haustür ankomme. Sie fragt mich nach einem Autogramm.

»Komm mit nach oben«, sage ich. »Da habe ich Fotos von mir.«

So reden Sittlichkeitsverbrecher, denke ich, und die Göre regt mich erst richtig auf. Sie erregt es anscheinend auch, denn sie kommt mit in die Wohnung.

Die möblierte Wohnung am Naschmarkt ist unheimlich. Magda hat sie übereilt gemietet, weil ich in der letzten Wohnung alles stehen und liegen gelassen hatte und ins Hotel gezogen war. Am Naschmarkt schlafe ich nur, wenn ich ein Mädchen mitschleppen kann, oder wenn Magda, die jetzt öfter bei ihrer Tochter übernachtet, während ihr Mann auf Reisen ist, abends zu mir in die Wohnung kommt.

»Hoppe hoppe Reiter . . .«

Ich albere mit der Göre herum, sie reitet auf meinen Knien, läßt sich von mir den Podex tätscheln, läßt sich küssen, steckt mir ihre kleine stramme Zunge in den Hals und lacht ohne Unterlaß. Ich habe ihr das Höschen ausgezogen. Ihre Flaumhaare sind so weich, als hätte ich mit ihrer kleinen Möse einen Spatz in der Hand. Sie läßt sich auch die Tittenknöpfchen mit den Zähnen küssen. Aber sie läßt sich nicht die Möse öffnen. Ich kann anstellen, was ich will, sie läßt mich nicht hinein. Als ich ihre Klitoris berühre, springt sie auf:

»Nur wenn du mich heiratest!«

Dabei lacht sie so frech und verlockend, daß ich mich nicht mehr beherrschen kann und sie mit Gewalt spreizen will.

»Du weißt, daß ich dich ins Zuchthaus bringen kann, ich bin noch nicht mal vierzehn!«

»Halt die Klappe, du hinreißendes Ferkel!«

Mir wird schwindlig vor Begierde. Ich gebe ihr das versprochene Foto und schicke sie weg. Dann will ich zu den Mädchen in die Kärtnerstraße.

Als ich den Kärntnerring überquere, steigt eine Stewardeß

193

der AUA mit einem Koffer aus der Straßenbahn. Ich trage ihr das Köfferchen bis zu ihrem Haus zwei Straßen weiter. Dafür lädt sie mich zu einem Likör ein, den wir in ihrer Wohnung in Gegenwart ihrer Eltern schlürfen, denn sie ist von einer langen Reise zurückgekehrt. Ich habe ja Verständnis für das Familienleben anderer, aber ihre Eltern könnten sich nach vier Stunden Wiedersehensfeier denken, daß auch ich Sehnsucht nach ihrer Tochter habe.

»Wir gehen gleich«, raunt sie mir zu, während sie Papa und Mama den zigsten Likör eingießt und die beiden regelrecht besoffen macht.

In der Wohnung können wir nicht bleiben, auch wenn die beiden noch soviel saufen, außerdem ist die Flasche leer. Also wieder zurück zum Naschmarkt, wo die Göre mir eben mit Zuchthaus gedroht hatte.

Die Stewardeß droht weder mit Zuchthaus noch macht sie große Umstände. Sie zieht sich sofort die Uniform aus, hängt ihre Kleidungsstücke ordentlich über einen Stuhl, legt sich aufs Bett und macht die Beine breit, als gehöre das zu ihrer Ausbildung.

Magda ist zwei Tage nicht gekommen. Ich habe sie angerufen und mich mit ihr in der Nähe der Villa in einem Kaffeehaus für fünf Uhr verabredet. Als ich um zwei Uhr die Treppe zur Stadtbahn runtersteigen will, um nach Schönbrunn zu fahren, weil ich vorher noch in den Schloßpark will, wo ich so gern spazierengehe, sehe ich wieder so ein kleines Mädchen in eine Straßenbahn einsteigen. Ich kann gerade noch aufspringen, bevor ein Auto mir über die Beine fährt. Ich weiß nicht, wo die Kleine hin will, aber bis ans Ende der Welt wird die Straßenbahn ja nicht fahren. Und dann wäre es mir auch egal, denn dieses Mädchen bringt mich um den Verstand. Sie trägt eine Arbeitsschürze über ihrem Kleidchen und halbhohe Schnürstiefel an den Füßen, wie sie ihn Wien von Verkäuferinnen und Kontor-Mädchen getragen werden, die viel stehen müssen.

Die Straßenbahn ist voll und ich muß mich zwischen den vielen Menschen hindurchwühlen, bis ich nach mehreren Stationen mein Stiefelkindchen auf der hinteren Plattform wieder-

finde, bis wohin sie durch die nachdringenden Fahrgäste abge-
schoben worden war.

Wir stehen uns gegenüber. Ich starre sie verzaubert an und
schwöre mir von jetzt ab, nicht nur kein Auge mehr von ihr zu
wenden, sondern sie auch nicht aus der Ecke rauszulassen, in
der sie sich wie in einer Sackgasse selbst gefangen hat. Wir
sind uns so nah, daß ich ihren ausgestoßenen Atem spüre, den
ich wie eine Witterung einziehe. Aber ein anderer Geruch
peitscht meine Sinne auf. Der Geruch aller minderjährigen
Mädchen, die kein Parfüm oder Deodorant benutzten: der
Fischgeruch. Sie riecht so stark, daß ich mich wie schützend vor
sie stelle, aus Eifersucht, die anderen Fahrgäste könnten davon
profitieren und mir würde etwas von diesem Rausch entgehen.
Von Gestalt ist sie klein und kräftig, aber nicht unproportio-
niert. Sie ist ein dunkler Typ, hat eine unsaubere Gesichtshaut,
ihre Augenbrauen gehen in ganz feinen Härchen in die Stirn
über und auf der vollen Oberlippe zeichnet sich ein Hauch von
einem Bärtchen ab. Die Arme sind durch die Ärmel der Arbeitsschürze verdeckt und an den Beinen trägt sie Strümpfe,
aber ich weiß, daß ihr Körper sehr behaart sein muß, ihre
Schamhaare gehen sicher bis zum Nabel. Nicht wie bei der Dik-
ken vom österreichischen Filmverleih in München, deren Haare
struppig waren und hart wie Borsten — diese hier ist zart und
weich behaart, als hätte der Wind ihr schwarzes Pulver über
den Leib und übers Gesicht geblasen, das zum Teil wieder ver-
flogen ist und nur an den erregendsten Stellen haften blieb.

Sie spürt, daß ich sie wie eine Sphinx anstarre, und erwidert
meinen Blick. Dann wendet sie sich verlegen ab, und dreht mir
den Rücken zu.

Die nachdrängenden Fahrgäste zwingen mich, noch näher an
sie heranzutreten, und ich spüre ihren harten Po an meiner Hose. Aber ich wage weder sie mit meinen Händen zu berühren
noch sie anzusprechen. Ich starre ihr nur fortwährend ins Genick. Ich weiß nicht, ob sie meine Banane fühlt, die sich aufzurichten beginnt, oder ob es mein Blick ist, den sie im Nacken
spürt — sie wirft den Kopf herum und sieht mich beinahe dro-
hend an, vielleicht weil sie begriffen hat, daß sie sich nicht

195

mehr wehren kann oder nicht mehr wehren will. Meine Rübe wird so hart und riesig, und meine Hose schwillt derart an, daß ich die Gelegenheit wahrnehme, als ich durch eine von anderen Fahrgästen weitergeschubste Frau zur Seite gedrängt werde, mir in die Hose fasse und den Knüppel an meinen Bauch hochlege, damit er nicht so aufträgt.

Die Frau steht jetzt zwischen mir und dem Stiefelkind. Zum Glück ist sie mager, und ich kann um sie herumsehen. Mein Stiefelkind hatte schon nach mir gesucht, und unsere Blicke treffen sich und kleben aneinander. Sie hält meinen Blick absichtlich länger aus. Aber auch diesmal wendet sie sich wieder ab.

Ich kriege von einem Fahrgast einen solchen Stoß, daß ich gegen die Frau geschleudert werde, die zwischen uns steht, und helfe selbst noch etwas nach, so daß ich meine alte Position wiederhabe. Wieder dauert unser Blick länger als das letzte Mal. Und wieder wendet sie sich ab, als probiere sie aus, wie lange sie es durchhalten kann.

Doch die Pausen zwischen Abwenden und Ansehen werden von Mal zu Mal kürzer, während ihre Blicke von Mal zu Mal intensiver werden, als wolle sie mir klarmachen, daß sie sich nicht mehr dagegen wehrt, daß ich sie mit meinen Augen Stück für Stück entkleide. Und bei jedem Kleidungsstück, das ich ihr mit den Augen abstreife, atmet sie hörbarer und schneller.

Wir sind mindestens eine halbe Stunde mit der Straßenbahn gefahren, als ich ihr mit den Augen das letzte Kleidungsstück, die Höschen, runterstreife. Unsere Augen sind miteinander verstrickt wie zwei Körper im Liebesakt. Wir ficken mit den Augen! Sie verzerrt das Gesicht, wird vom Orgasmus durchgeschüttelt und wendet sich ab. Noch drei Stationen. Dann steigt sie aus, ohne mich noch einmal anzusehen.

Ich bleibe ihr auf den Fersen. Sie dreht sich im Gehen mehrmals hastig um, beschleunigt ihre Schritte, bis sie schließlich rennt und verschwindet in einer Toreinfahrt.

Ich gehe erst an dem Haus vorbei, um kein Aufsehen zu erregen. Dann trete ich in die Toreinfahrt, in der rechts und links Aufgänge zu den Stockwerken führen. Von dem Stiefelkind keine Spur. Ich spaziere vor dem Haus auf und ab und sehe, wie sich die Gardine hinter einem Fenster im Hochparterre zur Seite schiebt, hinter der mein Stiefelkind mich erschrocken, aber neugierig mit anderen ebenso beschürzten (wahrscheinlich auch Stiefelkinder) beobachtet. Als unsere Blicke sich treffen, fällt die Gardine zu. Wahrscheinlich gehört das Fenster zu einem der Kontore oder Lagerräume, überlege ich, denn an dem Haus sind große Firmenschilder angebracht. Ich sehe auf die Uhr. Es ist drei vorbei. Es kann also noch lange dauern, bis mein Stiefelkind Feierabend hat.

Magda ist sehr mißtrauisch geworden, weil die Mädchen in der Kärntnerstraße mir einmal zugewunken hatten.

Es ist verständlich, daß sie mich noch weniger gern allein läßt als zuvor. Sie richtet bereits eine Wohnung in der Judengasse ein, die ihr Mann bezahlt, mit dem sie irgendeinen Pakt geschlossen hat und in der sie ständig mit mir wohnen will.

Vorläufig wohne ich noch offiziell in der unheimlichen Wohnung am Naschmarkt, aber ich liege auch tagsüber mit den Mädchen lieber in den Gebüschen, auf Abhängen und Wiesen und fahre mit ihnen bis nach Ottakring hinaus.

O. W. Fischer, der inzwischen erfahren hat, daß ich mich in Wien durchschlage, schreibt an den Intendanten des Wiener Burgtheaters: ».. . erreiche, daß er sich nicht so benimmt wie Mozart beim Erzbischof von Salzburg und daß er so spielt wie Mitterwurzer . . . Kinski ist vielleicht das einzige wahre Genie unter uns. Er ist der einzige Prinz von Gottes Gnaden!«

Magda, die sich ihrerseits hinter die einflußreichsten Leute klemmt, rennt also bei dem Intendanten des Burgtheaters offene Türen ein, denn Fischers Brief ist bereits eingetroffen.

Sie trommelt gegen die Geheimtür der Bibliothek im Altersheim und überbringt mir die Nachricht, daß Rott, der Intendant des Burgtheaters, mich erwartet.

Rott und ich reden uns das Maul fusselig über den geplanten Vertrag, für den ich Höchstgage verlange, und der mich fünf Jahre ans Burgtheater binden soll. Fünf Jahre! Das ist schon wieder beängstigend für mich, aber vorläufig denke ich an meine Antrittsrolle. Torquato Tasso von Goethe.

Das Stück ist seit einiger Zeit auf dem Spielplan des Burgtheaters, und Rott gesteht mir das Recht zu, den *Tasso* nach meiner eigenen Auffassung zu spielen. Er bittet mich nur, mit dem Regisseur der Aufführung, Raoul Aslan, in Verbindung zu treten, damit ich ihm meine Ideen auseinandersetze.

Aslan, der mich in seine Wohnung einlädt, sagte mir derartigen Unsinn über *Tasso*, daß mir die Haare zu Berge stehen. Er verabschiedet mich mit den Worten:

»Und denken Sie daran, *Tasso* ist wie Toni Sailer, wenn er mit hundert Stundenkilometern eine Skipiste herunterfegt.«

Rott stellt mir die Probebühne im Dachgeschoß des Burgtheaters zur Verfügung, wo ich vier Wochen lang von niemandem gestört werde, als ab und zu von Aslans Regieassistenten, der mir die Gänge meiner Partner erklärt und im übrigen nicht den Mund aufmacht.

Die Partner selbst kommen nie zur Probe, und ich gewöhne mich an die Stühle, die mir die anderen Schauspieler ersetzen.

Goethes Text ändere ich stellenweise um und vereinfache ihn, damit vor allem die Jugend den Kampf *Torquato Tassos* versteht und auf die heutige Zeit beziehen kann. Ich darf unmöglich Sätze sagen wie: »Laß mich an deinem Busen liegen.« Rott zetert, wagt aber nicht zu widersprechen. Man wird mich später dafür als »Kulturschänder« bezeichnen.

Rott hat sich in den Kopf gesetzt, mich dem Publikum als neuen Kainz zu präsentieren. Deshalb will er, daß ich das Originalkostüm trage, in welchem Josef Kainz den *Tasso* spielte und das jetzt in einem Theatermuseum auf einer Drahtpuppe hängt. Aber es paßt mir nicht, obwohl Kainz ungefähr meine Figur gehabt haben muß. Außerdem ist es von Motten zerfressen.

Ein neues Kostüm wir originalgetreu nach dem Kostüm von Kainz aus reiner Seide angefertigt und ein vergoldeter Degen extra für mich geschmiedet. Was das alles kostet! denke ich. Aber Rott hat jährlich Millionen von Staatszuschüssen zu verbuttern. Das tut er zwar ohnehin durch seine eigenen miserablen Inszenierungen, doch will er sich in meinem Fall unter keinen Umständen lumpen lassen.

»Wir werden den gesamten Spielplan des Burgtheaters auf Sie einstellen«, sagt Rott bei den Kostümproben zu mir, während derer er noch mehrere solcher Weisheiten von sich gibt. Seine fixe Idee, mit mir den neuen Kainz eingekauft zu haben, geht so weit, daß er zwischen den Proben Fotoreporter auf mich hetzt, die mich vor das Wiener Kainz-Denkmal und vor die Kainz-Büste im Burgtheater zerren, vor denen ich posieren muß. Mich ekelt der ganze Rummel an. Die Laffen vom Burgtheater waren Kainz erst zu Kreuze gekrochen, als er bereits Krebs hatte und ihm nicht mehr viel Zeit blieb.

Zur Generalprobe treffen nun auch kleckerweise die anderen Schauspieler ein, mit denen ich schließlich das Stück spielen muß. Die meisten sind sehr gelassen und strengen sich als arrivierte »Burgschauspieler« nicht besonders an. Ich selbst bin aufs höchste überrascht, es mit richtigen Menschen aus Fleisch und Blut zu tun zu haben, weil ich mich schon so an meine Stühle gewöhnt hatte.

Aslan schlägt nach der Generalprobe die Hände über dem Kopf zusammen. Sein Traum von Toni Sailer ist für alle Zeiten ausgeträumt.

Reptilienfonds

Kortner telegrafiert mir nach Wien:

Ich bitte Sie Prinz Heinz am Münchner Staatstheater zu spielen.

Magda und ich sind unzertrennlich. Jedenfalls trennen wir uns nicht. Wir mieten eine Villenetage in Nymphenburg. Zu den Proben fahre ich jeden Morgen mit der Straßenbahn. Nachts schlagen wir uns. Ich liebe Magda, und die Schlägereien bedrücken mich. Seit meinem Herumgehure in Wien ist sie nicht davon abzubringen, daß ich sie einzig und allein deswegen nicht die ganzen Nächte bis morgens ficken kann, weil ich meine Kraft tagsüber bei anderen Frauen verplempern würde. Sie will nicht einsehen, daß mich die langwierigen, zermürbenden Proben in der verstaubten, sauerstoffarmen Luft des Münchner Staatstheaters kaputtmachen.

Meinen Vater, König *Heinrich IV.*, spielt Horwitz, der gleichzeitig Intendant des Münchner Staatstheaters ist. Er stinkt aus dem Mund und verhustet während der Vorstellungen eine der wichtigsten Szenen: *Prinz Heinz* ist überzeugt, daß sein Vater, der auf dem Sterbebett liegt, bereits tot ist. Er nimmt die Krone seines Vaters und setzt sie sich auf. In diesem Augenblick hustet (der Tote!) Horwitz.

»Nehmen Sie doch Kodein«, sage ich in der Pause zu ihm.

»Ich nehme keine Medizinen«, antwortet er selbstgefällig, und es scheint ihn nicht zu kümmern, daß er mir und vor allem dem Publikum die Szene versaut.

Während der Proben setzt Kortner extra für Horwitz eine zusätzliche Nachtprobe an, weil die Zeit drängt und Kortner an ihm verzweifelt. Kortner bittet mich, ebenfalls zur Probe zu erscheinen, weil es sich in der Hauptsache um die Szenen zwischen mir und Horwitz handelt. Ein Uhr, zwei Uhr, drei Uhr früh. Horwitz erscheint nicht. »Wir proben ohne ihn«, sagt Kortner und knirscht mit den Zähnen.

»Aber die Probe ist doch für Horwitz angesetzt«, wehre ich mich.

»Wir werden ihm morgen erzählen, was wir uns für ihn ausgedacht haben«, überredet Kortner mich. »Tu mir die Liebe und bleib.«

Ich bleibe und verfluche im stillen diesen Horwitz, dem ohnehin nicht zu helfen ist.

Arne ist in Berlin an einem lebensgefährlichen Tumor operiert worden, und ich schicke ihm den größten Teil meiner Gage, die ich mir im voraus zahlen lasse. Kortner weiß das und steckt mir des öfteren größere Summen zu. Er muß es heimlich tun, damit seine Frau es nicht sieht.

Am Tag der Premiere wird ein Haftbefehl gegen mich erlassen, und der Funkstreifenwagen ist unterwegs, um mich zu verhaften. Der Grund ist wieder irgendeine Gerichtsschuld, die ich vergessen oder von der ich nie erfahren habe. Da ich meine Gage bereits weghabe und die Summe sich, glaube ich, auf mehrere tausend Mark beläuft, telefoniert Kortner zuerst mit dem Justizminister, um meine Verhaftung aufzuschieben, und dann mit dem Finanzminister wegen der zu bezahlenden Summe. Auch A. T. schaltet sich ein und hat eine geniale Idee:

Jede Regierung, jeder Staat, jedes Bundesland, jede Stadt hat einen sogenannten »Reptilienfonds«. Das ist ein Geldfonds, der nur für beispiellose, nicht vorgesehene Fälle in Anspruch genommen werden darf. Mein Fall ist einer dieser Fälle, denn es ist zumindest für ein Staatstheater ohne Beispiel, daß der Hauptdarsteller eines Stückes am Tage der Premiere verhaftet werden soll. Wenn die Vorstellungen deswegen ausfallen müßten, wäre der Schaden für den Staat wesentlich größer, als wenn die Gerichtsschuld aus dem Reptilienfonds bezahlt würde.

A. T. erreicht, was er will. Der Reptilienfonds bezahlt meine Schuld. Auf diese Weise hat der Staat mit Staatsgeldern den Staat bezahlt! Ja, ja.

Nach der Premiere bringt mir meine Tochter, die ich ein Jahr nicht gesehen habe, Blumen in die Garderobe.

Magda und ich sind nach Wien zurückgefahren, nachdem sie sich in München auf der Straße mit Rasierklingen die Pulsadern öffnen wollte und ich sie dafür geohrfeigt habe. Die Wohnung in der Judengasse ist fertig, und Magda und ich ruhen uns von den Strapazen aus, die für sie noch größer waren als für mich. Als Magda sich beruhigt hat und wieder an meine Liebe glaubt, fahre ich nach Berlin.

An der österreichischen Grenze werde ich verhaftet, weil ich schon wieder im Fahndungsbuch stehe. Was ich bloß alles verbrochen habe! Jedenfalls will irgendein Gericht viertausend Mark von mir.

So ein Schweinezüchter von einem Pupen stößt mich in eine Zelle auf dem Salzburger Hauptbahnhof.

Ich trete mit den Füßen gegen die Zellentür, bis man mich rausläßt und ich unter Bewachung Wien anrufen darf. Ich weiß, daß Erika in Wien dreht und daß sie, wenn ich sie erreiche, mir das Geld schicken wird. Es ist vier Uhr morgens, als ich sie in ihrem Hotel aus dem Bett klingele.

Sie zieht sich an, fährt zum Telegrafenamt und überweist die viertausend Mark telegrafisch, die eine halbe Stunde später bei der Grenzpolizei in Salzburg eintreffen.

Laß dich nicht unterkriegen! telegrafiert sie dazu. Ich küsse das Telegramm.

Als mich das Blut durchkochte dreißig Jahr

»Jetzt ist er größenwahnsinnig. Er will den Berliner Sportpalast füllen!« schreibt so ein Arschloch in der Zeitung.

Ich fülle ihn! Und wenn hier einer größenwahnsinnig ist, dann ist er es.

4800 Berliner toben, nachdem ich Tucholskys *Mutter Hände* gesprochen habe.

Ich habe längst begriffen, daß man sich die Filme nicht immer aussuchen kann, vor allem nicht, wenn man immer Geld braucht wie ich. Es lohnt sich auch nicht, sie auszusuchen oder darüber nachzudenken. Einer ist wie der andere und alle zusammen sind eine einzige Zumutung. Was bleibt mir anderes übrig, als aus diesem Schiet das Bestmögliche zu machen.

Bei den ersten Filmen ist Magda noch dabei. Dann nimmt meine Hurerei wieder überhand. Von den Statistinnen, die ich in Garderoben und Toiletten ficke, bis zu meinen Partnerinnen, die ich Wand an Wand mit Magda stoße, die in unserem Zimmer nebenan auf mich wartet. Bis zu den Zimmermädchen in unserem eigenen Bett. Magda reist nach Wien.

Nach Beendigung der Dreharbeiten reise ich ihr hinterher. Ich wohne nicht in der Judengasse, sondern im Hotel. Ehe ich wieder nach Berlin muß, ruft eine Fotografin an. Sie will mich fotografieren.

Als die Fotografin abends kommt, bin ich vorsorglich im Morgenrock, wegschicken kann ich sie immer noch. Ich schicke sie nicht weg und sage, daß ich mich nur nackt fotografieren lasse, wozu sie zuerst ihr Kleid ausziehen müßte. Sie ist so überrascht, daß sie es, ohne zu widersprechen, über den Kopf streifen will. Als ihr das Kleid über Kopf und Armen hängenbleibt, weil der Reißverschluß sich in ihren Haaren verheddert, helfe ich ihr nicht, sondern nutze die Gelegenheit, ihren stämmigen Unterleib zu studieren. Dann ziehe ich ihr die Schlüpfer runter und führe sie wie eine Blinde zum Bett. Bis zum Orgasmus sehe ich nur ihren großen Arsch und ihre aufgerissene spuckende Votze, während sie unter dem hängengebliebenen Kleid brüllt und nach Luft japst, als hätte sie einen Sack über dem Kopf.

In Berlin miete ich eine leere 6-Zimmer-Wohnung in der Uhlandstraße. Jessica hilft mir, die Wände weiß zu tünchen. Die Möbel sind schnell beschafft: ein Tisch, ein Stuhl, ein paar Betten und das nötigste Küchenzeug.

Sobald bekannt wird, daß ich wieder eine Wohnung habe, werden die Gerichtsvollzieher zur Heuschreckenplage. Einem werfe ich auf der Treppe meinen einzigen Stuhl hinterher. Jessica hatte recht, als sie mir zum Kauf riet, er ist stabil und ich kann ihn danach wieder benutzen.

Solange Jessica nicht bei mir wohnt, wird meine Wohnung ein richtiges Bordell. Alle möglichen Typen, die ich irgendwann mal kennengelernt hatte, klingeln mich nachts aus dem Bett und bringen jedesmal zwei, drei Bienen mit. Ich mache gar kein Licht mehr und sehe ihre Gesichter nicht. Im Dunkeln tauschen wir die Mädchen untereinander aus und keiner weiß, wer mit wem fickt.

In einer Schultheißkneipe Ecke Kudamm saufe ich diesen verfluchten Bommerlunder nur wegen der minderjährigen Bedienung, die immer gleich mit der ganzen Flasche kommt, weil die Kneipe ihrem Vater gehört. Du hast es mit den Töchtern von Kneipenbesitzern zu tun, mein Junge, sage ich mir. Paß auf, daß du nicht eines Tages zum Säufer wirst!

Ich werde bestimmt noch zum Säufer werden, wenn ich diese aufreizende kleine Frau, die übrigens wie sechzehn aussieht, nicht endlich in mein Bordell zerren kann.

Sonntag vormittag. Es ist soweit. Ich bin schon um zehn Uhr hingegangen, weil ich weiß, daß der Hauptbetrieb nicht vor ein Uhr losgeht. Sie hat mir gesagt, daß ich Präservative kaufen soll. Ich zeige sie ihr unterm Tisch. Jetzt hat sie keine Einwände mehr und nimmt sich frei bis eins. Ihr Vater kann ihr nicht widersprechen, weil sie bis Mitternacht bedienen muß.

»Zieh zwei Gummis übereinander«, sagt sie, als sie nackt auf dem Bett liegt, während ich noch am ersten Gummi herummanipuliere. Ich hasse diese Dinge, weil ich nichts Richtiges dabei fühle.

»Eins genügt doch!«

»Nimm zwei! Das eine kann platzen! Wenn ich ein Kind kriege und sage, daß du es warst, kommst du ins Zuchthaus!«

Schon wieder eine, die mir mit Zuchthaus droht! Dabei hatte sie bereits vor einem Jahr mit einem amerikanischen Besatzungsoffizier gehurt, der sie entjungferte.

»Der Offizier hat auch zwei übereinander gestreift«, sagt sie, als wäre das ein amerikanisches Besatzungsgesetz.

»Okay, okay, hör endlich mit deinem geilen Ami auf! Ich zieh auch drei über, wenn dich das beruhigt.«

»Nein, drei ist Unsinn. Zwei. Nun mach schon, ich halte es nicht mehr aus!«

Ich komme mir vor, als hätte ich einen Winterhandschuh auf dem Ständer. Aber er ist so knochenhart und ich bin selbst so ungeduldig, diese minderjährige Hure zu stoßen, daß ich sofort wie ein aufgedrehter Wetterhahn spritze, als sie »tiefer« schreit.

Bis ein Uhr kommen wir nur auf zwei Nummern, weil ich nur fünf Präservative gekauft hatte und sie sich nicht davon überzeugen läßt, daß bei der heutigen Qualität eins genügt.

Ich habe für eine Weile von diesem »Männerschutz« genug, und die Platzanweiserin im Kino, die sich während des Films gleich neben meinen Sitzplatz kniet, um mir angeblich Grüße von ihrer Freundin auszurichten, die ich gar nicht kenne, weiß nur vom Hörensagen, daß es einen solchen Schutz überhaupt gibt.

Unglücklicherweise kommt Jessica mit Einkaufsnetzen bepackt vom Markt zurück, als die Platzanweiserin und ich, beide ohne Hosen, mitten im Zimmer stehen und miteinander verankert sind. Jessica ist allerhand von mir gewöhnt, und nur in ihren brennenden Mongolenaugen konnte ich bis jetzt lesen, wie sie meinetwegen leidet. Als wir uns überrascht zu Jessica wenden und sie sieht, daß ich meinen Bohrer in der Platzanweiserin stecken habe, ist das Maß voll.

Bis jetzt hatte ich ihr wenigstens den Anblick dessen erspart, was ich treibe. Sie läßt die Netze fallen, Apfelsinen, Äpfel, Mohrrüben und Kartoffeln kullern bis vor unsere Füße, und das glibbrige Eiweiß der zerschmetterten rohen Eier spritzt wie zum Hohn über die Dielen bis auf ihre Schuhe. Jessica stürzt aus dem Zimmer die Treppen runter.

Für einen Augenblick bleiben die Platzanweiserin und ich wie angewurzelt stehen, dann bewegt sie rhythmisch ihren Unterleib, und ich kann nicht anders, als ihre Stöße aufzufangen und mit immer stärkeren Gegenstößen zu erwidern. Ich will sie stoßen, stoßen! Aber ich will mich nicht in die Platzanweiserin ergießen. Ich will meinen Samen zurückhalten. Ich werde zu Jessica fahren und sie um Verzeihung bitten und mich dann in sie pumpen. Denn Jessica ist in erster Linie auf die anderen eifersüchtig wegen meines Samens, den sie für sich allein will. Ich stelle die Platzanweiserin gegen die Wand, so daß sie einen Widerstand im Rücken hat, und stoße sie. Ich stoße sie von vorn, von hinten, brutal, wie ein Rammbolzen und unterbreche die Prozedur nur für Augenblicke, um nicht selbst zum Höhepunkt zu kommen. Während ich sie stoße, schlage ich ihr die Brüste, den Bauch, die Arschbacken, die Schenkel — aber so sehr sie auch schreit: »Stärker! stärker! mach alles mit mir was du willst!«, so sehr sie auch wie eine Kuh spritzt und ihr der Saft die Schenkel bis zu den Waden runterläuft, und wenn auch eine unkontrollierbare Erregung sich meiner bemächtigt, ziehe ich meinen Schwanz im letzten Augenblick raus und ergieße mich nicht in die Platzanweiserin. Dann geht es wieder los. Ich stoße sie von hinten durch die ganze Wohnung, im Stehen, im Gehen. Nach jedem Stoß einen Schritt. Einen Stoß und einen Schritt, einen Stoß und einen Schritt. Dann muß sie auf den Knien kriechen, während ich sie stoße. Dann auf dem Bauch, im Robben. Dann auf dem Stuhl, von vorn, von rückwärts. Dann auf dem Tisch, sie muß sich genau über die Tischecke spreizen. Auf der Arschritze. Auf der Votze. Dann muß sie auf den Tisch steigen und im Stehen mit einer Kerze onanieren. Dann mit einer Coca-Cola-Flasche, mit einer Bierflasche, mit einer Weißweinflasche. Bis sie wieder schreit: »Fick mich! fick mich!!« Und das Ganze geht wieder von vorn los.

Gegen sechs Uhr abends sielt sie sich auf den Dielen und onaniert mit beiden Händen. Wie eine Rauschgiftsüchtige, die keinen »Stoff« mehr hat.

Als ich an Jessicas Wohnungstür klingele, macht mir ihre Mutter auf. Jessica hat eine Schlaftablette genommen und schläft. Ich gehe zu ihr ins Zimmer, ziehe mir nur die Hosen aus und spritze alles in sie, was ich mir bei der Platzanweiserin so lange zurückgehalten hatte. Als sie aufwacht und fühlt, daß ihr Unterleib mit meinem Samen voll ist, umschlingt sie mich mit ihren heißen Armen, und ich komme nicht mehr dazu, sie um Verzeihung zu bitten!

Jessica wird schwanger. Sie hat sich nach einem Kind von mir gesehnt, aber ich sage ihr, daß ich nicht bei ihr bleiben kann, und sie hat Angst davor, mit zwei Kindern allein zu sein. Ich beeinflusse sie nicht, die Frucht abzutreiben, aber ich kann es nicht verhindern, und ich habe auch kein Recht dazu.

Die Platzanweiserin schickt mir ihre Freundin, die ich, wie gesagt, nie zuvor gesehen hatte. Sie ist fünfzehn, hat das Gesicht eines zehnjährigen Kindes und den Körper einer vollentwickelten Frau. Die Platzanweiserin hatte ihr alles erzählt, und sie will, daß ich dasselbe mit ihr wiederhole und später mit ihr durch Westdeutschland fahre, wo sie als Mannequin in Nachtklubs Schlüpfer vorführen soll.

Ich wiederhole mit ihr weder, was ich mit der Platzanweiserin gemacht habe, noch will ich zugucken, wie sie in Nachtklubs Schlüpfer vorführt, aber ich fahre mit ihr in ihr möbliertes Zimmer in Friedenau, damit mich Jessica nicht noch mal überrascht.

Jessica sieht mich vier Wochen nicht, denn genau vier Wochen bleibe ich bei der Schlüpfervorführerin wohnen.

Der Tripper, den ich schon wieder habe, kann nur von ihr oder von der Platzanweiserin sein. Wahrscheinlich von der Platzanweiserin, denn Jessica hat ihn auch bekommen. Jessica und ich gehen zum Arzt.

Ich bin jetzt Stammpatient bei Professor Weißbrich, der am Kudamm seine Praxis hat und mein Freund ist. Ich brauche mich nicht anzumelden. Ich gehe einfach hin, er sagt »Na laß mal sehen«, macht einen Abstrich, streicht ihn aufs Glasplättchen, schiebt es unters Mikroskop und sagt: »Komm her, sieh selbst.« Er hatte mir die Gonokokkenbildungen schon beim ersten Mal erklärt. Seine Sprechstundenhilfe hat inzwischen die Spritze aufgezogen, ich lasse die Hosen runter, daß die eine Pohälfte frei wird, sie sticht zu, und Professor Weißbrich und ich gehen in die gute Stube, wo wir über Theater reden.

Sein Sohn geht noch zur Schule, aber er will unbedingt Schauspieler werden. Ihm überlasse ich die Schlüpfervorführerin, die mich nach einem Geschlechtsarzt fragt und die ich zu seinem Vater schicke.

Ingo spielt Gitarre wie ein Zigeuner. Wir proben die Balladen und Songs von Brecht, mit denen ich im Titaniapalast und in der Wiener Stadthalle auftreten will. Brecht ist tot. Ich bitte Helene Weigel um Texte, die mir fehlen und die ich in keiner Buchhandlung auftreiben kann. Ernst Busch überläßt mir die Noten.

Die Weigel ist eine mißgünstige Alte, die ihre Nase in alles stecken will, was sie einen Dreck angeht.

»Ich werde Ihnen das Brecht-Programm zusammenstellen«, sagt sie, als hätte Brecht ihr das noch schnell vor seinem Tod aufgetragen.

»Danke, Frau Weigel«, gebe ich zur Antwort. »Ich stelle mir mein Programm allein zusammen.«

Sie ist so verstockt, daß sie mir meinen Korb nie verzeiht.

In Wien wohnen Ingo und ich in der Wohnung der Fotografin. Bei der mit dem verhedderten Reißverschluß. Sie selbst hat einen Fotoladen und ein eigenes Labor, was sie tagsüber von der Wohnung fernhält. Nachts muß Ingo, der in einer Nebenkammer schläft, mit anhören, wie ich sie begatte. Die Fotografin kommt jetzt immer nackt direkt aus dem Badezimmer ins Bett, damit ihr das mit dem Reißverschluß ja nicht noch mal passiert. Im Hotel hatte das Kleid ihr Geschrei erstickt und gedämpft, jetzt hallen die Ausrufe der geschiedenen Frau, die, wie sie sagt, seit ihrer Scheidung vor mehreren Jahren keinen Mann mehr gehabt hat, an den hellhörigen Wänden wider, und Ingo macht keine Nacht ein Auge zu. Das stört ihn aber nicht. Er nimmt dann die Gitarre, die ohnehin seine Geliebte ist. Er spielt forte, wenn sie ausruft »Liebst du mich? Liebst du mich nicht wenigstens ein bißchen?« und ich »Nein« antworte. Piano, wenn sie nach jedem Orgasmus jammert. Und steigert wieder seinen Anschlag, wenn sie einen neuen Anlauf nimmt.

Die Fotografin muß früh aufstehen und frühstückt ohne uns. Ingo und ich schlafen bis mittag, weil wir uns die Proben einteilen können wie wir wollen.

Wenn wir munter sind, baden wir, wobei wir aus dem Badezimmer ein einziges Schaumbad machen, besprengen uns mit sämtlichen Parfüms, von denen die Fotografin eine ganze Kollektion zu bieten hat, und machen uns in der Küche zu essen. Taschengeld gibt uns die Fotografin auch. Dann gehen wir, parfümiert wie zwei Luxusnutten und angezogen wie zwei Hippies, die es außer uns noch gar nicht gibt, zur Probe.

Die Vorstellung in der Stadthalle ist ausverkauft. Unsere Zuschauer sind Halbwüchsige, Pfarrer, Nonnen, Schulkinder, Pupen, Militär, Studenten, Bürger und Prostituierte. Also alle.

Von der Aufführung werden drei Platten mitgeschnitten, die nicht im Verkauf erscheinen dürfen. Die Brecht-Erbin Helene Weigel hatte die Rechte für Plattenaufnahmen nicht freigegeben!

Erbe ist eben Erbe und die Weigel muß ja als Erbin wissen, was recht und schlecht und Brecht und nicht Brecht ist.

Es ist schade um die Brecht-Platten, von denen Zehntausende bereits gestanzt sind. Aber die Weigel wird auch irgendwann mal sterben, und vielleicht sind die Erben der Erben anderer Ansicht. Mich kümmert es nicht weiter.

Bevor ich mit Ingo nach Berlin zurückfahre, gehe ich zu Magda, die natürlich in der Stadthalle war. Sie hat ihre Tochter zu sich in die Wohnung genommen, stellt sie im Bett auf und zeigt mir ihren süßen Körper, von dem man sich vorstellen kann, daß er eines Tages hinreißend wird.

»Wenn du bei mir bleibst, gehört sie eines Tages dir, das ist gar nicht mehr so lange. Ich werde zusehen, wie du sie vögelst.«

Das nützt mir vorläufig überhaupt nichts, und ich ziehe Magda die Schlüpfer runter.

In Berlin angekommen, gehe ich in das Handschuhgeschäft am Kudamm neben Rollenhagen. Ich will mir keine Handschuhe kaufen, aber ich habe heute, als ich aus dem Feinkostladen kam, die Salami gleich auf der Straße vor dem Handschuhgeschäft aufgegessen und durch die Schaufensterscheibe eine blonde Katze gesehen, die so sexy wie Brigitte Bardot und die den männlichen Kunden Handschuhe auf die hingehaltenen Hände streift. Ich will mir auch einen überstreifen lassen. Ich wische meine nach Salami riechenden fettigen Finger an meinen Jeans ab, kontrolliere, ob ich auch keine schmutzigen Fingernägel habe, und trete ein.

Während sie den Kunden weiter bedient, habe ich Zeit, sie näher zu betrachten. Sie muß ungefähr siebzehn sein. Alles an ihr ist schamvoll und graziös, aber dieses Kätzchen kann mir nicht verhelen, daß es im Bett zur Bestie wird. Ihr enger, etwas abgetragener Rock und ihr knapper, handgestrickter Babylook-Pullover, aus dem sie längst herausgewachsen ist, lassen mich ahnen, was ich noch heute, jetzt, sofort, nackt vor mir sehen will: die kleinen Bälle ihrer Titten, die bei jeder ihrer fröhlichen Bewegungen nur ganz leicht erzittern, als wüßten sie, daß sie sich hier zu benehmen haben. Die Formung ihres Schulmädchenbauches, der besonders von der Seite sichtbar wird. Der herausfordernde Po der Kindfrau, der von der Seite mit dem Bäuchlein eine S-Kurve bildet. Ihre Taille ist so schmal, daß ich sie mit zwei Händen umfassen könnte. Ihre Waden sind schlank, fast dünn, richtige Kinderwaden, die kaum wahrnehmbar goldblond behaart sind.

Die Augen sind grüngrau, wie die von vielen Katzen. Die

durchbluteten Lippen sind aufgequollen wie der Mund eines durstigen Säuglings.

Als sie mich sieht, überfliegt ein helles Rosa ihre reine weiße Haut.

»Was für Handschuhe wünschen Sie, mein Herr?«

»Möglichst enge, die Farbe ist mir gleich.«

Ich hätte es anders formulieren sollen, aber es ist zu spät. Einen Augenblick steht sie unschlüssig, und es tut mir leid, daß ich sie verwirrt habe. Dann sieht sie mich an, als hätte sie begriffen, daß ich gar keine Handschuhe kaufen will, und schlägt lächelnd die Augen nieder.

Sie streift mir ein paar braune über meine hingehaltene Hand, wobei ich die Ellenbogen auf den Ladentisch aufstützen muß. Zuerst stülpt sie mir den ganzen Handschuh über. Dann strafft sie das Leder über den Fingern. Von den Fingerspitzen abwärts, als massiere sie sie, Finger für Finger.

Das war die linke Hand, die ich in derselben Stellung lasse. Jetzt stütze ich den rechten Ellenboden auf und halte auch die rechte hin.

Ich spüre ihre eigenen heißen Finger durch das Leder, als hätte ich gar keinen Handschuh auf der Hand. Mir ist, als ob ich ihre Haut auf meiner fühle. Dabei sehe ich sie ununterbrochen an. Sie erwidert meinen Blick nicht, aber auch sie scheint das Gefühl zu haben, und es ist sicherlich das erste Mal bei einem Kunden, daß sie die hingehaltenen Finger tatsächlich massiert. Wer weiß, woran sie denkt? Ich jedenfalls denke, daß meine zehn Finger zehn Schwänze sind, die sie massiert, einen nach dem anderen. Ich kann hier nicht ewig mit zehn gespreizten steifen Schwänzen stehen.

»Wollen Sie mit zu mir kommen? Bei mir wohnen? Bei mir bleiben? Und diese Handschuhüberstreiferei aufgeben?«

Sie sieht mich immer noch nicht an, und sie hört auch nicht auf, meine Finger zu massieren.

»Wann?«

»Sofort.«

Hinter dem Vorhang zum Hinterstübchen kommt ihre Chefin hervor.

»Ist der Herr zufrieden?«

»Ja. Aber nicht mit den Handschuhen, ich nehme ihre Verkäuferin mit. Machen Sie das letzte Monatsgehalt fertig, sie kommt nicht mehr wieder.«

Der Ollen verschlägt es die Sprache. Bevor sie sich wieder gefangen hat, sind Gitta und ich aus dem Laden.

Das Monatsgehalt bekommt Gitta nicht, weil sie ihrer Chefin nicht ordnungsgemäß gekündigt hatte. Sie braucht den Hungerlohn auch nicht, den die Alte für einen Lehrling bezahlt. Ich habe Verträge für Tourneen abgeschlossen, und Gitta wird alles haben, was sie sich wünscht.

Gittas Mutter, die sich Sorgen machen würde, wenn ihre Tochter über Nacht wegbleibt, schicken wir ein Telegramm:

Bin bei meinem zukünftigen Mann stop
stelle ihn Dir bald vor stop
mache Dir keine Sorgen um mich
Deine Gitta

Sobald ich Gitta nur für einen Augenblick aus den Armen lasse, kümmert sie sich um die Wohnung. Bis jetzt haben wir das Geld noch nicht im Überfluß, aber Gitta ist bei ihrer Mutter in bescheidenen Verhältnissen aufgewachsen und für jede Blume dankbar, die sie auf dem Markt ersteht. Alles was sie anfaßt, wird schön, und bald hat sie mit nur wenig mehr Möbeln und Gegenständen aus der kahlen, weißgetünchten Sechs-Zimmer-Wohnung ein verträumtes Liebesnest geschaffen, in dem sie sich wohl fühlt.

Dann kleide ich sie mit dem Wichtigsten ein. Jeder Fetzen, den sie aussucht und anprobiert, steht ihr und sitzt wie auf den Leib geschneidert. Sie will nie das Teuerste und fragt jedesmal nach dem Preis. Ich werde noch viele Jahre brauchen, um so klug zu werden wie sie.

Dann beginnt der Amoklauf der Tourneen. Ein Amoklauf ohne Ende. Zuerst Berlin, wieder der Sportpalast. Dann München, Frankfurt, Hamburg. Dann alle anderen Städte hundertmal. Tausendmal.

Gitta ist immer mit. Sie wird nie müde, sich um jeden lästigen Dreck zu kümmern, wozu ich keine Nerven habe, weil die Vorstellungen das letzte von mir fordern. Gitta sitzt jeden Abend in der Vorstellung. In den Pausen kommt sie in meine Garderobe, um mir den Schweiß von Gesicht und Körper zu trocknen. Sie erträgt alle meine Exzesse und hilft mir mit ihrer nie versiegenden Liebe.

Wir reisen im Auto (ich habe einen großen Jaguar gekauft), im Zug, im Flugzeug. Wir schlafen kaum, meistens geht es dieselbe Nacht weiter. Während der ersten Tournee trete ich hundertzwanzigmal hintereinander auf und gebe am einem Wochenende fünf Vorstellungen in vierundzwanzig Stunden. Immer mehr Vorstellungen. Immer mehr ausverkaufte Häuser. Und ich will immer mehr Geld. Denn ich werfe alles Geld wieder zum Fenster raus.

Zuerst bekomme ich fünfhundert Mark pro Abend, dann siebenhundert, achthundert, tausend. Ich komme auf zehntausend Mark pro Vorstellung. Wir steigen in den teuersten Luxushotels ab, bewohnen die Fürstenappartements und essen und trinken, worauf wir Appetit haben.

Gitta kann sich wünschen, was sie will, ich werde es bezahlen. Aber Gitta ändert sich nicht. Sie bleibt so bescheiden und anspruchslos wie sie war und freut sich mehr über eine einzige Rose als über einen teuren Ring. »Wie viele Tage hat ein Jahr?« frage ich meinen Tourneeunternehmer.

»Dreihundertfünfundsechzig, Warum?«

»Dann machen Sie mir dreihundertfünfundsechzig Vorstellungen pro Jahr.«

Glücklicherweise ist der Mann besonnener als ich und lehnt es ab, an meinem Selbstmord beteiligt zu sein, wie er sagt.

Gitta ist jetzt im neunten Monat und begleitet mich immer noch. Wir rasen im Jaguar nach Kiel. Obwohl der peitschende Schneeregen die verschneite Autobahn in einen gefährlichen Matsch verwandelt, zeigt die Tachonadel nie weniger als 200 an. Ich kann den Fuß nicht vom Gaspedal nehmen, wenn wir es bis zur Abendvorstellung schaffen wollen. Wir preschen an den

Vopos der Ostzone vorbei. Durch die Absperrung, die gerade heruntergelassen wird. Die Vopos schießen hinterher.

Kurz vor Kiel setzt sich ein Volkswagen von rechts nach links direkt vor unsere Nase, ohne ein Blinksignal gegeben zu haben, und obwohl ich mit aufgeblendeten Scheinwerfern fahre. Ich versuche, die Geschwindigkeit abzubremsen. Wir geraten ins Schleudern, und der Jaguar wird an der linken Seite von den Stahlschienen der Fahrbahnteilung eingerissen. Weiter! Weiter!

Wir kommen in Kiel an, als die Zuschauer schon auf ihren Plätzen sitzen, und warten, daß der Vorhang aufgeht. Ich hetze so wie ich bin auf die Bühne. Nach der Vorstellung geht es weiter.

Auf der Fahrt nach Hamburg, wo ich am nächsten Vormittag Schallplatten für die Deutsche Grammophon besprechen soll, kommt der Jaguar auf Glatteis trotz gedrosselter Geschwindigkeit ins Schleudern. Ich fange ihn ab. Aber wir werden so nahe an einen 8-Tonner herangetragen, daß ich das Steuer nach links einschlagen muß und wir bis auf die gegenüberliegende Fahrbahn schwimmen.

In zirka hundertfünfzig Meter Entfernung kommt uns ein anderes Auto entgegen. Ich hätte noch Zeit genug, den Jaguar auf die rechte Fahrbahn zurückzubringen — aber ein anderes Fahrzeug, das ich nicht gesehen hatte, biegt von einer Zubringerstraße in hoher Geschwindigkeit auf die für mich entgegengesetzte Fahrbahn ein und kommt schnell näher. Ich versuche vorsichtig, den Jaguar auf meine Fahrbahn zurückzusteuern. Es gelingt mir nicht. Das aus der Zubringerstraße eingebogene Fahrzeug rast auf uns zu. Es bleibt mir keine andere Wahl, als das Steuer herumzureißen. Ich habe den Schwung schon ausgeglichen, als der Jaguar, mit dem Heck zuerst, ausschert. Wir drehen uns zweimal um die eigene Achse. Der Jaguar ist nicht mehr zu halten, wir schlittern eine Böschung herunter und überschlagen uns. Der Jaguar steht auf dem Kopf.

Die Rückenlehnen unserer Sitze sind zerbrochen, aber wir sind immer noch angeschnallt. Als ich zu mir komme, höre ich Gitta wimmern. Die Türen sind verklemmt. Es gelingt mir ein

Fenster einzutreten. Ich krieche ins Freie, und bevor der Wagen explodiert, zerre ich Gitta aus den Trümmern.

Sie kann mit dem einen Bein nicht auftreten. Außerdem hat sie einen Schock erlitten und stammelt wirres Zeug. Ich versuche, sie zu beruhigen, und nehme sie in meine blutenden Arme. Der Kofferraum war durch den Aufprall aufgesprungen, und ein Teil unserer Koffer sind herauskatapultiert. Aber unsere Mäntel sind nicht mehr zu retten. Ich drücke Gitta ganz fest an mich, um sie vor der schneidenden Kälte zu schützen.

Inzwischen haben andere Autos angehalten, und die Insassen eilen uns zu Hilfe. Etwas später treffen Feuerwehr und Pupen am Unfallort ein.

Ich selbst habe außer ein paar Wunden an den Armen eine faustdicke Beule auf der Stirn. Gitta hat sich wieder gefaßt und kann jetzt auch gehen. Es ist ihr nichts passiert. Unser Kind strampelt ungeduldig in ihrem Bauch.

Nachdem die Formalitäten mit den Pupen erledigt sind, nimmt ein Funkwagen uns bis zur nächsten Ortschaft mit, und wir fahren mit einem Taxi bis Hamburg weiter.

In Hamburg bespreche ich fünf Schallplatten, während Gitta sich endlich einmal ausschläft. Dann kaufe ich Babywäsche, ein Paar Schuhchen aus hellblauem Leder mit weißen Spitzchen und rolle einen riesenhaften Bären auf Rädern vor Gittas Bett, auf dem unser Kindchen später reiten soll. Einen Tag darauf fliegen wir nach Berlin.

Noch am selben Abend beginnen Gittas Wehen. Ich bringe sie in die Klinik, die wir vorher ausgesucht hatten, und ich darf zusehen, wie Gitta unser Kind gebärt.

Ich hatte es schon bei einer Katze auf der Straße gesehen und bei einem Hund, der seine Jungen auf einem Müllablade-platz gebar. Ich hatte gesehen, wie ein Lämmchen auf einem Lastwagen geboren wurde und ein Fohlen mitten auf der Wiese: Es ist einer von den Momenten, in denen man Gott spürt und der so unsagbar glücklich macht. Unser Kind ist ein Mädchen, und wir nennen es Aglaja.

Die erste Nacht bleibe ich in der Klinik und schlafe mit Gitta in ihrem Zimmer. Dann fahre ich in die Uhlandstraße, nachdem ich alle Blumengeschäfte am Kudamm ausgeplündert und tausend Rosen gekauft habe, und mache aus der Wohnung ein Blumenmeer. Aglaja wird die erste Zeit in ihrem Kinderwagen schlafen. Ich habe ihn aus England kommen lassen. Einen mit großen Rädern, der aussieht wie die Kutsche der englischen Königin. Auch die Farbe ist Absicht: Er ist perlgrau mit weißem Verdeck. Wie unser Jaguar, in dem Aglaja in Gittas Bauch vierzehntausend Kilometer über Autostraßen gerast war.

So weh es mir tut, Aglaja und Gitta allein zu lassen, ich muß wieder weg. Ich muß meine Verträge erfüllen.

Nach weiteren viereinhalb Monaten breche ich die Tourneen ab. Ich gehe dabei drauf. Außerdem kann ich nicht so lange ohne Gitta und Aglaja sein.

Wir mieten eine Villa am Rande des Grunewalds. Sieben Zimmer, drei Bäder, Garage und ein großer Garten mit einem Buddelplatz für Aglaja. Die Villa ist die Nachbildung eines Rokoko-Pavillons mit Putten auf dem Dach und einer geschwungenen Freitreppe in den Garten, in dem Goldregen, Rhododendron, Flieder und Rosen blühen.

Ich räume für Aglaja einen halben Spielwarenladen aus. Kaufe Gitta Kleider, Pelze, Schmuck und die teuersten Parfums. Ich lasse mir Maßanzüge schneidern für tausend Mark das Stück. Seidene Hemden. Handschuhe, Schuhe und sogar seidene Unterhosen nach Maß. Ich lasse Bettwäsche anfertigen aus Batist mit Rüschen und Spitzen und Kissen und Bettdecken aus feinsten Daunen.

Gitta und ich lernen Tennisspielen und reiten, und ich kaufe Gitta und mir ein eigenes Pferd.

Jeder Tag, den wir zusammen erleben, ist ein Fest. Ein Fest für uns drei, für Gitta, Aglaja und mich. Ich kaufe so maßlos viel ein, daß der Tisch im Eßzimmer sich überladen biegt und aussieht wie die Tafel in einem Königspalast. Das Auf- und Abdecken allein dauert Stunden: Blumen, Berge von Früchten, die verschiedensten Weine, Schnäpse, Liköre in bunten geschliffenen kristallenen Karaffen, ganze Braten, Gänse zu jeder Jahreszeit, Wild, Marzipan, Konfekt.

Wir essen von feinstem Meißner Porzellan und mit goldenem Besteck.

Der Traum des Straßenjungen ist Wirklichkeit geworden. Aber ich will das alles nicht mehr für mich. Die Sehnsucht danach habe ich längst überwunden. Außerdem weiß ich, daß dieses idyllische Glück nicht von Dauer sein wird. Ich kann nicht gegen meine Natur — denn obwohl ich vor grundloser Eifersucht krank bin, werde ich rückfällig, nachdem ich Gitta bis jetzt noch nicht ein einziges Mal betrogen hatte.

Es fängt damit an, daß ein Lehrmädchen aus dem Geschäft, in dem wir für Aglaja Babykleidchen gekauft haben, das große Paket nach Ladenschluß ins Haus bringt. Gitta ist bei Aglaja im Zimmer und säugt sie. Ich öffne die Tür. Das Lehrmädchen hat sich besonders herausgeputzt, trägt ein modisches, sehr kurzes Kleid, und ihre Lippen sind mit einem besonderen Lippenstift stark und klebrig geschminkt. Ich nehme das Paket entgegen und bitte sie, einen Augenblick im Vorraum zu warten, während ich nach einem Zehnmarkschein suche, den ich ihr als Trinkgeld geben will.

Als ich in den Vorraum zwischen Haustür und Entrée zurückkomme, von dem aus eine Tür direkt in die Gästetoilette führt, sieht das Mädchen mir in die Augen, als erwarte sie etwas anderes als den Zehnmarkschein, den ich ihr mit der linken Hand entgegenhalte und den sie gar nicht wahrnimmt.

Wie in Trance drücke ich die Klinke der Gästetoilette herunter, auf die ich mechanisch meine rechte Hand gelegt hatte, fasse dem Mädchen mit der linken Hand an die Votze, schiebe sie in die Toilette und verschließe die Toilettentür hinter uns.

Das Ganze hat höchstens fünf Minuten gedauert. Dann bringe ich Gitta das Paket, und wir probieren Aglaja den ganzen Nachmittag die Kleidchen an.

Würde Gitta mir nachspionieren oder auch nur den geringsten Verdacht haben, daß ich sie betrüge, hätte ich weniger Gewissensbisse. Aber Gitta hat solches Vertrauen zu mir, daß sie mich nicht ein einziges Mal fragt, wo ich hingehe oder warum ich oft erst gegen Morgen nach Hause komme. Ich sage »ich muß weg«, das genügt ihr. Mir selbst ist es unerklärlich, warum ich sie von jetzt ab immer öfter mit anderen Mädchen hintergehe. Denn ich liebe Gitta wirklich, und ich bin gierig nach ihr wie am ersten Tag. Mehr noch. Ich werde immer gieriger. Und sie wird immer erotischer, je öfter und schamloser ich sie nehme. Wir ficken, wo wir gehen und stehen.

Ich ziehe ihr die Schlüpfer über den Po herunter und stoße sie, während sie vor den Kochtöpfen steht und kocht. Ich überrasche sie, wenn sie auf dem Klo sitzt, und befriedige sie und mich im Sitzen. Es ist nicht nur ihr Leib, der mich so geil macht. Ihr kindliches, unerfahrenes Gesicht regt mich gleichermaßen auf.

Ich lasse sie vor den großen Spiegeln am Finger lutschen, sie streckt im Stehen den Hintern aus, so daß ich sie von vorn und hinten gleichzeitig sehen kann, oder wir stellen uns seitlich, damit auch sie sieht, wie ich sie ficke, und wir beide hören nicht auf, bis wir keine Kraft mehr haben und einfach nicht mehr können.

Ich setze sie rittlings auf meinen Schoß, während Aglaja an ihren Brüsten saugt, was sie besonders stark zum Orgasmus bringt.

Ich wecke sie zu jeder Nachtzeit. Ich bringe sie in die verschiedenen Stellungen, während sie noch schläft. Ihr Körper ist immer heiß und willig, und sie kommt zum Orgasmus, bevor sie noch zu sich kommt.

Ich erhalte einen Brief mit einem großen Adelswappen. Eine englische Gräfin schreibt mir und fragt mich, ob ich bereit bin, auf einem ihrer Schlösser die *Hamlet*-Monologe für sie allein zu sprechen. Gage pro Abend zehntausend Mark. Sie wird nach Berlin kommen und mich anrufen, um meine Antwort aus meinem Munde zu erfahren.

Eine Woche später ruft sie an. Ich verabrede mich mit ihr im Tiergarten. Man kann nie wissen. Wir gehen lange spazieren und sprechen über *Hamlet*. Sie ist nicht besonders hübsch, aber wenn ich das, weswegen ich glaube, daß sie mich nach England lotsen will, gleich hier erledigen kann, um so besser. Ihre Hamlet-Macke reizt mich nicht besonders.

Es fängt an zu nieseln. Ich sage, daß wir uns im Gebüsch vor

217

dem Regen schützen könnten, und wir schlagen uns ins Dik-
kicht. Wir haben einen Platz gefunden, wo wir von keiner Seite
einzusehen sind. Sie ist etwas geniert, als ich sie völlig nackt
ausziehe und sie auf die feuchte Erde lege. Sie hat ihre Periode.
Das stört mich aber nicht.

Als es längst dunkel ist, sage ich, daß ich gehen muß. Sie
bleibt noch im Gebüsch. Ich orientiere mich an der Siegessäule,
gehe ein Stück durch den Regen, um den Geruch ihres Blutes
loszuwerden, mit dem ich behaftet bin. Auf einer Normaluhr
sehe ich, daß es Mitternacht wird. Ich halte ein Taxi an.

In unserer Villa schläft alles. Als ich mich im Ankleidezimmer ausziehen will, entdecke ich, daß mein Hosenschlitz blutverschmiert ist. Ich schleiche in die Küche und wasche die
Schlitzpartie unter einem kalten Wasserstrahl aus. Dann hänge
ich den nassen Teil der Hose über die Zentralheizung, krieche
zu Gitta ins Bett und ergieße mich noch einmal in sie, während
sie mich im Schlaf umschlingt.

Zwei Wochen später ruft Scotland Yard bei uns an und fragt,
ob ich weiß, wo die Gräfin abgeblieben ist, da sie nicht nach
England zurückgekehrt sei und sie bei ihrer Familie nur meine
Adresse hinterlassen hätte. Ich sage, daß ich die Gräfin nur
ganz kurz gesprochen hätte, daß sie bei mir anrufen wollte, sich
aber nicht mehr gemeldet habe. Die Gräfin ist also verschwunden, denke ich. Wenn das man gutgeht.

Gitta ist heute zu ihrer Mutter gefahren und bleibt mit Aglaja über Nacht. Ich rufe Jessica an und sage ihr, daß sie kommen
soll. Wir ficken im Salon auf dem Sofa vor dem brennenden
Kamin. Als der Morgen graut, verabschieden wir uns, und ich
lege mich schlafen. Als Gitta um elf Uhr vormittags mit Aglaja
nach Hause kommt, ziehe ich sie so wie sie ist, in Kleidern, ins
Bett.

Gitta glaubt, daß sie wieder schwanger ist. Wir beide wissen
nicht in welchem Monat. Sie verliert den Embryo auf dem Klo.
Sie hatte sich die Hand untergehalten und bringt mir aufgeregt,
was sie in ein Kleenex eingewickelt hat. Der Körper sieht aus
wie ein kleiner weißer Frosch, Arme, Beine, Hände und Füße
sind beinahe ausgebildet, der Kopf ist nur an seiner Form er-

218

kennbar, und das Gesicht hat noch keine Konturen. Nur da, wo man die Augen vermuten würde, befinden sich zwei stecknadelgroße dunkle Punkte. Gitta und ich sind furchtbar erschrocken und so traurig, als hätten wir das Kind bereits gekannt Wir gehen in den Grunewald und begraben den Embryo. Gitta ist ein paar Tage sehr schlapp und niedergedrückt. Dann hat sie sich erholt, und ich versuche sie abzulenken, damit sie nicht mehr an das furchtbare Erlebnis denken muß.

Filme, Filme, einer nach dem anderen. Ich lese die Drehbücher nicht mehr, damit mir nicht übel wird, bevor die Dreharbeiten beginnen.

Flucht ohne Wiederkehr wird in Wien gedreht, genau gesagt, an der ungarischen Grenze, aber wir wohnen in Wien. Magda stellt uns ihre Wohnung in der Judengasse zur Verfügung. Sie will es so. Sie liebt Gitta und Aglaja, von denen ich ihr geschrieben und Fotos geschickt hatte, und Gitta und Aglaja lieben sie. Aglaja ist jetzt fast ein Jahr und stellt sich in ihrem Kinderbettchen auf. In den Parkanlagen am Kärntnerring läuft sie zum erstenmal an meiner Hand.

Die meiste Zeit bin ich am Drehort, siebzig Kilometer von Wien, und übernachte auch manchmal in dem kleinen Grenzdorf, wenn die Straßen zugeschneit sind oder ich abends zu müde bin, nach Wien zurückzufahren. Vor allem komme ich aus einem anderen Grund immer schwerer von diesem Kuhdorf los, das berühmt ist für die Storchennester auf den Schornsteinen seiner Häuser und für den Wein, der alle besoffen macht.

Sonja Landrowska ist meine Partnerin, und wir stürzen uns vom ersten Tag an so unbezähmbar aufeinander, daß wir das ganze wackelige Hotel aufwecken. Alle hören mit. Wir selbst können uns um nichts anderes kümmern. Wir laugen uns gegenseitig vollkommen aus und müssen Kreislauftropfen nehmen, weil wir zwischen den Aufnahmen wie zwei Leichen in unseren Stühlen sitzen und nicht mal mehr die Kraft zum Essen haben.

Bei den Aufnahmen räuchern diese Rindviecher mich beinahe bei lebendigem Leib. Ich muß ins Schilf, in dem ich laut Drehbuch verbrennen soll. Das Schilf wird mit achtzig Liter Benzin in Brand gesteckt. Der Wind dreht, und die Flammen schlagen vor und hinter mir zusammen. Ich zertrete die Eiskruste über dem schlammigen, flachen Wasserspiegel, werfe mich ins Wasser, um meine Kleider und Haare zu durchtränken, und stürme mit gesenktem Kopf wie ein Stier durch die Feuerwand. Dabei komme ich mehrmals zu Fall und zersteche mir die Venen meiner Unterarme an den Schilfstoppeln, die so scharf sind wie Messer. Das Blut schießt mir aus den aufgestochenen Venen.

»Großartig«, blökt so ein Arsch von Regisseur.

Aber diese Bande hat nicht einmal ein Heftpflaster parat, und ich muß die Venen mit meinem in Streifen gerissenen Hemd abbinden.

So ähnlich sieht jeder Tag aus, den wir in diesem endlosen und größten Schilfgebiet Europas zubringen und wohin wir uns nur auf Fahrzeugen mit Raupenketten vorarbeiten können, weil man streckenweise glatt im Schlamm versinken würde. Aber weder die viehische Arbeit noch meine verbundenen Arme hindern mich daran, die Nächte mit Sonja schlaflos zuzubringen, das ganze wackelige Hotel aufzuwecken und es mit jedem Mal ärger zu treiben.

Sonja muß zum Zahnarzt nach Wien, um sich einen Zahn ersetzen zu lassen. Ich soll in der Zwischenzeit ohne sie drehen. Damit wir uns auch nicht für einen einzigen Tag trennen müssen, schlage ich mir mit einem Hammer einen Schneidezahn aus. Jetzt muß ich auch zum Zahnarzt, weil ich mit der Zahnlücke nicht drehen kann, und Sonja und ich fahren in ihrem Wagen nach Wien.

Wir brauchen für die siebzig Kilometer einen vollen Tag, weil wir in jeden Seitenweg fahren. In Wien gehe ich nicht in die Judengasse. Sonja und ich ziehen ins Hotel. Nachdem wir beim Zahnarzt waren, rufen wir die Produktion an und sagen, daß wir drei Tage auf unsere Zähne warten müßten, was sogar stimmt.

Auf dem Rückweg unterbrechen wir immer wieder die Fahrt, sobald sich ein Seitenweg auftut. Wenn wir nicht mehr können, fahren wir weiter. Aber das dauert nicht lange, und wir halten

Ausschau nach dem nächsten Seitenweg. Als es dunkel wird, suchen wir gar nicht erst lange und fahren einfach ein paar Meter auf einen hartgefrorenen Acker. Wir schließen die Türen ab und ziehen uns nackt aus. Als wir schweißüberströmt ineinander verklammert sind und Sonja beim Orgasmus mit den Beinen strampelt und mit dem Fuß gegen den Knopf der Hupe auf dem Lenkrad tritt, leuchtet ein Feldgendarm mit der Taschenlampe durch die von der Hitze unserer Leiber beschlagenen Scheiben ins Auto. Ich setze mich nackt wie ich bin ans Steuer und fahre so scharf los, daß der Pupe zur Seite springen muß.

Sonja und ich haben ein paar Tage drehfrei. Aber ihr Mann ist aus Berlin gekommen, und sie muß die nächsten Tage mit ihm verbringen. Gitta ist mit Aglaja, Magda und ihrer Tochter in die Berge in die Nähe des Mondsees gefahren, und Gitta hat mich per Telefon gebeten, nachzukommen.

Die Schlüssel für die Judengasse sind beim Portier. Da Sonja unmöglich von ihrem Mann wegkann, verabrede ich mich für den folgenden Tag um zehn Uhr vormittags in der Judengasse mit Bärbl U., die in unserem Film die zweite weibliche Rolle spielt und die ich wegen Sonja bis jetzt nicht ficken konnte, worüber sie sehr verärgert war.

Ich muß in jedem Fall über Wien. Während ich in der Judengasse auf sie warte, packe ich ein paar Sachen zusammen für die Ferientage im Gebirge. Mein Zug geht um 15.10 Uhr.

Punkt zehn steht Bärbl vor der Tür. Ich habe die Tür noch nicht wieder geschlossen, als sie auf dem Korridor Mantel und Handtasche fallen läßt und anfängt, sich die Schlüpfer auszuziehen, wobei sie wie ein Hase ins Zimmer hopst. Sie weiß, daß wir nur vier Stunden haben. Sie ist eins von diesen schwänzefressenden Weibern, die einen schon geil machen, wenn sie noch ganz dick eingemummelt sind und man noch gar nicht ihre Körperformen ahnen kann. Sie ist gut genährt und so kräftig wie ein Kerl. Dazu kommt, daß sie die letzten Wochen vor Begierde fast geplatzt ist.

Ich bin fix und fertig, nachdem ich sie bis 14.25 Uhr auf die brutalste Weise habe bearbeiten müssen. Wir haben keine Zeit mehr, uns zu waschen. Der Fahrtwind des Zuges und die frische

Schneeluft am Mondsee werden mir hoffentlich ihren starken erregenden Geruch von der Haut und aus meinen Haaren blasen.

Aus dem Bauernhaus, in dem sie wohnen, läuft Aglaja mir entgegen. Ich hebe sie über meinen Kopf und wirble so lange mit ihr herum, bis sie vor Lachen nach Luft japst und sich die ganze Erde um mich dreht. Dann kommen Gitta, Magda und ihre Tochter. Magdas Tochter ist jetzt zehn. Sie umarmt mich so fest, daß ich mich mit Gewalt von ihr losmachen muß, weil Gitta das schon auffällt. Sie küßt mich mit offenen, nassen Lippen ununterbrochen auf den Mund und sagt wie eine aufgezogene Puppe, aber aufs äußerste erregt:

»Ich liebe dich . . . ich liebe dich . . . ich liebe dich . . . ich liebe dich . . .«

Mir ist es ja recht, aber Gitta nicht. Magda sagt nichts. Sie lächelt nur listig.

In Berlin geht es mit der Landrowska weiter. Und als wäre es unsere Bestimmung, uns öfter zu begegnen, als sie ihrem Mann und ich meiner Frau, drehen wir gleich mehrere Filme hintereinander zusammen. Wenn wir in Spandau drehen, fahren wir in der Mittagspause an die Havel, wobei ich ihr, wenn wenig Zeit ist, nur die Schlüpfer bis über die Pobacken runterstreife, während sie sich etwas nach vorn beugt und einen Baum umklammert. Wenn mehr Zeit ist, weil wir nach dem Essen nicht gleich drankommen, gehen wir tiefer ins Gehölz und ziehen uns aus. Wenn wir in Tempelhof drehen, fahren wir abends auf dem Rückweg durch den Grunewald. Meistens tun wir es im Auto. Immer nackt.

Der nächste Film ist in Hamburg. Wir fahren in Sonjas Wagen, und sie klingelt an unserem Haus, um mich abzuholen. Gitta und ich hatten uns geschlagen. Es ist das erste Mal, daß wir so erbittert aufeinander losgegangen sind. Seit ich der Landrowska das erste Mal begegnet bin, ist eine Spannung zwischen mir und Gitta entstanden, die sich von Tag zu Tag zuspitzt und sich, wenn sie nicht mehr zu ertragen ist, in Beschimpfungen und Schlägereien entlädt. Ich glaube nicht, daß sie von meinem Verhältnis mit Sonja weiß, jedenfalls hat sie keine genauen Anhaltspunkte — aber sie ist oft traurig und abwesend, was ganz und gar gegen ihre Natur ist. Nur Aglaja, die nie etwas anderes als Freude ausstrahlt und die jeden glücklich machen muß, der sie sieht, hilft Gitta über diese Depressionen hinweg.

Die Landrowska kommt nicht ins Haus und wartet seit einer halben Stunde im Auto. Gittas Augen sind vom Weinen verquollen, und sie fängt immer wieder zu weinen an. Ich bin verzweifelt und ratlos über das, was ich angerichtet habe, während die Frau, mit der ich sie von neuem betrügen werde, vor unserer Haustür auf mich wartet. Aber ich kann die Abreise nicht verzögern, weil wir bis zum späten Nachmittag in Hamburg sein müssen. So lasse ich Gitta in diesem entsetzlichen Zustand zurück.

Als ich zu Sonja ins Auto steige, hat sie begriffen, was sich abgespielt hat, und fragt nichts.

Aber auch Sonja wird das Opfer dieser Spannung, die sich von mir auf sie überträgt. Als ich mich in Hamburg weigere, mit ihr ins Hotel Bellevue zu ziehen, weil ich lieber im Prem wohne, versteht sie es falsch und tritt die Wagentür mit solcher Wut zu, daß die Scheibe zersplittert. Sie kommt immer zu mir ins Prem, wenn wir nicht im Studio sind, und wir gehen, wenn wir Hunger haben, auch nur ein Haus weiter ins chinesische Restaurant essen, um keine Zeit zu verlieren, aber wohnen und schlafen tun wir nicht zusammen.

An den Wochenenden drehen wir nicht und fahren nach Travemünde. Als sie mich Freitagabend abholt, ist sie bis zum Hals mit Whisky voll. Ich sage, daß ich den Wagen fahre. Sie weigert sich. Auf der Autobahn nach Travemünde fährt sie mit hundertachtzig Sachen, schneller geht ihr Mercedes nicht. Dabei paßt sie nicht mal auf die Straße auf, sondern sieht mich so oft es geht herausfordernd an.

»Guck nach vorn, wenn du schon besoffen bist!«

»Stört es dich, daß ich besoffen bin?«

»Nein. Aber daß du besoffen 180 fährst.«

»Hast du etwa Angst?«

»Ich habe vor nichts Angst. Aber ich möchte dich lieber in

Travemünde ficken, als getrennt von dir in einem Blechsarg liegen.«

Der Rock ist ihr bis zum Bauch hochgerutscht. Als sie sieht, daß ich ihr auf die Schenkel starre, macht sie die Beine breit, ohne deswegen den Fuß vom Gaspedal zu nehmen. Zuerst massiere ich ihre Klitoris, bis es ihr so stark kommt, daß ich mit der rechten Hand ins Steuer greifen muß. Dann wühle ich meinen Mund zwischen ihre Beine. Als der Stoffbezug von ihrem Sitz durchgeweicht ist, stecke ich ihr den Zeigefinger rein. Ihr Unterleib arbeitet so stark, daß sie die Beine hochwirft und den Fuß dabei vom Gaspedal nimmt. Ich trete ihren Fuß auf den Gashebel zurück, während sie in wilden Zuckungen spritzt und gleichzeitig steuert.

In Travemünde machen wir den Versuch, wenigstens tagsüber für ein paar Stunden an den Strand zu gehen, um unsere Lungen durchzupusten. Aber als sie sich sogar breitbeinig ohne Höschen vor mich in den Strandkorb setzt, gehen wir wieder in unsere Pension, wo wir bis Montag früh nicht mehr vom Bett aufstehen.

In Hamburg, direkt auf dem Weg ins Studio, muß sie plötzlich pissen. Sie hält den Wagen an, hockt sich, mit ihrem nackten Arsch zur Straße, auf den Bürgersteig und strullt in den Rinnstein. Die Autos rollen mit im Morgennebel aufgeblendeten Scheinwerfern an ihr vorbei.

Flucht ohne Wiederkehr hat in Hamburg Premiere, und wir werden vom Verleih gebeten, als Ehrengäste anwesend zu sein, uns nach der Vorstellung auf der Bühne zu verbeugen und hinterher Autogrammkarten zu unterschreiben. Während der Vorführung des Films sitzen wir in der Loge. Sonja ist wieder voll. Als sie meine Hand an ihre Votze führt, hat sie keine Schlüpfer mehr an. Wir ficken während die Zuschauer auf die Leinwand sehen, wobei ich ihr ihren süßen Schnabel zuhalten muß, weil sie grunzt und quiekt wie ein Schwein. Wir werden auf die Bühne gebeten, um uns zu verbeugen. Sonja sieht aus, als wäre sie gerade aus dem Bett gestiegen. Mein Gesicht ist mit Lippenstift verschmiert, und mir schlackern die Beine.

Den Rest des Hamburger Films drehen wir in Nachtaufnahmen auf einem Ozeanriesen im Hafen. Die Unterhaltung mit einem ehemaligen amerikanischen Tanzgirl vertreibt mir die Zeit zwischen den Aufnahmen, nachdem Sonja um ein Uhr morgens mit dem Drehen fertig war und unbedingt ins Bett mußte, um einmal zu schlafen. Um zwei Uhr morgens gehe ich mit dem Tanzgirl in die Bordtoilette, setze sie aufs Waschbekken und mache es ihr zweimal. Ihr Schamknochen ist so hoch gewölbt wie eine halbe Kokosnuß. Ich habe die letzten Stunden der Nacht ihren beizenden Geruch auf meinem Gesicht und auf meinen Händen, an denen ich ununterbrochen rieche.

Um sechs sind die Dreharbeiten zu Ende. Ich ziehe mit dem Girl durch die Reeperbahn, weil ich befürchte, daß Sonja morgens zu mir ins Hotel kommt. Sonja und ich wollen heute früh um acht nach Berlin zurück. Um sieben habe ich mit dem Tanzgirl ein Lokal gefunden, das von den letzten Nachtbummlern verlassen wird, als wir eintreffen, und wo der Wirt den Dreck der Nacht zusammenkehrt. Er macht uns ein Frühstück. Viel Eier und ausgepreßte Orangen mit Honig. Dann läßt er uns in dem Winkel, in den wir uns zurückgezogen haben, allein und macht sich an der Theke zu schaffen. Wir schieben den Tisch zur Seite und ich ficke sie auf der mit Wachstuch überzogenen Bank, bis sie schäumt.

Um neun treffe ich im Hotel Prem ein, wo Sonja auf mich wartet. Sie sagt nur: »Hurenbock!« Dann fahren wir nach Berlin.

Seit Travemünde ist Sonja schwanger. Und obwohl wir uns immer wieder und so oft wie möglich im Grunewald treffen, weil wir nicht voneinander loskommen können, machen wir uns Sorgen, was aus ihrer Schwangerschaft werden soll. Ihr Mann, der Chef eines Symphonieorchesters ist, und der Sonja auch wegen seiner Arbeit selten zu Gesicht bekommt, wird sich ausrechnen, daß das Kind nicht von ihm sein kann. Wir waren sieben Wochen in Hamburg. Sie darf ihrem Mann also unter keinen Umständen etwas von ihrer Schwangerschaft sagen.

Heute ist es das letzte Mal, daß ich mit Sonja zusammentreffe. Wir wollen versuchen, uns nicht mehr zu sehen. Sie gesteht mir, daß sie sich das Kind hat abtreiben lassen. Meine Empfindungen sind immer die gleichen, wenn ein Mädchen oder eine Frau mir erzählt, daß sie ihre Schwangerschaft unterbrochen oder ihr Kind verloren hat. Es ist immer so, als hätten wir unser Kind beerdigt. Ich weiß, es ist sinnlos, darüber zu reden, aber meine Gefühle sind eben so.

Die meisten Filme drehe ich vorläufig für Horst Wendtland. Das heißt für *Rialto* und *Constantin*. Wenn ich Geld brauche und Wendtland um einen größeren Vorschuß bitte, sagt er:

»Aber natürlich, mein Junge, komm morgen in mein Büro.«

Komme ich in sein Büro, hat er bereits einen Vertrag für weitere Filme ausgearbeitet, den er mir zur Unterschrift vorlegt, bevor er mir den versprochenen Vorschuß gibt. Und ich habe mich für ein weiteres Jahr verkauft. Ich weiß nicht einmal, was ich da unterschrieben habe. Ich muß jeden Kack spielen. Es ist zum Kotzen, aber im Grunde ist es mir einerlei.

Der nächste Film für Wendtland ist in Hamburg. Als wir am Hafen drehen, gucken viele Menschen zu. Unter ihnen ist auch eine Minderjährige, die ich mit ihrer Schwester vor zwei Jahren in München kennengelernt hatte. Ich hatte ihr gleich bei der ersten Begrüßung an den Hintern gefaßt, der so hart war, daß ich nicht mal reinkneifen konnte, und mich mit ihr verabredet. Ich hatte vorsichtshalber im Auto eine Zeltplane mitgebracht, die ich im Mondschein auf einem Fabrikgelände in München ausbreitete. Ich hatte ihr auch schon die Höschen ausgezogen. Aber wie das eben manchmal so ist, hatte sie im letzten Augenblick Angst.

Da ist sie nun wieder. Und als ich mich hinter aufs Land gezogenen Schiffen, aus einer MP schießend, an einer Mauer entlangdrängen muß und ich den Regisseur »cut« rufen höre (das heißt, daß die jeweilige Aufnahme zu Ende ist), steht am Ende der Mauer auch gleich die mit dem steinharten Po und steckt mir bei der Begrüßung die Zunge in die Kehle. Ich werde von dem Regisseur gerufen und habe gerade noch soviel Zeit, abzuwarten, bis mein Hartpopo mir die genaue Adresse aufgeschrieben hat, wo sie mich heute abend treffen will. Ihre Schwester ist schon siebzehn und hat bereits viele Männer gehabt, aber die Kleine will unbedingt von mir geöffnet werden.

Als ich abends bei der Adresse bin, ist alles bis ins kleinste vorbereitet. Der Freund ihrer Schwester stellt sein Zimmer zur Verfügung. Die Schwester tut die letzten Handgriffe, zieht das Laken auf etc. Bei der Entjungferung will sie zumindest die ersten Augenblicke dabeisein. Sie hält ihre kleine Schwester fest, damit sie nicht zurückzieht, als ich ganz langsam in ihre klitzekleine Öffnung steche. Ich hatte mich aus Erfahrung auf den Rücken gelegt, damit sie den Einstich dirigieren kann. Ihre Öffnung ist wirklich puppenhaft. Nachdem sie aufgeschrien hat, bleibe ich stecken. Wir bleiben miteinander verbunden, während die Schwester mir aufhilft, so daß ich auf die Kleine zu liegen komme, ohne daß ich bei dem Stellungswechsel rausrutsche. Die Schwester bleibt bis zum ersten tierischen Orgasmus der Kleinen und streichelt ihr schmerzverzerrtes Gesicht. Jetzt ist es die Kleine, die ihre Schwester wegschubst, weil sie mit mir allein sein will. Die Schwester zieht sich beruhigt zurück, nachdem sie mir zugeflüstert hat: »Paß auf, daß du ihr kein Kind machst.« Das ist leicht gesagt! Denn ich kann gar nicht mehr sagen, wann ich spritze, so erregt bin ich.

Ich verdiene mit der Filmerei viel mehr als ein Botschafter oder Fabrikdirektor, aber je mehr Filme ich drehe, um so mehr neue Filme muß ich drehen, denn je mehr Geld ich verdiene, um so mehr gebe ich aus.

»Warum spielst'de bloß in sonen Scheißfilmen? Hast doch friher jans andere Sachen jemacht«, ruft ein Müllmann über den Gartenzaun unserer Villa, als er morgens die Mülltonnen abholt.

Ich mache das Zeichen für Pinkepinke.

»Vasteh ick!« sagt er.

Mir selbst hängen diese idiotischen Edgar-Wallace-Filme zum Hals raus. Nicht nur, weil sie so dilettantisch gedreht sind, daß der Anspruchsloseste Zahnschmerzen bekommen muß, sondern auch weil es immer derselbe Salm ist. Nichtsdestotrotz wird Wendlandt Millionär und bekommt beinahe für jeden Film noch eine Staatsprämie, oder so was ähnliches, nach dem so-und-sovielmillionsten Zuschauer. Und es sind jedesmal mehrere Millionen. Es muß den Leuten also gefallen. Sagen wir besser, sie sehen es sich an aus Mangel an etwas Besserem.

Die Fantasielosigkeit der Zeitungsschreiber findet ihren Höhepunkt in der Titelseitenüberschrift: *Klaus Kinski, der beste Mörder der Nachkriegszeit.* Dümmer geht es nicht. Denken Sie. Es geht noch dümmer. Sie nennen mich den »Mörder vom Dienst«. Was das heißen soll, weiß kein Mensch. Bei den Worten »vom Dienst« fällt mir nichts anderes ein als Militär, Irrenhaus oder Zuchthaus. Man bedenke das Vokabular! Es muß ein Kalfaktor oder Zwölfender unter dieser Gilde von sich gegeben haben. Die übrigen sind so wunschlos dankbar, daß ein Kollege ihnen ein Wort zuspielt, daß sie es gleich mindestens die nächsten zehn Jahre in ihren dürftigen Wortschatz aufnehmen.

Und nun hat man sogar einen »Irren« gespielt, ohne es zu wissen. Wie das vor sich geht? Bitte sehr:

Ich drehe einen Edgar-Wallace-Film, in dem ich einen Mörder spiele, der eine ganze Menge Leute killt. Er tut es laut Drehbuch, weil er dafür bezahlt wird. Wir drehen in einem Altersheim in Berlin-Dahlem. Ich treibe mich auf den Gängen der oberen Stockwerke herum, von denen man in die Halle im Erdgeschoß sehen kann, als ich mich über die Brüstung beuge und meinen Ohren nicht traue. In der Halle im Erdgeschoß wird die Schlußszene des Films gedreht. Ich denke, ich spinne, als ich den Kommissar zu meinem verhafteten Auftraggeber sagen höre: »Sie kommen an den Galgen. Ihr geisteskranker Freund kommt ins Irrenhaus.«

Ich hetze die vier Stockwerke herunter. Ich frage das Scriptgirl, wer diesen Satz erfunden hat, da er nicht im Drehbuch steht. Sie weiß es nicht. Ich frage den Regisseur. Er weiß es auch nicht, ihm ist diese Textänderung erst heute morgen von der Produktion vorgeschrieben worden. »Warum!« schreie ich außer mir. »Man hatte keinen richtigen Schluß«, sagt der Regisseur verlegen. »Die Handlung stimmte nicht, war nicht logisch.« In anderen Fällen nennt man das Betrug. Beim Film ist alles erlaubt, wenn man sich nicht vorher dagegen abgesichert hat.

Die Filme sind also immer die gleichen, und das Geficke ist auch nicht sehr abwechslungsreich. Jedenfalls nicht in der Filmbranche.

Theaterfestspiele in München. Es interessiert mich nicht, den

Dauphin in der *Heiligen Johanna* zu spielen. Aber ich bin gerne in München. Erstens weil ich meine Tochter wiedersehen kann, zweitens werde ich für die Festspiele ausnehmend gut bezahlt und drittens soll ich zur gleichen Zeit in München die *Kurve* fürs Fernsehen drehen. Also drei Fliegen mit einer Klappe.

Regie beim Fernsehen führt wieder Peter Zadek, mit dem ich in Berlin *Mondvögel* gemacht hatte. Mein Partner ist Helmut Qualtinger. Ich kann meist vor Lachen nicht weitersprechen, wenn wir zusammen proben, weil er der einzige wirkliche Komiker ist, den ich kenne. Aber das allein ist es nicht, weshalb ich ihn bewundere. Er ist zugleich ein unglaublich dramatischer Schauspieler! Die Wahrheit ist, daß es keinen wirklich großen Komiker gibt, der nicht ein großer Schauspieler wäre.

Das Stück hat angeblich irgendeinen tieferen Sinn. Zadek, Qualtinger und ich können ihn nicht finden, und wir kommen nicht weiter. Wir streichen wochenlang am Text herum, verdrehen die Sätze, wechseln ganze Akte aus. Es hilft nichts. Schließlich hat jeder von uns ein paar Ideen. Ich sage, daß ich Seppelhosen anziehen werde, keine kurzen, so richtige Dreiviertelschwenker, und daß ich während eines Dialogs mit Qualtinger ganz sinnlos und unzusammenhängend Zither spielen will. Bei den Aufnahmen albern wir herum, ohne uns verstellen zu müssen, und es wird, glaube ich wenigstens, ganz komisch.

Die Kritiken sind wirklich seriös. Diese Schlauköpfe befassen sich richtig damit, »setzen sich auseinander«, verschleimen sich in endlosen Polemiken. Eine katholische Filmzeitschrift schreibt nach der Sendung, daß es sich hier um ein tiefschürfendes Stück handelt. Na wenn die es nicht wissen! Eine Zeitung schreibt sogar: *Endlich ist es jemandem gelungen, Kinski zu zähmen.* Diese Ahnungslosen wissen nicht, daß Zadek, Qualtinger und ich heilfroh waren, daß uns irgendwelcher Quatsch einfiel, um uns aus der Affäre zu ziehen.

Während der Proben und Aufnahmen der *Kurve* begnüge ich mich mit dem Scriptgirl, die mir in ihrer Wohnung in Bogenhausen ihre Badeanzüge vorführt. Die Proben zu *Heilige Johanna* sind so tödlich öde, daß ich mich nur selten daran beteilige. Wenn ich nicht zur Probe gehe, meldet sich auch die Regieassistentin krank. Im Forst von Grünwald bohre ich mein Gesicht ins Moos, wenn ich auf ihr liege. Der Geruch der Natur peitscht mich so auf, daß ich mich bis auf den letzten Tropfen verausgabe und sowieso keine Energie mehr für die Proben hätte. Während der Vorstellungen lege ich sie nach jedem Abgang und vor jedem neuen Auftritt über den Tisch in meiner Garderobe.

Da ich zu den Proben so gut wie nie erschienen bin, überrasche ich meine Mitspieler bis zur Verblüffung. Ich tue jeden Abend auf der Bühne das, was mir gerade einfällt, das ist am interessantesten und die einzige Möglichkeit, diese langweiligen intellektuellen Naseweisheiten von Bernhard Shaw so viele Abende zu ertragen.

Gitta ist mit Aglaja nach München gekommen, wir haben eine möblierte Wohnung in der Ohmstraße gemietet. Gitta kann mit Aglaja zu Fuß in den Englischen Garten gehen und meine andere Tochter kann kommen und bei uns übernachten, wann sie will. So kann ich meine geliebten Kinder wenigstens sehen, wenn sie schlafen, weil ich erst spätabends nach Hause komme. Oder ich frühstücke mit ihnen, wenn ich nicht zu früh weg muß.

Nach den Festspielen muß ich zu Plattenaufnahmen nach Wien. Gitta und Aglaja bleiben noch in München.

Bei den Aufnahmen, die bis morgens um sechs dauern, kriege ich die Schnauze endgültig davon voll, allein in einem Studio gegen die Wände zu sprechen. Ich muß lebendige Menschen vor mir haben, wenn ich schon meine Gefühle prostituieren soll. Ich habe die Gage wie immer im voraus weg. Um halb vier morgens breche ich ab und sage durchs Mikrofon:

»Machen Sie aus den drei großen Platten drei kleine. Mich widert es an. Den Vorschuß können Sie auf die nächsten Platten verrechnen.«

Dann verlasse ich das Studio.

Die *Nymphe* ist vielleicht vierzehn und hat seit ihrem zehnten Lebensjahr in Wien vor jeder Bühnentür jedes Theaters oder Konzerthauses gewartet, in dem ich aufgetreten bin. Ich habe sie jedesmal gesehen und ihr manchmal über die goldblonden Engelshaare gestreichelt. Sie hat nie ein Wort gesagt, nicht einmal gelächelt, sondern mich nur mit ihren himmelblauen Augen angesehen.

Der gute Geist über mir hat heute morgen wieder ein Einsehen und schickt mir die Nymphe vor die Studiotür. Sie hatte durch eine Notiz in der Zeitung erfahren, daß ich in Wien in dem und dem Studio Schallplatten bespreche und die ganze Nacht auf der Straße auf mich gewartet. Diesmal küsse ich sie wie meinen Erlöser und wir gehen zu ihr.

Ihr Vater ist verreist. Mutter hat sie keine. Wohl aber ein Schwesterchen, das genau weiß, was die Nymphe will und schon alles vorsorglich arrangiert hat. Das ist mir verdammt lieber als Plattenaufnahmen in einem stinkenden fensterlosen Studio. Die Nymphe ist erstaunlich gelehrig, obwohl sie keinerlei Erfahrung mit Männern hat, da ihr Vötzchen noch verschlossen ist. Es dehnt sich aber sehr schnell, als hätte es sich vorgenommen, keine Schwierigkeiten zu machen.

Die Nymphe stöhnt die ganzen lieben langen drei Tage und Nächte und das Schwesterchen wartet geduldig im Nebenzimmer in der Hoffnung, daß sie selber dran kommt. Keine ist auf die andere neidisch, jedenfalls zeigen sie es nicht, denn sie umarmen und küssen sich bei jeder Gelegenheit. Ich muß sie richtig voneinander losreißen. Es ist ein Liebesspiel wie bei den Nymphen, und während sie sich ineinander verbeißen, muß ich an den *Nachmittag eines Faun* denken, den ich auf eine Platte gesprochen hatte. Ich habe immer eine an meinen Brustwarzen oder an der Gurgel und eine an meinem Unterleib. Es ist zu traurig, daß dieses Spiel nach drei Tagen zu Ende geht, aber ich hatte Gitta fest versprochen, in drei Tagen zurück zu sein. Außerdem wird der Vater der Nymphen zurückerwartet, mit dem nicht zu spaßen ist.

Später schreiben mir beide, daß eine Nachbarin mich mit der einen Nymphe an besagtem Morgen ins Haus gehen sah. Diese Topsau hat es wiederum dem Nymphenvater erzählt. Und dieses Rauhbein hat den Gürtel aus seiner Hose gezogen und so lange auf die nackten Nymphen losgedroschen, bis er hoffte, daß sie ihm endlich sagen, welcher Faun bei ihnen war, Name, Anschrift, usw. Denn er hatte auch die Samenflecke auf den Laken der Nymphenbettchen gesehen. Aber die beiden Nymphen waren zäh und haben ihren Faun nicht verraten.

Ich kann machen, was ich will, ich muß wieder auf Tournee. Meine Manager bestehen auf Erfüllung der alten Verträge. Ich sage, daß ich das *Neue Testament* sprechen will, daß ich es in eine moderne Fassung umarbeiten werde und daß die Tournee in zwei Monaten beginnen kann. Die Manager haben Schiß vor meiner Version des *Neuen Testaments* und schlagen eine Tournee mit den berühmtesten klassischen Monologen vor. Gielgud hat das in London und auf seiner Tournee durch Amerika gemacht. Ich bin einverstanden. Nur, daß ich die Texte nicht wie Gielgud vom Buch ablesen und herunterleiern will, sondern ich will jeden Monolog darstellen, im Originalkostüm der jeweiligen Rolle. Ich stelle ein Programm zusammen: *Hamlet, Othello, Romeo, Franz Moor, Karl Moor, Tasso, Faust, Danton, Richard III.* Ich wähle zwanzig Monologe. Als Zwischenmusik, für die Zeit, in der ich mich umziehen muß, bestimme ich die VI. Symphonie von Tschaikowskij, die *Pathétique.* Dauer der Vorstellung zirka vier Stunden.

Meine Texte lerne ich in einem Stuhl in der Bibliothek unserer Villa. Ich stehe nur zum Essen und Pinkeln auf, sonst murmele ich vier Wochen lautlos vor mich hin. Alle diese Monologe sind voller Ausbrüche und Verzweiflungsschreie, aber ich spreche während der ganzen Zeit nicht ein einziges Wort hörbar aus oder mache auch nur die Andeutung einer Bewegung. Ich kenne meine Stimme, deren Skala ohne Grenzen ist, der Rest wird aus dem Instinkt, aus der Situation entstehen, aus der Plötzlichkeit des erlebten Augenblicks.

Während dieser vier Wochen gehe ich nicht ein einziges Mal fremd. Aber ich bin durch die intensive Arbeit und durch die Stille, die ich selbst um mich herum schaffe und die durch das kleinste und entfernteste Geräusch zerrissen werden kann, so reizbar geworden, daß Gitta keine große Freude an mir hat. Aber Gitta und Aglaja sind glücklich, mich zu Hause zu haben, und selbst Aglaja ist mit ihren dreieinhalb Jahren so liebevoll und rücksichtsvoll, daß ich beschämt bin und die ganze sogenannte Kunst zum Teufel wünsche. Gitta stellt ihr ganzes augenblickliches Leben mehr als je zuvor darauf ein, mir mit allen ihr zur Verfügung stehenden Mitteln und ihrer unsagbaren Liebe zur Seite zu stehen und jede Art von Störung von mir fernzuhalten. Die Nächte gehören uns, und Gitta und ich glauben wieder an die Auferstehung unserer Liebe, die ich in der letzten Zeit so mißhandelt hatte.

Endlich ist es soweit. Die Tournee ist vorläufig auf hundert aufeinanderfolgende Vorstellungen festgelegt, die in den größten Häusern von zirka achtzig deutschsprachigen Städten stattfinden sollen. Danach ist eine zweite und dritte Tournee durch Europa, Australien und Amerika geplant. Ich bekomme einen Techniker für Beleuchtung und Tonbandgerät, von dem die Musik ablaufen soll, einen Garderobier, der gleichzeitig mein privater Diener ist, und einen Chauffeur. Die Premiere ist im Berliner Sportpalast.

Die Vorstellung im Sportpalast dauert zwei Stunden länger als vorgesehen. Ich muß verschiedene Monologe ein-, zweimal wiederholen, weil das Publikum nicht sattzukriegen ist. Der Applaus und Tumult dauert über eine Stunde. Diese Tournee wird die bisher schwerste meines Lebens, aber sie wird auch mein größter Triumph.

Frankfurt. Auf der Titelseite einer Tageszeitung erscheint ein halbseitiges Foto von mir als *Hamlet* in ganzer Figur. Daneben ebenfalls in ganzer Figur das Foto einer hinreißenden nackten Stripteasetänzerin. Sie strippt nach meiner ersten *Villon*-Platte: *Ich bin so wild nach deinem Erdbeermund.*

Nach der Vorstellung streife ich durch den Frankfurter Strich in Nähe des Hauptbahnhofs. Die geliebten Mädchen lassen sich von mir Autogramme auf die Brüste schreiben, auf den Po, und eine sogar über die Scham. Sie sind alle zum Abküssen, und ich liebe die Strichmädchen der ganzen Welt, aber ich muß mich bei Kräften halten. Nicht nur wegen der Vorstellungen. Ein kleines Mädchen hat mir ins Hotel Frankfurter Hof geschrieben, daß sie mich treffen will. Sie hat ihr zartes Alter dazugeschrieben. Sie studiert klassisches Ballett und hat sich für morgen Mitternacht angekündigt, weil sie ihre Mutter um elf Uhr dreißig zum Bahnhof bringt.

Ich bin so besessen von der Idee, diesen jungen Schwan zu besitzen, daß meine Gedanken, während ich die süßen Huren auf der Straße küsse, um nichts anderes als um dieses Mädchen kreisen. Obwohl ich weder weiß, wie sie aussieht, noch wie sie ficken wird. Diese Nacht gehe ich bald schlafen und stehe erst am nächsten Nachmittag auf.

Nach der Vorstellung werfe ich mich verschwitzt wie ich bin ins Auto, und wir jagen zum Frankfurter Hof. Ich bade in Windeseile, bestelle mir rohes Eigelb mit Honig und rauche eine Zigarette nach der anderen, während ich meine Augen nicht von der Uhr wende und auf jedes Geräusch lausche.

Mitternacht. Es klingelt. Ich fliege beinahe auf die Fresse, bevor ich die Tür aufreiße: Sie hat dunkelbraune Haare bis auf die Hüften. Ihr Kindergesicht ist blaß. Darin glänzen schwarze Augen, ebenso schwarze, lange, seidene Wimpern und ein Mund wie eine aufgeplatzte Wunde. Sie geht auf Stöckelschuhen, etwas breitbeinig, die Füße nach außen, wie alle Ballettänzerinnen, was sie noch aggressiver macht.

Ich knöpfe ihr mit der einen Hand die Bluse auf und streife mit der anderen ihren Rock hoch. Ihre Brüste sind wie treibende, unreife Geschwüre. Ihre starken Schenkel und ihr voller Unterleib betonen ihren kindlichen Oberkörper und sie ist bis zum Nabel behaart. Ich ziehe sie aufs Bett und beginne sie anzubeten. Da klingelt das Telefon. Der Manager des Frankfurter Hofs fordert mich auf, meinen Besuch aus dem Hotel zu schicken. Er sagt, daß nach zehn Uhr abends Besuch verboten ist.

»Ich werde am besten gleich aus Ihrer faschistischen Kaserne ausziehen!« schreie ich ins Telefon. Ich rufe meinen Diener an, der zwei Türen weiter wohnt, und sage, daß ich mich wieder melde. Dann packe ich mit dem Schwan meine Sachen.

Als wir auf den Flur rauskommen, haben sich bereits an den Enden der langen Korridore Hauspupen postiert.

Ein Hotel zu finden, ist nicht leicht, weil mein Schwan keinen Personalausweis dabei hat. Mir fällt das Hotel am Bahnhof ein, wo ich schon gewohnt habe und mich das Personal wie überall wegen meiner Trinkgelder in guter Erinnerung haben muß. Und richtig, an der Rezeption fragen sie nicht einmal nach dem Paß

234

meiner »Frau«. Der Portier, dem ich hundert Mark zustecke, sagt: »Hat die Gnädige einen besonderen Wunsch?« Der hat vielleicht eine Ahnung, denke ich und winke ihm zu, daß er verstummen soll.

Ich stelle sie mitten ins Zimmer und ziehe sie ganz langsam aus. Unerträglich langsam. Wie bei einem raffinierten Striptease. Ich will jede weitere Überraschung bis ins letzte auskosten. Ich bewundere alles an ihr. Lange. Als hätte ich noch nie ein nacktes Mädchen gesehen. Es ist tatsächlich so. Ich entdecke alles neu. Das Entkleiden dauert eine Stunde. Bevor ich ihr die Schlüpfer runterziehe, warte ich extra lange.

Ich betaste die Formen der Schamlippen, die sich wuchtig durch den Nylon abzeichnen. Der Schweiß tritt ihr aus den Poren und befeuchtet ihre Haut. Ich gehe um sie herum, lege mich auf den Teppich, betrachte sie von unten lasse sie auf und ab und über mich wegschreiten. Sie hat einen hohen, festen Stiez. Ich bringe mein Gesicht ganz nah heran und beschnuppere sie. Hitze schlägt mir entgegen. Unter den Achselhöhlen fängt sie stark an zu schwitzen. Ein Zucken geht durch ihren Körper.

Da wo ihre Schnecke wegsteht, zeichnet sich ein feuchter Fleck ab, der sich schnell vergrößert. Ich lege ihr den Mittelfinger unter ihre Schamlippen und habe das Gefühl in einen Honigtopf zu tauchen. Sie läßt einen Furz und reißt sich die Schlüpfer selbst herunter. Die schwarzen gekräuselten Löckchen kleben auf ihrem Bauch. Die Schamhaare breiten sich fast bis zu den Hüftknochen aus.

Sie stellt sich automatisch etwas breitbeiniger, damit ihre Scham aus dem Fleisch ihrer Oberschenkel hervortreten kann und voll zur Geltung kommt.

Ich stehe wie unter einem Zauberbann. Sie legt sich aufs Bett ohne es aufzudecken. Sie fröstelt . . .

Die nächste Station ist Hamburg. Die Zuschauer schlagen sich meinetwegen im Zuschauerraum blutig. Fünf Funkstreifenwagen umzingeln das Theater am Besenbinderhof. Der Veranstalter Collin flennt beinahe hinter der Bühne.

»Seien Sie doch zufrieden«, sage ich, »daß die Menschen sich noch um einen Schauspieler schlagen. Nicht mal Jesus wurde von allen geliebt.«

Nach der Vorstellung kommen die Pupen in meine Garderobe und bitten mich, das Theater durch einen Hinterausgang zu verlassen. Ich denke nicht daran! Als wir aus dem Hof des Theaters fahren, durchbrechen Mädchen die Absperrung der Pupen und bedecken die geschlossenen Scheiben unseres Wagens mit Küssen.

So geht das neunundneunzig Mal. Überall erregte, klatschende, kämpfende, bis zur Hysterie schreiende, zeternde, weinende und in der Mehrzahl mich liebende Menschen. Ja! Sie lieben mich, weil ich ihnen wie kein anderer schamlos die Wahrheit der Gefühle entblöße, die sie versengen und sich in ihre Seele einbrennen. Und die wenigen, die mich nicht lieben, hassen mich dieser Gefühle wegen, die sie blenden.

Die letzte Vorstellung ist in der Großen Stadthalle in Wien. Achttausend Zuschauer. Nach der Vorstellung macht ein Gerichtsvollzieher in meiner Garderobe Taschenrevision. Wer weiß, wer da wieder Geld von mir will. Ich frage ihn gar nicht erst. Ich werfe ihn raus. Die Garderobentür steht offen, die Mikrofone auf der nahe gelegenen Bühne sind noch eingeschaltet, und Tausende von Zuschauern hören, wie ich ihn beschimpfe.

Auf den Kanarischen Inseln drehe ich meinen ersten Western. Ich miete mir in Las Palmas ein möbliertes Loch und lebe mit einer marokkanischen Bauchtänzerin zusammen. Sie hat so drekkige Füße und wäscht sich auch sonst nicht, daß ich nur das Laken ab und zu neu beziehe. Zudecke und Kopfkissen tue ich einfach weg, wir können in der stickigen Hitze sowieso nur aufgedeckt nackt schlafen.

Das heißt, sie. Ich schlafe überhaupt nicht mehr, oder nur in den vegetationslosen, glühendheißen Felsen, in denen wir drehen. Mein marokkanisches Bäuchlein kommt erst nach Mitternacht. Dann ficken wir bis vier. Ich dusche, und um vier Uhr dreißig holt mich der Produktionswagen ab, der mich erst nach Sonnenuntergang wieder nach Las Palmas bringt, so daß ich um neun Uhr abends in meinem Loch bin. Da dusche ich wieder und gehe in den Hafen essen. Der einzige Tag, an dem ich länger schlafen könnte ist Sonntag. Aber Sonnabend nacht kommt mein Bauch erst morgens nach Hause, weil ihre Show doppelt so lange dauert und sie sich hinterher um Kunden kümmern muß.

Sonntagmittag gehen wir zusammen essen, und nachmittags gehen wir zu einer anderen Hure, auf der in ununterbrochener Folge kleine japanische Matrosen liegen. Warum immer Japaner, weiß ich nicht. Es gibt viele japanische Kohlenfrachter, die auf Las Palmas umladen. Außerdem haben die beiden eine Schwäche für Japaner. Denn meine Marokkanerin hat bis jetzt auch in diesem fensterlosen Stall gewohnt, der nur eine Tür hat wie in den orientalischen Basars, und der wie diese Läden in gleicher Höhe mit der ungepflasterten Straße liegt.

Die Japaner spritzen ziemlich schnell, sind aber zäh und gehen nicht gleich wieder. Und wenn einer geht, liegt wie auf ein geheimes Zeichen schon der nächste drauf. Wir vögeln zwar auch hier, aber die Luft ist noch mörderischer als in meinem möblierten Loch, und ich will wenigstens einmal wöchentlich für ein paar Stunden ans Meer.

»Wenn du mich heiratest, tanze ich nur noch für dich, ganz nackt natürlich«, sagt meine Bauchtänzerin, als wir Hand in Hand abwechselnd durch weißgelben Sand und blaues Wasser waten.

»Warum bin ich bloß kein Pascha«, seufze ich. »Dann wäre es einfach, eine mehr im Harem und basta.«

Durch meine Verträge mit dem Constantin-Verleih muß ich wie ein Vertreter dahin reisen, wohin man mich von einem Tag zum anderen schickt. Ich bin also ein Vertreter. Der höchstbezahlte.

Die erste Vertreterreise geht nach Pakistan und Indien. Es ist zugleich mein erster italienischer Film, an dem Constantin irgendwie beteiligt ist.

Gitta will mit Aglaja in Berlin bleiben. Magda wohnt jetzt vorübergehend bei uns und hilft Gitta, hält das Haus in Ordnung und kümmert sich auch um Aglaja, die sie abgöttisch liebt.

Ich lasse mir im Tropeninstitut eine Impfung in die Brust hauen und fliege allein nach Rom, wo die italienische Truppe mich erwartet und von wo wir noch am selben Tag an Bord einer pakistanischen Maschine steigen, die uns zuerst nach Karachi bringen soll.

Flavio, der Kostümbildner des Films, ist ein Homo und hat sich für den endlosen Flug auf dem Sitz rechts neben mir einquartiert. Die Zeichen *No Smoking* und *Fasten Seatbelts* sind noch nicht einmal verloschen, da faßt er mir schon auf den Oberschenkel. Ich will ihn nicht brüskieren, denn er ist sehr nett, aber mir ist ohnehin heiß und übel, und ich kann seine dicke, dampfende Pfote, die mindestens ein Kilo wiegt, nicht bis Karachi auf meinem Schenkel liegen lassen. Außerdem würde es dabei nicht bleiben.

Ich stehe auf, so oft ich kann, und fasse bald eine schlanke, aber großärschige pakistanische Stewardeß ins Auge. Ich sehe ihr jedesmal, wenn ich an der Bordküche vorbei aufs Klo gehe, aufdringlich in die riesigen kohlschwarzen Augen, verfolge von meinem Platz aus jede ihrer Bewegungen, rufe sie durch das Lichtsignal über mir, so oft mir irgend etwas einfällt, was ich zum Vorwand nehmen könnte, und spreche leise, damit sie sich zu mir herunterbeugen muß.

Ich lasse meinen Arm über die Lehne in den schmalen Kabinengang hängen und streife wie zufällig ihre Beine, wenn sie an mir vorbeigeht. Wenn ich sie am Ende des Ganges entdecke, stehe ich auf, um ihr möglichst da zu begegnen, wo sie nicht in eine Sitzreihe treten kann, um mir auszuweichen, und sie sich an mir vorbeizwängen muß. Mit einem Wort, sie hat keine ruhige Minute mehr und ist sich sicher im klaren, was ich von ihr will, noch bevor die Maschine in Karachi landet. Ich weiß nicht, ob sie deswegen lächelt oder ob es einfach zu ihrem Charme gehört. Jedenfalls lächelt sie um so verlockender, je aufdringlicher ich werde.

Nacht. Alle schlafen. Haben die schwarzen Augenbinden auf den Augen und die Nachtschuhe angezogen. Die Kabinenbeleuchtung ist auf ein Minimum von Notlichtern abgeblendet. Flavio hat das Tatschen aufgegeben und schnarcht in seinem unbequemen Sitz. Und auch die Stewardessen sind, bis auf eine, in tiefen Schlaf gesunken. Bis auf eine. Und diese eine ist meine. Aber ich kann sie nicht finden. Ich gehe immer wieder die Sitzreihen ab und beuge mich über die schlafenden Stewardessen, die ihre Gesichter halb abgewandt haben, damit ich auf keinen Fall die falsche wecke — aber meine ist nicht unter den Schlafenden. Der Gang ist leer. Sie kann also nur im Cockpit oder auf einer Toilette sein. Also zuerst die Toiletten. Die zwei gegenüberliegenden Heck-Toiletten sind frei.

Ich ziehe mir die Schuhe aus, um kein Geräusch zu machen, und schwanke den langen Gang entlang, an dessen Ende sich, vor dem Cockpit, die beiden anderen Doppeltoiletten befinden. Die rechte ist frei. Auf der Tür der linken verschiebt sich das Plättchen *Occupied* auf *Vacant*. Aber die Tür geht immer noch nicht auf. Ich weiß nicht, was mir in diesen Sekunden, oder vielleicht sind es nur zehntel, nur hundertstel Sekunden, durchs Gehirn schießt. Ich bete zu allen pakistanischen und indischen Göttern und — öffne die Tür. Gleichzeitig mit der sich öffnenden Tür dränge ich mich in die Toilette. Und bevor die Stewardeß sich zu mir umwenden kann, schnappt die Tür hinter mir ins Schloß, und ich schiebe den kleinen Riegel vor. Jetzt steht an der Tür wieder *Occupied*.

Sie scheint nicht besonders überrascht zu sein. Sie zittert nur etwas und sieht mir tief in die Augen, was bei den indischen Augen schon einem Beischlaf gleichkommt. Durch eine Bö, die das Flugzeug auf die linke Tragfläche legt, werden unsere Körper fest gegeneinander gepreßt, und ich komme fast auf sie zu liegen.

Der bestialische Uringestank in dem engen Klo, in dem es ein einzelner kaum länger als fünf Minuten aushalten kann, betäubt mich fast.

Es ist nicht einfach, sie auszuziehen. Die Stewardessen der *Pia* tragen über einer weiten Hose eine Art Kleid, das ihnen bis über die Schenkel reicht. Sie kennt sich besser aus, wie man das aufmacht, löst den Hosenbund und steigt aus den Hosen, die ihr bis auf die Schuhe herunterfallen. Dann beugt sie sich mit dem Oberkörper übers Klo, greift über ihre Schulter und zieht sich dabei den Reißverschluß des Kleides auf. Ich helfe nach, sie richtet sich auf, ich streife das Kleid hoch, bis sie es mit gekreuzten Armen fassen kann, sie beugt sich wieder tief zum Klo her-

239

unter und zieht es sich mit einer einzigen geschmeidigen, aber ungeduldigen Bewegung über den Kopf, während ich ihr die Schlüpfer runterziehe, aus denen sie nur noch herauszusteigen braucht. Jetzt hilft sie mir, mich selbst auszuziehen, wobei ihre dunklen schweren Brüste mit dem dunklen großen Warzenhof, ihr dunkler Unterleib und der Geruch ihrer noch dunkleren Scham mir den letzten Rest von Beherrschung nehmen.

Ich trample auf meinen Hosen herum, reiße mir das zugeknöpfte Hemd vom Leib, daß die Knöpfe mit dem Geräusch verspritzer Erbsen gegen das stählerne Waschbecken und in die stählerne Klosettschale fliegen. Ihr dunkler Körper wird durch ein neue Bö, die das Flugzeug auf die rechte Tragfläche neigt, auf meinen gegen die Toilettentür gepreßten Körper geworfen.

Meine Wurzel ist so steif, daß der Aufprall ihres Körpers mir weh tut. Sie reagiert schneller, als ich aufstöhnen kann, indem sie nicht, wie es natürlich wäre, sich an meine Brust oder an meine Schultern klammert, sondern sie hat ihre Hände an meinem Schwanz und an meinen Hoden, um sie vor einem weiteren Zusammenprall zu schützen. Das Flugzeug richtet sich wieder auf, und Buddha beginnt . . .

Ich kann von der Adresse in Karachi keinen Gebrauch machen, die sie mir fein säuberlich in Blockschrift aufgeschrieben hat, als sie mir und Flavio das Frühstückstablett reicht. In Karachi haben wir nur zwei Stunden Aufenthalt, steigen in ein zweimotoriges Flugzeug um und werden acht Stunden lang durch die Vorläufer des Himalaja geschaukelt, bis wir über dem ersten Drehort eintreffen. Zwei weitere Stunden kann das Flugzeug nicht landen, weil direkt über dem Flugplatz ein Cyclon tobt. Immer wieder versucht der Pilot, im Sturzflug aus dem Sog herauszukommen. Als wir endlich zur Landung ansetzen, ist die Maschine von allen Passagieren von oben bis unten vollgekotzt. Das Flugzeug hat keine Klimaanlage, und man muß schon einen total leeren Magen haben wie ich, um nicht dazuzukotzen.

Ich beeile mich wie immer, so schnell ich kann, die anderen loszuwerden, und lasse mich vor dem Hotel, nachdem ich meine Koffer in mein Zimmer gepfeffert habe, von einem Taxichauffeur anquatschen. Ich weiß, was er will, und sage nur »show me the way«.

Der italienische Arzt, der die Truppe betreut, hatte mir ein Röhrchen in die Hand gedrückt und mir strengstens aufgetragen, täglich eine Tablette zu schlucken. Gegen Cholera. Vor unserer Ankunft hatte eine Epidemie gewütet und fünftausend Tote gefordert. Ich nehme eine Tablette in den Mund und schlucke sie mit etwas Speichel herunter. Der letzten Pockenepidemie waren zehntausend Menschen zum Opfer gefallen. Aber obwohl die Impfung einen nicht unbedingt vor Ansteckung schützen muß, habe ich jetzt andere Sorgen. Wichtigere.

Dieser Taxifahrer wird mich zu einer Hure bringen. Es geht über ungepflasterte, lehmige Straßen und Wege, durch kraterartige Löcher, Gräben und Erdrinnen. Der vor Dreck starrende, uralte amerikanische Buick, auf dessen plastiküberzogenen Sitzen man ganz einfach kleben bleibt, wenn man die Hand aufstützt, wirft mich von einer Seite auf die andere. Und als weit und breit keine Häuser mehr zu sehen sind und auch keine Autos, sondern nur eine Kamel-Karawane, über der Hunderte von Adlern kreisen, und der rote Sonnenball in den grünen Gletschern der Himalajakette zerbricht, frage ich den Taxifahrer, warum wir uns denn soweit entfernen müssen, um eine Hure zu finden.

»Special«, sagt er, wobei er in den Rückspiegel grinst und ein ungeheurer Goldzahn zum Vorschein kommt. Er steuert auf ein einzeln stehendes halbfertiges Backsteinhaus zu.

»I waiting«, sagt der Goldzahn, nachdem die Kiste endlich angekommen ist, und ich hoffe, daß ich für die nächsten Stunden ausgelitten habe. Ich ziehe die frische Abendluft tief in meine Lungen. Diese Luft ist wirklich einmalig. Ich versorge mich schnell noch mit ein paar tiefen Zügen, denn in dem Backsteinklotz wird eine Tür geöffnet, und eine junge Riesin erscheint gebückt im Türrahmen. Sie muß sich bücken, denn sie ist wirklich eine Riesin!

Sie ist mindestens zwei Meter groß und so breit wie ein Schwergewichtler. Ihre steifen waagrechten Titten sind so groß wie Kuheuter. Ihre Arme so stark wie meine Schenkel. Ihre Hände könnten mich mit Leichtigkeit erwürgen. Ihre merkwürdigerweise dunkelblonden Haare, die ihr bis in die Poritze reichen, sind zu einem Zopf geflochten, der den Umfang einer Pythonschlange hat. Pobacken und Hüften sind die einer jungen Stute. Ihre Schenkel kann ich nur mit beiden Armen wie einen Stamm umfassen. Ihre Schuhgröße muß sechzig sein. Ihre Scham ist so groß wie mein Kopf.

Das alles ist aufs genaueste proportioniert und paßt in vollendeter Harmonie zueinander. Wie bei einer überdimensionalen atemberaubenden Statue von Mailol. Sie ist eben eine Riesin.

Ihre Haut ist gebräunt, aber nicht dunkel und so gesund und straff wie bei einem Bauernmädchen. Auch ihr Gesicht ist bäuerlich, aber nicht grob, sondern wunderschön. Weder ihr Leib noch ihr Gesicht deuten darauf hin, daß sie eine Prostituierte ist. Ihr Ausdruck ist verträumt, naiv. Sie lächelt schüchtern. Der Goldzahn hat recht, sie ist »special«.

Ihre Liebkosungen haben nichts Berechnendes. Sie hat nicht die geringste Eile. Als wäre die Zeit stehengeblieben. Als gäbe es überhaupt keine Zeit, sondern nur Liebe.

Jetzt weiß ich es. Ich bin nicht in ihr Land gekommen, um irgendeinen lächerlichen Film zu drehen und nebenher in jeder freien Minute meinen Samen loszuwerden, sondern mich dieser Riesin der Liebe hinzugeben und mich von ihr schwächen zu lassen bis auf den letzten Tropfen Kraft, der in mir ist. Ihre indischen Augen fiebern vor Sinnlichkeit. Aber sie wartet geduldig und sanft , bis sie weiß, was ich mir wünsche. Wir verständigen uns durch Lächeln, durch Nicken oder Kopfschütteln, durch den leichten Druck meiner Glieder und durch meine Hände, mit denen ich ihr andeute, welche Stellungen ich will. Sie bewegt sich leicht und ist darauf bedacht, ihr Körpergewicht so zu verteilen, daß sie mich nicht erdrückt.

Zuerst liegen wir uns gegenüber. Ich fresse an ihren Titten. An ihrer Zunge. Zerküsse ihre Lippen, klappe sie auf, stülpe sie nach oben und unten und lecke die gewaltigen schneeweißen scharfen Zähne, an denen ich mir mein Gesicht, meine Gurgel und meinen Körper aufschürfe. Ich lecke ihre Pranken, jeden einzelnen Finger. Ihre Füße, die Zehen.

Sie legt sich auf die Seite, hebt einen Schenkel und ich tobe auf ihr herum. Ihr Loch ist keineswegs so riesenhaft, wie ich nach ihren Dimensionen angenommen habe. Ihre Muskeln schließen sich fest um mich zusammen.

Nachdem ich mich bis zur Erschöpfung ergossen habe und sie zu unzähligen Orgasmen gekommen ist, während derer sie Worte in ihrer Muttersprache betet und dankbar und liebevoll lächelt, tauche ich mein ganzes Gesicht in ihre verströmende Frucht, die sie mir wie eine überlaufende Schale hinhält, und saufe mich satt.

Als sie mich genährt hat und ich wieder bei Kräften bin, stehe ich vom Bett auf und mache ihr Zeichen, vor den Spiegel zu treten. Durch ein leichtes Berühren ihrer Innenschenkel mache ich ihr klar, daß sie sich breitbeinig hinstellen soll. Ich tippe ihr an die Schulter, und sie begreift, daß sie sich weit vornüber zu beugen hat. Den Arsch streckt sie von selber aus und stützt ihre Arme mit ihren Händen auf ihre Oberschenkel wie beim *Bockspringen*. Nur, daß sie das Kreuz schön hohl macht.

Der Rücken der Riesin ist trotz der gebückten Stellung so hoch wie ein Vollblüter. Jetzt kommt es mir zugute, daß ich bei den Kosaken gelernt habe, ohne Steigbügel und Sattel auf ein Pferd zu springen, indem man nur die Mähne packt. Ich packe den Zopf der Riesin, und mit einem Satz bin ich oben. Die Riesin hat sich überhaupt nicht bewegt. Ich darf jetzt auf keinen Fall ins Rutschen kommen, denn meine gespreizten Beine, die sich rechts und links mühsam um die Hüften der Riesin klammern, befinden sich hoch über dem Boden. Würde ich heruntergleiten, müßte ich den Aufsprung jedesmal wiederholen.

Ich halte mich mit einer Hand an ihrem starken Zopf und reite sie wie ein Jockey. Sie zittert. Ihre Flanken beben wie bei einem Rassepferd. Nicht weil ich auf ihr reite, sondern weil sie so starke Orgasmen hat. Ich liege flach auf ihrem Rücken. Es geht um den Endspurt. Nur mein Hintern arbeitet in rasenden Bewegungen. Ziel! Ich beiße in ihren Zopf und zittere auf ihrem zitternden Rücken. Ich bin auf ihrem Rücken eingeschlafen. Als ich die Augen aufschlage, hat sie ihre Stellung nicht verändert und steht noch gebückt vor dem Spiegel. Noch einmal galoppieren wir die Rennstrecke ab — dann gleite ich von ihrem Rücken auf den Boden.

Die Bezahlung erledige ich mit dem Taxifahrer. Aber als der alte Buick, auf dessen vor Dreck starrenden plastiküberzogenen Sitzen man kleben bleibt, wenn man die Hand aufstützt, sich bei aufgehender Sonne über Gräben, verkrustete Erdrinnen und kraterartige Löcher holpernd von den fahl aus dem Himmel schimmernden übereinandergetürmten Diamanten der Himalajagletscher entfernt, Hunderte von Adlern über uns kreisen und uns eine Kamelkarawane entgegenkommt — winkt mir aus dem Backsteinblock eine Riesenhand nach.

Die Dreharbeiten sind unbeschreiblich. Ich soll einen fanatischen indischen Anführer darstellen, der die Bevölkerung gegen Engländer aufputscht. Aus diesem Grunde werde ich von einem Maskenbildner, oder wie man das nennt, mit einer schokoladenfarbigen Lösung angemalt, und mir wird ein Weihnachtsmannbart angeklebt. Die Prozedur dauert jeden Morgen vier Stunden. Danach zieht mir Flavio ein weißes Engelshemd auf den nackten Leib, das mich wie fleischfressende Ameisen peinigt. Was Flavio veranlaßt, mir an allen Körperteilen zwischen Haut und Stoff zu greifen. Dann bindet er mir einen goldenen Gürtel um. Den Turban wickelt er auch, was bei den Indern ein mitleidiges Kopfschütteln hervorruft.

Da ich meine Rolle nicht gelesen habe, weil mir keiner ein Drehbuch gegeben hat, und sie mir auch niemand erklärt und weil ich den nur italienisch sprechenden, ewig schreienden Regisseur nicht verstehe, versuche ich, mich nur gegen die Staubwolken zu schützen, in die wir von morgens bis abends eingehüllt sind. Die höllische Hitze verbrennt einem die Eingeweide. Zu trinken gibt es nur abgekochtes Wasser. Abgekocht wegen Pestgefahr. Zu essen gibt es ein Paket, das in schmutzig weißes, fettiges Papier eingewickelt ist. Was darin ist, will ich gar nicht wissen, denn die Lunchpakete werden in unserem Hotel gepackt. Ich öffne es nie. Öffnet es einer, so ist es, bevor man sich versieht, schwarz. Von Fliegen. Von Hunderten, Tausenden und aber Tausenden von Fliegen. Es bleibt ihm nichts

244

übrig, als das Paket weit von sich zu schleudern. Am besten, man nimmt es gar nicht in Empfang.

Im Hotel kann ich keine Ruhe finden. Erstens, weil ich vor Hitze weder atmen noch schlafen, ja mich nicht einmal in meinem Zimmer aufhalten kann, da selbst der Ventilator an der Zimmerdecke nur einen ohrenbetäubenden Lärm, aber keinen Wind erzeugt, und zweitens und hauptsächlich, weil ich an die Riesin denken muß.

Ich finde den Taxichauffeur nicht, der mich zu ihr gefahren hatte. Ich erinnere mich nicht mal an sein Gesicht. Der Goldzahn ist kein Anhaltspunkt, auch die anderen Taxifahrer haben Goldzähne. Ich frage sie nach der Riesin, aber niemand kennt eine Frau, die so groß sein soll, wie ich sie beschreibe.

Mein Blut kocht, ich habe keine Wahl. Ich lasse mich dahinverfrachten, wohin die Taxis mit mir fahren. In leerstehende, vollgeschmierte, vollgespuckte, vollgepißte, vollgeschissene Häuser, in die mir pockennarbige Mädchen aus Bordells gebracht werden. In labyrinthartigen Gehöften hinter hohen Mauern, in die man mich einschließt, damit ich ja nicht ohne zu bezahlen das Weite suche und wo ich mich im Dunkeln durch niedrige Lehmhütten.taste und über nackten, auf dem Boden liegenden Frauenkörpern zu Fall komme. Ich wüte auf ihnen, ohne sie jemals zu Gesicht zu bekommen. Aber selbst diese lebensgefährliche Hurerei, bei der ich mir nicht einmal einen Tripper hole, geschweige die Cholera oder die Pest, kann mich nicht über die Riesin hinwegtrösten.

Bei den letzten Aufnahmen, die wir in Rom in irgendwelchen Katakomben drehen, habe ich die Riesin noch immer nicht vergessen. Ich muß die Szene wiederholen, in der ich das indische Volk aufputsche, ich hatte den Text bis zum Erbrechen in einem indischen Tempel geschrien, ohne zu wissen, was ich rede. Diesmal steht die Kamera weit entfernt. Der Regisseur will nur meine wilden Bewegungen und sagt, daß ich schreien könne, was ich wollte. Ich schreie:

»Man schlag dem ganzen Lumpenpack das Maul mit einem Hammer kurz und klein! Laßt mich zu meiner Riesin!«

Die römischen Huren machen es einem leicht. Sie tragen die

Röcke so kurz, daß man schon auf der Straße ihre Pobacken und ihre Pflaume sehen kann. Man braucht also nur auszuwählen. Ficken tun sie völlig verschieden. Manche, die richtigen Professionellen, sind abgebrüht und rotzfrech wie Straßenjungen, ficken nur mit Präservativ, wollen sich nicht im geringsten anstrengen und werden ungeduldig, wenn man nicht sofort spritzt. Wer noch mal spritzen will, muß noch mal zahlen. Andere sind das krasse Gegenteil. Sie ficken, weil sie geil sind, ohne Präservativ und so oft wie man will, und haben selbst nach zwanzig Männern nicht genug. Sie rechnen nicht nach Zeit und sind mit dem zufrieden, was man ihnen gibt. Wieder andere, das sind die jüngsten und meistens Anfängerinnen, kommen frisch aus der Provinz, wo sie von ihrem Freund sitzengelassen wurden oder von zu Hause weggerannt sind oder tun es, um sich in der fremden großen Stadt durchzuschlagen. Eine weint, als ich in sie eindringe. Ich küsse ihr die Tränen aus den Augen und ergieße mich mehrmals besonders stark.

Ich bin noch nicht wieder zwei Tage in Berlin, da ruft Constantin an: »Sie müssen am Wochenende nach Mexiko, einen Rennfahrerfilm drehen . . .«

»Das ist ja großartig«, rufe ich in die Muschel. »Ich kaufe mir noch heute ein spanisches Lexikon.«

Das war gestern. Heute ruft Constantin wieder an: »Der Film in Mexiko wird vorläufig nicht gedreht. Sie müssen in zwei Tagen nach Madrid, einen Western drehen.«

Ich habe ja schon gesagt, daß ich ein Vertreter bin, also reise ich nach Madrid.

Am ersten Drehtag weigere ich mich, einen verlausten Cowboyhut aufzusetzen, dessen Schweißband durchgefault ist. Die können ihre Lumpen schließlich in die Reinigung geben. Der spanische Regisseur flippt aus und will mich zwingen, den faulen Cowboyhut zu tragen.

»Du kommst auch noch mal auf meinem Lokus Wasser trinken«, sage ich diesem Künstler und reise ab.

Schade. Ich hatte mich mit Anita Ekberg so gut verstanden.

Aber so glatt geht das nicht ab. Ein Verleih-Vertrag ist so etwas Ähnliches wie ein Vertrag mit der Mafia. Man kann sich nicht so mir nichts dir nichts seiner Aufträge entziehen. Maulen gilt nicht. Und so werde ich strafversetzt zu einem Film nach Prag.

Die »Goldene Stadt«. Ich sehe zwar kein Gold, aber ich sehe Mädchen, die berühmt sind für ihre Fickerei. Ich muß also zuerst einen Wagen haben und lasse mir aus München einen neuen Jaguar kommen. Das wäre erledigt.

Mit der Sekretärin der Rezeption unseres Hotels gehe ich in ihrer Mittagspause in den nahe gelegenen Park. Die Büsche stehen in voller Blüte, und wir brauchen uns nicht vorzusehen. Die Tschechinnen haben ihren Ruf nicht zu Unrecht. Leider kommt sie zu spät zum Dienst zurück, und der Manager des Hotels fordert mich auf, auf der Stelle auszuziehen. Ich ziehe schräg gegenüber in einen anderen Kasten.

Dann kommt Olga, eine meiner Partnerinnen. Sie ist siebzehn, goldlockig und schon so was wie ein kleiner tschechischer Star. Die Regierung hat ihr den Paß weggenommen, weil sie heimlich für *Playboy* Nacktpopofotos gemacht hat. Sonst ist sie ein ganz braves Mädchen. Zu brav. Ins Hotel muß ich sie reinschmuggeln. Nicht, daß die politischen Pupen etwas gegen Ficken hätten, sie haben nur etwas dagegen, daß Personen, die nicht im Hotel wohnen, sich also auch nicht ausgewiesen haben, im Hotel ficken.

Am Wochenende fahren wir in ein Campinglager und mieten ein Blockhaus. Es ist wirklich nichts an Olga auszusetzen, außer daß sie keinen Ton von sich gibt, wenn sie einen Orgasmus hat. Wir wären vielleicht den ganzen Film über zusammengeblieben — wenn nicht meine zweite Partnerin aufgetaucht wäre. Dominique B. Dieser Mischling aus Italienerin und Französin ist ein richtiger Vampir, der den Männern zwar nicht das Blut, aber das Rückenmark aussaugt. Sie ruft mich an und fragt mich, warum ich nicht im gleichen Hotel wohne wie sie. Ich sage spöttisch: »Aus politischen Gründen.« Sie sagt, daß ich zu ihr kommen soll. Olga, die neben mir auf dem Bett sitzt, versteht nicht, was ich sage, weil ich mit Dominique französisch rede. Ich sage Olga, daß ich Bekannte treffen muß, die sich nur heute in Prag aufhalten, und verspreche ihr, morgen früh pünktlich vor dem anderen Hotel zu sein, um sie wie jeden Tag zum Barandov-Studio mitzunehmen.

Ich hatte mich mit Dominique in der Halle ihres Hotels verabredet, weil sowohl am Fahrstuhl als auch an der Treppe ein Schnüffler steht, der jeden nach seinem Zimmerschlüssel fragt. Dominique prostituiert sich ein bißchen vor dem Treppensteher und geht auf dem Läufer von der Rezeption bis zum Speisesaal wie auf dem Strich auf und ab, wobei sie ihren fantastischen Hintern zur Geltung bringt. Sie ist raffiniert gekleidet und läßt auch noch ihr italienisches Minitäschchen fallen, wonach der Treppensteher sich beflissen bückt, wobei ihm das Blut in den Kopf schießt. In diesem Augenblick wetze ich die Treppen hoch.

Der Morgen kommt grau und unheilverkündend. Dominique liegt immer noch auf dem Bauch. In dieser Stellung hatte ich sie die ganze Nacht gestoßen, und sie hat bei offenem Fenster so aus vollem Halse geschrien, daß die Pupen-Patrouillen auf den Straßen den Nachtportier nach oben schickten, der Dominique durch die verschlossene Tür fragte, was ihr fehlt und ob ihr denn kein Leid geschehe. »Ich habe mich gestoßen«, antwortete Dominique geistesgegenwärtig.

Dominique muß wie ich ins Studio und will natürlich mit mir fahren. Ich frage, was wir mit Olga machen, da der Jaguar E-Type nur zwei Sitzplätze hat. Aber Olga kümmert Dominique nicht. Sie fährt mit und basta! Ich sage, daß wir uns beeilen sollen. Vielleicht ist Olga nicht so pünktlich, und wir sind schon weg. Aber Dominique macht absichtlich lange. Sie weiß sehr wohl, daß ich sie nie mehr mit Olga eintauschen werde.

Als ich mit Dominique vor der mit Olga verabredeten Zeit auf die Straße komme und Dominique in den Jaguar steigt, kommt Olga von der anderen Straßenseite hinter einer Litfaßsäule hervorgeprescht und versucht, Dominique an den Haaren aus dem Jaguar zu ziehen.

Jemand muß ihr gepfiffen haben, daß ich die Nacht bei Dominique gewesen bin. Aber Dominique läßt sich ihren Platz nicht streitig machen, reißt sie ebenfalls an den Haaren, kratzt, spuckt, tritt nach ihr und überschüttet sie mit einer Tirade italienischer und französischer Spezialausdrücke, für die es keine

Steigerungen mehr gibt. Olga ohrfeigt mich und läuft weinend davon.

Dominique zieht noch am selben Tag in mein Hotel. Es wäre zu lang, alles zu beschreiben, was wir miteinander treiben. Was ich nicht weiß, bringt sie mir bei, was sie nicht weiß, bringe ich ihr bei. Sie trägt keine Schlüpfer mehr, weil ich es so will. Nie mehr. Nicht auf der Straße, nicht im Studio, nicht im Restaurant, nirgends. Wir füttern uns beim Essen wie Vögel von Mund zu Mund, auch vor anderen, auch im Studio, auch im Restaurant. Die Zeit, in der wir nicht drehen, bringen wir nur im Bett oder im Badezimmer zu.

Ich muß nach Jugoslawien, um für Wendlandt einen Winnetou-Film anzufangen. Der Film in Prag ist noch längst nicht fertig, aber da beide Filme für Constantin sind, haben die sich das so ausgedacht. Dominique ist wütend. Aber sie kann nicht mitkommen. Sie hat in Prag verschiedene Szenen ohne mich zu drehen.

Von Jugoslawien versuche ich, Dominique anzurufen. Aber aus dem Scheißnest, in dem wir drehen, ist das unmöglich. Ich warte vierzehn, sechzehn, zwanzig Stunden auf eine Verbindung, und wenn sie zustande kommt, ist kein Wort zu verstehen oder die Leitung wird unterbrochen, noch bevor wir miteinander gesprochen haben. Die nächste Verbindung dauert wieder vierzehn, sechzehn, zwanzig Stunden.

Nach einer Woche komme ich nach Prag zurück. Dominique holt mich vom Flugplatz ab, und wir eilen ins Bett.

Nach einer Woche muß ich wieder nach Jugoslawien. Wieder versuche ich, sie anzurufen. Wieder dauert die Verbindung vierzehn, sechzehn, zwanzig Stunden, und wieder können wir nicht zusammen sprechen.

Nach einer weiteren Woche bin ich wieder in Prag. Wieder holt Dominique mich vom Flugplatz ab. Wieder eilen wir direkt ins Bett und stehen bis zum nächsten Drehtag nicht mehr auf, ohne auch nur etwas zum Essen zu bestellen.

Ich gebe zu, daß ich Gitta und Aglaja völlig vernachlässige und auch von Prag nicht ein einziges Mal angerufen habe, obwohl es von Prag aus nicht besonders schwierig ist. Wenn Gitta anruft und mir Vorwürfe macht, lüge ich und sage, daß ich Tag und Nacht drehe. Ich bin ein Schwein. Aber ich bin machtlos gegen Dominique, die mich immer fester an sich kettet. Auch Dominique ist krank nach mir und bittet mich, mit nach Rom zu fahren und bei ihr zu bleiben. Ich verspreche es ihr.

Fellini will mich für seinen nächsten Film und ruft mich nach Rom. Ich sage Dominique, daß sie vorausfliegen soll, während ich den Jaguar nach Berlin zurückfahre. In München mache ich für einen Tag Station und besuche Erika.

In Berlin tue ich, als ob nichts geschehen wäre, und Gitta und Aglaja verleben mit mir die vierundzwanzig Stunden bis zu meiner Abreise nach Rom im Taumel der Wiedersehensfreude. Ich denke an Dominique.

Gitta nimmt mir das Versprechen ab, sie und Aglaja nach Jugoslawien mitzunehmen, wo ich noch fünf Wochen drehen muß. Ich kann es ihr nicht abschlagen. Was daraus werden wird, weiß ich nicht.

In Rom fährt mich Dominique zu Fellini, den sie gut kennt. Fellini umkreist mich stundenlang, spricht französisch, weil ich noch nicht italienisch spreche, und fängt an, mir auf die Nerven zu gehen. Wie wichtig das alles ist! Ich lasse Dominique nicht eine Sekunde aus den Augen und flüstere ihr zu, daß wir gehen sollen.

Dominique bewohnt eine große sonnige Wohnung in der Cassia Antica, von deren riesigen Terrassen ihr ganz Rom zu Füßen liegt. Ihr Dienstmädchen ist ihre lang anhaltenden Schreie gewöhnt. Sie kommt, ohne anzuklopfen, herein und tippt uns auf die Schulter, auch wenn wir mitten im Orgasmus sind: »La tavola è pronta.«

Es macht Dominique Spaß, mich einzukleiden. Sie kauft mir alle möglichen italienischen Jerseys, Badehosen, Hosen, Hemden, Schuhe, Halskettchen. Sie verdient gut. Außerdem ist sie noch mit Agnelli befreundet, mit dem sie oft zusammen gekokst hat, und besitzt ziemlich viel Schmuck.

Nach achtundvierzig Stunden muß ich nach Jugoslawien. Diesmal nach Split. Die Verbindung dahin ist umständlich. Man muß umsteigen und von Triest aus noch zwei Stunden mit dem Auto fahren. Ich will Gitta mit Aglaja nicht allein reisen lassen

250

und verabrede mich mit ihnen auf dem Münchner Flughafen. Gitta und Aglaja sind überglücklich und voller Ungeduld, fünf ganze Wochen mit mir zusammen zu sein. Außerdem liegt Split am Meer, und Gitta hat Badezeug, Schwimmringe, Bälle und Buddelzeug eingepackt.

Ich bin nervös und zerstreut, weil ich mir den Kopf zerbreche, auf welche Weise ich Gitta die Wahrheit sagen soll. Sagen muß ich es ihr, darüber besteht kein Zweifel. Ich muß es tun. Erstens ist es nicht weniger als recht, weil das mit Dominique lange dauern kann, wer weiß wie lange, und außerdem werde ich während der fünf Wochen, so oft ich kann, nach Rom fliegen, weil ich es ohne Dominique nicht aushalte. Was soll ich ihr also sagen, weswegen ich diese umständlichen Reisen auf mich nehmen will, nur um einen Tag oder ein paar Stunden in Rom zu sein? Länger wird die Produktion mich nicht weglassen, da die Dreharbeiten durch den Film in Prag im Rückstand sind und sie nur noch auf mich warten.

Fellini ist keine Entschuldigung mehr. Der Vertrag ist perfekt und soll mir zur Unterschrift nach Jugoslawien geschickt werden. Je ehrlicher ich Gitta gegenüber bin, um so besser für sie und mich. Aber hier werde ich es ihr nicht sagen. Nicht hier auf dem Flugplatz. Und so spät wie möglich.

Den ersten Abend in Split, als Gitta, Aglaja und ich in unserem Appartement beim Essen sitzen, klingelt das Telefon. Es ist Dominique. Sie fragt mich, wann ich nach Rom komme und warum ich mich so merkwürdig am Telefon benehme. Ich kann nicht sprechen, wie ich will. Gitta und Aglaja sehen mich an. Außerdem muß ich bei der schlechten Verbindung so schreien, daß das ganze Hotel mich hören kann.

Gitta versteht kein Französisch, aber als ich mich nicht beherrschen kann und »Je t'aime! Je t'aime!« in den Hörer brülle und Gitta Aglaja festhält, damit die kein Geräusch macht und mich nicht stört, kann ich die Wahrheit nicht länger verheimlichen.

»... Das heißt, du willst allein sein, ohne uns?« fragt Gitta, nachdem ich herumgestottert habe, daß wir vielleicht nicht immer zusammen sein werden, obwohl ich sie beide liebe.

»Es heißt, daß wir uns trennen müssen, jedenfalls für eine bestimmte Zeit.«

»Du meinst, daß du Ruhe brauchst, daß du für eine Zeitlang allein sein mußt? Ich verstehe das. Aber wie lange?«

»Ich weiß es nicht. Vielleicht lange.«

»Aber du kommst doch zu uns zurück . . .«?

»Nein . . . ja . . . nein . . . doch! Natürlich komme ich zu euch zurück. Das heißt, ich verlasse euch ja gar nicht. Ich muß auch nicht allein sein. Ich muß zu einer anderen Frau.«

Gitta ißt plötzlich die ganzen Weintrauben auf, wahrscheinlich ohne es zu merken, denn sie hatte schon vor dem Telefonanruf keinen Hunger mehr. Sie würgt die Trauben herunter, als würge sie an dem Wort »Frau«, das sie nicht begreifen kann.

»Frau? Was für eine Frau?«

»Eine Frau. Ich muß zu einer anderen Frau.«

»Dann liebst du uns nicht mehr?«

»Mein Gott, ja! Ich liebe euch wie ich euch immer geliebt habe. Aber ich muß zu dieser Frau. Ich muß zu dieser Frau! Verstehst du?« schreie ich ungerechter, als ich ohnehin schon bin.

»Nein«, sagt Gitta mit belegter Stimme.

»Verzeih mir. Ich bin ein Vollidiot. Ich weiß nicht, was ich rede.«

»Doch. Du weißt, was du redest. Ich begreife jetzt, was du sagen willst.«

»Was?«

»Daß du uns zwar liebst, aber daß diese Frau dir mehr bedeutet als wir. Warum hast du uns bloß nach Jugoslawien kommen lassen?! Aglaja und ich haben uns so gefreut, mit dir zusammen zu sein.«

Ich weiß nicht mehr, was ich sagen soll. Mein Kopf ist ein einziger Müllschlucker, in dem alles durcheinanderfliegt. Wieder klingelt das Telefon! Wieder ist es Dominique. Wieder brülle ich in den Hörer, daß ich sie liebe. So geht das die ganze Nacht. Sie ruft noch dreimal an und will absolut wissen, wann ich nach Rom komme, was ich ihr beim besten Willen heute nacht nicht sagen kann. Gitta und ich bleiben die ganze Nacht auf. Aber wir finden keine Worte mehr, uns zu verständigen. Irgend etwas ist kaputtgegangen. Sie weint nicht, aber sie wirkt schreckhaft und schutzlos, als wollte das Schicksal mir einen Vorgeschmack geben von dem, was geschehen wird, wenn ich sie verlasse.

In der Hauptsache kann sie es einfach nicht fassen, was ich ihr gesagt habe oder was sie hinter meinen Worten ahnt. Gitta ist von Natur ein selbständiger Mensch und fähig, allein auf ihren Füßen zu stehen. Aber sie hat mir in den Jahren alles gegeben. Sie hat sich selbst aufgegeben, rückhaltlos. Ich habe es angenommen, und jetzt steht sie plötzlich mit leeren Händen da. Sie kann nicht fassen, daß ich, der aus übertriebener, grundloser Eifersucht die dramatischsten Szenen heraufbeschwor, sie wegen einer anderen Frau verlassen will. Und sie glaubt, daß ich lüge, wenn ich sage, daß ich sie trotzdem liebe.

Während der fünf Wochen fahre und fliege ich neunmal zu Dominique nach Rom. Einmal habe ich nur so viel Zeit, daß ich bei dreihundertzwanzig Kilometern Autofahrt hin und zurück und viermaligem Flugwechsel nur eineinhalb Stunden mit Dominique nackt sein kann.

Auf jeder Zwischenstation stürze ich in die erste Telefonkabine und rufe Dominique in Rom an, daß ich komme. Auf dem Rückweg brülle ich ins Telefon »je t'aime«.

Die Produktion wechselt von Split zu einem anderen Ort. Gitta ist mit den Nerven fertig und weint nur noch. Sie will weg, sofort. Ich bringe sie die vierhundertfünfzig Kilometer mit dem Produktionswagen bis nach Venedig. Von Venedig hat sie erst am nächsten Morgen Verbindung und fährt zum Lido in ein Hotel. Als die Bugwellen der Fähre auf dem Canale Grande Gittas und Aglajas Silhouetten verwischen, werfe ich mich in ein Schnellboot, das mich über die Lagunen zum Flugplatz bringt und steige als letzter Fluggast in die Maschine nach Rom.

Gitta war mit hohem Fieber in Berlin angekommen. Sie schreibt mir, daß nur Aglaja sie daran gehindert hat, sich in Venedig das Leben zu nehmen.

Der Manager des Hotels, in dem ich jetzt in Jugoslawien wohne, ist eine Frau. Wenn der Tripper von ihr ist, den ich mir geholt habe, dann kann ich vorläufig nicht zu Dominique.

Die Dreharbeiten sind beendet. Ich mache in München halt,

253

lasse mir von Lindas Vater eine Penicillinspritze geben und fliege am nächsten Morgen nach Berlin.

Gitta umarmt mich, als ich zur Tür reinkomme. Aber sie ist nicht wie früher und wird auch nie wieder so werden. Die Nacht ficken wir. Schamlos. Vor allem Gitta ist besonders schamlos, um mir zu zeigen, daß sie eine ebenso gute Hure sein kann wie Dominique.

Heute morgen wäre alles gutgegangen — da ruft Dominique an! Dreimal hintereinander, weil die Verbindung immer wieder abreißt. Ich sage, daß ich sie anrufen werde. Jetzt glaubt mir auch Dominique nicht mehr, und ich werde von beiden Seiten attackiert.

Gitta wird aggressiv. Sie erkennt nicht an, daß Dominique mir im Bett mehr bedeuten soll als sie. Es gibt für sie nur einen Grund, warum ich nicht von Dominique lassen kann, daß ich sie, Gitta, nicht mehr liebe.

»Sag mir, daß du mich nicht mehr liebst! Sag mir, daß du mich nicht mehr liebst! Sag mir, daß du mich nicht mehr liebst!!!!« Sie schreit diesen Satz den ganzen Tag lang, bis sie heiser ist und wieder in Tränen ausbricht.

Ich kann ihr nicht sagen, daß ich sie nicht mehr liebe. Es wäre eine Lüge. Ich weiß nicht einmal, ob ich Dominique liebe. Ich bin ihr nur verfallen.

Eine Woche lang renne ich noch auf die Post, um Dominique anzurufen, weil ich es von zu Hause unmöglich tun kann. Dann fliege ich nach Rom.

Auch Dominique ist verändert. Und als wüßte sie, daß Gitta mir in Berlin beweisen wollte, daß sie eine bessere Hure ist, unterläßt Dominique nichts, um Gitta auszustechen. Zum erstenmal fragt sie mich, welche Stellungen ich bevorzuge und auf welche Weise sie mich am stärksten zum Orgasmus bringen kann. Sie fragt mich jeden Tag, was sie anziehen soll, ob sie Schlüpfer tragen soll. Ob sie Straps tragen soll, mit oder ohne Schlüpfer, und wenn, welche. Sie reißt die Schubladen in ihrem Ankleidezimmer auf und wühlt einen Haufen Hurenschlüpfer heraus, die sie am Pigalle in Paris gekauft hat. Ganz winzige, wie ein kleines Satinläppchen, das nur von dünnen Bändern gehalten wird, die in der Poritze verschwinden und die nur die

Schamlippen verdecken, während die Schamhaare an den Seiten und über dem Venushügel hervorquellen. Andere, in grellen Farben, gelb, orange, rot, grün, türkis, die sich an den Schamlippen zu einem Schlitz öffnen oder von der Scham bis zum After völlig offen sind. In jedem Schlüpfer, den sie mir vorführt, läßt sie sich ficken, im Stehen, in der Hocke oder gebückt, in der festen Überzeugung, daß sie Gitta an Raffinesse und Schamlosigkeit übertrifft.

Sie fragt mich, ob ich will, daß sie andere lesbische Mädchen besorgt. Ob ich mit ihr und einem anderen Mädchen schlafen will, oder ob ich zusehen will, wie sie die Mädchen liebt und sich lieben läßt. Sie erzählt mir von Minderjährigen, die sie von der Straße aufgelesen und verführt hatte, um mich damit aufzuregen. Und fragt mich triumphierend, ob Gitta das auch alles täte.

»Willst du mich heiraten?« fragt sie zögernd, fast ängstlich, als wir an der Ponte Milvio in einem Gartenrestaurant sitzen. Und als hätte ich ihr bereits geantwortet, wird sie plötzlich traurig. Nichts Verderbtes, Perverses ist mehr an ihr. Kein Zynismus, mit dem sie sonst ihre unschuldige Hilflosigkeit zu übertünchen sucht. Sie ist nur noch das kleine einsame Mädchen, das in einem Gebirgsdorf an der italienisch-französischen Grenze geboren war und sich wie jedes andere Mädchen dieser Erde einfach nach Liebe und Schutz sehnt.

»Ich kann dich nicht heiraten, Dominique. Ich würde dich heiraten, aber ich kann Gitta nicht allein lassen.«

»Bourgeois«, antwortet sie voll Haß.

»Mach dich nicht lächerlich. Es gibt niemanden, den die Spießer mehr hassen als mich.«

»Mein ganzes Leben habe ich mich nach dem Mann gesehnt, den ich liebe. Und jetzt, wo ich ihn gefunden habe, ist er zu feige, mich zu heiraten.«

Sie weint.

»Ich bin nicht zu feige, dich zu heiraten, Dominique. Was soll denn für Mut dazugehören. Ich sage dir etwas, was ich bis jetzt nicht wußte. Ich liebe dich.«

»Aber Gitta liebst du auch!«

»Ja. Ich liebe euch beide.«

Ich kann ihr nicht sagen daß ich alle Frauen liebe, daß ich deswegen aber noch lange nicht alle Frauen heiraten kann. Ich sage überhaupt nichts mehr. Ich trockne ihr nur die Tränen ab, die ihr bis jetzt über die Nase in die Minestrone getropft waren. Dann bestelle ich die Forellen ab, zahle und wir gehen.

Die Nacht schlafen wir eng umschlungen auf der Terrasse, nachdem wir uns bis zum letzten verausgabt haben. Sie hatte für uns eine enorme Couch und baldachinartige Vorhänge anfertigen lassen, weil sie weiß, daß ich am liebsten draußen schlafe.

Der Frühstückstisch ist auf der Terrasse gedeckt. Und während ihr Dienstmädchen den dampfenden Kaffee eingießt und bereits meckert, daß wir, wie immer, alles kalt werden lassen, umarmen wir uns nackt das letzte Mal, während tief unten zu unseren Füßen Rom zu leben und zu lärmen anfängt.

Nach dem Frühstück gehen wir zu Fuß in die Vigna Clara, einem Luxus-Komplex mit zehn Palazzos, Tennisplatz und Swimming-pool, wo eine Mansardenwohnung frei geworden ist. Ich miete sie und zahle für ein Jahr im voraus. Ich habe mich entschieden, in Rom zu bleiben. Wenn Gitta und Aglaja auch nach Rom ziehen wollen, ist die Wohnung groß genug für drei. Um eins bringt Dominique mich zum Flugplatz.

Gitta wollte sich von mir trennen, nachdem sie davon überzeugt ist, daß ich sie nicht mehr liebe. Ich sage ihr, daß ich auch weiterhin für sie sorgen werde. Aber sie will plötzlich um ihr älteres Anrecht kämpfen und mit Aglaja und mir nach Rom in die Vigna Clara ziehen. Wir kündigen unseren Vertrag für das Haus in Berlin und wechseln vorläufig in eine Zwei-Zimmer-Wohnung am Grunewaldsee über, weil Gitta wegen ihrer Mutter einen zweiten Wohnsitz in Berlin behalten will.

Mit Verspätung trudelt auch der Vertrag für den Fellini-Film in Berlin ein. Die Gage ist wirklich eine Frechheit. Dieser Fellini frißt alles allein. Ich unterschreibe den Vertrag nicht und telegrafiere *Va fare in Culo*. Das Telegrafenamt ruft mich an und sagt, daß ein solcher Text unmöglich zugestellt werden kann. Ich bestehe auf dem Wortlaut, und das Telegramm kommt tatsächlich in Rom an.

Ich muß zu einem englischen Film nach London. Miete ein Mewshaus gegenüber dem Hydepark und lasse Gitta und Aglaja nachkommen. In dem Mewshaus hat noch niemand vor uns gewohnt. Es hat zwei Etagen, ist sauber und freundlich möbliert und ist ein richtiges romantisches Puppenhaus. Wieder ist Frühling. Das Haus ist von blühenden Bäumen umgeben, Katzen, die Gitta so liebt, sitzen auf den Dächern der parkenden Autos, und in dem endlosen Hydepark, in dem jeder machen kann, was ihm gefällt, können Gitta und Aglaja nach Herzenslust herumtollen.

Das bunte, schillernde London trägt seinen Teil dazu bei, daß Gitta für die erste Zeit die Vergangenheit vergißt. Aber ich kann keine Frau vergessen, mit der ich einmal zusammen war. Die letzte war Dominique. Die vielen anderen treten für einen Augenblick in den Hintergrund. Und weil Gitta mich an die Zeit mit Dominique erinnert, hure ich wieder herum.

Ich lasse mir keine besonders intelligenten Ausreden einfallen. »Ich gehe Zigaretten holen«, sage ich einfach oder »Ich gehe zur Bank«. Dann gehe ich zu Produktionssekretärinnen, meinen Partnerinnen, Statistinnen, zur Vermieterin des Mewshauses, zu den Stripperinnen von Soho, oder ich gehe einfach mit einer mit, die ich auf der Straße anquatsche. Selbst nachts stehle ich mich aus meinem Bett, fahre zum Picadilly Circus und gehe zu den jungen Nutten in Chinatown.

Eine bringe ich ins Mewshaus. Gitta und Aglaja sind nach Brighton ans Meer gefahren. Die Frau ist ein israelischer Oberst, trägt aber Zivil. Sie zeigt mir ihre Papiere, weil ich noch nie mit einem Oberst geschlafen habe und neugierig bin, ob sie die Wahrheit sagt. Wenn Maria Magdalena auch so ausgesehen hat, verstehe ich, daß Jesus sich in sie verknallen mußte. Obwohl sie schwarze Härchen auf der Oberlippe hat, was mich besonders erregt, bin ich nicht ganz bei der Sache. Dominique hat sich für einen halben Tag in London angesagt. Obgleich sie erst am Wochenende eintreffen soll, stoße ich die israelische Offizierin nur zweimal und schicke sie weg.

Ausgerechnet, als Dominique eintrifft, muß ich drehen, und Dominique muß am selben Abend wieder nach Rom zurück. Das Flugzeug geht um neun. Die Engländer haben um zwanzig vor sechs Drehschluß, und ich hetze im Kostüm eines englischen

Lords aus dem 19. Jahrhundert ins Hotel Dorchester. Genau fünfunddreißig Minuten lang hocken Dominique und ich aufeinander. Zum Flugplatz fährt sie allein.

Der Assistent von David Lean kommt ins Shepperton-Studio und sagt, daß noch drei Rollen in *Doktor Schiwago* übrig sind. David, der sich in Madrid aufhält, läßt mich fragen, welche ich spielen will. »Die eine oder andere«, sage ich. »Ich würde gerne mit David Lean arbeiten.« Bis zum Herbst drehe ich in Berlin für Wendlandt, der mir gedroht hatte, mich zu verklagen, weil ich laut Vertrag für keine andere Produktion arbeiten darf. Ende November drehe ich einen spanischen Film in Barcelona, wohin die MGM mir das Drehbuch und den Vertrag für *Schiwago* schickt.

Heiligabend. Ich kaufe Geschenke für Gitta und Aglaja und schenke den Huren in Barcelona alles, was von meiner letzten Rate übrig ist. Sie haben fast alle kleine Kinder. Am ersten Weihnachtsfeiertag bin ich wieder in unserer Wohnung am Grunewaldsee, und Gitta und ich laufen Schlittschuh auf dem gefrorenen See.

Im Januar beginnen die Aufnahmen zu *Schiwago*. Gitta und Aglaja kommen mit nach Madrid, weil ich für vier Monate engagiert bin, obwohl meine Rolle eine Wurzen ist. Wir mieten eine Wohnung und bleiben bis Februar. Ich habe vier Wochen frei, werde aber weiterbezahlt.

Wir fliegen über München, wo Sergio Leone seinen ersten Western *Per un Pugno di Dollari* vorführt und mich bei der Gelegenheit kennenlernen will. Er engagiert mich für seinen zweiten Western *Per Qualche Dollaro in piu'*.

In Berlin hole ich den Jaguar aus der Garage, rase nach München, nehme meine älteste Tochter mit und rase mit ihr zu Kostümproben nach Rom. Sie und ich weihen die Wohnung in der Vigna Clara ein, in die ich keinen Fuß mehr gesetzt hatte. Dominique rufe ich nicht an. Ich bleibe mit meiner Tochter allein, die jetzt beinahe dreizehn ist und in die ich bis über beide Ohren verliebt bin.

In den Osterferien kommt sie zu uns nach Madrid. Ich selbst bin nicht da. Die Späher von David Lean suchen ganz Spanien nach den letzten Schneeresten ab, die noch nicht weggeschmolzen sind, und ich entferne mich mit der Truppe bis zu 270 Kilometer von Madrid, wo wir in irgendwelchen Dorfgasthöfen übernachten.

Die Mutter des kleinen Jungen, der eine Rolle in *Schiwago* spielt und mit Omar Sharif, Geraldine Chaplin, Sir Richardson und mir im Viehwagen dreht, ist mit einem amerikanischen Diplomaten verheiratet, der sein Söhnchen nicht begleiten kann. Die Mutter tut es und zieht mit uns wohin wir fahren, drehen und schlafen. Sie ist Jüdin. Ihre breiten Hüften und wuchtigen Schenkel stehen zu ihrem schmächtigen Oberkörper in so unglaubwürdigem Gegensatz, als hätte die Natur aus einer Laune heraus den Oberkörper und Unterleib zwei verschiedener Menschen zusammengesetzt. Dazu sind ihre Schenkel bis hoch zu den Hüften behaart.

Das macht aus ihr einen weiblichen Satyr. Ich ficke sie nur im Stehen, um diese seltene Schöpfung beim Orgasmus vor Augen zu haben.

Ich muß auf Socken über die knarrenden Dielen des Gasthofs schleichen, weil man in den Zimmern jeden Pup hört. Wir ficken auch in der Mittagspause. Nach Mitternacht schleicht sie gleich nackt zu mir ins Zimmer. Wenn jemand nachts aufs Klo muß und sie auf dem Flur zu meinem Zimmer antrifft, weiß er ohnehin, was sie vorhat. Außerdem steigert das Risiko meine Begierde nach ihr. Wenn wir mit den anderen zu Abend essen, verlange ich von ihr, daß sie während des Essens ihre Schlüpfer auszieht und sie mir unter dem Tisch reicht Und ich verlange von ihr, daß sie dem Kellner, der ihr das Frühstück bringt, die Zimmertür nackt öffnet.

In Madrid sollte unser Verhältnis eigentlich ein Ende haben, denn in die Villa, die sie mit ihrem Mann bewohnt, kommt er jeden Abend und oft sogar in der Mittagspause. Wir sind um sieben Uhr früh aus dem Kaff weggefahren und kommen um zehn in Madrid an. Ihre Villa liegt auf dem Weg. Wir fahren zuerst bei ihr vorbei. Während ich mir das Haus ansehe, bringt der Fahrer die Koffer rein, auch meine.

»Mister Kinski takes a taxi«, höre ich sie zum Chauffeur sagen.

Sie bringt ihren kleinen Sohn ins Bett, der im Auto eingeschlafen war und noch nicht wieder aufgewacht ist. Dann ficken wir auf ihrem Ehebett.

Die Dreharbeiten in Madrid gehen weier. Der kleine Junge ist abgedreht, und so sehe ich auch den weiblichen Satyr nicht mehr. Dafür sehe ich jetzt so viele Reporter wie nie zuvor in meinem Leben. Sie kommen scharenweise aus der ganzen Welt, vor allem aus Amerika angereist und sagen endlich einmal mehr als Fragen, obwohl ihre Aussprüche auch keine Geistesblitze sind.

»In your face are millions of dollars«, sagt ein amerikanischer Reporter zu mir.

»I didn't know I have so much on my account. Would you please give me hundredthousand in advance?«

David hat einen roten Rolls-Royce, der mich nach dem Satyr am meisten an *Schiwago* interessiert. Ich glotze das Auto an wie ich mir früher ein Spielzeugauto gewünscht hatte und mir dabei die Nase an der Schaufensterscheibe plattdrückte.

»Don't get mad about it«, sagt David lächelnd, der selber verrückt ist nach seinem roten Rolls und ihn den ganzen Tag mit einem maßgeschneiderten Überzug wie mit einem Strampelanzug überdeckt, in den sogar die Form der Kühlerfigur eingearbeitet ist. »In about five years you'll sit in the back of your own one.« Ich weiß noch nicht, wie recht er haben soll.

Ich wage nicht, Gitta das Telegramm zu zeigen, das eben gekommen ist und das ich automatisch aufgerissen hatte, weil ich dachte, daß es an mich gerichtet war. Das Telegramm ist für Gitta und kommt von einem Bekannten ihrer Mutter aus Berlin. Er teilt Gitta mit, daß ihre Mutter gestorben ist. Die Situation ist um so auswegloser, da wir uns gezankt und geschlagen hatten, bis der Telegrammbote klingelte.

Ich schließe mich im Badezimmer ein und lese den Text immer wieder. Und wieder kann ich die Todesnachricht nicht begreifen, wie bei meiner Mutter, bei der Journalistin, Sabine und Yasmin. Ich habe nur einen einzigen Gedanken, Gitta zu versöhnen und sie spüren zu lassen, daß sie nicht schutzlos ist. Ihre Mutter war der einzige Mensch, den sie außer mir und Aglaja hatte. Als ich zu Gitta gehe, vergesse ich das Telegramm im Bademantel.

Gitta und ich haben uns wieder vertragen, da höre ich sie im Bad aufschreien. Ich stürze zu ihr und finde sie zusammengebrochen auf den Fliesen, das zerknüllte Telegramm in den verkrampften Händen. Ich nehme sie auf die Arme und trage sie in ihr Zimmer.

Den ganzen Tag ist sie nicht fähig, einen zusammenhängenden Satz zu reden. Sie zieht Aglaja zu sich aufs Bett, umschlingt sie verzweifelt und bedeckt sie mit Küssen. Aglaja sieht mich fragend und ratlos an. Auch meine älteste Tochter sagt keinen Ton und bleibt stundenlang bewegungslos auf der Türschwelle stehen. Ich gehe auf den Balkon unserer Wohnung im 33. Stock und starre auf den braunen Sonnenball, der sich über die Steinwüste Madrids wie geronnenes Blut verschmiert.

Gitta steht neben mir. Ich habe sie nicht kommen hören. Sie weint nicht mehr und spricht leise und gefaßt, aber zerstreut und ungeduldig wie jemand, der furchtbar viel Vorbereitungen zu treffen hat für etwas, an das er sich nicht erinnern kann.

»Auf jeden Fall muß ich morgen sofort nach Berlin. Aglaja nehme ich mit.«

»Ich werde ganz früh die Flugkarten beschaffen.«

»Buche das erste Flugzeug, das geht. Das erste beste. Auch mit Umsteigen. Ich darf unter keinen Umständen zu spät zur Beerdigung kommen. Vielleicht ist sonst niemand da außer mir. Ich muß auch noch Blumen besorgen. Viele Blumen, ganz besonders schöne Blumen. Oder, was glaubst du, soll ich einen Kranz anfertigen lassen?«

»Bring deiner Mutter Blumen.«

»Und der Sarg. Mein Gott! Sicher hat sie noch gar keinen Sarg! Was für einen Sarg soll ich nehmen? Ich will einen Zinksarg. Sie soll nicht von Maden aufgefressen werden. Ist es wahr, daß die Toten in der Erde von Maden aufgefressen werden?«

»Ja. Das ist natürlich. Die Maden sind aus der Erde entstanden, aus anderen Lebewesen, oder aus Pflanzen. Das Tier, das die Maden frißt, verwest auch, und aus der Verwesung entstehen neue Maden. Aber auch neue Pflanzen und Blumen. Aus der Verwesung entsteht neues Leben.«

»Aber ich will nicht, daß meine Mutter verwest. Ich will einen Zinksarg.«

»Ich werde dir genug Geld geben.«

»In einem Zinksarg verwest sie nicht?«

»Nein.«

»Gut. Dann werde ich einen Zinksarg kaufen. Und einen Grabstein. Wie soll ich das bloß alles schaffen!«

»Für den Grabstein ist noch Zeit.«

»Aber das Grab. Ich muß doch ein Grab aussuchen. Und dann die Bepflanzung.«

»Für den Grabstein und die Bepflanzung ist noch Zeit.«

»Ich glaube, meine Mutter ist an Unterleibskrebs gestorben. Sie hat immer davon gesprochen. Der Arzt hat ihr gesagt, das Geschwulst wäre gutartig und mit dem Operieren hat es noch Zeit. Aber ich erinnere mich, sie wollte sich dieses Jahr operieren lassen. Ich habe gehört, daß den Unterleibskrebskranken alles herausgeschnitten wird und daß man ihnen Holzwolle dafür reinstopft, wenn sie sterben, und den Schnitt wieder zunäht. Ist das wahr?«

»Das kann ich nicht sagen.«

»Also gut. Einen Zinksarg. Wie sieht denn ein Zinksarg aus?«

»Das ist nur ein Einsatz. Er wird in einen Holzsarg eingelassen.«

»Also muß ich noch einen Holzsarg aussuchen. Was glaubst du, werde ich alles rechtzeitig schaffen?«

»Ganz bestimmt.«

»Wann wird jemand beerdigt, nachdem er gestorben ist?«

»Nach zirka drei Tagen.«

»Also mach das morgen mit den Flugkarten ganz früh, ja?«

»Ich kann auch jetzt noch direkt zum Flugplatz fahren.«

»Nein, nein. Morgen früh. Laß mich jetzt nicht allein.«

Sie geht wieder in die Wohnung zurück. Niemand hat bis jetzt Licht gemacht. Die Wohnung ist dunkelgrau und trostlos. Meine älteste Tochter steht noch immer herum und erschrickt, als ich

262

sie im Dunkeln anremple. Dann habe ich den Lichtschalter gefunden.

Eine Schwalbe donnert gegen die großen Glasfenster und fällt in der Ecke des Balkons zu Boden, wo sie zuckend liegenbleibt. Sie muß den Orientierungssinn verloren haben. Ich hebe sie auf, als Gitta auf den Balkon zurückkommt. Sie nimmt mir die Schwalbe aus den Händen und streichelt ihr sanft über den Kopf. Noch nie habe ich eine Schwalbe von so nah gesehen. Ihr Körper ist zart und zerbrechlich. Aber ihr Flaum und ihre Flügelfedern sind verwittert und zerzaust und ihre umherirrenden Augen suchen die Ferne. Alles an ihr ist von unbezähmbarer Wildheit. Ich habe das Gefühl, als rieche sie geradezu nach Freiheit. Gitta will versuchen, ob sie wieder fliegen kann und öffnet die Hände. Ein paar Sekunden geschieht nichts. Dann schnellt die Schwalbe mit einem kräftigen Flügelschlag von Gittas Handflächen und wird von dem kühlen Nachthimmel verschluckt. Gitta lächelt. Ich lege meinen Arm um ihre Schultern.

»Verwest die Schwalbe auch, wenn sie tot ist und wird von Maden gefressen?«

»Ja. Sie verwest auch und wird von Maden gefressen.«

»Dann werde ich keinen Zinksarg kaufen.«

Sie schmiegt sich ganz fest an mich, und wir bleiben lange so, ohne noch ein Wort über ihre tote Mutter zu sprechen.

Ich habe Gitta und Aglaja zum Flugplatz gebracht und bin mit meiner ältesten Tochter allein. Ihre Ferien gehen zu Ende. Ich habe Angst davor, ganz allein zu sein, wenn Gitta und Aglaja nicht zurückkommen, bevor sie abreist. Aber Gitta ruft aus Berlin an und sagt, daß sie nach drei Tagen wiederkommt. Sie will nur noch den Grabstein in Auftrag geben und mit der Friedhofsgärtnerei die Bepflanzung und die Pflege des Grabes ausmachen.

Endlich kommen wir aus dem Brutkasten von Madrid heraus und fahren nach Almeria ans Meer, wo Sergio Leone seinen Western dreht. Wir mieten eine Villa am Strand mit einer Terrasse, die so groß ist, daß wir darauf Tennis spielen können. Das Meer brüllt Tag und Nacht, und ich kann endlich wieder schlafen.

Die Zigeuner Andalusiens werden meine Freunde. Mehr noch. Sie werden meine Blutsbrüder. Sie betrachten mich als einen der ihren und nehmen mich in ihre Familien auf. Bald kenne ich alle, von Almeria bis Granada, von Malaga bis Sevilla. Auch die Zigeunerinnen. Von den Schulmädchen bis zu den Flamencotänzerinnen und den Huren, die in in Felsen gehauenen Höhlenwohnungen leben. Ich lerne ihre Sprache sprechen, tanze, wohne und schlafe mit ihnen. Auf der Terrasse unserer Villa veranstalte ich jede Woche ein Fest, zu denen ich nur Zigeuner einlade. Wir bekränzen uns die Köpfe mit Blumen und tanzen und singen unter den Sternen, die so tief und groß herunterhängen, daß ich denke, sie fallen mir auf den Kopf. Ihr Flamenco hat nichts mit dem Flamenco für Touristen zu tun. Der wahre Flamenco der Zigeuner ist, als ob sie einen Geschlechtsakt ausführen.

Die größte Ehre, die mir zuteil wird, ist, daß sie mich einer Zigeunerhochzeit beiwohnen lassen. Die Braut wird auf einen Tisch gestellt, macht die Beine breit und ihre Mutter durchstößt mit dem Finger und einem Tuch in Gegenwart der Ältesten der Sippe ihre Jungfernhaut. Dann zeigt sie das blutige Tuch unter den Hochzeitsgästen herum. Nie wird ein Fremder zu dieser Zeremonie zugelassen.

Wir ziehen in die römische Wohnung. Den Jaguar habe ich in Deutschland gelassen und kaufe einen Maserati für fünfundsiebzigtausend Mark. Um Gitta und Aglaja alles so schön wie möglich zu machen, lasse ich den Bodenbelag aus der Wohnung reißen, den teuersten englischen Velours legen, die Wände mit reiner italienischer Seide beziehen, aus der auch Vorhänge und Tischdecken angefertigt werden, lasse vergoldete Klinken und Fensterknäufe montieren und in den Bädern vergoldete Wasserhähne.

Liliane Cavina will mich für die Titelrolle in *Franz von Assissi*. Wir stehen uns stundenlang bei William Morris gegenüber. Sie ist richtig wild nach mir und verschlingt mich mit den Augen. Aber wir werden nicht einig. Meine Gagenforderungen sind dem Produzenten zu hoch. Erstens ist er nicht reich und zweitens bin ich in Italien noch nicht bekannt, denn Sergio Leones

Film ist noch nicht raus. Der Produzent bietet mir vierzigtausend Mark. Ich lehne ab. Nach ein paar Tagen ruft Lu von William Morris an und sagt, daß ich achtzigtausend bekomme. Ich sage okay. Am gleichen Tag ruft Lu wieder an und sagt, daß der Produzent das Geld nicht zusammenkratzen kann. Ich zerschmettere mein Telefon und zerreiße meinen Vertrag mit William Morris. Lu hatte mir durch ihre Ungeschicklichkeit schon den Film von Frankenheimer ruiniert, der mich für die Rolle des englischen Rennfahrers in *Grand Prix* haben wollte. Sergio hatte sich auch von William Morris getrennt und hat mich gewarnt.

Ich nehme einen englischen Film in Marokko an mit Margareth L. und Senta B. Gitta kümmert sich inzwischen um die Wohnung in der Vigna Clara, von der sie begeistert ist, obwohl man sich an den schrägen Wänden hundertmal täglich den Detz einrennt.

Vor dem Mamunia-Hotel in Marrakesch lasse ich meine Koffer ausladen und auf mein Zimmer schaffen. Ich selbst werde das Mamunia nicht betreten, bis ich zum Drehen abgeholt werde. Ich habe alle Hände voll zu tun.

Die erste ist eine verschleierte Radlerin. Sie trägt einen schwarzen Burnus wie eine Nonne und ich sehe nur ihre beringten Hände am Lenker, ihre nackten Füße mit den Sandalen und ihre glutenden Augen. Ich rufe sie an wie man ein vorbeifahrendes Taxi ruft. Sie wendet den Kopf und wäre um ein Haar in ein Auto gefahren. Die Chauffeure hier müssen alle mal Kameltreiber gewesen sein. Fünfzig Meter weiter hält sie an und wartet auf mich. Auf ein Stückchen Papier lasse ich Uhrzeit und Adresse aufschreiben. Sie hat zwölf Uhr geschrieben, soviel kann ich entziffern. Die Adresse ist marokkanisch und ich kann sie unmöglich lesen. Ich werde den Zettel einem Taxifahrer geben.

Es ist drei. Bis Mitternacht sind noch neun Stunden. Die bringe ich in den Basars zu, wo die Gassenjungen an mir herumzerren, mir Haschisch anbieten und fragen, ob ich mit ihnen schlafen will. Schließlich setzte ich mich auf den Marktplatz zu dem haschischrauchenden Publikum auf die staubige Erde und höre dem Märchenerzähler zu, von dem ich zwar kein Wort ver-

265

stehe, aber der mich doch in die Welt von *Tausend und einer Nacht* versetzt.

Dann nehme ich ein Mädchen auf die Schultern, das auf dem überfüllten Markt keinen Platz mehr findet und deswegen nichts sehen kann und das keine Höschen unter ihrem zerrissenen Kleidchen trägt. Was ich daran merke, daß ich ihre Schamhaare im Nacken spüre und daran, daß mein Nacken naß wird. Das Mädchen, dessen nackten Unterleib ich im Nacken habe, die ihre Klitoris an mir massiert und deren dünne Schenkel ich streichele, die beschwörenden Bewegungen des Märchenerzählers, das Haschisch, das in Marokko besonders stark ist, die sinnbetäubende mit undefinierbaren Gerüchen und schwülem Gestank durchwürzte Luft und die aus allen Winkeln und Löchern auf mich eindringende monotone orientalische Musik, die allein schon wie Rauschgift wirkt, die flüsternden, tuschelnden, rufenden, schreienden, keifenden, lachenden Stimmen in den verschiedensten arabischen Dialekten — das alles hätte mich mein Rendezvous mit der Radlerin glatt vergessen lassen — würde ich nicht in den Taschen nach Geld kramen müssen, um einen Haschischverkäufer zu bezahlen, der einen großen Posten für einen günstigen Preis abgibt. Dabei kommt der zerknüllte Zettel zum Vorschein, der neben mir auf die Erde fällt und auf den mich das halbnackte Mädchen auf meinen Schultern aufmerksam macht. Es ist kurz vor Mitternacht. Die Kleine hängt sich an meine Hand und will keinen Schritt mehr ohne mich gehen. Ich gebe ihr soviel Geld, wie ich gerade noch entbehren kann und mache ihr durch eine Art Taubstummensprache klar, daß ich mich hier auf dem Marktplatz auf derselben Stelle morgen um dieselbe Zeit wieder einfinden werde.

Der Taxifahrer kann den Wisch anscheinend selbst nicht lesen. Jedenfalls fährt er kreuz und quer, fragt jede vermummte Gestalt in den unbeleuchteten verwinkelten Gassen, durch die er sich kaum mit dem Auto zwängen kann, und hält um ein Uhr morgens vor einem baufälligen unbeleuchteten Haus mit einer schweren eisenbeschlagenen Tür.

Die Tür ist angelehnt. Ich zünde ein Streichholz an und taste mich durch den nach Zimt und Minze riechenden Korridor.

Das Streichholz verlöscht. Ich hatte die Stufen nicht mehr gesehen, stürze sie herunter, schlage mir das Schienbein auf und fluche laut.

Eine Tür öffnet sich zu einem Spalt. Aus dem Innern der Kammer fällt schwaches Licht einer Öllampe, und ich erkenne die Silhouette einer verschleierten Gestalt. Sie tritt zur Seite, als wolle sie mich auffordern, hereinzukommen. Das Licht der Öllampe reflektiert in ihren schwarzen Kirschaugen. Aber ich weiß noch nicht, ob es meine Radlerin ist. Die Augen verschleierter Marokkanerinnen sehen alle gleichermaßen verwirrend aus. Sie zieht mich in die kahle Kammer, in der nur ein unbezogenes Bett steht. Also wird es wohl meine Radlerin sein.

Sie streift den Burnus und den Schleier ab und ist nackt. Der Nachteil bei den verschleierten Frauen ist, daß man weder weiß, wie alt sie sind, da ihre Augen noch funkeln, wenn ihr Körper längst verwelkt ist, noch weiß man, ob sie schön oder häßlich sind. Meine Radlerin ist nicht schön im üblichen Sinne, nicht einmal hübsch, aber mir ist es bis jetzt nie darauf angekommen. Ihr pockennarbiges Gesicht und ihr ganzer Leib sehen aus wie Gesicht und Körper eines Raubtieres, das viele Kämpfe hinter sich hat. Sie hat einen großen Bauch, unter dem eine rasierte Pflaume hängt. Ihre Titten sind nicht groß, aber schwer. Ich ziehe mich nackt aus, und sie zieht mich auf die Matratze.

Ihr Loch ist so heiß, daß mein Schwanz wie Feuer brennt, und ich bin so stoned, daß ich nicht mehr feststellen kann, wann ich mich ergieße. Sie ächzt nur leise. Aber sie klammert sich an den Messingstangen des Bettes über ihrem Kopf fest, verzerrt das Pockengesicht und zeigt ihre aufeinandergebissenen Zähne.

Auf dem Warzenhof der linken Brust hat sie eine besonders große Narbe, die von einer tiefen Wunde herzurühren scheint. Als ich die Narbe mit dem Finger berühre, macht sie mir durch Zeichensprache klar, daß ihr jemand eine Zigarette auf der Brust ausgedrückt hat. Ich küsse die Narbe und sehe nach der Uhr, weil das Tageslicht mit aller Gewalt durch die Ritzen der schlecht schließenden Fensterläden eindringen will. Es ist sieben. Ich ziehe mich an und suche in meinen Taschen nach Geld. Sie will keins.

Der Park des Mamunia-Hotels hat einmal zu dem Besitz eines Prinzen gehört. Er ist mehrere Hektar groß und mit seltensten Palmen, Orangen-, Zitronen-, Dattel- und Feigenbäumen so dicht wie ein Dschungel bestanden, zwischen denen sich fleischische Pflanzen und riesige Blüten ranken. Aus dem Swimming-pool ragt eine hohe eingemauerte Palme. Hier sollte man denken, daß man Ruhe und Erholung findet. Churchill und die englische Königsfamilie haben sie wohl auch gefunden. Und da ich nachts nie zum Schlafen komme, versuche ich es einmal auf einer Liege am Swimming-pool, über dem aus dem schattigen Park zu jeder Tages- und Nachtzeit ein kühler Windzug fächelt.

Aber Jimmy, der englische Stuntman und mein Double in unserem Film, weiß, was er uns beiden schuldig ist. Jedenfalls glaubt er, daß er mir einen Gefallen tut, als er mit zwei jungen französischen Huren aus Casablanca vor meine Liege tritt, auf der ich eingeschlafen bin. Wir gehen alle vier auf mein Zimmer.

Ich begreife beim besten Willen nicht, warum die eine von den beiden sich von mir zwar in die Hose fassen läßt und ich meine Hand zwischen ihren glitschigen Lippen habe, sich aber nicht die Schlüpfer runterziehen lassen will. Sie ist selbst geil und kann sich kaum mehr beherrschen. Des Rätsels Lösung erfahre ich, als sie mir im Badezimmer ins Ohr flüstert, daß die andere, die uns mit schmachtenden Augen beobachtet, in mich verliebt ist und sie mich ihrer Freundin nicht wegnaschen könne.

Beide sind richtige Huren. Aber vor allem die, die sich in mich verliebt hat, als ich noch am Swimming-pool auf der Liege schlief, sieht aus wie ein großes Baby. Und trüge sie nicht so einen verschlissenen kurzen Rock, daß man ihre etwas schmuddeligen Schlüpfer und ihre durchlöcherten Nylons sehen kann, und wäre der Pulli über ihren Brustwarzen nicht so durchsichtig, würde man nicht auf den Gedanken kommen, daß sie keine Schularbeiten mehr macht.

Ich befasse mich also mit ihr, während Jimmy die andere fickt. Dann will ich die andere, und Jimmy will sich mit dem Baby-face befassen. Aber das Baby-face stößt Jimmy weg und weint. Ich kann sie nicht weinen sehen und schicke Jimmy mit der anderen raus.

Die Telefonistin im Mamunia sagt mir täglich die Drehzeiten durch. Woher sie von meinen Mädchen weiß, ist mir schleierhaft, da die Telefonzentrale im Kellergeschoß des Mamunia liegt. Sie fragt mich jedesmal, wo ich vergangene Nacht war, wer gerade bei mir ist und wie wir es treiben.

»Viens ici, essayes toi-même«, sage ich.

Sie kann nur nachts und muß dann noch verdammt aufpassen, weil ihr Verlobter Oberkellner im Mamunia ist und es außerdem dem Hotelpersonal strengstens verboten ist, nachts auf die Zimmer der Hotelgäste zu gehen.

Sie kommt über eine Hintertreppe und ist völlig außer Atem. Sie hat auch nur eine Stunde Zeit, dann muß sie nach Hause hetzen, weil ihr Verlobter von der Arbeit kommt. Sie ist ein *Pieds noir*, lang, mager und völlig nach Liebe ausgehungert.

Ich weiß wieder einmal nicht, ob ich den Tripper von ihr habe, von der Radlerin, dem Baby-face, der englischen Kassiererin aus dem Speisesaal, den vielen anderen oder von der, von der ich gerade aus dem anderen Hotel komme, in dem der Rest unserer Truppe wohnt und mit der ich eben das vierte Mal zusammen war. Zweifellos habe ich ihn. Es piekt. Und als ich auf der Straße gegen den Stamm einer Palme pisse, brennt es wie Brennnesseln.

Wenn ich den Weg ins Mamunia abkürzen will, muß ich über unbeleuchtete Wege, einen unbebauten Acker und streckenweise durch unbeleuchtete verwinkelte Gassen.

Zwei junge Marokkaner folgen mir. Ich hatte sie längst bemerkt, als ich aus dem Hotel kam und sie im Halbdunkel vor der Tür herumlungerten. Nachdem ich den ersten unbeleuchteten, ungepflasterten Weg eingebogen bin, kommen sie schnell näher und gehen rechts und links dicht neben mir. Ich weiß, was sie wollen. Ich glaube jedenfalls es zu wissen. Aber viele Marokkaner tragen Messer, und man wird abgestochen, ohne Piep sagen zu können. Doch ich bin nicht furchtsam und marschiere weiter. Der rechte kommt so nah an mich heran, daß sich unsere Schultern berühren.

269

»Tu es beau«, sagt er geheimnisvoll, ohne dabei aus dem fröhlichen Marschschritt zu fallen, den ich bis jetzt noch bestimme. Also doch, denke ich. Daß ich schön sein soll, bringt mich zum Lachen.

»Qui, tu es beau et moi je te desire«, wiederholt der rechte. Der linke scheint stumm zu sein oder er kann nicht französisch.

»Si tu le dis. Mais je suis fatufué et j'ai envie de dormir.«

Wir marschieren im gleichen Tritt und holen weit aus wie die drei Musketiere. Der rechte hakt sich bei mir ein. Als der Stumme das sieht, tut er dasselbe. Wenn sie doch ein Messer tragen, habe ich die Arme nicht mehr frei, überlege ich kalt. Aber ich lasse mir nichts anmerken.

»Tu es courageux«, sagt der rechte.

»Pourquoi?« frage ich so harmlos wie möglich, weil ich weiß, worauf er anspielt.

»Parce que tu ne sais pas si on porte des couteaux. Nous somme deux, c'est sombre et personne ne t'entendra.«

»Pourquoi vous devez me faire quelche chose?«

»Par exemple, si tu refuses de te faire aimer.«

»Ecoute, j'ai rien contre vous deux, je suis simplement fatigué. J'ai baisé toute l'après-midi et vous n'auriez pas de plaisir avec moi. Peut-être pour une autre fois. A propos, je ne sais plus où on va, où est me Mamunia?«

Ich hatte mich von den beiden lenken lassen.

»Nous allons dans la bonne direction.«

Ich glaubte ihm nicht. Weit und breit ist kein Licht zu sehen, auch nicht aus einem Haus, keine Laterne, nichts, und der Acker, auf dem wir uns befinden, ist nicht der, den ich kenne. Mein rechter flüstert mir noch verschiedene Liebeserklärungen ins Ohr, während mein linker sich damit begnügt, mir den Arm zu quetschen. Am Ende des Ackers münden wir in eine ungepflasterte dunkle Straße, die sich in einem Halbbogen zieht. Nach ein paar Schritten flimmern Lichter von ganz weit her, so wie man eine Küste sieht, wenn man nachts aufs Meer hinausgefahren ist.

»Allez vers les lumières. Le prochain coin à droite et toujours tout droit. Et puis, tu arrives au Mamunia. Tu es un gentil garçon. Peut-être qu'on se reverra.«

»Qui sait.«

Ich drehe mich noch einmal um, man ist bei diesen Schleichkatzen nie sicher. Mein rechter winkt mir zum Abschied nach. Uff!

Es bleibt mir keine Zeit, zum Arzt zu gehen. Der Arzt kommt mit der Spritze zu mir. Wir drehen in einem Mosaik-Palast. Zwischen zwei Aufnahmen ziehe ich mich mit dem Arzt auf die Galerie über dem Tee-Salon zurück. Ich lasse die Hose runter und habe das Penicillin gerade im Hintern, als der Regisseur schon wieder nach mir ruft.

Maria R. ist aus Wien und die ständige Freundin des englischen Produzenten Harry Allan T., für den ich den Film in Marrakesch drehe. Das hindert sie aber nicht daran, mit Margareth zu fummeln und mit mir, und Margareth, die mit Pino, meinem Agenten, verheiratet ist, fummelt mit mir und ich mit allen beiden. Das Fleisch der beiden bleibt so weiß wie Schnee trotz der erbarmungslosen Sonne und ist so weich und sauber, daß mich allein der Gegensatz zu den Marokkanerinnen reizt, die weder hellhäutig noch sauber sind.

»Du hast es gut«, sagt Senta B. zu mir. »Ich muß während der sieben Wochen hier meine Schenkel zusammenkneifen.«

»Dann komm doch zu mir«, sage ich.

»Das geht nicht. Ich liebe meinen Verlobten.«

Nach Marrakesch wieder zwei Filme in London. Dann einer in Paris. Dann einer auf Capri mit Martine Carol. Sie führt mir jeden Tag mehrere von ihren Pelzen vor, von denen sie mindestens fünfzig Stück besitzt. Auf einen ist sie besonders stolz. Die ungeborenen Babys der Tiere werden vor der Geburt aus dem Mutterbauch geschnitten. Dann wird ihnen das Fell abgezogen. Und aus vielen Fellen vieler lebendig aus dem Mutterbauch geschnittener Babys wird ein Mantel angefertigt. Die Felle glänzen angeblich besonders schön. Ein Mantel kostet beinahe zweihunderttausend Mark, und es gibt nur wenige Exemplare, wie Martine mich wissen läßt. Gott sei Dank!

Außer ihrem Pelz-Fetischismus sammelt sie Kleider, Häuser,

Grundstücke, Inseln und vor allem Brillanten. Viele. Große. Die größten sind groß wie Taubeneier, und sie behängt sich schon zum Frühstück damit. Sie tut mir leid. Sie würde auf den ganzen Ramsch verzichten, wenn sie nur ein paar Jahre jünger wäre. Sie hätte es mir nicht weinend zu beichten brauchen.

»Sobald du wieder nach London kommst, wirst du in meiner Villa am Hydepark wohnen«, wiederholt sie mir jeden Tag mehrere Male, wie einem ungehorsamen Bengel. »Ich werde dich mit meinem Rolls-Royce vom Flugplatz abholen.«

Barlog besitzt die Frechheit, mich zum zweitenmal fragen zu lassen, ob ich am Berliner Schillertheater ein Engagement annehmen will, dessen Intendant er traurigerweise ist. Irgendeinem Kerl, der mich anruft, sage ich:

»Selbst wenn ihr mich so hoch bezahlen würdet wie noch nie ein Schauspieler an einem Theater bezahlt worden ist, würde ich lieber den übelsten Film drehen, als einen Fuß auf euren Friedhof zu setzen!«

Ich kann mir jetzt auch leisten, die deutschen Filmangebote auszuschlagen. Die Italiener bieten mir wöchentlich bis zu dreißig Filme an. Ich akzeptiere den ersten besten, der am höchsten bezahlt wird.

Wir sind von der Vigna Clara nach Parioli umgezogen, in dieselbe Straße, in der Dominique wohnt, aber ich sehe Dominique nur noch zweimal. Das erste Mal in der Wohnung von Carla Gravina, der Frau von Gian Maria Volonté. Carla hat Grippe und liegt im Bett. Wir verabreden uns zu dritt. Gian Maria ist nicht in Rom.

Unser Haus in Parioli ist ein alleinstehender Palazzo hinter einer hohen rosenüberrankten Mauer, hat sieben Zimmer, vier Bäder, eine Gartenterrasse, Garage, Swimming-pool und gehört zu dem größten und schönsten privaten Park Roms, in dem das ganze Jahr über die erlesensten tropischen Pflanzen und Blumen blühen. Das Haus gehört einer Immobilienfirma, die wiederum dem Vatikan gehört, wie halb Rom. Miete viertausend Mark monatlich. Wir haben drei Angestellte, zwei Dienstmädchen und eine Köchin. Ich kann mir alles leisten.

Da werde ich vom Schicksal gewarnt. Aber ich höre nicht auf

die Warnung. Ich drehe einen Western in Cinecittà. Am ersten Drehtag macht das Pferd, auf dem ich vor mich hindöse, einen Salto nach rückwärts, preßt mich gegen eine Mauer und fällt mit seinem ganzen Körpergewicht auf mich. Ich kann ihm noch einen Tritt versetzen, um nicht von seinen Hufen zu Tode getrampelt zu werden. Dann kann ich mich nicht mehr aufrichten, nicht mal mehr aufsetzen oder aufknien. Meine Hose ist im Schritt und an den Innenschenkeln aufgeplatzt. Meine Drüsen rechts der Genitalien sind zu einem blauschwarzen Berg angeschwollen.

Ich will auf keinen Fall ins Krankenhaus. Zwei vom Team tragen mich in meine Garderobe. Ich lasse mich auf der Couch ablegen und bitte sie, mich allein zu lassen. Ich will mich nur etwas ausruhen. Ich bekomme so starke Schmerzen, daß ich die beiden zurückrufen will, um mir eine Schmerztablette bringen zu lassen. Sie hören mich nicht mehr.

Sobald ich mich aufzurichten versuche, sacke ich wie eine haltlose Masse zusammen, als hätte ich keine Wirbelsäule mehr. Ich lasse mich von der Couch rollen und krieche auf allen vieren zur Tür. Ich werfe meinen Gürtel über die Türklinke, und es gelingt mir, sie herunterzuziehen. Dann krieche ich über den Flur in die Schneiderei.

Die Garderobiere holt jemand von der Produktion, und man bringt mich in eine Klinik. Nach den Röntgenaufnahmen sagt der Arzt, daß meine Wirbelsäule gebrochen ist. »Angebrochen«, verbessert er sich, das heißt, das Mark ist nicht verletzt. Ein paar Millimeter, und ich wäre für immer gelähmt. Ich muß in der Klinik bleiben.

Gitta, die wir angerufen hatten, weint und schreit vor Angst und Sorge um mich. Sie fährt wieder nach Hause, um die nötigsten Utensilien zu holen. Ich selbst kann meinen Körper nicht mehr bewegen, das einzige, was ich tun kann, ist den Klingelknopf neben dem Kopfende meines Bettes bedienen und mit größter Anstrengung telefonieren. Meine Notdurft muß ich in eine Pfanne verrichten, die mir eine Krankenschwester unterschiebt. Der Nachtschwester sage ich, daß sie zurückkommen soll, wenn die anderen schlafen.

In meinem Zustand ist das wirklich nicht so einfach. Aber sie hockt sich breitbeinig so geschickt auf meinen Rüssel, der trotz allem wieder nach oben steht, und reitet mich so vorsichtig ab, daß sie nicht ein einziges Mal mit ihrem Hintern oder ihren Schamlippen meinen Unterleib berührt. Der Orgasmus ist sehr schmerzhaft, und wir können es nur einmal tun. Aber von jetzt ab kommt sie jede Nacht wieder. Und von Nacht zu Nacht vervollkommnet der Erfindungsgeist einer Krankenschwester die Position.

Außer Gitta, Aglaja, Pino und den Journalisten Peter Hajek und Roman Schließer, die sich auf der ganzen Welt herumtreiben und mit denen ich seit dem Western auf den Kanarischen Inseln befreundet bin, besucht mich nur Christina Söderbaum. Ich habe gebeten, den Unfall nicht publik zu machen.

Nach zwölf Tagen habe ich genug von meinem Krüppeldasein. Mit einem für mich angefertigten Korsett mache ich die ersten Steh- und Gehversuche und lasse mich von einer Schwester schlurfend aufs Klosett führen.

Der angefangene Western ist für mich verloren. Ich bekomme weder die Gage noch zahlt die Versicherung einen Pfennig, weil der Produzent, wie oft in Italien, nur eine fingierte Versicherung abgeschlossen hatte. Dazu kommt, daß ich vorläufig keinen Film annehmen darf, in dem ich reiten oder die geringste andere körperliche Anstrengung machen muß. Ich darf nicht einmal Auto fahren. »Außer in einem Rolls-Royce«, sagt der Arzt lakonisch. Ich nehme seinen Ausspruch ernst und kaufe meinen ersten *Silvercloud*. Drei Wochen später werfe ich das Korsett aus dem fahrenden Rolls und unterschreibe den Vertrag für *Carmen* in Spanien, wo ich trotz des strikten Verbots der Ärzte von morgens bis abends Galopp reiten und einen achtstündigen Messerkampf ausführen muß.

Gitta und Aglaja sind mit in Almeria. Die Nächte im Bett schreie ich vor Schmerzen auf, und morgens muß Gitta mich mit dem Zimmerkellner aufrichten, weil ich so steif bin wie ein Klotz.

Nach Spanien Brasilien. Ich fliege wieder allein. Ein sintflutartiger Wolkenbruch hatte die Elendsbaracken von den Favelas gefegt und viertausend Todesopfer gefordert. Als ich in Rio ankomme, steht das Wasser einen Meter hoch. Aber nicht die Naturkatastrophe und die Cholera sind es, die mich vorläufig keine großen Sprünge machen lassen.

Ich habe Tag und Nacht solche Schmerzen, und die fast 50 Grad Hitze und 50 Prozent Luftfeuchtigkeit laugen mich in meinem Zustand derart aus, daß ich glaube, den Vorkarneval nicht voll auskosten zu können.

Der Vorkarneval ist viel aufregender als der Karneval selbst, weil die alberne Kostümierung wegfällt und man die schweißglänzenden, dürftig bekleideten Körper der Brasilianer riecht und spürt. Die Brasilianer, von Kindern bis zu Greisen, bewegen sich vierundzwanzig Stunden zu vierundzwanzig Stunden, wo sie gehen und stehen im Sambaschritt, und die handgeschlagenen Trommeln und Tamburine verstummen nie. Wenn der eine aufhört, fängt der andere an. Die Mädchen von Rio, deren schwingende Hüften und kreisende Pos einen schon besessen machen, wenn sie ganz normal gehen, massieren dir im Sambaschritt deinen Knüppel in der Hose, ohne dich zu berühren.

Aus dem versnobten Copacabana Palace Hotel bin ich wieder ausgezogen, aber auch das Leme Palace Hotel, in dem ich jetzt wohne, liegt direkt vor dem fünf Kilometer langen Strand von Rio de Janeiro. Trotzdem schlafe ich meist draußen. Die Nächte sind so mild, daß der Strand auch die Nächte durch von ineinander verschlungenen Leibern bevölkert ist. Niemand kümmert sich darum, was der andere treibt, weil alle ficken.

Die Mädchen in Rio sind für die Liebe geboren, die armen wie die reichen. Die Armen gehen auf den Strich, um dazuzuverdienen, auch wenn sie verheiratet sind. Sie stehen auf der Copacabana an die parkenden Autos gelehnt und heben die Röcke hoch, unter denen sie keine Schlüpfer tragen.

»Toca«, sagt eine. »Lo ago en seguida aqui, se tu quieres.«

Die Reichen unterscheiden sich nur dadurch von ihnen, daß sie reich sind und nicht unbedingt auf den Strich gehen müssen, jedenfalls nicht, um zu überleben. Die einen wie die anderen ficken ausgezeichnet.

Das Klima in Brasilien hat meiner Wirbelsäule gutgetan. Ich

habe keine Schmerzen mehr. Nach der kurzen heftigen Kostprobe muß ich nach Hongkong.

Gitta und Aglaja fliegen mit. Die einzige, die nach sechsundzwanzig Stunden Flug nicht zerschlagen ist, als wir in Hongkong ankommen, ist Aglaja, die durchs Flugzeug rennt und selbst den mißgelauntesten Fluggast zu neuem Leben erweckt. Gitta ist wütend auf mich, weil ich während des Fluges mit der Stewardeß der Lufthansa so lange verschwunden war und weil sie mir auch noch ihre Adresse in Hongkong aufschreiben wollte.

Während der Überfahrt von Kowloon schlägt Gitta mir auf der Fähre ins Gesicht und bekommt im Hotel Mandarin einen Nervenzusammenbruch. Ich kann nichts tun. Sie will sich von mir nicht mal anfassen lassen. So gemein es klingt, ich denke nur an Hongkong, und mein Puls schlägt wie toll. Gitta schläft vor Erschöpfung ein.

Ich strolche durch die von Menschen wimmelnden Straßen, bis ich eine Rikscha finde, und lasse mich im Trab zu einer chinesischen Hure ziehen. Als mein erster Durst gestillt ist, setze ich mich vor dem Haus der Hure zu den Chinesen auf die Straße und esse mit ihnen zwischen dampfenden Kesseln und knisternden qualmenden Feuern, auf denen sie Tintenfische und Krebse rösten. Ich habe zwei Filme für Harry Allan T. in Hongkong zu drehen. Sie sollen zweieinhalb Monate dauern. Ich werde mich regelmäßig und gut ernähren, um bei Kräften zu bleiben. Ich brauche nur an die Hure zu denken, bei der ich bis vor kurzem war.

Margareth L. und Maria R. sind auch mit von der Partie und treiben es jetzt ganz hemmungslos miteinander, weil Harry wöchentlich mindestens einmal nach Europa fliegt und so gut wie nie da ist.

In der Dschunken-Stadt Aberdeen müssen Margareth, Maria und ich in einem versauten Zimmer auf die Aufnahmen warten, weil kein Hotel in der Nähe ist. Dazu kommt die englische Maskenbildnerin mit ihrer Tochter, um Margareth und Maria zu schminken. Aber Margareth und Maria haben vorläufig keine Lust. Sie setzen sich mit der Tochter der Maskenbildnerin zu mir aufs verlauste Bett und einigen sich, wer von ihnen mir welches Kleidungsstück ausziehen soll und welchen meiner Körperteile jede von ihnen zuerst benutzen darf. Ich werde nicht gefragt. Ich lasse alles mit mir machen, was sie wollen.

Ich bin der einzige der Truppe, der im Mandarin wohnt, und ich bitte Gitta, mit mir ins Hilton überzusiedeln. Dort wird es für mich leichter sein, von Zimmer zu Zimmer zu gehen. Der Hotelmanager, der Italiener ist und mich von meinen Filmen her kennt, gibt mir die besten Tips für Formosa und Shanghai. Sechs der Chinesinnen, die ich bis jetzt in Hongkong gefickt habe, waren Flüchtlinge aus Rotchina. Man stelle sich vor, wie viele geile Chinesen es in einem Land geben muß, das über eine halbe Milliarde Einwohner hat.

Aglaja muß operiert werden. Als sie sich wieder erholt hat, gehen wir in den *Tiger Balm Garden*, mieten Dschunken und fahren nachts durch Aberdeen, wo die anderen Dschunken wie Geisterschiffe geräuschlos an uns vorbei über das Wasser gleiten und wo Küchendschunken Krabben und Fische anbieten, die noch lebendig sind und vor unsren Augen auf offenem Holzkohlenfeuer gegrillt und gebraten werden.

Die Küchendschunken sind im Durchschnitt nicht länger als fünf bis sieben Meter und nicht mehr als ein Meter fünfzig breit. Auf diesem engen Raum lebt eine Familie von mehreren Personen. Auf der Dschunke werden auch die Kinder geboren. Und kleine Kinder tragen noch kleinere Kinder auf dem Rücken, während sie gleichzeitig die Dschunke rudern. Die Mutter kocht. Die Nächte fahren wir mit einer Segelyacht aufs Chinesische Meer hinaus. Ich steuere zum ersten Mal in meinem Leben ein Segelschiff und lerne die Segel bedienen.

Die Monate in Hongkong gehen zu Ende, und ich hetze von einem Hotelzimmer ins andere. Von den Mädchen in Kowloon zu den Mädchen in Aberdeen. Von der Maskenbildnerin und ihrer Tochter zu den philippinischen Mannequins, die im Hilton ihre Nationaltrachten vorführen. Von Margareth zu Maria. Von Hongkong nach Taipeh und Shanghai.

In Rom wechsle ich den Rolls-Royce in einen anderen Rolls-Royce. Als ich den auch über habe, kaufe ich wieder einen

Maserati. Dann einen Ferrari und wieder ein Rolls-Royce-Cabriolet für 165 000 Mark. Ich wechsle die Autos, weil die Tür klappert, die ich vergessen hatte zuzumachen, oder weil ich das Fenster nicht schnell genug herunterlassen kann, wenn ein Mädchen vorbeikommt, oder weil der Aschenbecher voll ist oder einfach weil ich das jeweilige Auto schon über eine Woche habe.

Ich nehme Vorschuß für zwei weitere Filme in Hongkong. Im letzten Augenblick schicke ich den Vorschuß zurück und unterschreibe für einen Film mit E. G. Robinson in Rio de Janeiro. Ich will zu meinen Brasilianerinnen. Diesmal fühle ich mich von vornherein besser. Das Klima in Hongkong, das dem brasilianischen Klima sehr ähnlich ist, hat mich anscheinend endgültig geheilt.

Unsere erste Station ist New York, wo ich mit Robinson eine Woche drehen muß. In Greenwich Village stehen die Zwölfjährigen nachts mit Puppen auf den Armen vor den Beatkellern und warten auf jemand, der ihnen ein paar Dollar für Hasch oder Marihuana gibt. Dafür tun sie alles.

Und da man auf den Straßen keine Grüppchen bilden darf, nicht einmal Zweier-Grüppchen, weil sonst gleich ein Pupe mit einem Gummiknüppel auf einen losgeht und »keep going« blökt, bestelle ich so viel wie möglich von diesen Puppenkindern in mein Hotel. Sie haben selbst im Winter nur einen dünnen Fetzen auf den von Rauschgift ausgemergelten Leibern, und ich kleide sie erst einmal ein.

Eigentlich wollen sie Bargeld haben, um sich die Wintersachen selbst zu kaufen. Aber ich falle auf den Trick nicht rein, weil ich weiß, wofür sie das Geld ausgeben. Wegen einer hätte ich beinahe das Flugzeug nach Rio verpaßt.

Ich werde diesmal fünf Wochen in Rio bleiben. Die Arbeit ist viehisch, aber wir drehen meist nachts, wo es leichter zu ertragen ist. Die gesamte Samba-School dreht mit uns. Wir haben erst Dezember, und die Produktion kann nicht auf den Karneval warten.

Die Samba-School, die in der Hauptsache aus Tausenden von Mädchen besteht, ist die Fundgrube der wildesten Brasilianerinnen. Vierzehn- bis siebzehnjährige Töchter von Kopfjägern, deren Väter noch Menschenfresser waren und die so schwarz sind wie schwarze Schuhe. Die Körper dieser Mädchen, deren Haut wie Salamander glänzt, vibrieren wie eine Kobra. Sie strecken ihre scharlachroten Zungen heraus und tanzen fast nackt vor meinem Stuhl, in dem ich während der Drehpause sitze. Wieder ist Heiligabend. Der schönste meines Lebens!

Ich verabrede mich mit der jüngsten. Und während die Feuer der Geisterbeschwörer den höher gelegenen Strand an der Copacabana erhellen, leckt das Wasser der hohen Brecher, die bis zu uns auf den Sand züngeln, unsere gespreizten, zuckenden Beine.

An Geschlechtskrankheiten kann ich unmöglich denken, wenn ich in den Armen dieser schwarzen Salamander liege.

Nicht alle Brasilianerinnen sind etwa dunkelhäutig. Die weißhäutigste, die ich je sah, ist eine Milliardärstochter und von so verblüffender Schönheit, daß ich wie im Trance ihr Gesicht abtaste, um sicher zu sein, daß ich nicht träume. Ich weiß nicht, warum sie ins Leme Palace Hotel gekommen ist, in dem wir eine Szene des Films in einem Appartement drehen. Sie drückt sich zwischen Technikern, Scheinwerfern und Kabeln herum, setzt sich zwischen schwitzende, sich drängelnde Schauspieler und beschäftigte und unbeschäftigte Gestalten, die einem im allgemeinen bei Filmaufnahmen im Wege stehen und auf die Füße treten, und sieht mich an, so oft es ihr gelingt. Da ich nur ein paar Stockwerke höher zu fahren brauche, um in mein Zimmer zu gelangen, und weil ich auch keine Zeit habe, mich weiter mit ihr zu entfernen, sage ich der Aufnahmeleitung Bescheid, daß man mich rufen soll, wenn man mich braucht, und nehme die Weißhaut mit nach oben. Aber sie will mich gleich heiraten und ihrem Alten vorführen. Ich frage mich, wer bloß das Bigamie-Gesetz erfunden hat!

Es gibt jedoch noch andere Ausnahmefälle, in denen ich aufs Zimmer gehe. Zwei Stewardessen der Swissair geben mir alle Schweizer Schokoladetäfelchen, die sie den Fluggästen nie anbieten und in ihre Taschen gerafft haben. Mit den beiden Lekkermäulchen bleibe ich ausnahmsweise auf dem Zimmer, weil ich sie im Fahrstuhl des Hotels kennenlerne und sie nach der langen Reise absolut ins Bettchen wollen.

Auch die Touristin aus Buenos Aires besuche ich nachts in ihrem Zimmer. Mit ihr hätte ich an den Strand gehen können. Aber nicht sie interessiert mich, sondern ihre minderjährige Tochter. Die Mutter leckt mir gleich das Gesicht ab. Aber ich lasse mich nicht erweichen, die Bedingung ist das Töchterchen. Ich ficke sie nur, wenn sie mir ihre Tochter gibt. Sie geht zum Bett, in dem die Kleine schläft, und zieht ihr die Decke weg. Da liegt das braungebrannte Ferienkind und schwitzt im Traum. Die Mutter streift ihr das Hemdchen ab und sieht onanierend zu.

Noch eine, die letzte, im Leme Palace Hotel. Die schwarze Garderobiere, die mir zwischen den Aufnahmen beim Umkleiden hilft.

In Pontresina drehe ich den ersten Western im Schnee. Gitta und Aglaja sind ausgelassen und froh. Sie tollen im Schnee herum, rodeln den ganzen Tag, laufen Schlittschuh und fahren mit glöckchenklingelnden Pferdeschlitten in die Berge. Aber sobald ich nur einen Augenblick mit Gitta zusammen bin, streiten und schlagen wir uns.

Der Grund für die dramatischen Szenen mit Gitta ist die amerikanische Negerin Vanessa McGee, die meine Partnerin ist und einen erregenden Knabenkörper hat. Ihr Zimmer liegt direkt über unserem Appartement.

Morgens, wenn ich von Vanessa komme, schleiche ich an der schlafenden Gitta vorbei, um Zahnbürste, Rasierapparat und frische Unterwäsche zu holen. Auf diese Weise können wir uns nicht zanken. Ich küsse sie vorsichtig, während sie schläft.

Die entwürdigenden Auseinandersetzungen tun mir weh. Ob Aglaja begreift, was für ein Leben ich führe? Sie liebt ihre Mutter über alles, aber sie liebt auch mich mit jedem Tag mehr, und ich bin verrückt vor Sehnsucht nach ihr. Ich will mir einfach nicht vorstellen, daß wir eines Tages getrennt sein sollen.

In Rom poltert Marlon Brando jede Nacht an Vanessas Tür. Er dreht *Candy* und wohnt mit Vanessa und anderen Schauspielern in derselben Pension. Ich hoffe jedesmal, daß sie ihm endlich die Tür aufmacht, damit ich mich mal wieder um andere Mädchen kümmern kann. Aber sie macht Brando die Tür nicht auf, und am nächsten Morgen muß ich im Helios Studio in ihrer Garderobe nachholen, woran sie die ganze Nacht dachte, als Brando gegen die Tür bummerte, die sie ihm nicht aufgemacht hat.

Vanessa ist sehr eifersüchtig und versteht in dieser Beziehung keinen Spaß. Aus der Pension, in der Brando ihr keine Ruhe läßt, zieht sie ins Hotel de la Ville über der Piazza di Spagna. Dahin werde ich von ihr beordert.

Die kleine Schwester von Trintignants Frau ist auch da. Sie will mich zu einer LSD-Party verschleppen, aber ich bleibe lieber bei Vanessas Freundin, einer amerikanischen Negersängerin, die noch nicht angezogen ist und gerade Toilette macht. Vanessa ist rasend vor Wut und beschimpft mich vor allen Leuten in der Halle des Hotels. Warum wohnt sie auch mit ihrer Landsmännin in demselben Zimmer. Und warum hat sie mir gesagt, daß ihre Freundin noch auf dem Zimmer ist und sich erst ankleiden muß. Vanessa müßte mich doch kennen. Und vor allem sich. Sie war vom ersten Augenblick an auf Gitta eifersüchtig.

Visconti läßt mich fragen, ob ich bei ihm drehen will. Die Produktion ruft mehrmals im Studio an und bittet mich, Geduld zu haben, bis die Daten geklärt sind und der Vertrag gemacht werden kann.

»Wer ist dieser Visconti?« frage ich Pino.

»Der ist längst nicht mehr aktuell. Dreh lieber den nächsten Western mit Corbucci.«

Esso

»Esso«, sagt Rinaldo G., der Spezialist für Public-Relations zu mir und zeigt dabei mit dem Daumen über seine Schulter. Er meint das Mädchen, das eben auf die Toilette verschwunden ist. Ich hatte sie vor einer halben Stunde kennengelernt. Rinaldo hatte sie zum Set nach Magliana mitgebracht, das außerhalb Roms liegt und wo ich einen Western drehe. Ich habe eine berufliche Verabredung mit Rinaldo, und das Mädchen hatte ihn gebeten, sie mitzunehmen, weil sie mich kennenlernen wollte. Ich hatte ihr guten Tag gesagt, mich ans Steuer ihres Ferrari gesetzt und sie bis zur Osteria gefahren, wo wir während der Mittagspause immer noch beim Essen sitzen. Sie konnte keine Gabel Spaghetti an ihren roten Mund heben, ohne vorher mit ihren wunderschönen melancholischen italienischen Augen zu mir aufzusehen und mir zuzulächeln. Jetzt sehe ich, daß sie in den Spaghettis nur dauernd herumgestochert und gar nichts gegessen hat.

»Was heißt Esso?« frage ich zurück.

»Moratti.«

»Ach, die Zigarettenfabrik.«

»Quatsch. Nicht Muratti, Moratti. Petroleum. Sie heißt Bedi Moratti. Ihr Vater ist der reichste Mann Italiens.«

»Interessant«, sage ich und zucke mit den Achseln.

Bedi kommt vom Häuschen zurück. Sie hat ihre Lippen nachgezogen und lächelt noch verliebter als vor dem Gang zur Toilette. Ich nehme sie jetzt näher unter die Lupe. Nicht weil ihr Vater zigfacher Milliardär und der reichste Mann Italiens sein soll, sondern weil ich sie vorher nur rein mechanisch betrachtet hatte, wie jedes andere Mädchen auch.

Sie hat lange seidige Haare, kerngesunde Zähne, einen feinen, aber sinnlichen Mund und verträumte, sehnsüchtige Augen. Ihr Körper ist dünn und zerbrechlich wie eine Porzellanfigur. Aber so abwesend und melancholisch ihr Ausdruck ist und so elfenhaft ihr Körper scheint, sie muß Energie und Zähigkeit besitzen.

Immerhin fährt sie den schnellsten Rennsportwagen der Welt, der im ersten Gang bei einem einzigen Durchtreten des Gaspedals auf hundert Stundenkilometer kommt, und der für Männerhände konstruiert ist und nicht für Bedis zartgliedrige Feenhände. Sie trägt ein leichtes elegantes Sommerkleid und einen Diamanten von mindestens zehn Karat.

Rinaldo schlägt mir auf die Schulter. Ich war so sehr in die Betrachtung Bedis versunken, die ebenfalls ihre Umgebung zu vergessen schien und sogar vergaß, mich anzulächeln, daß ich nicht den Aufnahmeleiter bemerkte, der vor zehn Minuten an unseren Tisch gekommen war, um mich zum Drehort zurückzuholen. Ich gebe Bedi meine Telefonnummer, sie gibt mir ihre, und wir versprechen uns, daß wir uns wiedersehen.

Bedi ruft noch am selben Tag abends bei uns an. Sie kann nicht wissen, daß Gitta den Hörer abnimmt. Ich habe auch nicht damit gerechnet, sie macht das nie.

»Eine Frau für dich«, sagt sie böse.

Ich kann nicht lange mit Bedi reden. Gitta ist auf ihr Zimmer gegangen und kann mich nicht hören. Aber ich will nicht noch einmal wiederholen, was sich in Jugoslawien abgespielt hat. Ich sage Bedi, daß sie besser nicht mehr anruft und daß ich mich mit ihr in Rinaldos Studio treffen werde.

Irgendeine Prinzessin bietet mir ein Haus in der Via Appia an, der schönsten und ältesten Straße der Welt. Das Haus wird von der Gräfin Vassarotti bewohnt und ist zu vermieten. Ich fahre mit der Prinzessin in die Appia und sehe es mir an. Es ist das nächste Haus nach der Villa der Lollobrigida. Es steht völlig isoliert auf einem acht Hektar großen Grundstück, das mit Zypressen, jahrhundertealten japanischen Bäumen, Rosen, Oleander, Orangen- und Zitronenbäumen bewachsen, mit Ruinen aus dem römischen Imperiun übersät und von einer uralten über zwei Meter hohen Mauer umgeben ist.

Das Haus selbst ist neunhundert Jahre alt und in den Broschüren italienischer Kunstdenkmäler verzeichnet. Es hat vier Stockwerke, vierzehn Räume, fünf Bäder, vier Kamine, im ersten Stock einen zwanzig Meter langen und zehn Meter hohen Salon, einen eigenen Fahrstuhl, der bis in den Turm hinaufführt, einen angebauten Flügel für das Personal und eine im Obstgarten stehende Dependance, wiederum mit Salon und vier Zimmern im ersten Stock.

Unter herabhängenden üppigen Ästen von Mandel- und Walnußbäumen steht ein Treibhaus mit seltenen Orchideen.

Vor Jahrhunderten war die Villa eine Kirche. Was es vorher war, weiß kein Mensch. Die Grundmauern sind auf gemeißelten Steinen aus der Zeit vor Christi Geburt erbaut, und auf granitenen Torbögen und auf aus Marmorquadern zusammengesetzen Treppenstufen befindet sich das Zeichen des Vatikans.

Die Vassarotti lebt allein in dem Haus. Ihr Mann war Filmproduzent und hat sich, wie man sagt, erschossen. Sie lebt zwischen von Holzwürmern zerfressenen antiken Möbeln, die zusammenkrachen, wenn man sich dagegenlehnt, ganzen Wäldern von Strohblumen, Hunderten von verstaubten, geschmacklosen Gemälden, auf von ihrem Hund vollgepißten Teppichen und zwischen Bergen von angeschlagenem wertvollem Porzellan.

Weder das elektrische Lichtnetz funktioniert noch der Fahrstuhl, dessen Schacht unter dem Erdgeschoß einen halben Meter unter Wasser steht. Jane Fonda hatte hier während ihres Films in Rom sechs Monate gewohnt und war stundenlang im Fahrstuhl steckengeblieben. Vadim hatte dazu beigetragen, das Haus vollkommen zu versauen.

Wenn ich den meisten Trödel rausschmeiße und das Haus in Schuß bringe, wird es die Burg, die ich brauche. Ich setze mit den beiden Damen den Vertrag auf. Als ich Gitta von dem Haus erzähle, will sie es sofort sehen. Und als sie es sieht, will sie gar nicht mehr weg. Pino rauft sich die Haare.

»Weißt du nicht, daß die ganze Appia mit Schlangen und Ratten verseucht ist? Die giftigen Eidechsen kriechen dir bis ins Bett! Die Stechmücken fressen dich auf! Die Ameisen und Spinnen krabbeln dir in die Suppe! Das Haus ist so alt, daß du noch als Greis arbeiten mußt, um es vor dem Pilzschwamm zu retten! Du wirst nach drei Monaten kommen und mich verfluchen, daß ich dich nicht mit Gewalt gehindert habe, es zu nehmen!«

Ich lasse ihn reden. Ich bin in das Haus vernarrt, und Gitta und Aglaja sollen ihr Märchenschloß haben. Aglaja geht jetzt in Rom zur Schule, und beide wollen unbedingt in Italien bleiben.

Ich wußte seit Wochen, daß ich wieder nach Almeria muß. Gitta wußte es auch, aber wir haben nie mehr darüber gesprochen. Jetzt will sie auf einmal mit. Ich sage, daß es besser ist, wenn wir uns für ein paar Wochen trennen. Der Grund ist Bedi, mit der ich immer öfter zusammentreffe. Sie begleitet mich auf allen Wegen, die ich zu erledigen habe. Steht geduldig herum, wenn ich in den stickigen Studios drehe und kaum Zeit für sie habe.

Sie erträgt die brütende Hitze bei den Außenaufnahmen, bei denen es oft nicht mal einen Sonnenschirm oder einen Stuhl zum Sitzen gibt. Sie folgt mir auf Schritt und Tritt und wird mit jedem Tag trauriger, der meiner Abreise näherrückt. Denn ich habe ihr weder gesagt, daß sie mitkommen soll noch was ich für sie empfinde. Was ich selbst noch nicht weiß.

Sie sitzt schweigend neben mir, wenn ich im japanischen Restaurant esse und mit Rinaldo spreche, ohne jemals selbst etwas zu essen. Wenn ich mit Dekorateuren Seide für Wandbespannungen und Vorhänge, vergoldete Klinken und Wasserhähne, Moquette und Farbmuster für die Appia aussuche. Und sie bietet sich bei jeder Gelegenheit an, mich in ihrem Ferrari zu fahren. Sie fährt wirklich gut.

Heute früh fahre ich mit meinem Rolls-Royce-Cabriolet los, nachdem ich die Arbeiten für die Appia in Auftrag gegeben habe. Bedi ist morgens um sieben zur Piazza di Spagna gekommen, um mich noch einmal zu sehen. Auf der spanischen Treppe umarme ich sie und küsse sie zum erstenmal auf den Mund. Sie steht noch immer so da, wie ich sie nach dem Kuß verlassen habe, als ich in die Via del Babuino zur Piazza del Popolo einbiege.

Den ersten Tag fahre ich durch bis Marseille. Morgens um drei gehe ich zu den Huren. Nehme eine, die ich zusammengekauert auf dem Rinnstein sitzen sehe und gehe mit ihr in eine Pension. Aber es macht keine Freude. Ich fahre ins Hotel und rufe Bedi in Rom an. Ich sage ihr, daß ich sie liebe. Sie kann es

285

nicht fassen und bittet mich, die Worte zu wiederholen. Immer wieder.

»Ti amo . . . ti amo . . . ti amo . . . ti amo . . . ti amo.«

Ich glaube, wir sagen uns hundertmal hintereinander »Ciao«, weil keiner von uns beiden den Hörer auflegen will.

Von Marseille fahre ich bin Barcelona. Aber auch in Barcelona können mich die Mädchen diesmal nicht glücklich machen. Nicht mal die Flamencotänzerinnen. Nicht mal die Zigeunerinnen, die ich so liebe.

Als ich in Almeria ankomme, liegt ein Telegramm von Bedi in der Rezeption des Hotels. Sie kommt morgen nacht. Ich bin so froh, daß ich mit meinen Zigeunern ein Fest in einem Tablado de Flamenco veranstalte, und die Mädchen tanzen vor mir auf den Tischen. Ich kann sehen, wie sie ihre Schamlippen aneinanderreiben.

Eines der Mädchen ist die Besitzerin des Lokals. Ich gehe mit ihr aufs Klo und stoße sie im Stehen. Gegen Morgen gehen wir zu ihr nach Hause, und ich bleibe bis nachmittags. Bevor ich ins Hotel fahre, gehe ich ans Meer baden.

Bedi hat bereits nach mir gefragt und steht müde und blaß an der Rezeption. Koffer hat sie keinen, nur ein Beauty-case. Sie ist nicht mit einer Linienmaschine gekommen, sondern hat einen Privat-Jet ihres Vaters gechartert. Sie mußte bis Malaga fliegen, weil es in Almeria noch keinen Flugplatz gibt. Die über 200 Kilometer von Malaga hat sie ein Taxi genommen. Ihr Vater hatte auf allen Flugplätzen Häscher alarmiert, die Bedi nach Hause zurückbringen sollten. Nicht meinetwegen, sondern weil er nicht sicher war, in welches Abenteuer Bedi sich stürzt, deren Gefühle für mich er noch nicht kennt. Sie kann nur bis morgen früh bleiben, um ihren Vater nicht zu verärgern, der sich um sie sorgt. Um vier Uhr früh muß sie zurück nach Malaga, von wo sie um sieben startet. Es ist zehn. Wir haben sechs Stunden Zeit.

Bedi ist zaghaft und etwas linkisch, als habe sie Angst, mich nicht zufriedenzustellen. Ich ficke sie mit aller Hingabe, Zärtlichkeit und Brutalität, zu der ich fähig bin. Sie glüht und duftet. Unser Bett ist naß, als hätten wir eingestrullt. Ich schlafe be-

286

rauscht und zufrieden ein und bemerke nicht, daß sie leise aus dem Bett aufsteht, sich anzieht und verschwindet.

Als der Portier mich zum zweitenmal weckt, weil der Wagen, der mich zum Drehen abholt, bereits eine halbe Stunde auf mich wartet, finde ich Bedis Liebesbrief, den sie vor ihrer Abreise im Badezimmer geschrieben hat, um kein Geräusch zu machen. Sie erklärt mir ihre Liebe und dankt mir für die meine. Ich muß lächeln, als ich den Satz lese: »... *Ich hoffe, daß ich mich im Bett nicht zu dumm angestellt habe* ...«

Ich ziehe mich an, weil das Telefon zum drittenmal klingelt.

Bedi liegt ihrem Vater besonders am Herzen, weil sie bis jetzt kein Glück mit Männern hatte, von denen sie so viele haben kann wie sie will. Ich liebe Bedi. Und weil sie mir in ihrem Brief versprochen hat, daß sie von jetzt ab immer wiederkommt, gehe ich zu meinen Zigeunern, sobald die verfluchte Dreherei mir eine Atempause gönnt.

Die Schuhputzerjungen auf den Straßen, die alle Zigeuner sind und die auf die Schuhe ihrer Kunden spucken und in die Hände klatschen, wenn sie die Bürsten wie Jongleure in die Luft werfen, lassen die verdutzten Touristen stehen und schreien mir über die Straße zu. Sie wissen, daß ich es liebe, wenn sie mitten auf der Straße und mitten im Verkehr ein paar Flamencoschritte für mich machen, wobei sie sich fanatisch in die Brust werfen und ihre Gesichter einen ernsten, schmerzhaften Ausdruck bekommen.

Ich frage einen, ob seine Schwester zu Hause ist. Er putzt die Schuhe seines Kunden zu Ende und führt mich an der Hand in seine Behausung hinter den Markthallen von Almeria.

Zuerst kaufe ich dem Mädchen ein Kleidchen, Strümpfe und Schuhe. Schlüpfer kaufe ich ihr nicht. Dann sitzt sie im Rolls auf meinem Schoß, nachdem ich ihrem versoffenen Vater genug Geld gegeben habe.

Bedi kommt wieder. Ich habe drehfrei, und wir fahren nach Malaga. Im Hotel ritzen wir uns die Pulsadern mit dem Messer auf, das mir die Zigeuner geschenkt haben, und vermischen unser Blut miteinander, wie es die Zigeuner tun, wenn sie Blutsbrüderschaft schließen. Nach zwei Tagen muß Bedi wieder weg.

Ich muß nach Barcelona. Bedi kommt nach und bleibt eine Nacht. Kommt wieder. Fährt wieder weg. Und kommt immer wieder und überall hin, wo ich bin.

Gitta ist inzwischen mit Aglaja in das Haus in der Appia eingezogen, weil die Arbeiten so gut wie beendet sind. Als ich aus Spanien zurückkomme, schreit sie, daß sie ihre Sachen packen und mich für immer verlassen wird. Ich hatte während der zehn Wochen in Spanien nicht ein einziges Mal angerufen, telegrafiert oder geschrieben, was ich trotz aller Hurerei, außer von Prag, immer getan hatte. Ich weiß, daß unsere Ehe endgültig zerstört ist, aber ich liebe Gitta immer noch und versuche, sie zu überreden, in Rom zu bleiben. Es ist zwecklos.

»Du würdest mit deiner eigenen Tochter ins Bett gehen!« schreit sie außer sich vor Wut und stürzt aus dem Haus.

Den ganzen Tag finde ich sie nicht mehr, und auch Aglaja weiß nicht, wo sie hingegangen ist und sucht sie. Auf dem Küchentisch finde ich einen Zettel: »*Ich begreife nichts von all dem, was um mich herum geschieht. Alles ist gemein und fremd geworden. Es gibt keine Liebe mehr.*«

Ich suche das Haus von oben bis unten nach Gitta ab. Ich bin völlig kopflos vor Angst, daß sie sich etwas angetan haben könnte, sie hat Aglaja noch nie den ganzen Tag allein gelassen. Ich wate durch das mannshohe Gras des nicht enden wollenden Gartens, suche in den Gebüschen und verfilzten Brombeersträuchern und krieche in den Ruinen der altrömischen Galerien, die sich am Ende des Grundstückes Hunderte von Metern vom Haus entfernt an die von Dornen überwucherte Ummauerung anschließen.

Ich finde sie in einer Ecke des Treibhauses auf dem Boden sitzen zwischen über ihr hängenden und auf langen Tischen stehenden Töpfen mit wie Wildkatzen gefleckten Orchideen, deren Schönheit mir jetzt zum erstenmal zum Bewußtsein kommt. Sie sieht mich nicht an. Und während sie staunend wie ein Kind eine Orchidee mit den Fingern berührt, sagt sie:

»Ich hatte ganz fest daran geglaubt, daß Aglaja und ich in diesem Paradies leben würden. Du hast alles zerstört.«

»Aber ich habe das Haus doch nur für euch genommen!«

»Das kann ja sein. Ich glaube sogar, daß du es ehrlich gemeint hast. Aber wir können bei dir nicht bleiben. Wir können nicht mehr in einem Haus wohnen, in das du nach deinen Hurereien zu uns zurückkommst. Ich werde morgen mit Aglaja nach Berlin fliegen und mir eine neue Wohnung nehmen.«

Ich bringe Gitta und Aglaja zum Flugplatz. Bevor sie durch die Paßkontrolle gehen, weint Gitta. Sie fühlt wie ich, daß es zu Ende ist. Aglaja umschließt Gittas Beine und vergräbt ihr Gesicht in ihrem Schoß.

»Warum schickst du uns weg . . .?«

»Ich schicke euch nicht weg. Du wolltest nicht mehr bei mir bleiben.«

Es klingt alles so sinnlos, was ich sage. Denn Gitta hat recht. Im Grunde bin ich es, der sie seit Jahren wegschickt, ohne es zu wollen. Sie weint noch, als sie schon durch die Sperre sind. Aglaja dreht sich immer wieder nach mir um und stolpert an Gittas Hand. Ich bin nicht sentimental, aber mit treten die Tränen in die Augen.

Vom Flugplatz rufe ich Bedi an. Ich will mit ihr aufs Meer und an nichts mehr denken. In Fiumicino gehen wir an Bord der Yacht ihres Vaters und fahren nach Sardinien, wo ihre Eltern ein Mammuthotel besitzen und wo die Yachten ihrer Brüder liegen und das Luxusschiff ihrer Mutter, das so groß ist wie ein kleiner Ozeanriese.

Bedi zieht zu mir in die Appia und bringt einen Teil ihrer Garderobe mit. Wo immer wir in Rom auftauchen, werden wir von Fotografen verfolgt, und die Klatschmäuler haben Unterhaltungsstoff. Auch in Deutschland erscheinen unsere Fotos in Tageszeitungen und Illustrierten, und Gitta hat die Bestätigung für das, dessen sie nicht einmal sicher war.

Ich weiß nicht, ob Bedi auf Prinzessin Ira Fürstenberg eifersüchtig ist, jedenfalls hänselt sie mich mit den Fotos, die von Ira und mir in den italienischen Zeitungen erscheinen, während ich einen Film mit ihr drehe. Wenn ich sie vor der Kamera küssen muß, streife ich ihr jedesmal den Rock nach oben, ohne daß sie es merkt. Ira amüsiert sich, im Privatleben den Vamp zu spielen. In Wahrheit ist sie ein entzückendes Mädchen, sympathisch und charmant und bis in die Haare so echt sexuell, daß ich wünschte, ich wäre ihr schon begegnet, als sie noch fünfzehn war, und nicht dieser Alfonso. Als wir im Cabala zusammen essen, mokiert sie sich über die Spießer um uns herum. Auch während der Aufnahmen machen wir nur Faxen. Sie ist so liebenswert albern, daß sie mir sogar zuzwinkert, wenn sie für eine Großaufnahme allein vor der Kamera steht. Was der Regisseur auch anstellt, um mich so weit wie möglich zu entfernen, damit die Aufnahme endlich zustande kommt, ich tauche immer wieder wie ein Flaschenteufelchen hinter einer Säule auf, zwinkere Ira zu, und sie zwinkert prompt zurück. Der Regisseur ist so verzweifelt, daß er im nächsten Augenblick flennt.

In Monte Carlo, wo wir die Schlußszene des Films drehen, verabreden wir uns in Genf, wohin sie zu einer Kur fahren will. Ich sage: »Ich rufe an.« Aber Bedi ruft in Monte Carlo an und will mit mir nach Barcelona fliegen, wo ich noch Ende der Woche den nächsten Film beginnen soll.

Noch nie hatten Bedi und ich Gelegenheit, uns so lange, so anhaltend und fast ohne Unterbrechung zu lieben, wie in Barcelona. Die Nächte schlafen wir überhaupt nicht mehr. Wenn ich im Morgengrauen zum Drehen abgeholt werde, kommt Bedi mit. Nach dem Drehen ist unser erster Weg ins Bett. Und wenn wir nachts vor Hunger keine Kraft mehr zur Liebe haben und uns gegenseitig aus dem Bett ziehen, um uns in ein Lokal zu schleppen, weil der Fraß im Hotel Ritz ungenießbar ist, kommen wir jedesmal zu spät und müssen uns mit einem Sandwich in einem Nachtlokal begnügen.

Nur einmal wird Bedi mißtrauisch, als Romina Power und ich uns im Studio begrüßen und wir beide unsere Hand nicht mehr loslassen. Romina ist mit ihren fünfzehn Jahren durchaus kein Brustkind mehr und regt mich mehr und mehr auf, je länger sie bei meinen Aufnahmen zusieht, mit denen sie gar nichts zu tun hat.

In Rom sind Bedi und ich auf Rominas Drängen von ihrer Mutter Linda Christian eingeladen. Und während Romina mit mir verschwindet, um mir ihre Kindermalereien zu zeigen, sagt Lindas Mutter, eine mexikanische Hexe, Bedi die Zukunft voraus. Sie hat in Bedis Handlinien gelesen, daß wir nicht zusammenbleiben, und Bedi ist furchtbar verwirrt.

Pasolini kommt mit einem Stab von Knaben in die Appia, nachdem er mich das Drehbuch für seinen nächsten Film *Porcile* hatte lesen lassen, und will mit mir über die Rolle sprechen. Meine älteste Tochter ist bei mir zu Besuch, weil Bedi sich mal wieder bei ihrer Familie in Mailand sehen lassen muß. Ich habe keine Lust, in den Salon zu gehen. Ich telefoniere mit Bedi, die aus Mailand angerufen hat, und sage meiner Tochter, daß sie Pasolini und seine Knaben bewirten soll, solange ich mit Bedi telefoniere. Pino ist auch da.

Eine Stunde später komme ich herunter. Es ist eine etwas peinliche Stimmung aufgekommen, nachdem ich Pasolini über eine Stunde habe warten lassen.

Ich entschuldige mich für mein Benehmen und sage, daß ich bis jetzt am Drehbuch gelesen hätte, daß ich es aber nicht verstehe.

Das stimmt natürlich nicht. Es ist wahr, die Geschichte ist ein bißchen happig. Die Hauptrolle, die ich spielen soll, ist ein Kerl, der vor lauter Hunger einen gutgebauten Krieger überfällt und ihn auffrißt. Dabei begeistert er sich an den muskulösen Körperformen seiner Speise. Das allein wäre nach allen Quatschgeschichten, die ich bisher drehen mußte, zu ertragen. Nicht aber die Gage. Der Produzent Doria gehört zwar zu den mutigsten und besten Italiens, aber ich müßte Doria oder gar Pasolini vor Hunger auffressen, wenn ich alle Filme für den Hungerlohn drehen würde, den Doria mir bietet. Pino und ich haben vereinbart, meine Gage mit jedem Film in die Höhe zu treiben. Deswegen ist Pino auch nicht enttäuscht, als der Vertrag nicht zustande kommt.

Auch Liliana Cavani kommt noch einmal zu mir, um über einen Film zu sprechen. Wieder scheitert es am Geld.

Film mit Margareth L. und Rita Hayworth. Bedi wollte eigentlich sofort mitfliegen, kommt aber erst später nach. Margareth ist mit einer Frisöse befreundet, die sie nach Madrid mitbringt. Pino liebt Margareth immer noch. Aber er hat sie bereits abgeschrieben, und ihr Sohn ist der einzige Grund, aus dem die beiden noch Kontakt halten.

Mit Margareth habe ich mich auf allen Betten aller Länder herumgesielt, in denen wir zusammen gefilmt haben, aber ich will die Frisöse verführen, die so lesbisch ist, daß sie mir auf die Hand schlägt, wenn ich Margareth befummle.

Ich lade beide zu mir ins Palace Hotel ein und tanze mit der Frisöse, während Margareth auf dem Bett onaniert. Ich habe schon den Finger im Frisösenvötzchen. Da klingelt es. Und als ich die Tür aufmache und den Störenfried anbrüllen will — ist es Bedi, die mich stürmisch umarmt. Sie hätte auch anrufen oder telegrafieren können! Ich dehne die Begrüßung mit ihr im Entrée meines Appartements so lange wie möglich aus, damit die beiden ihre Kleidung ordnen können. Bevor ich Bedi mit ihnen bekannt machte, flüstere ich Bedi ins Ohr: »Das sind zwei Lesbierinnen. Sie wollten gerade gehen.«

Es hat eben auch etwas Gutes, wenn man bei einer hartnäckigen Frisöse nicht gleich zum Ziel kommt. Sonst hätte Bedi mich fickend angetroffen.

Nachdem Bedi wieder abgereist ist, kümmere ich mich endlich um Rita. Rita ist nicht mehr das Idol der Amerikaner, seit sie mit Ali Khan und Orson Welles verheiratet war, aber sie ist noch immer eine schöne Frau. Sie wohnt wie ich im Palace und zeigt mir nachts ihr noch kitschigeres Appartement, nachdem sie meins gesehen hat. Wir bleiben bis zum frühen Morgen zusammen. Und wieder habe ich eine wahre Frau entdeckt, hinter dem verzerrten Image eines ehemaligen Pin-up, an dem sich die GIs aufgeilten.

Coral de la Morena ist der berühmteste Tablado de Flamenco der ganzen Welt. Hier sind Carmen Amaya und La Chunga aufgetreten, und hier tanzt, singt und spielt auch der beste Nachwuchs der Zigeuner. Die Mädchen kichern und tuscheln, während sie an der Wand aufgereiht auf ihren Stühlen sitzen, bis jede dran ist, denn ich stiere die jüngste unter ihnen pausenlos an.

Nach der Vorstellung kommt sie mit mir ins Palace. Sie hat so einen unverschämten Arsch, daß ich ihr ins Badezimmer hinterherschleiche, als sie pissen muß, bevor sie ins Bett kommt. Ich reiße sie vom Lokus hoch und drücke ihren Oberkörper in die Marmorschale eines der Waschbecken. Als sie bereits wie ein Fisch zappelt, den man aufs Land geworfen hat und ich selbst kurz davor bin, mich von hinten in sie zu ergießen — reißt das Waschbecken aus den Scharnieren in der Hand, und ein heißer Wasserstrahl schießt aus den gebrochenen Rohren. Wir stürzen aus dem Bad, schließen die Badezimmertür ab und machen im Bett weiter. Aber nicht nur der Dampf schwelt durch die Türritzen aus dem Badezimmer, sondern auch das heiße Wasser quillt über die Türschwelle ins Schlafzimmer. Ich muß den Nachtportier anrufen. Er schickt einen Klempner rauf, der den Haupthahn abstellt und sich im Badezimmer zu schaffen macht. Die mit dem frechen Arsch verkriecht sich so lange unter der Bettdecke, bis der Klempner das Rohr verstopft hat.

Horst Wendlandt kommt mich in der Appia besuchen. Mein Diener, er ist der achtundzwanzigste, ist ein alter Homo und so mimosenhaft, daß er sich sofort, auch am hellichten Tag, ins Bett haut, wenn ich auf ihn losgehe und mir etwas nicht schmeckt, was er selbst gekocht hat. Er kocht nicht schlecht und kann sich, wenn er will, wirklich benehmen, er war Chef des gesamten Personals auf Schloß Miami in Rom. Aber ich muß trotzdem oft auf ihn losgehen, denn er hat einen Dickkopf, was bei mir sinnlos ist.

Er hat sich also wieder am hellichten Tag ins Bett gehauen und zieht sich die Decke bis über beide Ohren, sobald ich in sein Zimmer trete. Als es auch Horst nicht gelingt, ihn zu versöhnen und ihn dazu zu bringen, das Zeug garzukochen, das er vorbereitet hat, und weil ich auch das sonstige Personal wieder einmal davongejagt habe, muß Horst mit mir kochen, und wir tragen uns alles in den Garten, wo ich bei schönem Wetter zu essen pflege.

»Heirate doch Bedi«, sagt er keck. »Dann bist du Milliardär, und wir produzieren zusammen.«

»Wenn ich sie heirate, dann brauche ich dich ganz sicher nicht als Co-Produzenten«, antworte ich. Der ist vielleicht naiv.

Die Autos habe ich wieder x-mal gewechselt, von neun Ferraris vier zusammengefahren, und ich bin dabei, meinen sechsten Rolls gegen einen Ferrari einzutauschen. Beim letzten Tausch hatte ich 55 000 Mark verloren. Der Wagen war erst sieben Monate alt, was bei einem Rolls bedeutet, daß er neu ist. In den vier Jahren in Rom habe ich sechzehn Autos gekauft und gewechselt. Drei Maserati, sieben Ferrari und sechs Rolls-Royce. Ins Haus habe ich über 300 000 Mark gesteckt, obwohl es nicht mir gehört. Ich habe sieben Angestellte, einen Chauffeur, einen Gärtner, zwei Dienstmädchen, eine Köchin, einen Diener und eine Sekretärin. Das Personal allein kostet mich jeden Monat zwölftausend Mark. Das Leben pro Monat kommt mich auf ungefähr fünfundzwanzigtausend Mark.

Russischer Kaviar und Champagner nicht gerechnet, den jeder Piefke bei mir bekommt. Auch Postboten und Gasmänner. Und einmal sogar die Feuerwehr, die im Nachbargrundstück einen Grasbrand löschen mußte und bei mir nach einem Anschluß für ihre Schläuche suchen wollte.

In der Hauptsache sind es Journalisten, die mich in der Appia stören. Sie saufen und fressen sich mit Sekt und Kaviar voll. Eine deutsche Journalistin kotzt auf einen chinesischen Teppich, weil ihre Augen größer waren als ihr Magen, und schreibt dann in einer Illustrierten, daß ich Kaviar mit dem Löffel fräße.

Sekt und Kaviar machen monatlich noch mal fünfzehntausend Mark. Dazu kommen Kleidung, Geschenke, Reisen, Benzin- und Servicekosten, Telefonrechnungen von sechs- bis zehntausend Mark und der ständige Wechsel der Autos, die ein Vermögen verschlingen. Das geht dem reichsten Schauspieler auf den Beutel, und obwohl ich von einem Film zum anderen hetze, bis zu elf Filmen pro Jahr, einmal sogar drei Filme gleichzeitig drehe und meine Gage pro Tag auf vierzigtausend Mark gestiegen ist, brauche ich ständig Geld.

Die nächsten beiden Filme, für die ich Vorschuß habe, sind geplatzt. Die Produktion ist vor dem ersten Drehtag pleite. Das ist hier nichts Besonderes, aber ich habe gerade jetzt nicht damit gerechnet.

Bedi gibt mir Geld, wo sie kann. Aber sie hat nie viel Bargeld auf dem Konto. Ihre sämtlichen Rechnungen bezahlt ihr Vater, wie hoch sie auch immer sind. Bedi und ich fahren nach Mailand und holen ihren Schmuck.

Sie darf den Schmuck nicht verkaufen. Pino trägt ihn in Rom ins Leihhaus. Er hätte ein Vermögen dafür verlangen können, aber er bringt mir nur fünfzigtausend Mark, damit mir das Wiederauslösen nicht so schwerfällt. Es wird für ein paar Wochen reichen, bis der nächste Film beginnt. Seit dem Pfandleiher, der den Ehering meiner Mutter in Gewahrsam nahm, haben sich bis heute nur die Ziffern geändert.

Die nächsten zwei Filme sind ein Kriegsfilm in Nordwestitalien und ein Gangsterfilm in Genua. Bedi kommt mit ihrem Ferrari in Schneegestöber und Nebel auf vereister Autobahn von Mailand nach Montecatini, Livorno und Genua gerast. Für eine Nacht. Für einen Tag. Für ein paar Stunden. Wenn Bedi nicht wegkann, rase ich in meinem Ferrari nach Drehschluß nach Mailand. Für eine Nacht. Für ein paar Stunden. Treffen tun wir uns im Principe di Savoia, in dem Bedi jetzt, außer in ihrer Mailänder Wohnung und in den Häusern der Morattis, Dauergast ist.

Bedi kann nicht mehr. Die neuneinhalb Monate mit mir haben sie fertiggemacht. Sie bricht physisch und nervlich zusammen und muß in eine Klinik in die Schweiz. Ich muß nach London.

Zum letzten Mal Hasch

Christiane Krüger, die Tochter von Hardy, verspricht mir, mich mit Luna, dem längsten Neger-Mannequin der Welt, zusammenzubringen. Im Londoner Beatclub *Revolution* treffen wir aufeinander. Nach fünf Minuten verspreche ich Luna, sie mit nach Rom zu nehmen.

Toni zieht eine Flunsch. Ich hatte sie einen Tag zuvor beim Drehen kennengelernt, sie ins Hilton mitgenommen und heute nacht ins *Revolution*. Die Produktion hatte ihren kleinen Zwergpinscher gemietet, und sie mußte bei den Aufnahmen dabeisein, weil das Hündchen sonst vor der Kamera in eine falsche Richtung lief.

Toni trägt so kurze Miniröcke, daß man ihren Bottom sieht, wenn sie nur die Hand hebt, um sich in der Nase zu pulen. Wenn sie will, daß ich sie ficke, sagt sie »Give me one«. Sie ist ein richtiges Londoner Mädchen und spricht ein waschechtes Cockney. Toni mault also, denn sie haßt alle anderen Mädchen, mit denen ich in Berührung komme, und verfluchte im stillen schon Christiane, noch bevor Luna aufgetaucht war. Ich habe völlig vergessen, daß ich Toni auch versprochen hatte, sie nach Rom mitzunehmen. Um nicht alles durcheinanderzubringen, um zu retten, was zu retten ist, gebe ich Toni Geld für eine Flugkarte und sage ihr, daß sie eine Woche später nachkommen soll.

Luna, Toni, Christiane und ich tanzen bis morgens um sechs. Die Band spielt heiß und bis zum Umfallen. Die Jungens werden jeden Abend ausgetauscht. Sie sind noch unbekannt und spielen gratis. Dafür werden sie schnell berühmt. Luna kennt jeden Gast und jeder kennt Luna. Sie ist so lang, daß der liliputanerhafte Polanski, der um fünf Uhr morgens kommt, sich an ihr hochangeln muß, um ihr wenigstens den Bauch zu küssen.

In London bin ich zum letzten Mal von Hasch so stoned, daß ich mich im eisigen Wind nackt auf den Balkon meines Appartements lege, bis ich wieder zu mir komme. Dann fresse ich achtzehn Club-Sandwiches und trinke drei Liter kalte Milch. Ich habe endgültig genug. Luna, die mit jedem Atemzug einen Puff Hasch einzieht und die Dinger sogar dreht, wenn sie auf dem Töpfchen sitzt, beißt bei mir von jetzt ab auf Granit.

In Rom ist der Teufel los. Toni zieht wieder eine Schippe, weil ich mit Christiane in Cinecittà drehen muß und mich nicht um sie kümmern kann. Außerdem kommt Christiane oft in die Appia. Vor allem haßt Toni aber Luna, die auf meine Kosten gleich ihren schwulen Modeschöpfer David mitgebracht hat und sich in der Appia regelrecht niederläßt. David und Luna haben soviel Koffer mitgebracht, daß wir vom Flugplatz ein extra Taxi brauchen.

David sieht aus wie der junge Oscar Wilde, hat dunkelbraune Locken bis auf die Schultern, trägt nur schwarzen Samt, ist schweigsam und angenehm und wunschlos glücklich, wenn er Champagner und Hasch in rauhen Mengen hat.

Luna ignoriert Toni, als wäre Toni in London zurückgeblieben und säße nicht mit ihr an ein und demselben Tisch in Rom. Beide sprechen nicht ein einziges Wort miteinander. Mit Christiane spricht Toni auch nicht. Die ersten Tage trommelt sie noch mit den Fäusten gegen die Tür meines Schlafzimmers, wenn ich mich mit Luna eingeschlossen habe und brüllt »Give me one«. Dann spricht sie kaum noch mit mir. Und wenn ich sage »I give you one«, sagt sie »Fuck yourself!«

Mein Haus in der Appia wird zur Rauschgifthöhle. Toni verabscheut jede Droge. Sie ist ein gesundes unverdorbenes Mädchen. Aber Luna begnügt sich nicht mehr damit, David die Dinger drehen zu lassen, damit sie beim Paffen keine Zeit verliert. Jeden Tag, wenn sie aus Rom nach Hause kommt, zieht sie wie der Rattenfänger von Hameln einen Schweif von Hippies hinter sich her, die wie Krähen das ganze Haus belagern, durch das bald in allen Etagen blaue Rauchschwaden ziehen.

Als Christiane aufgeregt zu mir gerannt kommt, weil Luna sich in ihrem Schlafzimmer mit einem Hippie harte Sachen in die Venen jagt und die blutigen Injektionsspritzen überall herumliegen, peitsche ich alle samt Luna aus dem Haus. Von mir aus können sie das Zeug zum Frühstück saufen. Aber ich will nicht in einem italienischen Gefängnis vermodern.

Bis jetzt hatte ich jeden Tag auf meinem Bett einen von Luna bekrakelten Briefbogen gefunden: »Kinski ist our God« stand darauf, und »We thank our God that he gave us this house forever«. Da hatte ich mir was eingehandelt!

Bevor Luna ihre Sachen packen mußte, hatte sie die Wände ihres Schlafzimmers mit Lippenstift beschmiert: »Kinski is the devil!«

Toni darf bleiben. Als mein Chauffeur Enrico die Koffer von David und Luna zum Fahrstuhl schleppt, kommt Toni im Morgenrock aus ihrem Zimmer und lackiert sich vor Schadenfreude im Stehen vor dem Fahrstuhl die Fingernägel. Aber auch Tonis Tage sind gezählt.

Dritter Teil

Ship under God

Außerhalb eines kleinen Dorfes in den dschungelbewachsenen Bergen Südvietnams, in der Nähe von Dalat, wo das Volk der Moi lebt, schreit ein vierjähriges Kind. Das kleine Mädchen weiß nichts von dem schmutzigen Krieg, der seit mehr als zehn Jahren ihr Volk ausrottet. Es weiß nichts von den Patrouillen der Eindringlinge und von durch den Dschungel schleichenden Vietkongs. Und es weiß nichts von der Tigerfalle, in die es am Nachmittag gestürzt war. Die sie nicht gesehen hatte, weil die Dorfbewohner die Fallen mit Bambusschilf überdecken.

Es schreit, weil es sich beim Sturz den Unterschenkel aufgerissen hat. Es schreit und schreit. Aber niemand hört seine Schreie. Die drei Meter tiefe Grube verschluckt jedes Geräusch und läßt keinen Ton nach außen dringen.

Die Dorfbewohner hatten die Suche nach dem kleinen Mädchen, das vom Spielen nicht heimgekommen war, abgebrochen, als die Dunkelheit mit der Plötzlichkeit des Dschungels niederfiel.

Mit der Zeit werden die Schreie des kleinen Mädchens schwächer und verstummen schließlich ganz. Nur das Ferkel, das man auf dem Grund der Grube in einem engen Bambuskäfig vergittert hat, um mit seinem Geruch den Tiger anzulocken, quiekt unruhig und hat Angst.

Das kleine Mädchen ist eingeschlafen und hört weder das Ferkel quieken noch das leise Fauchen eines Tigers, der die Witterung des Ferkels aufgenommen hat und um den Rand der ein mal zwei Meter breiten Grube schleicht.

Als der Tag anbricht, nehmen die Dorfbewohner die Suche nach dem kleinen Mädchen wieder auf und entdecken die Spur des Tigers, dessen Tatzen sich deutlich in der feuchten Erde abdrücken. Die Spur führt zur Tigerfalle. Als die Dorfbewohner sich mit Buschmessern und Bambusspießen an die Falle pirschen, und als der Mutigste von ihnen sich vorsichtig über den Rand der Grube beugt, um den anderen die Ausmaße des Tigers mitzuteilen, faucht ihm kein Tiger, sondern lächelt ihm das kleine Kind entgegen, das seine winzigen Finger zwischen die dicht aneinandergefügten Bambusstäbe des Käfigs steckt und das schlafende Ferkel streichelt.

Minhoï, das Mädchen aus der Tigerfalle, ist heute zwanzig und steht mir gegenüber. Ich umarme sie und will sie küssen. Als kenne ich ihre Geschichte bereits und als hätte ich seit der Tigerfalle auf diesen Augenblick gewartet. Als hätte ich die sechzehn Jahre, die dazwischenliegen, auf nichts anders als auf den Augenblick gewartet, dieses Mädchen, das ich nie zuvor gesehen habe, zu umarmen und zu küssen und das mir die Erfüllung meiner Liebessehnsucht scheint.

Die schockierende, geheimnisvolle Schönheit ihres fremdartigen Gesichts wird noch unterstrichen durch den gereizten Blick eines gefangenen Tieres, das man in die Zivilisation verschleppt hat und das hier, in der Via Appia Antica in Rom ebenso fehl am Platz ist wie in der übrigen sogenannten zivilisierten Welt. Gereizt und empört über meine Zudringlichkeit, macht sie sich brüsk aus meinen Armen los.

Ihre langen vollen Haare, die die Farbe gerösteter Kastanien haben, ziehen schwer nach unten. Die Brauen formen sich wie zwei Mondsicheln über den dunklen, weit entfernten Sternen ihrer schrägen Mandelaugen. Die Ebenmäßigkeit ihres ovalen Gesichts gleicht die katzenhaften Backenknochen der Asiatin aus. Ihre ockerfarbene Haut hat, auch unter den Augen, keine Falte. Ober- und Unterlippe ihres violett schimmernden Mundes sind gleichermaßen aufgeworfen und von so schweigendem Ernst, daß das Geschwätz der anwesenden Gäste verstummt.

Von Gestalt ist sie kindhaft wie die meisten Vietnamesen. Ihre Brüste zeichnen sich kaum von dem Winterstoff ihres weißen trapezförmig geschnittenen Mini-Modellkleides ab, über dem sie einen offenen Leopardenmantel trägt, der wie ihr Körper ein betäubendes orientalisches Parfum verströmt. Ihre kindhaften schlanken Hände sind erhitzt und weich und ihre schwarzlackierten Nägel so lang wie die einer chinesischen Prinzessin.

Keiner der Gäste weiß, wie sie hierhergekommen ist und warum. Ich gebe in meinem Haus ein Fest. Ich hatte alle Freunde eingeladen und jedem gesagt, daß er mitbringen kann, wen und wie viele er will. Aber keiner der Anwesenden kennt die Vietnamesin. Sie ist mit niemand gekommen, und niemand hat sie kommen sehen.

Die Tafeln sind mit Sekt und Kaviar und allen möglichen Schlemmereien beladen. Aus den Lautsprechern der Hi-Fi-Anlage tobt die Musik der Rolling Stones. Die Gäste essen, trinken, quasseln, lachen, tanzen. Jeder kann machen, was ihm gefällt, und ich kümmere mich um niemanden. Ich sehe nur noch diesen Mischling aus Inderin und Chinesin, dessen Volk für mich von heute an das schönste dieser Erde ist.

Ich bin ihr nicht böse, daß sie mich so schroff zurechtgewiesen hat. Es war meine Schuld. Und meine Sehnsucht wächst mit meiner Ratlosigkeit, was ich anstellen kann, um ihre Liebe zu erlangen. Denn so sehr ich fühle, ja, je mehr ich sicher bin, daß ich ihr für immer verfallen werde, um so mehr bemächtigt sich meiner eine unerklärliche Angst, sie zu verlieren, bevor ich sie besessen habe.

Mein Gehirn arbeitet fieberhaft, wie ich sie mit allen mir zur Verfügung stehenden Mitteln und so schnell wie irgend möglich verführen kann. Zuerst muß ich sie aus diesem Trubel herausbringen Aber wie? Unter welchem plausiblen Vorwand? Der Zufall kommt mir zu Hilfe. Sie hat Hunger. Oder zumindest Appetit, denn sie versucht, zu dem Tisch mit Kaviar vorzudringen, der von den Gästen wie von Piranhas überfallen wird. Ich kämpfe mich durch das gefräßige Volk, scheffele drei Holzkellen Kaviar auf einen goldenen Teller, türme auf einen anderen Berge von Lachs, hauchdünnen Bärenschinken, Fasanenbrust und geschabte weiße Trüffel, klemme mir eine offene Flasche Dom Perignon unter den Arm und suche Mïnhoï.

Sie steht vor dem drei Meter hohen Barockkamin und wärmt sich an den lodernden Flammen, die zusammen mit Hunderten von brennenden Kerzen mit ihrem flackernden Licht den Salon erhellen, und scheint trotz der Hitze und trotz des Leopardenmantels zu frieren.

Im ganzen Salon ist kein einziger Stuhl, kein Sessel, kein Platz auf einem Diwan frei, auf den Mïnhoï sich setzen könnte. Das ist meine Chance. Ich sage ihr, daß sie in meinem *blauen Zimmer* in Ruhe essen und trinken kann, und bringe sie den halben

Stock tiefer. Ich schicke die livrierten, weiß behandschuhten Diener weg, die den Kamin im *blauen Zimmer* heizen wollen, und mache selber Feuer.

Im *blauen Zimmer*, dessen Wände mit schwerer blauer französischer Seide bespannt sind, vor dessen Fenstern blauseidene Vorhänge bis auf den Boden schleifen und dessen Fußboden mit blaugemusterten chinesischen Teppichen belegt ist, steht nur ein mit blauer Seide überdecktes französisches Bett. Zur Beleuchtung dient ein Kerzenkandelaber auf dem Sims des Kamins.

Ich stelle die Teller auf der seidenen Bettdecke ab und bitte Mïnhoï, auf dem Bett Platz zu nehmen. Aber sie ißt im Stehen.

»Hast du Kokain?« fragt sie plötzlich wie ein Kind, das auf Schokoladenpudding spekuliert, wenn es aufgegessen hat.

»Nein. Ich habe keines. Und ich will auch nicht, daß du welches schnupfst.«

»Hasch?«

»Auch nicht. Vor allem, setz dich beim Essen, sonst schlägt es nicht an.«

»Wenn du keinen Stoff hast, ist es nicht zu ertragen.«

»Was?«

»Das Leben.«

»Das stimmt nicht, was du sagst. Aber wen du schön ißt, besorge ich dir was.«

Dabei hebe ich den Rock ihres Kleides etwas an. Sie trägt nur eine dünne durchsichtige braune Strumpfhose. Zwischen den ganz leicht auseinandergebogenen Innenschenkeln, deren Fleisch sich nicht berührt, wölbt sich ihre, für ihre zierliche Figur unverhältnismäßig große Votze, deren aufgeworfene Lippen den aufgeworfenen Lippen ihres Mundes in verblüffender Weise gleichen. Nur daß ihre Schamlippen viel größer sind.

Mïnhoï ißt nervös weiter. Sie stößt meine Hand erst weg, als ich den Rock ringsum hochhebe und sie um ihre eigene Achse drehe, um zu sehen, wie sie von hinten geschaffen ist. Der Augenblick genügt, zu sehen, wie die kleinen runden Backen sich nach unten zu einem umgekehrten V öffnen, was mir die Gewißheit gibt, daß sie von rückwärts herrlich zu ficken ist.

Sie hat fast aufgegessen und erinnert mich an mein Verspre-

303

chen. Ich stürze, so schnell ich ohne hinzufliegen kann, die Treppen zum Salon hinauf und frage jeden beliebigen Gast, ob er Hasch hat. Ein Mädchen gibt mir eine fertiggedrehte Zigarette. Ich zünde sie gleich an. Als ich die sieben Stufen zum *blauen Zimmer* herunterstürzen will, verstellt mir Toni den Weg.

»Give me one. I want you to give me one immediately!«

Ich schleudere sie zur Seite und stürze die Stufen hinunter, als würde ich um mein Leben rennen, von der Angst gejagt, Mïnhoï könnte nicht mehr da sein, wenn ich nur eine Sekunde zu spät im *blauen Zimmer* bin.

Sie kommt aus dem Bad, als ich die Tür aufstoße. Ich gebe ihr das Stäbchen, und sie inhaliert den süßlichen penetranten Rauch in tiefen Zügen. Nachdem sie geraucht hat, legt sie sich aufs Bett. Sie hat sich entspannt.

Ich drehe sie auf den Bauch, ziehe sie auf die Knie, streife ihr das Kleid über dem Hintern hoch und die Strumpfhose über den Pobacken runter. Ich hatte mich nicht getäuscht Sie nimmt von ganz allein eine so perfekte Stellung ein, daß ich sie nicht zu korrigieren brauche. Sie liegt mit den Schultern auf der Matratze auf, den Kopf zur Seite gepreßt auf dem linken Ohr, während sie das Kreuz hohl macht wie ein Schlangenmensch, die Beine spreizt und ihren wundervoll geformten Arsch steil nach oben stellt. Noch nie habe ich diese Stellung in solcher Vollendung gesehen.

Ich greife ihr in die vollen Haare, die wie dunkles Wasser auf dem Bett auseinanderfließen, raffe sie hastig zusammen und lege sie wie ein Fell bis auf ihren Arsch, daß nur die untere Hälfte der Backen, After und Scham freibleiben.

Mïnhoïs Votze ist so naß, daß ihr Saft bis auf die blauseidene Decke tropft. Aber als ich in ihr enges Loch eindringe, stöhnt sie brüllend auf. Je stärker und schneller ich sie ficke, um so lauter brüllt sie.

Die letzten Gäste gehen. Rütteln an der Klinke, bummern gegen die Tür, wollen sich verabschieden, sich für das Fest bedanken. Mïnhoï übertönt alle.

Ich will mich so spät wie möglich ergießen. Ich zweifle, daß mir das bei ihrem Anblick, ihrem Geruch, ihrem Gebrülle und bei dem unbeschreiblichen Gefühl, das ich in ihr habe, gelingen wird. Ich will sie fix und fertig machen. So fertig, daß sie keine Kraft mehr hat, heute nacht von mir wegzugehen. Noch bin ich ihrer nicht sicher. Sie blitzt mich sehnsüchtig aus ihrem rechten Augenschlitz an, aber es ist unmöglich, aus dem Ausdruck einer Asiatin irgendwelche Schlüsse zu ziehen, und ich bin zu high, um keine Angst zu haben, dieser Rausch könnte sich in Spuk auflösen.

Draußen wird es hell. Die ersten Lerchen zwitschern. Wir fikken immer noch. Mïnhoï ist jetzt ganz breit. Ihre Votze ist so geöffnet, daß ich mit der Eichelkuppe in ihren Muttermund einzudringen glaube.

Mïnhoï ist mit einem Talent zur Liebe begnadet, wie ich es noch nie erlebt habe, nicht einmal bei den Mädchen in Bangkok und Taipeh.

Ich lege mich auf den Rücken. Sie beugt sich über mich und fährt mit ihrem Gesicht über meinen ganzen Leib. Genau gesagt mit ihren Wimpern. Nur ihre Wimpern berühren meine Haut. Nie das Gesicht. Dabei klappert sie in gleichbleibendem, sich zu immer größerer Geschwindigkeit steigerndem Rhythmus mit den Augen, daß die Wimpern wie kleine Fächer wirken. Wie die Flügel von Libellen. Sie beginnt auf meinem Gesicht. Dann beginnt dasselbe von unten. Die Wimpern wirken wie ein elektrischer Massageapparat.

Ich lecke sie lange und ficke sie mehrmals von vorn. Aber immer wieder stoße ich sie von hinten, weil sie in dieser Stellung am meisten spritzt.

Im Garten wäscht Enrico den Rolls-Royce oder den Ferrari. Das Wassergeplansche und das Kiesgeharke des Gärtners peinigen mich bis aufs Blut. Ich rufe übers Haustelefon in der Küche an und sage Clara, meiner Haushälterin, daß sie alle zum Teufel jagen soll, auch die Köchin, auch sich selbst. Ich will allein sein mit Mïnhoï.

Toni hat mir die Abfuhr nicht verziehen. Sie haßt Mïnhoï noch mehr als Luna. Sie hat mit dem Instinkt der Frau erfaßt, daß Mïnhoï mir mehr bedeutet, als sie nur eine Nacht zu ficken. Seit einer Woche redet Toni kein Wort mehr mit mir. Mit nie-

305

mand mehr, auch nicht mit Clara. Wenn ich Toni anspreche, um sie zu Tisch zu bitten, wendet sie sich von mir ab und setzt sich erst, wenn Mïnhoï und ich zu Ende gegessen haben und vom Tisch aufgestanden sind. Nach einer Woche sieht sie ein, daß es hoffnungslos ist. Noch einmal bricht der aufgespeicherte Haß aus ihr heraus:

»You fucked me off! First for that black niggergiraffe and now for that yellow Chinese grimace! Me! A proper London girl!«

»Don't say again a word about Mïnhoï!«

»You burst your prick and your brain in her cunt!«

Toni weint. Ich hatte dieses liebe Mädchen nach Rom kommen lassen, um sie und mich zu befriedigen. Luna hatte ich mitgenommen, wie man einen zu langen Zweig von einem Baum abreißt. Nach Toni war ich ehrlich verrückt. Ihr strammer, kräftiger Körper, den ich nur von hinten in der Hocke fickte, steigerte meine Begierde von Erguß zu Erguß, und mein Schwanz sprang vor Freude an meinem Bauch, wenn Toni sagte »give me one«.

Heute zählt das nicht mehr. Nichts zählt mehr außer Mïnhoï. Ich habe kein Mädchen und keine Frau vergessen, mit der ich in meinem bisherigen Leben zusammen war. Jede einzelne hat mich reicher gemacht. Ja! Reicher! Jede einzelne hat mir ihre Liebe geschenkt und meine Liebe angenommen, wenn auch nur für Augenblicke, bewußt oder unbewußt. Ich war ehrlich, wenn ich sie liebte. Wenn ich ihnen auch nur für Sekunden oder überhaupt keine Gelegenheit gab, meine Liebe zu fühlen. Sie alle werden mir verzeihen, wenn ich eines Tages vor Sehnsucht nach Mïnhoï sterben sollte.

Mïnhoï kam auch als Frau zu mir, und ich habe sie als Frau genommen. Aber Mïnhoï ist die Sehnsucht selbst. Ich kann es mit Worten nicht ausdrücken.

Ich kann nicht mitansehen, daß Toni weint. Ich wollte ihr nicht wehtun. So wenig, wie ich jemals einer Frau wehtun wollte.

»You want me to give you one?« frage ich sie betreten, weil ich nicht weiß, was ich sagen soll.

»You'll never give me one again in this life«, antwortet Toni traurig. Der Rotz schlabbert ihr aus der Nase. Sie wischt ihn wie ein Londoner Straßenjunge mit dem Handrücken zur Seite. Ich reiche ihr ein Taschentuch, in das sie sich ausschnaubt wie ein trompetender Elefant. Wann immer sie will, wird Enrico sie zum Flugplatz fahren.

Es stimmte nicht, was Toni am letzten Tag zu mir sagte (you'll never give me one again in this life). Es sind noch keine zehn Tage vergangen, seit sie aus Rom abgereist ist, als die erste Postkarte von den Bahamas eintrudelt. Nach drei weiteren Tagen kommt ein Brief. Die letzte Karte kommt aus London. Im Brief und auf den Karten gibt sie Adresse und Telefonnummer an und bittet mich, sie dort anzurufen. Und im Brief und auf jeder Karte steht als letzter Satz: »Give me one.«

Mïnhoï hat ihre Sachen noch in Paris, wo sie bis jetzt gewohnt hat und wo sie seit ihrem siebenten Lebensjahr zur Schule ging. Nach Rom hat sie nur eine Reisetasche mitgebracht. Sie war meines Festes wegen gekommen.

Ihre Freundin Bérénice, die sich vor ihr in Rom aufhielt, hatte ihr von dem bevorstehenden Fest und von mir erzählt. Wir holen die Reisetasche von Mïnhoï aus dem Hotel Roxi, wo sie abgestiegen war. Dann plündere ich die römischen Boutiquen für sie aus und kaufe alles, was ihr gefällt. Findet sie in ihrem Reisetäschchen ihre Handschuhe nicht, weil sie sie in Paris vergessen hat, so kaufe ich ihr vierzig Paar neue. Hat ihr Trikot eine Laufmasche, kaufe ich ihr hundert neue Trikots in allen Farben. Ist es zu kalt für ihren Leoparden, kaufe ich ihr Pelze bis zu den Knöcheln. Drückt sie ein Schuh, lasse ich ihr sechzig Paar nach Maß anfertigen. Und braucht sie einen neuen Lippenstift oder Nagellack, kaufe ich ihr Schminkzeug für zweitausend Mark. Das Rolls-Royce-Cabriolet gebe ich weg und kaufe einen Rolls-Royce Phantom für zweihundertachtundvierzigtausend Mark. Mit eingebauter Bar, Hi-Fi-Anlage, Television und Telefon.

Ich lasse einen neun Meter langen, dunkelblauen Karavan bauen, der aussieht wie ein Wagon-Lits von Cooks. Für Wände, Bett- und Tischdecken, Vorhänge, Kissen und Polster werden hundertzwanzig Meter Seide verarbeitet. Badezimmer und Küche sind mit blumengemusterten Chinz bespannt. Der Boden ist mit Velours ausgelegt.

Türen und Schränke aus Teak. Vergoldete Klinken, Griffe und Wasserhähne. Vor den Fenstern seidene Wolkenstores. Vorraum, Salon, Ankleideraum und Schlafzimmer sind durch Schiebetüren voneinander getrennt. Klimaanlage, Heizung, Fernseher, Radio, Tonband und Kassettengerät, Plattenspieler und Radiotelefon sind in Wandschränke eingebaut. Wandarme mit Glasglocken aus der Jugendstilzeit sorgen für weiches Licht. Die zwei hohen kristallnen Spiegel sind mit Glühbirnen eingefaßt. Wir essen bei Kerzenbeleuchtung.

Ein eigenes Aggregat versorgt den Waggon, der von einem Chauffeur, einem Diener und einer Köchin betreut wird, mit Strom.

Der Karavan ist für Mïnhoï, die mich in alle Länder und selbst nachts zu den Dreharbeiten begleitet und für die mir kein Luxus zu teuer ist. Mïnhoï freut sich über alles, was ich für sie tue. Aber sie sieht mich jedesmal so sprachlos und ungläubig an, als hätte ich etwas falsch gemacht. Ich begreife noch immer nicht, daß diese Geldverschwendung völlig sinnlos ist.

Obwohl ich nicht den geringsten Grund habe, bin ich so eifersüchtig, daß ich kaum ertragen kann, wenn Mïnhoï nur mit Bérénice telefoniert. Wenn sie Briefe schreibt, werfe ich sie weg. Wenn sie Post bekommt, auch. Wenn jemand anruft, sage ich, sie ist nicht da. Bérénice kann kommen, wann sie will. Aber ich will nicht, daß Mïnhoï einen Schritt allein tut. Ich will nicht, daß sie in die Stadt fährt, auch nicht zu Bérénice. Ich will nicht mal, daß sie allein auf die Appia geht. Ich habe ständig Angst um sie.

Wenn sie in unserem Grundstück herumspaziert und ich sie für einen Augenblick aus den Augen verliere, suche ich völlig verzweifelt nach ihr, als hätte ich sie bereits verloren. Wenn sie in dem riesigen Haus nicht da ist, wo ich sie vermute, durchstöbere ich sämtliche Stockwerke, bis ich sie gefunden habe. Selbst aus dem Schlaf schrecke ich auf, wenn sie auf die andere Seite gerollt ist und ich nicht ihren Körper oder wenigstens ihre Hand spüre.

Ich mache mir Vorwürfe wegen meiner abnormen Eifersucht

und meiner übertriebenen Sorge um Mïnhoï. Ich will sie nicht in ihrer Bewegungsfreiheit einschränken, und ich weiß, daß auch ich in dieser ständigen Anspannung nicht leben kann. Wenn schon im Traum meine Fantasie mit mir durchgeht, obwohl Mïnhoï neben mir liegt, wie soll es dann erst werden, wenn ich wirklich mal einen Tag ohne sie zubringen muß. Ich weise diesen Gedanken weit von mir, weil ich mir eine solche Situation überhaupt nicht vorstellen kann.

Mïnhoï braucht lange, ihre asiatische Seele an die furchtbaren Gegensätze meines Charakters zu gewöhnen. Auf der einen Seite bin ich reizbar, jähzornig, viel zu schnell in meinen Reaktionen. Ich spreche ein schlechtes Französisch, bin ungerecht, wenn Mïnhoï mich nicht sofort versteht, und die Mißverständnisse, hinter denen ich die abstraktesten Zusammenhänge vermute, vergiften mein Gehirn und meine Seele. Ich bin aus dem geringsten Anlaß enttäuscht, verzweifelt, und meine Wutausbrüche kennen keine Grenzen. Auf der anderen Seite bin ich rücksichtsvoll bis zur Selbstaufgabe und so maßlos in meiner Liebe, daß ich Mïnhoï gleichermaßen damit erschrecke.

Aber je mehr Mïnhoï die Angst begreift, die ich um sie habe, je mehr sie nach und nach meine Liebe in sich aufnimmt, die sie zuerst erschreckt hatte, um so sensibler wird sie, und um so seltener entfernt sie sich von meiner Seite. Um mich zu beruhigen, geht sie nie selbst ans Telefon, nicht mal, wenn sie vermutet, daß es Bérénice ist. Sie telefoniert überhaupt nicht mehr. Sie schreibt auch nicht mehr an ihre Freunde. Sie wirft ihr Adreßbuch vor meinen Augen in den brennenden Kamin.

Man muß mich schon so lieben wie Mïnhoï mich liebt, um mich zu begreifen und ertragen zu können. Bald verbessere ich mein Französisch, das ich bisher »comme un petit nègre« gesprochen hatte, wie Mïnhoï mich liebevoll aufzieht, und ich lerne von Mïnhoï, mich zu beherrschen und zu gedulden. So wird dieses kleine Mädchen aus der Tigerfalle in Vietnam meine Lehrmeisterin, die mein ganzes bisheriges Leben verändert. Aber noch bin ich weit davon entfernt, ihre jahrtausendealte chinesische Philosophie zu erfassen.

Mïnhoï schlägt mir niemals ab, sich von mir ficken zu lassen.

Sie bittet mich nur, sie zu schonen, wenn sie nach besonders wildem und langem Ficken erschöpft ist oder wenn sie ihre Blutungen hat, die besonders stark sind und während der sie unmöglich Geschlechtsverkehr haben kann.

Ich bekomme ihre Bitte in die falsche Kehle. In meiner unstillbaren Sehnsucht denke ich, daß sie mich nicht liebt. Ich beschimpfe und beleidige sie und schreie, daß sie das Haus verlassen soll. Wenn sie, traurig und ohne ein Wort zu sagen, ihre Koffer packt und sich ein Taxi rufen will, reiße ich die Koffer wieder auf und verstreue ihren Inhalt durchs ganze Haus. Mïnhoï will nicht von mir weggehen, sie will nie mehr von mir weggehen, denn ich bin ihre erste und einzige Liebe. Sie hatte ihre Koffer gepackt in der festen Annahme, daß *ich* sie nicht mehr will.

Heute suche ich sie im ganzen Haus. Im Garten. Im entferntesten Winkel unseres Grundstücks. Ich hatte ihr gesagt, daß sie gehen soll. Daß sie aus meinem Leben verschwinden soll. Was das größte Paradox ist, das es gibt, da Mïnhoï mein Leben ist.

Ich finde sie im Turmzimmer, wo ich sie zuvor nicht gesucht hatte, da sie dort sonst nie hinaufsteigt, weil sie Angst vor Fledermäusen hat. Sie hat kein Licht gemacht. Es ist dunkel. Ich stolpere fast über sie. Ich taste über ihr Gesicht, das über und über naß von Tränen ist. Ich küsse sie und bitte sie um Verzeihung. Dann gehe ich in die Küche, um ihr und mir etwas zu essen raufzuholen. Es ist Sonntag und vom Personal niemand da.

Als ich in den Turm zurückkomme, ist Mïnhoï vornübergesunken. Auf dem Teppich liegt ein leeres Röhrchen Schlaftabletten. Gott sei Dank enthalten sie wenig Barbitursäure. Ich zerre Mïnhoï hoch und will sie zwingen, auf und ab zu gehen. Ich habe gehört, daß das bei Schlaftablettenvergiftungen hilft. Der Blutkreislauf, das Nervensystem und der gesamte Organismus werden aus der Narkose gerissen, die sie zu lähmen beginnt. Mïnhoï kann nicht gehen, ich muß sie stützen. Sie kann auch nicht mehr sprechen, sie lallt nur noch. Dabei umarmt sie mich liebevoll und küßt mich auf den Mund, als ich sie in panischer Angst schüttle und ihr Gesicht auf mein Gesicht fällt.

Ich denke, daß ich den Verstand verliere. Ich muß sie an die frische Luft bringen! Über die Wendeltreppe bis zum dritten Stock muß ich sie tragen, der Fahrstuhl hat einen Kurzschluß. Auf der Treppe zum Salon sackt sie in meinen Armen zusammen. Ich trage sie ins *blaue Zimmer*. Ihr Puls geht so rasend schnell, daß ich die Schläge nicht mehr fühlen kann. Sie ächzt, greift sich an die Gurgel, röchelt und schnappt nach Luft. Ich reiße die Fenster auf, stürze die Treppen hinunter in die Küche und hole eine Flasche kalte Milch. Auf dem Rückweg knie ich auf der Treppe nieder:

»Mein Gott! Wenn mein ganzes verdammtes bisheriges Leben einen Sinn gehabt haben soll und wenn du nicht willst, daß ich, den du so oft vor dem Tode bewahrt hast, krepiere, dann laß Mïnhoï nicht sterben, die mich ja erst zu leben gelehrt hat!«

Als ich ins *blaue Zimmer* komme, ist Mïnhoï vom Bett gestürzt und wälzt sich in Krämpfen über den Boden. Wenn die Milch als Gegenmittel ihre Wirkung verfehlt, dann wird sie wenigstens bezwecken, daß Mïnhoï sich erbrechen muß. Nachdem ich ihr den größten Teil der Milch eingeflößt habe, tritt bei Mïnhoï weder eine Besserung ein noch erbricht sie sich.

Ich rufe sämtliche Ärzte an, die ich kenne. Keiner meldet sich. Bei dem schönen Wetter sind alle draußen. Mïnhoï bekommt keine Luft mehr, läuft blau an. Ich massiere ihr Herz, drücke meinen Mund auf den ihren und presse ihr meinen Atem in die Kehle. Dann schleife ich sie ins Bad und lasse kaltes Wasser über ihr Gesicht, ihren Nacken, ihr Herz und ihren Puls laufen.

Mïnhoï hat sich erbrochen und die Krise überstanden. Drei Tage lasse ich sie nicht mehr aus meinen Armen. Sie erzählt mir zum erstenmal aus ihrem Leben.

Mïnhoï hatte mich in der Nacht, in der ich ihr begegnet war, nach Kokain und Haschisch gefragt. Jetzt begreife ich warum. Mïnhoï ist nicht süchtig. Sie trinkt nicht einmal Alkohol, nicht mal Wein und raucht auch keine Zigaretten.

Sie hatte das Zeug ein paarmal in Paris genommen, auch LSD, weil sie das Leben nicht mehr ertragen konnte. Das Leben in Paris. Das Leben in Europa. Das Leben in der ganzen übrigen Welt, seit man sie wie eine Pflanze aus dem Dschungel ihrer Kindheit in Vietnam ausgerissen hatte. Mit sieben Jahren fing sie an zu begreifen, daß man ihr Volk und ihr Land systematisch vernichtete, in das sie nicht zurückkehren konnte, weil man ihre Verwandtschaft ausgerottet hat. Sie war vor Heimweh nicht mehr fähig, das Leben zu ertragen, ohne sich zu betäuben.

Seit Mïnhoï meiner Liebe sicher ist und weiß, daß auch ich ohne sie nicht mehr leben kann, seit ich anfange, sie zu begreifen, und seit wir beide begriffen haben, daß wir nur gelebt haben, um uns zu begegnen, bekommt sie wieder Vertrauen zu ihrem eigenen Leben. Für mich wird sie der Maßstab, an dem ich mich von jetzt ab orientiere.

Sie bringt mir zum Bewußtsein, wofür ich lebe. Es gelingt ihr, was noch nie einem Menschen in all den Jahren gelungen war: Sie bringt mir bei, wie man mit Geld umgeht. Sie überzeugt mich, daß man nicht jeden Hinz und Kunz mit Kaviar zu bewirten braucht und daß man kein Recht hat, fünfzigtausend Mark monatlich aus dem Fenster zu werfen. Daß wir sehr gut ohne sieben Angestellte leben können. Daß wir keinen Chauffeur brauchen, der nur herumsteht und nie zufrieden ist. Daß wir keinen Gärtner brauchen, der nichts anderes tut, als fortwährend auf ein und derselben Stelle Kies zu harken. Daß ich meine Sekretärin entlassen soll, die mir immer wieder dieselben unbezahlten Rechnungen vorlegt, die ich immer wieder bezahle, weil ich Rechnungen nie kontrolliere. Daß wir keine Köchin brauchen, die monatlich für Tausende von Mark die von mir bezahlten Lebensmittel zu sich nach Hause schleppt, während wir die Reste vom Vortag kriegen. Daß wir keinen Diener brauchen und keine zwei Dienstmädchen. Daß wir keinen Rolls-Royce haben müssen und keinen Ferrari. Daß wir auf das Haus in der Appia verzichten können. Sie fragt mich, ob ich vergessen habe, was ich eigentlich will. Ob ich mein Schiff vergessen habe. Meine Freiheit!

Ich hatte mit dem venezianischen Conte Marcello, dem eigentlichen Besitzer des Hauses in der Appia, ausgemacht, das Haus zu kaufen. Er wollte ursprünglich drei Millionen Mark. Ich hatte die Summe auf die Hälfte heruntergehandelt. Der Vertrag wurde von den Anwälten aufgesetzt, nach welchem ich fünfhunderttausend Mark bar auf den Tisch und den Rest in den nächsten Jahren hätte abzahlen müssen. Jetzt unterschreibe ich den Vertrag nicht mehr. Mïnhoï hat recht. Es ist alles Scheiße. In ein paar Jahren werde ich bereits auf dem Meer sein und in den *brüllenden Vierzigern* vergessen, wo das verfaulte Europa liegt.

Es ist wahr, ich hatte in der Tretmühle des Films meine Freiheit vergessen oder zumindest, wie ich sie erlangen kann. Die Gelder, die ich forderte und wieder verschleuderte, waren das Betäubungsmittel für ein Leben, aus dem es für mich kein Entrinnen zu geben schien.

Wir ziehen aus dem Haus aus. Von dem Geld, das ich reingesteckt habe, bekomme ich keinen Pfennig zurück. Das Personal entlasse ich. Nur Clara bleibt, die wir, außer ein paar Möbelstükken, in die Zweizimmerwohnung in der Flaminia Vecchia mitnehmen.

Ich bin noch immer nicht restlos geheilt, als ich die Zwei-Zimmer-Leerwohnung für 3000 DM monatlich miete und für den Rolls einen Maserati kaufe.

Vorerst bleiben wir, weil wir keine Zeit haben, wieder umzuziehen.

Mïnhoï und ich wollen heiraten. Gitta lebt seit ihrem Weggang von mir getrennt, aber sie hat die vergangenen eineinhalb Jahre unerschütterlich gehofft, daß wir wieder zusammenfinden werden. Es ist nicht leicht, ihr klarzumachen, warum ich nie mehr zurückkehren kann. Sie weiß noch nicht, was Mïnhoï für mich bedeutet.

Nachdem ich ihr den Grund in unzähligen Briefen und Ferngesprächen erklärt habe, willigt sie in die endgültige Trennung ein. Am 2. Mai, einem Sonntag, heiraten Mïnhoï und ich in Rom.

Auf dem Capitol muß die Trauung um Stunden verschoben werden. Die Blitzlichter der Fotografen und die surrenden Filmkameras von Fernsehen und Wochenschau bringen den Standesbeamten aus der Fassung.

»Wann fangen wir an?!« ruft er, weil er sich überflüssig vorkommt.

»Wenn ich es sage«, gebe ich zurück. »Das ist meine Heirat!«

313

Aber die Fotografiererei wird uns selbst zuviel, und ich gebe den Jungens einen Wink. Dann rufe ich dem Standesbeamten zu:

»Also schnell!«

Der Standesbeamte, ein ehemaliger Oberst, der eine Schärpe mit den italienischen Nationalfarben um den Bauch trägt, fängt an, sein grausiges Sprüchlein aufzusagen.

»Es hat keinen Zweck, daß Sie das alles herunterleiern, meine Frau versteht nur französisch«, unterbreche ich ihn.

»Das kann ich auch«, gibt der Oberst a. D. zurück, und seine blutlosen Lippen spitzen sich genüßlich, um seinen Salm in französisch zu formulieren.

»Ach nein, nicht Französisch«, verbessere ich mich. »Sie versteht nur Chinesisch. Können Sie das auch?«

Der ganze Laden bricht in Lachen aus. Die Jungens nehmen die Gelegenheit wahr und blitzen und kurbeln wie besessen.

»Nein. Das kann ich nicht«, sagt der Oberst mit hochrotem Kopf.

»Na, dann halten Sie am besten überhaupt den Mund«, sage ich und greife nach der Flasche Champagner, die ich einem der Jungens zum Halten gegeben hatte.

»Wenn Sie sich hier nicht aufführen, wie es sich für einen solchen würdigen Ort gehört, dann lehne ich die Trauung ab«, erdreistet sich der Colonello und will sich seiner Schärpe entledigen, ohne die er die Trauung anscheinend nicht vollziehen darf.

»Binde deine Bauchbinde wieder um und mach, daß wir fertig werden!« schreie ich, weil ich die Geduld mit diesem Eheschließer restlos verliere.

Er muß Angst bekommen haben, denn er schlüpft schnell wieder in die Schärpe zurück, aus der er schon halb herausgekrochen war. Er beschränkt sich nur noch auf unsere Namen, Geburtsdatum, Nationalität, Datum der Trauung usw. und fragt uns, ob wir einverstanden sind, die Ehe miteinander einzugehen.

»Weswegen glauben Sie, daß wir das alles über uns ergehen lassen«, breche ich in Lachen aus.

Wir unterschreiben, und die Sache ist besiegelt.

Dann rasen wir mit den beiden Mädchen, die unsere Trauzeugen waren, im Maserati zu George, dem teuersten Restaurant Roms. Nach dem Essen zerschlage ich das ganze Geschirr und bezahle für vier Personen zehntausend Mark. Das war es mir wert. Ich habe meine Vergangenheit zerschlagen.

Über 127 Filme habe ich bis heute gedreht. Die meisten habe ich nie gesehen. Sollte ich in diesem Beruf, den ich mein Leben lang gehaßt habe, noch eine Weile weitermachen, so auf eine andere Art.

Mïnhoï hat auch mich davon überzeugt, keinen Alkohol mehr zu trinken. Ich trinke nur noch Wasser und esse das, was Mïnhoï kocht. Leichte vietnamesische Kost aus Reisnudeln, Salat, Gemüse und Obst. Ich trainiere jeden Tag und bringe mich körperlich in Form. Ich bereite mich auf die große Reise vor.

Seit wir in der Flaminia wohnen, übe ich mich im Segeln und beschäftige mich mit meinem Schiff. Ich sitze bis in die Nächte, arbeite Pläne aus, entwerfe Rumpf und Segelriß und stelle Proviant- und Materiallisten zusammen. Die Weltumsegler Chichester und Chay Blyth, ihre Schiffe und ihre Erfahrungen, die Rekorde von Tabarly und die Einsamkeit von Moitessier sind meine Vorbilder. Ihre Bücher werden meine Bibel und die einzigen Bücher, die ich überhaupt noch lese. Ich lese Tag für Tag. Nacht für Nacht. Wo ich gehe und stehe. Immerzu.

Den Maserati verschleudern wir. Den Karavan nimmt die Co-Operative, von der die römischen Produktionen ihre Karavans für die Stars zu Höchstpreisen ausleihen. Liz Taylor und andere werden in Zukunft in unserem Karavan wohnen. Wir kaufen einen Landrover, laden unsere Koffer und Seesäcke auf und verlassen um drei Uhr morgens Rom.

Zuerst wohnen wir in Gittas Wohnung, die inzwischen nach München übergesiedelt ist und mit Aglaja für ein Jahr nach Venezuela geht.

Am Stachus treffe ich H. v. N. Er wohnte fünf Jahre in Rom, ohne daß ich es wußte. Dann wurde er aus Italien ausgewiesen. Er kommt gerade aus dem römischen Kerker, wo er wegen Verführung minderjähriger Knaben gesessen hat.

»Was ist aus den anderen geworden?« frage ich ihn, um ihn etwas aufzuheitern.

»Sasha K. ist tot. Man hat ihn auf seiner spanischen Insel mit einem Kissen erstickt aufgefunden.«

»Und Lotte?«

»Lotte war mit mir verheiratet. So ist sie doch noch adlig geworden, bevor sie an Krebs gestorben ist.«

Ich nehme mir wieder das Neue Testament vor, bearbeite es neu und plane eine Tournee um die ganze Welt. Wie die endet, habe ich bereits zu Beginn des Buches berichtet. Es ist so, wie Rimbaud sagt:

> *»Die Menschen sind noch wie vor tausend Jahren,*
> *Zerbeult von Lastern.*
> *Wenn sie in die Grube fahren,*
> *Sind sie im Fraß der Würmer erst zuhaus.«*

Ich will aufs Meer und nicht ans Kreuz genagelt werden. Ich will frei sein! Frei! Frei! Zum erstenmal in meinem Leben und für den Rest meines Lebens, das mir, seit ich Mïnhoï begegnet bin, immer wertvoller wird.

Für den Film *Aguirre, der Zorn Gottes,* fliegen Mïnhoï und ich nach Peru. In den zwei Monaten im Dschungel des Amazonas, den man sowenig beschreiben kann wie den Ama Dablam im Himalaja oder eine dreißig Meter hohe Welle vor Cap Horn, weil man Gott eben nicht in Worte fassen kann, liege ich die Nächte wach. Ich lausche der unfaßbaren Natur, während unser Floß an Lianen befestigt ist. Hier habe ich das Gefühl, daß Gott selbst zu mir spricht. Er sagt:

»Ich habe dir das Leben gegeben und dich sooft vor dem Tode bewahrt, damit du etwas von mir begreifst. Baue jetzt deine Arche!«

Mïnhoï und ich fliegen noch einmal um die ganze Erde.

In der Bretagne, wo die Flut bei Sturm den Point du Raz überflutet und der Wind mit über hundert Stundenkilometern pfeift, werde ich das Schiff bauen lassen. Ich werde es nennen: SHIP UNDER GOD.

HEYNE TASCHENBÜCHER

Liebe und Partnerschaft
Zwischen-menschliche Beziehungen heute: Probleme, Analysen, Lebenshilfe.

01/6640

01/7679

17/4

10/52

01/7221

01/7280

01/7678

01/6756

EROTISCHE LITERATUR

Der Eros unserer Zeit. Sinnliche Meisterwerke internationaler Spitzenautoren.

50/15

01/6887

01/7718

01/6469

01/6874

01/6915

01/6293

01/6352

JACKIE COLLINS

In ihren Romanen beschreibt die berühmte amerikanische Autorin die schillernde mondäne Welt, die von der Lust und Gier nach Geld, Macht und Luxus geprägt ist. Eine unvergleichliche Mischung aus Spannung, Action und Erotik.

Die Stute
01/5492

Die Welt ist voll von liebeshungrigen Frauen
01/5713

Die Welt ist voll von liebeshungrigen Männern
01/5807

Sex ist ihre Waffe
01/5869

Ekstasen
01/5956

Das Luder
01/6041

Die Sünderinnen
01/6352

Lady Boss
01/6659

Die Frauen von Hollywood
01/6904

Lucky Boss
01/7706

WILHELM HEYNE VERLAG MÜNCHEN

Erotische Romane von

MIRIAM GARDNER

Die amerikanische Schriftstellerin erzählt faszinierende Geschichten von aktiven und zugleich zärtlichen, sensiblen Frauen, die ungewöhnliche Liebesbeziehungen eingehen. Männer spielen dabei nur eine Nebenrolle...

Die zärtlichen Frauen
01/6887

Schwestern der Begierde
01/7787

Die zärtlichen Gefährtinnen
01/7626

Tempel der Freude
01/7704

Wilhelm Heyne Verlag München